未来50年
绿色革命与绿色时代

主编 成思危

中国言实出版社

图书在版编目（CIP）数据

未来50年：绿色革命与绿色时代 / 成思危主编.
—北京：中国言实出版社，2014.7
ISBN 978-7-5171-0708-8

Ⅰ.①未… Ⅱ.①成… Ⅲ.①中国经济—绿色革命—
研究 Ⅳ.①F12

中国版本图书馆CIP数据核字（2014）第171555号

责任编辑：谷亚光　佟贵兆

出版发行　中国言实出版社
　　　　　地　址：北京市朝阳区北苑路180号加利大厦5号楼105室
　　　　　邮　编：100101
　　　　　编辑部：北京市西城区百万庄大街甲16号五层
　　　　　邮　编：100037
　　　　　电　话：64924853（总编室）64924716（发行部）
　　　　　网　址：www.zgyscbs.cn
　　　　　E-mail：zgyscbs@263.net
经　　销　新华书店
印　　刷　北京温林源印刷有限公司
版　　次　2015年6月第1版　　2015年6月第1次印刷
规　　格　710毫米×1000毫米　1/16　24.75印张
字　　数　424千字
定　　价　58.00元　ISBN 978-7-5171-0708-8

本书主要撰稿人员

成思危：全国人大原副委员长，著名经济学家。

曲格平：中国环境保护事业开创者，中国20世纪70年代环保局首任局长。

吴建民：外交学院原院长，原全国政协外事委员会副主任。

徐锭明：发改委能源局原局长，能源专家咨询委员会原主任。

周大地：国家发改委能源所原所长，能源专家。

冯　飞：国务院发展研究中心产业经济研究部原部长。

范　必：国务院研究室综合研究司副司长。

李俊峰：国家发改委能源所副所长，新能源专家。

姜克隽：国家发改委能源所学术委员会副主任，气候与能源问题专家。

高辉清：国家信息中心经济预测处处长。

刘汉元：通威集团董事局主席。

王玉锁：新奥集团董事会主席。

刘建生：西南财经大学能源经济研究所所长。

目 录

前　言 …………………………………………………………………………001

代序一：拯救地球家园是全人类共同的使命

　　——哥本哈根会议讲话 ………………………………温家宝 007

代序二：中国坚定走绿色和可持续发展道路

　　——在世界未来能源峰会上的讲话 ………………………温家宝 011

第一部分　挑战与选择：不可回避的绿色革命与绿色时代

第一章　绿色发展是未来的根本道路 ……………………………002

　　一、可持续发展是涉及人类存亡的重大问题 …………………003

　　二、低碳经济是实现可持续发展的重要手段 …………………004

　　三、新能源将引领下一次产业革命 ……………………………005

　　四、发展绿色金融支撑绿色经济发展 …………………………007

　　五、发展新能源任重道远 ………………………………………010

第二章　我们需要一场变革：营造绿色未来 …………………… 014

　　一、中国环境保护四十年回顾 …………………………………015

　　二、对我国严重环境问题的几点思考 …………………………026

　　三、掌握战略主动性 ……………………………………………035

第三章　能源问题的战略思考 …………………………………… 037

一、能源安全的若干问题 ··038

二、科学、绿色、低碳能源战略考虑 ··············042

第四章 气候变化与人类社会的选择 ························053

一、气候变化：全球和中国面临的新挑战 ··········054

二、低碳社会：我们的未来 ·····························070

第五章 美国页岩气革命及其对我国的影响 ············074

一、页岩气发展的现状与趋势 ·························075

二、页岩气发展对世界的影响 ·························076

三、中国面临的机遇与挑战 ·····························081

四、加大我国页岩气开发力度势在必行 ··········083

第六章 未来 50 年：终结与革命 ···························085

一、人类大历史发展规律的再认识 ··················087

二、增长的极限 ···120

三、后化石能源时代：绿色革命与绿色时代 ·····135

四、终结与革命 ···161

第一部分 机遇与战略：绿色发展的基本内容与路径

第七章 站在历史发展的新起点：推动第三次产业革命 ····166

一、从容迎接后石油时代到来 ·························167

二、绿色发展、低碳发展是未来根本方向 ········169

三、新能源导演第三次"工业革命" ················174

四、站在历史发展的新起点谋划新能源发展 ·····176

五、新能源的战略定位 ···································177

第八章 绿色发展与第三次产业革命的若干问题 ·····181

一、第三次工业革命：挑战与机遇 ··················182

二、对我国所处工业化发展阶段的判断 ··········188

三、绿色能源经济转型需要体制机制改革 ········191

四、推动战略新兴产业发展·································200

第九章 气候变化约束条件下的能源发展路径···········206

一、全球情景和排放分担·····························207

二、全球升温控制在 2℃以内目标下中国能源和排放情景···210

三、如何应对不可逆转的能源消费·····················212

四、中国 2050 年低碳情景和低碳发展之路·············214

五、中国未来社会经济发展展望·····················215

六、中国未来能源与排放情景·······················217

第十章 循环、节能经济发展及中国绿色经济发展的考虑···222

一、发展循环经济迎接低碳时代、绿色时代···········223

二、循环、节能经济的基本认识·····················225

三、中国绿色革命的基本路径·······················229

第十一章 绿色革命发展战略与路径···················236

一、绿色革命发展战略·····························237

二、绿色革命与绿色时代实现的路径与内容···········240

第三部分 创造大历史：中国的绿色革命与绿色时代

第十二章 抓住战略机遇：创造未来···················260

一、正确认识世界 别再错失机遇·····················261

二、抓住战略机遇 走绿色发展道路·····················266

三、走进能源革命 打开绿色通道·····················268

第十三章 绿色发展的若干国家政策考虑···············269

一、建立全球大宗能源资源市场稳定机制的构想·········270

二、电力体制改革的若干问题·······················277

三、页岩气发展的思考·····························281

四、发展新能源的若干问题·························286

五、发展节能减排的机制与方法·····················292

六、核电发展的战略问题…………………………………297

第十四章　中国发展可再生能源的基本考量与方略…………303

　　一、应对气候问题与低碳经济的基本考虑…………304

　　二、发展可再生能源方略…………………………309

第十五章　中国太阳能电池发展路径与战略…………………322

　　一、发展太阳能电池革命的战略考虑………………323

　　二、发展太阳能电池革命的基本内容与路径………328

　　三、太阳能电池革命的科技创新道路………………331

　　四、太阳能电池发展的国家支持战略………………332

　　五、以光伏产业为先导，开启四川低碳经济之路…336

第十六章　中国绿色能源协同创新发展道路…………………343

　　一、建立新的能源文化观…………………………344

　　二、未来绿色能源发展方式的思考………………348

第十七章　绿色智慧未来……………………………………357

　　一、绿色智慧未来的基本考虑………………………358

　　二、如何推进绿色智慧未来………………………369

后　记………………………………………………………373

迎接绿色革命　创造绿色时代

近40年来，从"增长的极限""第三次浪潮"到"可持续发展""低碳经济""循环经济""第三次工业革命""能源革命""生态文明革命"等各种具有代表意义的思想、理论和行动，已经在当今世界产生重大影响。而这一切理论、观点，实质上都聚焦在一个核心——未来，人类将面临一场广义上的绿色革命。当今世界需要对这个关乎全局的核心问题有一个更全面、更具包容性的认识体系，需要有一个对未来这场革命更加实效的推动路径。

长期以来，对人类重大议题以及重大发展总是由西方发起与主导。进入21世纪以来，中国登上世界历史舞台，作为负责任的大国，需要改变这个历史。我们组织了中国各方面有代表性的人物参与《未来五十年：绿色革命与绿色时代》的写作，希望对这场革命有一个深度的认识与展开，同时也希望改变重大问题总是由西方主张与主导这个历史格局，充分展现中国人对这个问题的认识与工作，并且希望在这个事关全球根本大计的问题上有所作为，有所贡献。

对未来这场绿色革命，我们有三个基本看法：**我们需要一场革命，我们面临一场革命，我们迎接一场革命。**

我们需要一场革命

我们需要一场革命，以此根本性解决能源安全为核心的可持续发展问题，气候为核心的环境问题，以及全球未来人口再增加50%左右的全球共同富裕的发展问题。没有一场根本性革命，人类社会面临的重大问题无法解决，前两个问题对人类社会已经形成根本性挑战，并且正在接近一个对人类社会形成根本性挑战的临界点附近了。

化石能源供应的临界点。人类社会历经200年左右现代文明的发展，化石能源的使用已经达到能够使用的特殊历史时代——化石能源的顶峰时代。现代文明是建立在化石能源基础上，是一个化石能源时代。过去200年中，大约平均30年左右全球财富翻一番，同时化石能源基本同步翻番，全球财富实现了大约六个翻番，增长60倍～70倍。与此同时，能源增长也接近六个翻番，能源使用量大约增长50倍～60倍。这种指数式增长的发展形式已经到了一个临界点附近：人类社会的化石能源需求量难以再实现2个～3个翻番的可能：指数增长规律是一种特殊增长规律——未来一个翻番相当于过去200年增长效果总和。未来50年全球人类社会面临能源需求1个～2个翻番的历史大背景——目前的天量能源供应的2倍～4倍——这是化石能源供应极限或者顶峰时代的基本内涵。

顶峰不是一个点，而是一个时代，应该是由石油顶峰时代、天然气顶峰时代、煤炭顶峰时代构成。这个顶峰时代核心内容应该发生在未来50年左右。

顶峰时代是一个承前启后、革命、挑战、颠覆的时代，这是不以人们意志为转移的大时代。这个顶峰时代的挑战与应战将是未来50年人类社会的核心问题之一。

气候挑战的临界点。气候问题的挑战已经在过去的20年左右形成一种全球人类社会的根本性挑战。这种挑战是对人类社会生存环境的根本性挑战。气候问题是有别于传统环境问题的问题，它是一个全球尺度的挑战问题。气候与环境是人类生存的基本条件，我们难以想象气候巨变产生的能够深度影响人类社会的酷热、酷冷、疾风、暴雨、极度干旱、极度水灾。近几年一个台风摧毁海南农业的现象如果演变为一种更大规模、更大强度、更加普遍现象将是人类社会的灾难。我们今天无疑已经面临这种灾难威胁的挑战。

气候挑战根本之处在于气候灾难的发生是一种强烈的非线性效应——酷热、酷冷、疾风、暴雨、极度干旱、极度水灾发生是与温度增长成指数形式的非线性发展关系——气候灾难发生的强度远远超过温度增长的变化幅度——这是能够对人类社会形成重大威胁的发展未来。

气候问题已经成为当今人类社会环境挑战的核心内容。在目前这种化石能源急剧增长的背景下，应对气候挑战是一个刻不容缓的全球未来根本性任务。应对气候挑战是一个前所未有的系统工程，需要全球人类社会发展模式的根本性革命。

上述两个挑战将是全球人类社会必须面临与解决的，应对这个挑战需要一个前所未有的革命。这将是人类社会最具历史意义的革命。

全球人类共同富裕问题。现代文明发展历经 200 年，已经取得伟大成就，人类社会正在前所未有的接近一个伟大目标——理想富裕社会的实现。从目前看，这个社会有可能在未来 50 年基本实现。这个目标达成，需要解决全球人口再增加 50% 左右的条件下实现全球现代化。这个现代化的基础是人均大约 3 吨～ 4 吨标油能源使用量的条件下完成。

当然，未来这场革命也需要根本性解决其他意义的环境与资源问题，污染、水资源、土地资源、矿产资源与其他环境资源面临的挑战问题。解决这些问题需要一个广义的绿色革命。从这个意义讲，未来这场革命的推动力已经不是一个传统意义的革命，它不单是一个传统的经济革命或者政治革命的内容与意义，它是一场全新的革命——人类发展与自然界高度和谐的革命。这场革命的重要推动力来自于人类社会需要深度解决广义的环境问题，深度实现人与自然的和谐。因此，这场革命与过去的革命无论在内容还是形式上，都有重要差异。

解决上述任务，人类社会需要一场史无前例的根本性革命——广义意义的绿色革命——人类社会发展与自然界全面协调、一致、和谐的发展革命。这场革命的核心是需要一场深度的绿色能源革命——即解决天量能源可持续供应的革命，还解决传统能源利用对环境的影响问题，同时也是解决其他环境与资源问题的基本条件。

我们面临一场革命

经过近 50 年左右的科技发展与全球人类社会的努力，我们已经走到一个伟大革命时代面前。一场根本性解决能源可持续问题及与环境高度和谐的绿色能源革命已经到了一个伟大的临界点附近。我们认为这场革命的基本元素、条件已经具备。未来的能源革命需要满足两个基本条件：一是提供天量的能源供应，并且是可持续的；二是能源必须是绿色的。满足这种需要的能源基本形式之一是太阳能。目前太阳能历经 50 年左右发展，已经达到或者即将达到能够担当这场革命重任的基本条件，主要是两点：价格已经由过去几十倍与传统能源价格差异到目前接近传统能源价格；技术、工艺、产业体系等应用的基本条件已经基本具备。

这场革命除了上述形式外，还有一个"低规格"或者常规的发展形式与内容——传统能源绿色化发展的革命。

此外，目前的信息革命已经发展到一个新的层面——高度智能化的革命。这种革命的前景或许用智慧革命表达更为合适。这种革命与绿色能源革命结合应该形成一个绿色智慧未来或者绿色智慧革命的前景。

绿色能源革命将催生一个整体性的绿色革命——绿色能源革命、绿色经济革命、绿色社会革命、绿色全球革命、绿色中国革命。

上述整体性的绿色革命是从绿色能源革命的后续结果而言。此外，推动这场革命还有其他要素。目前这种现代化发展模式需要一个根本性的改变，核心是需要与环境友好。这是推动整体性绿色革命的另一个原因。

推动这场革命无疑会是根本性解决当前金融危机持续影响的战略性方法，同时还是未来人类社会发展的长期动力机制。

我们迎接一场革命

绿色革命是人类自我解放、自我发展的一场革命，需要我们张开双臂去迎接这场革命，用智慧和勇气去推动这场革命。

人类历史上的大历史革命与大历史时代从某种意义上讲可以认为是一场能源革命与不同的能源时代。人类历史历经两次大历史革命——动物能源时代向植物能源时代转变的大历史革命、植物能源时代向化石能源转变的大历史革命，承接与展开了三个大历史时代：狩猎文明时代——动物能源时代、农耕文明时代——植物能源时代、现代文明时——化石能源时代。目前我们已经到达另一个人类大历史革命的前夜：我们需要一个彻底的革命性改变我们的存在与发展的模式，同时我们历经百年、千年的努力已经创造了一个大革命的基本条件。

革命意义非凡。许多人认为人类社会的终极革命或者人类社会发展的圣杯是核聚变。目前看来核聚变还是一个遥远的未来，太阳能某种意义讲也近似核聚变——利用太阳产生的核聚变提供的能量。从提供能量总量与可持续以及绿色而言，太阳能革命可以认为将是一个准终极革命——我们可以不祈求其他能源革命了。

这种终极革命有三点基本意义：

财富充分涌现——可以提供能够充分满足人类合理需求的财富的能源基础——财富某种意义上讲就是将能源为核心的资源转化为各种产品，能源就是财富之母。

全面智能化发展基础——智能化全面发展基础还是能源，没有能源充分供应的智能化是无米之炊，或者是贵族化的智能化。

全面和谐社会建立——理想社会需要两个高度和谐，一是人与自然的高度和谐，二是人与人之间的高度和谐。理想的人与人和谐需要坚实的物质基础——财富充分涌现。

绿色革命的基础是绿色能源革命。绿色能源革命包括两方面内容：可持续的绿色能源革命与传统化石能源绿色化发展的革命。

绿色革命是一个全方位的经济革命。绿色经济革命主要是三方面内容——绿色科技革命、绿色产业革命、绿色金融革命。

绿色社会革命是绿色革命的另一个基本内容。从制度与社会存在的基本形式、文明模式等核心内容方面都不可避免将产生一场革命。环保、节约、循环、可持续、绿色将是未来社会的基本结构。

绿色革命也是一个深度全球革命。它是一个全球共同奋斗的结果，也是深度全球化的发展过程。

中国绿色革命将是全球绿色革命的发展主体。中国绿色革命将有一个全球绿色革命的特别地位，主要是三方面原因：一是中国发展绿色能源的全球特殊优势——拥有全球发展太阳能的光热资源优势；二是中国具有全球最大的生产与市场优势——具备引领世界绿色能源革命的经济基础；三是中国具备成为影响全球绿色能源供应的特别地缘优势——中国绿色能源供应可以通过全新的能源传输体系——超导体系跨过白令海峡东接美洲大陆、西联欧洲与非洲大陆、南送东南亚。

这个革命从某种意义而言是人类社会的特殊"终极革命"。人类社会存在两次大历史革命：狩猎文明——动物能源时代到农耕文明——植物能源时代的革命，农耕文明——植物能源时代到工业文明——化石能源时代的革命。每次大历史革命对人类社会产生了巨大推动，实现了一次人类存在形式的飞跃。未来这场大历史革命有两个重要结果：一是财富充分涌现，二是人类社会极大程度实现人从劳动的脱离与解放。这是马克思描述的理想社会建立的两个前提条件——人类社会面临一个千百年追求的理想社会实现的"终极革命"。

绿色革命是一个大历史革命，革命需要一个历史过程，从经济学意义讲，革命的最终结果是一代新型固定资产的生产体系、消费体系建立起来了，一个新型生产体系建立的周期需要大约 15 年～ 20 年左右，如果考虑一个革命所代表的技术体系发展、完善过程，革命实现需要 2 个～ 3 个固定资产体系周期，再加上发展的过渡期。大约 50 年左右革命将基本完成，一个绿色时代将基本成型。

绿色革命意义非凡，迎接绿色革命既是现实，也是责任，更是使命。站在过去、现在、未来的一个伟大历史交汇点上，每一个人、每一个组织、每一个国家都有一个伟大的挑战、伟大的机遇、伟大的责任。30 年前许多省都没有一台计算机，计算机是少数科学贵族的工具，一个简单的要求是需要二进制语言、纸带打孔的复杂过程实现。转眼即过的 30 年后的今天已经是天翻地覆。我们需要一种伟大的历史眼光看待这个革命与挑战。

绿色革命无疑将是实现伟大的中国梦、中华民族复兴的伟大契机。中国历届领导人非常重视绿色发展问题，党的十八大更是前所未有的将生态文明建设列为国家发展基本任务，并且提出"推动能源生产和消费革命"。习近平总书记在中央财经领导小组第六次会议上提出了推动能源消费革命、推动能源供给革命、推动能源技术革命、推动能源体制革命、以及全方位国际合作的全方位"能源革命"的重大战略主张，对中国绿色发展指明了方向。这一切表明未来中国的绿色发展将有一个伟大的前景。

本书编委会

拯救地球家园是全人类共同的使命

——哥本哈根会议讲话

温家宝

此时此刻，全世界几十亿人都在注视着哥本哈根。我们在此表达的意愿和做出的承诺，应当有利于推动人类应对气候变化的历史进程。站在这个讲坛上，我深感责任重大。

气候变化是当今全球面临的重大挑战。遏制气候变暖，拯救地球家园，是全人类共同的使命，每个国家和民族，每个企业和个人，都应当责无旁贷地行动起来。近三十年来，中国现代化建设取得的成就已为世人瞩目。在这里我还要告诉各位，中国在发展的进程中高度重视气候变化问题，从中国人民和人类长远发展的根本利益出发，为应对气候变化做出了不懈努力和积极贡献。

——中国是最早制定实施《应对气候变化国家方案》的发展中国家。先后制定和修订了节约能源法、可再生能源法、循环经济促进法、清洁生产促进法、森林法、草原法和民用建筑节能条例等一系列法律法规，把法律法规作为应对气候变化的重要手段。

——中国是近年来节能减排力度最大的国家。我们不断完善税收制度，积极推进资源性产品价格改革，加快建立能够充分反映市场供求关系、资源稀缺程度、环境损害成本的价格形成机制。全面实施十大重点节能工程和千家企业节能计划，在工业、交通、建筑等重点领域开展节能行动。深入推进循环经济试点，大力推广节能环保汽车，实施节能产品惠民工程。推动淘汰高耗能、高污染的落后产能，2006～2008 年共淘汰低能效的炼铁产能 6059 万吨、炼钢产能 4347 万吨、水泥产能 1.4 亿吨、焦炭产能 6445 万吨。截至今年上半年，中国单位国内生产总值能耗比 2005 年降低 13%，相当于少排放 8 亿吨二氧化碳。

——中国是新能源和可再生能源增长速度最快的国家。我们在保护生态基础上，有序发展水电，积极发展核电，鼓励支持农村、边远地区和条件适宜地区大力发展生物质能、太阳能、地热、风能等新型可再生能源。2005 年至 2008 年，可再生能源增长 51%，年均增长 14.7%。2008 年可再生能源利用量达到 2.5 亿吨标准煤。农村有 3050 万户用上沼气，相当于少排放二氧化碳 4900 多万吨。水电装机容量、核电在建规模、太阳能热水器集热面积和光伏发电容量均居世界第一位。

——中国是世界人工造林面积最大的国家。我们持续大规模开展退耕还林和植树造林，大力增加森林碳汇。2003 ～ 2008 年，森林面积净增 2054 万公顷，森林蓄积量净增 11.23 亿立方米。目前人工造林面积达 5400 万公顷，居世界第一。

中国有 13 亿人口，人均国内生产总值刚刚超过 3000 美元，按照联合国标准，还有 1.5 亿人生活在贫困线以下，发展经济、改善民生的任务十分艰巨。我国正处于工业化、城镇化快速发展的关键阶段，能源结构以煤为主，降低排放存在特殊困难。但是，我们始终把应对气候变化作为重要战略任务。1990 ～ 2005 年，单位国内生产总值二氧化碳排放强度下降 46%。在此基础上，我们又提出，到 2020 年单位国内生产总值二氧化碳排放比 2005 年下降 40% ～ 45%，在如此长时间内这样大规模降低二氧化碳排放，需要付出艰苦卓绝的努力。我们的减排目标将作为约束性指标纳入国民经济和社会发展的中长期规划，保证承诺的执行受到法律和舆论的监督。我们将进一步完善国内统计、监测、考核办法，改进减排信息的披露方式，增加透明度，积极开展国际交流、对话与合作。

应对气候变化需要国际社会坚定信心，凝聚共识，积极努力，加强合作。必须始终牢牢把握以下几点：

第一，保持成果的一致性。应对气候变化不是从零开始的，国际社会已经为之奋斗了几十年。《联合国气候变化框架公约》及其《京都议定书》是各国经过长期艰苦努力取得的成果，凝聚了各方的广泛共识，是国际合作应对气候变化的法律基础和行动指南，必须倍加珍惜、巩固发展。本次会议的成果必须坚持而不能模糊公约及其议定书的基本原则，必须遵循而不能偏离"巴厘路线图"的授权，必须锁定而不能否定业已达成的共识和谈判取得的进展。

第二，坚持规则的公平性。"共同但有区别的责任"原则是国际合作应对气候变化的核心和基石，应当始终坚持。近代工业革命200年来，发达国家排放的二氧化碳占全球排放总量的80%。如果说二氧化碳排放是气候变化的直接原因，谁该承担主要责任就不言自明。无视历史责任，无视人均排放和各国的发展水平，要求近几十年才开始工业化、还有大量人口处于绝对贫困状态的发展中国家承担超出其应尽义务和能力范围的减排目标，是毫无道理的。发达国家如今已经过上富裕生活，但仍维持着远高于发展中国家的人均排放，且大多属于消费型排放；相比之下，发展中国家的排放主要是生存排放和国际转移排放。今天全球仍有24亿人以煤炭、木炭、秸秆为主要燃料，有16亿人没有用上电。应对气候变化必须在可持续发展的框架下统筹安排，决不能以延续发展中国家的贫穷和落后为代价。发达国家必须率先大幅量化减排并向发展中国家提供资金和技术支持，这是不可推卸的道义责任，也是必须履行的法律义务。发展中国家应根据本国国情，在发达国家资金和技术转让支持下，尽可能减缓温室气体排放，适应气候变化。

第三，注重目标的合理性。中国有句成语：千里之行，始于足下。西方也有句谚语：罗马不是一天建成的。应对气候变化既要着眼长远，更要立足当前。《京都议定书》明确规定了发达国家至2012年第一承诺期的减排指标。但从实际执行情况看，不少发达国家的排放不减反增。目前发达国家已经公布的中期减排目标与协议的要求和国际社会的期望仍有相当距离。确定一个长远的努力方向是必要的，更重要的是把重点放在完成近期和中期减排目标上，放在兑现业已做出的承诺上，放在行动上。一打纲领不如一个行动，我们应该通过切实的行动，让人们看到希望。

第四，确保机制的有效性。应对气候变化，贵在落实行动，重在机制保障。国际社会要在公约框架下做出切实有效的制度安排，促使发达国家兑现承诺，向发展中国家持续提供充足的资金支持，加快转让气候友好技术，有效帮助发展中国家、特别是小岛屿国家、最不发达国家、内陆国家、非洲国家加强应对气候变化的能力建设。

最后，我要强调的是，中国政府确定减缓温室气体排放的目标是中国根据国情采取的自主行动，是对中国人民和全人类负责的，不附加任何条件，不与任何国家的减排目标挂钩。我们言必信、行必果，无论本次会议达成什么成果，都将坚定不移地为实现、甚至超过这个目标而努力。

中国坚定走绿色和可持续发展道路

——在世界未来能源峰会上的讲话

温家宝

　　能源是支撑人类文明进步的物质基础，也是现代社会发展须臾不可或缺的基本条件。人类对能源的利用，从薪柴时代到煤炭时代，再到油气时代，每一次变迁都伴随着生产力的巨大飞跃。当然，传统化石能源的开发利用，也给人类的可持续发展带来了严峻挑战。近年来，绿色发展在全球蓬勃兴起。其核心是，减少对能源资源的过度消耗，追求经济、社会、生态全面协调可持续发展。为此，世界各国进行了积极探索，中国也做出了不懈努力。

　　积极调整经济结构，加大节能减排力度。我们推进了工业、交通、建筑、居民生活等领域的节能减排。在电力、钢铁、水泥、电解铝等高耗能行业中，淘汰大批落后生产能力，新上一批先进生产能力。5 年来，电力行业共关闭了落后小火电机组 8000 万千瓦，相当于欧洲一个中等国家的装机容量。政府对这些企业给予必要补偿，并相应安排了 60 多万职工再就业。这是我们在应对国际金融危机非常困难的情况下完成的。仅此一项，一年就少烧原煤 9200 万吨，减排二氧化碳 1.84 亿吨。据统计，2005 年至 2010 年，中国单位国内生产总值能耗下降近 20%，相当于减排二氧化碳 14.6 亿吨，为减缓全球气候变化作出了贡献。

　　加大政策扶持，加快清洁能源发展。截至 2011 年，中国水电装机突破 2 亿千瓦，居世界第一；风电装机达 4700 万千瓦，太阳能装机达 300 万千瓦，成为全球发展最快的地区；核电装机容量 1000 多万千瓦，有 27 台机组正在建设，在建规模居世界首位。中国发展清洁能源，投入之大、建设之快、成效之显著,为世界所公认。

加快传统产业改造,提高能源利用效率。我们以信息化带动工业化,积极采用先进适用技术改造传统产业,大幅度提高企业的能效水平。近5年来,在全国实施了锅炉改造、电机节能、建筑节能、绿色照明等一系列节能改造工程,成效显著。其中,每千瓦时火力发电煤耗降低了37克,降幅达10%;吨钢综合能耗降低了13%;新建设的有色、建材、石化等重化工项目,其能源利用效率达到或接近世界先进水平。

倡导低碳生活方式,推行绿色消费。虽然中国人均能耗水平比OECD国家少很多,但我们仍在全社会倡导节俭、文明、适度、合理的消费理念。我们在大中城市、工业园区和企业广泛开展循环经济试点和低碳经济试点,大力推行清洁生产和资源综合利用。我们在国家机关及公共建筑实行严格的节能措施,夏季室内不低于26摄氏度,冬季不高于20摄氏度。由于政府带头,崇尚节约、绿色消费越来越成为公民的自觉行动。

从2011年至2015年,中国实施国民经济和社会发展第十二个五年规划。这个规划的重点之一,就是把大幅度降低能源消耗强度和二氧化碳排放强度作为约束性指标,合理控制能源消费总量。我们将逐步改变目前以煤为主的能源结构,增加优质化石能源的比重,显著提高天然气、核能、可再生能源的供给能力。我们继续坚持立足国内的方针,主要依靠本国能源满足日益增长的消费需求。我们还将通过科技创新和体制创新,提高能源加工转换效率,尽可能减少能源生产和消费过程中温室气体和污染物的排放。到2015年,中国非化石能源占一次能源比例,将从2010年的8.3%提高到11.4%;能耗强度比2010年降低16%,二氧化碳排放强度下降17%。实现这些目标,面临的困难很多,付出的代价很大,但我们毫不动摇。

纵观世界文明发展史,能源问题关系国计民生,关系人类福祉,也同国际政治息息相关。很显然,解决未来能源问题,不仅要考虑经济因素和科技因素,还要考虑政治因素和国际因素。为了发展未来能源,为了建立稳定、经济、安全的能源供应体系,为了减少能源资源问题带来的困扰和不平等,世界各国应当进一步行动起来,共同做出更大的努力。为此,我建议:

第一,把节能增效放在首位。节约能源,既是一场技术革命,也是一场社会变革。厉行节约、反对浪费,是各民族共有的传统美德。节约能源是化解能源供需矛盾的必然选择。不论能源富集国还是能源相对短缺的国家，都应当推动建立节约型生产方式、生活方式和消费模式。当然，节约能源不是简单地减少使用，也不是要降低人们的生活质量。要通过采用先进科技提高能效，建设低投入、高产出、低消耗、少排放、能循环、可持续的国民经济体系，以尽可能少的能源资源支撑经济社会的可持续发展。

第二，大力发展可再生能源和清洁能源。可再生能源资源丰富，分布地域广，开发潜力大，环境影响小，大都可以永续利用，是开拓未来能源的重要方向。但是，除水能外，大部分可再生能源的经济性和稳定性还不够理想，推广普及的难度较大。各国应加强政策扶持，扩大应用规模，逐步降低成本，越来越多地替代化石能源。核电是安全可靠、技术成熟的清洁能源。安全高效地发展核电，是解决未来能源供应的战略选择。化石能源在今后很长一个时期内仍然是世界能源消费的主体。它的开发利用，一要清洁，二要高效，逐步实现高碳能源的低碳化利用。国际可再生能源署成立以来，为推动可再生能源的开发和利用发挥了积极作用。中国将继续加强与国际可再生能源署的交流与合作。

第三，积极推动能源科技革命。科技决定能源的未来，科技创造未来的能源。从长远看，最终解决未来能源问题，并不取决于对能源资源的拥有，而是取决于对能源高科技的拥有，取决于能源科技革命的突破性进展。能源更新换代周期长，往往需要十年、几十年乃至更长时间，需要庞大的资金投入。能源消费大国和能源生产大国在推动能源科技革命上负有重要责任。政府应当加大投入，推进能源科技创新的工程示范和产业化。未来能源作为重要的战略性产业，一旦取得重大突破，必将成为经济发展的强大引擎。发达国家掌握着能源先进技术，应当在保护知识产权的前提下，向发展中国家和不发达国家提供、转移技术。

第四，有效保障能源安全。受到国际货币体系、过度投机、垄断经营、地缘政治等因素的影响，大宗能源产品价格很大程度上脱离了实体经济的供求关系，其暴涨暴跌，加剧了世界经济的非正常波动。这种不合理状况，必须从根本上加以改变。能源的安全运输、有效供给和市场稳定，符合新兴经济体、发达国家和能源输出国的共同利益，也有利于消除经济危机的隐患和影响。为了稳定石油、天然气市场，可考虑在 G 20 的框架下，本着互利共赢的原则，建立一个包括能源供应国、消费国、中转国在内的全球能源市场治理机制。要通过协商对话，制定公正、合理、有约束力的国际规则，构建能源市场的预测预警、价格协调、金融监督、安全应急等多边协调机制，使全球能源市场更加安全、稳定、可持续。

世界文明为全人类共同创造，各个民族都贡献了自己的力量。谈论世界未来能源发展，我们不能不重视西亚北非的特殊地位和作用。这一地区已探明石油储量超过全球 50%，天然气储量超过全球 40%，其战略位置相当重要。世世代代居住在这里的人民，勤劳、智慧、勇敢和善良。你们的祖先曾经铸造了辉煌灿烂的古代文明。今天，你们同我们一样，对建设一个绿色、温馨的地球村，充满着热情和期待。中国一贯尊重西亚北非地区国家和人民的自主选择，支持其依靠资源禀赋和优势发展本国经济。中国作为安理会常任理事国和负责任的国家，将继续与国际社会一道，促进西亚北非地区的和平、稳定和发展！

当前，国际金融危机的阴霾仍未散尽，局部地区的社会动荡尚未结束。但是，危机总会过去，繁荣终将到来。"单丝不成线，独木不成林"。中国将继续同世界各国人民一道，加强国际合作，推动可持续创新，致力发展未来能源，共同建设一个绿色和可持续发展的新世界！

第一部分
挑战与选择：不可回避的绿色革命与绿色时代

◎ 绿色发展是未来的根本道路

◎ 我们需要一场变革：营造绿色未来

◎ 能源问题的若干思考

◎ 气候变化与人类社会的选择

◎ 美国页岩气革命及其对我国的影响

◎ 未来50年：终结与革命

第一章　绿色发展是未来的根本道路
——实现绿色发展的若干问题

成思危

作者系全国人民代表大会常务委员会原副委员长，著名经济学家。

作者认为，绿色能源革命将是未来产业革命的核心，这场产业革命与过去的产业革命有一个非常重要的差别就是可持续与环境友好，从这个意义讲这场产业革命是绿色产业革命。

绿色发展是未来根本的大趋势，绿色发展核心是发展绿色经济。绿色经济包括三方面：一是低碳经济，二是循环经济，三是生态经济。

实现绿色经济的根本道路是推动绿色性质的能源革命的发展。

实现绿色发展、绿色革命需要一个战略高度、战略推动来实现。

本章主要内容包括：

■ 可持续发展是涉及人类存亡的重大问题
■ 低碳经济是实现可持续发展的重要手段
■ 新能源将引领下一次产业革命
■ 发展绿色金融支撑绿色经济发展
■ 发展新能源任重道远

一、可持续发展是涉及人类存亡的重大问题

人和自然的关系是随着历史而变化的，在原始社会，人们敬畏自然，出现了对太阳、对月亮、对火的崇拜；在农业社会人们顺应自然，基本上是靠天吃饭，在工业社会由于科学技术的发展，人们开始认为可以去征服自然。实际上恩格斯在 1886 年的时候就指出，"我们不应过分陶醉于我们对大自然的胜利，对于每一次这样的胜利，大自然都报复了我们"。应该说他是很有远见的，但是当时恩格斯的名气不大，很多人没有注意这个警告。

上世纪 50 年代，卡尔森写了《寂静的春天》这本书，揭露了农药对生态和人的危害，才逐渐引起人们对环境保护的重视。随后各国的作者发表了一系列的有关环保的著作，使得联合国在上世纪 80 年代正式提出了可持续发展的概念。可持续发展的概念就是说，我们既要满足当代的发展需求，但又不能损害满足后代发展需求的能力。实际就是说我们不能够为了我们这一代人的发展，而不顾子孙后代的发展。这个概念提出以后，保护环境、节约资源、维护生态等方面的问题逐渐受到世界各国的重视。可持续发展的概念在全世界开始普及，而且相继采取了各种行动。

如果从历史的视角分析一下可持续发展的概念，可以看到，人类经过了几千年的农业社会的农业文明和经过了几百年的工业社会的工业文明以后，即将迎来的是知识社会，在知识社会中需要一种新的文明，那就是"节约资源，保护生态，人与自然和谐相处"的生态文明。我认为党中央提出"以人为本，全面协调可持续的科学发展观"，党的十八大从 10 个方面绘出生态文明建设的宏伟蓝图正是对这样的文明即将到来的响应。应该看到，要真正实现可持续发展，要真正使生态文明的概念深入人心，还是一个很艰巨的任务。还需要大大增强人民群众对于可持续发展，生态文明的理解，形成一股道德力量，推动可持续发展，推动科学发展观的贯彻落实。

不可否认，在当前实际生活中，忽视保护环境，忽视节约资源，忽视维护生态的事情还是经常发生的。只有在全社会形成一股道德的力量，才能够真正保证生态文明的建设。在这个方面，除了政府和市场以外，我们要重视所谓"第三部门"的力量，也就是说各种群众组织，非政府组织的力量，以此来弥

补政府失灵和市场不足。

应当指出，现在西方环保主义盛行，甚至产生了一些偏激的环保主义者，他们反对所有发展的举措。我认为可持续发展的概念是一种积极的环保概念，因为人类要不断的衍生，要在地球上生存并不断改善生存条件，就必须要发展。而人类的发展也不可能不对大自然界有所影响。我们不是消极的环保主义者，退回到原始的自然状态是不可能的，也不应当的。我们一方面要实现人类的发展，另一方面要非常重视环境的成本、要以最小的代价实现我们的发展。

对环境成本应该高度重视，现在还没有人认真去计算。在发展过程中由于资源的浪费、环境的污染和生态的破坏等所造成的损失就是环境成本。我担任过中国科学院虚拟经济和数据科学研究中心的主任。我们中心做过一个测算，出了一本书。指出 2005 年我国的环境成本大约要占到 GDP 的 13.5%，而我国当年 GDP 的增长仅为 10.4%。就是说如果我们不注意可持续发展，不注意生态文明的问题，就会把环境的欠帐留给我们的子孙后代，这样的发展肯定是不可持续的。总之，可持续发展涉及到人类的存亡，应该引起高度重视。

二、低碳经济是实现可持续发展的重要手段

环境问题包括很多方面。在一般的情况下是指防止环境污染。例如工业生产对周围社区环境的污染。从全球的角度看来，一个重要的问题就是减少二氧化碳的排放，还有防治荒漠化，保护臭氧层等。现在看来，引起普遍关注的就是气候变化所造成的温室效应。

经过科学家的大量研究，认为由于二氧化碳等温室气体大量排放所造成的全球气候变暖，是当前人类面临的最大威胁。根据科学家的测算，在过去的几十年中，由于气候变化引起的冰川融化等原因，使海平面上升了 47 厘米，如果再不注意，它会引起大问题。例如印尼有 17000 个岛屿，如果有海平面上升 1 米，就有约 2000 个岛屿会消失。马尔代夫岛平均比海平面仅高 1.2 米，假如海平面上升一米，则这个国家存亡就成问题了。所以马尔代夫等岛国对今后的气候变化特别关注。目前许多西方国家的专家认为，应将全球的气温上升控制在 2℃ 以内，为此应将大气层中温室气体的浓度维持在 450ppm 二氧化碳当量左右，这就要努力到 2030 年将全球二氧化碳的排放量由 2007 年的 288 亿吨减少至 264 亿吨。

气候变化也会引起干旱、洪水等等自然灾害频频发生，还会造成生物物种的灭绝和生态多样性的破坏，造成农作物的减产，还会造成各种疾病的流行。由此可见气候变化是对人类最大的威胁，而造成气候变化的又主要是以二氧化碳为主的温室气体的排放，因此现在全球都关注这个问题，低碳的概念就是从这个角度提出来的。低碳经济现在有各种各样的定义，而且对于各种新的经济发展方式也有各种提法，例如说循环经济、绿色经济等等。我个人的理解低碳经济是一种低二氧化碳排放的经济发展方式。但是我们的观点和西方的观点有一点不同，我们并不是把减少二氧化碳的排放作为我们发展低碳经济的唯一目标，而是把低碳经济的目标定为低能耗、低污染、低排放这"三低"。也就是说，我们在关注减少二氧化碳排放的同时，还要关注节能减排，要全面地发展低碳经济。

就我个人看来，要采取以下四个层次的措施来减少二氧化碳的排放。一是发展不排放二氧化碳的能源和生产工艺；二是通过高效能的能源利用和各种有关措施来减少二氧化碳的排放；三是尽量利用二氧化碳，除了简单地将二氧化碳用作饮料和其他的工业原料以外，在化学工业上也应开发用二氧化碳为原料来制造一些产品的技术，但是目前能利用的二氧化碳仅占总排放量很少的一部分；最后一个措施就是处理二氧化碳，即二氧化碳的捕集和封存，我国和世界上不少国家已经开始进行这方面的研究，据报道，荷兰政府已计划从 2011 年开始将 1000 万吨二氧化碳泵入位于距鹿特丹不远的一个小镇巴伦德雷特的地下两公里处的两个废弃天然气田，直接封存二氧化碳。但目前看来二氧化碳捕集和封存的成本还是很高的。可以认为，低碳经济是一种经济的发展方式，它不仅仅会改变我们的能源结构，改变我们的产品结构，而且更进一步改变人类的生产方式和消费方式。也就是说，不仅仅在工业部门要注意，而且每一个人都要注意，如何为发展低碳经济来改变我们自己的消费方式。现在有一句流行语就是"今天你低碳了吗？"这就是要求每个人在自己的生活方式，消费方式上都要适应低碳经济的要求。从总体上看来，低碳经济是实现可持续发展一项非常重要的措施，特别是在当前的情况下。

三、新能源将引领下一次产业革命

对新能源现在也有各种各样不同的定义，例如"绿色能源"、"可再生能源"、"低碳能源"等，其含义不尽相同。我认为新能源可以有两类定义，狭义的新能源包括风能、太阳能、潮汐能、地热能、生物燃料等以前没有广泛利用的能源；广义的新能源则还包括核能、水能，甚至还包括清洁煤技术。

发展新能源是实现低碳经济的一个非常重要的措施，因为发展新能源有四个主要的好处：

一是减少二氧化碳的排放。众所周知，在利用水能、核能、风能、太阳能等等能源时都不会排放二氧化碳，从而可以大大减少二氧化碳的排放。

二是发展新能源可以减少人类对化石能源的依赖。从人类利用能源的历史来看，最早用的是动植物，例如烧树枝和树叶，点动物油脂等，然后进入到利用煤炭，再后进入到利用石油和天然气。但是从长远看来，石油、天然气、煤炭这些化石燃料总有耗尽的一天。根据国际能源署的预测，石油、天然气及煤炭的产量将分别在 40 年、50 年及 120 年后开始下降。当然这些预测可能没有考虑到随着科学技术的进一步发展，有可能通过改进开采石油、天然气和煤炭的技术等措施，延长化石能源枯竭的时间。但是不管怎么说，它们是早晚要耗尽的。

不仅从未雨绸缪方面来说要考虑发展新能源。从经济方面来说，当前化石能源，特别是石油的价格波动已经危及各国的经济稳定。这种石油价格的波动对各国经济造成了非常严重的影响。例如我国目前石油的进口量约占我国需求量的一半，目前已经接近 20 亿桶。如果每桶涨价 10 美元，我国就会损失 200 亿美元，而且供应还没有充分保障。我国很多进口石油要通过马六甲海峡运输，一旦出现特殊情况，就难以安全地供应，就会对我国的能源安全造成威胁。

发展新能源的第三个意义是可以通过用纤维素和半纤维素为原料来制造生物燃料，这样可以腾出更多的耕地来种粮食，以应付粮食危机。美国、巴西对生物燃料的发展下了很大的力量，美国是用玉米做乙醇，巴西是用甘蔗做乙醇，这是第一代生物燃料技术。但我国不可以那样做，因为我国有 13 亿多人口，应保证我国的粮食产量要达到人均约 400 公斤的水平，那就要保证我国有足够的耕地面积。我国和一些国家正在研究用纤维素和半纤维素来制造乙醇，称为第二代生物燃料技术，目前还处在研究阶段，但是看来通过优选菌种，改进分离技术等，还是很有希望突破的。我国也有专家提出用甜高粱杆来制造乙醇，这个技术可以说是 1.5 代生物燃料技术，也有可能取得成功。目前我国用粮食制造生物燃料只能是一种调剂手段，当玉米储存量太多而且储存期过长时，可以用来制造乙醇。但是从我国的国情看来，绝对不应依托用大量的粮食来制造生物燃料。

四是发展新能源将会给世界和我国在金融危机以后提供一个新的经济增长点。金融危机发生以后，对我国造成的一个最大的问题就是发达国家由于金融危机而降低了对进口商品的需求，这就必然会导致我国的产能过剩。我国的外贸在 2009 年同比降低了 13.9%。外需降低就必然造成工厂减产甚至停产，以及工人失业，所以这是对我国很大的一个威胁。为此中央经济工作会议一再强调要转变发展方式，原来依靠外需的那一部分的损失要通过发展内需来弥补。

我国很多产业部门实际上产能已经过剩。如果还是把投资用来发展传统的产业，那必然造成产能过剩，库存增加，效益降低，污染回潮。产能过剩问题不可忽视，据报道，我国钢铁的产能过剩约 2 亿吨，以每吨钢铁的投资为 5000 元计，就有一万亿元投资不能发挥作用。因此在金融危机以后，我国经济的发展不能再走传统的路子搞重复建设，要寻找新的经济增长点，要采取新的发展方式。我认为新能源肯定是一个新的经济增长点，这在世界上也是如此。

从更广的历史视野看来，人类经过的前三次产业革命，分别是以蒸汽机、电力和电脑为引领的，每一次产业革命都使得世界的产业发展水平提高一大步，而且都会使消费者受益。我认为第四次产业革命将是由新能源引领的能源革命。

四、发展绿色金融支撑绿色经济发展

发展绿色经济，从措施上讲需要大力发展绿色金融，任何产业发展、产业革命最重要的支持手段就是需要有一个非常好的金融办法。发展绿色经济需要发展相应的绿色金融体系的发展。

根据我们的国情，我国发展绿色金融有两个特点，第一是发展。我国二氧化碳排放绝对量可能还会继续增加，所以我们不能承诺降低二氧化碳排放的绝对量，只能承诺降低二氧化碳排放强度，降低单位 GDP 排放二氧化碳。我国政府也已经宣布 2020 年在 2005 年基础上减少单位 GDP 排放量 40% ～ 45%。从历史来看，我们历史排放量在世界上大概占 10% 左右，发达国家在他们发展过程中排放的量很大，而现在他们进入后工业化社会排放减少，转而我们排放量增大。第二，我们国家能源结构中 90% 是化石能源，这种状况在相当长时期内改变不了，即使我们启动雄心勃勃的新能源计划，在 2020 年非化石能源的比重从现在 10% 左右增加到 15%，那么，85% 还是要靠化石能源。就这两个特点来说，近期国家提出的目标为低能耗、低排放、低污染，这是根据我们国家的国情决定的。当然，我们不能以这些为借口，而不积极推动绿色、低碳发展。应该说，我们国家在推动绿色、低碳发展方面下了很大的力量。包括在新能源方面，风能、太阳能、水能都在积极推进。

要发展绿色经济，要从多个层次上考虑：主要是政治层次，世界各国还是要坚持共同但是有区别的责任，现在很多国家认为中国应该承担和发达国家同样的责任，这是不公平的。中国怎么可能承担与发达国家同样的责任呢，我们要坚持，但是并不因为我们是发展中国家就放弃我们发展绿色金融方面的努力，这是两回事。不能因为我们的努力反而把我们算成发达国家。

谈及绿色经济问题，主要是经济增长，发展绿色经济有五个层次：

第一，财政政策。没有财政政策的支持，无论是节能减排，还是新能源发展，都无从谈起。就新能源而言，从核能、水能成本来看比化石能源节省，但是初始投资非常高，在这种情况下，我们财政政策有两条：一是适当的补贴方式。我认为最好的方式是进网补贴，进网补贴要根据实际情况，另外，对火电企业征收碳税。我们做过测算，如果对火电企业每度电征收 4 分钱碳税，其中一半企业自身消化，一半提高 2 分钱电价，这样足以支持新能源的发展。当然，这个问题最后依靠国家决策，如果财政有实力，不一定征收碳税。另一方面，针对火电企业来说，他们对于环境影响的考虑甚少。事实上，火力发电企业对环境的污染，所造成的损害，对我们子孙后代都是一种巨大的灾难。2005年环境成本（包括环境污染、生态破坏和能效低）占 GDP 的 13.5%，而当年GDP 增长 10.4%，通过这个数据我们能看出，我们正在把环境的债务留给我们子孙后代。显然，这是不可持续的发展方式，因此国家也在大力补贴新能源，鼓励节能减排。另外一条，要加大碳排放成本，可以通过碳税方式。

第二，货币政策。实施有区别的信贷政策，针对新能源的发展，对节能减排、对绿色发展要给予优惠利率。

第三，通过金融平台，支持绿色企业的发展，不管通过股市还是通过债券持股。

第四，碳市场的建设，我们要解决两个问题，一个是如何将市场建设好；一个是怎么能够把资源提供给市场。碳市场建设上，主要是对交易制度等等方面的建设。有一点很重要，如果采取自愿减排的话，很多企业积极性不高，要有某种强制的方式让企业有一定的压力，这样才能够更重视减排，更重视通过碳交易来解决自身的问题。当然，这里也有定价的问题，这个问题有些学者正在研究。定价高了影响企业的发展，定价低了，不能支撑交易的发展。从碳市场建设来看，这两个问题都是非常重要的。当然，人才培养也是非常重要的，现在熟悉碳交易的人才并不多。从西方来说，据我所知，碳交易一定程度在萎缩，汇丰银行的碳交易部门大量裁员，在这种情况下，我们是否考虑引进一些人才，以完善我们自己的碳交易市场。

第五，风险投资。现在来看，最终我们要想扩大碳市场的资源，就要靠风险投资来支持技术创新，包括节能减排的技术创新和新能源方面的技术创新。从我们国家来看，85%的使用能源还是化石能源，当前节能减排任务非常紧迫。目前，我们国家火力发电平均大概1度电耗费350克标准煤，上海发电厂耗287克，如果平均降到300克标准煤/度则有很大潜力，需要很多技术创新。更为重要的是，要通过风险投资支持一些新能源技术的发展，比如太阳能三代技术。这些都需要有人支持进行研究和产业化，而这就需要风险投资的大力支持。据我所知以色列最近研究支持的一个新思路——不用光电转化，而是通过光热转化，聚焦太阳能光，产生高温、高压蒸汽，然后再用高温、高压蒸汽的一种太阳能新技术、新思路。另外，风电的发展需要支持智能电网的发展。有人做了这样的研究：海上建立风电场以后电不输出，直接把电用于海水淡化，把风电海水淡化结合起来，既解决了能源问题，也解决了海岛上需要的淡水问题。在技术创新方面，应该说我们有很多可以通过风险投资支持，但是坦率地说，近年来风险投资的发展不尽如人意，为什么呢？因为大部分风险投资都在投后期，现在所谓股权投资比较热，没有人投前期。而前期很多好的想法和技术就不能得到支持，就不能变成产业。最近提倡搞天使投资，鼓励一些投资人支持前期的技术创新的项目，这些项目风险很大，很可能血本无归，但是一旦成功了，很可能会带来很高的效益。

　　绿色经济建设离不开绿色金融支持，而绿色金融除了财政政策、货币政策、金融平台、碳交易市场以外，希望大家同时关注用风险投资支持绿色技术的发展，只有这样我们才能实现绿色发展的根本目标。

五、发展新能源任重道远

　　我国新能源发展的态势是可喜的。在中央的重视之下，我国对新能源发展下了很大的力量。据我在伦敦召开的 Bloomberg 新能源财经峰会上了解到，我国在新能源方面的投资增长率非常高，占世界第一位。据国内报道，我国水电的装机容量 2010 年大概可达 1.9 亿千瓦，到 2020 年可达 3 亿千瓦；我国的核电装机容量目前大约为 910 万千瓦，现正在建 24 台机组，这些机组建成以后，可以增加约 2500 万千瓦，到 2020 年有可能达到 6000 万千瓦；我国风能 2010 年的装机容量大概可达 2000 万千瓦以上，到 2020 年有可能达到 1 亿千瓦；我国的太阳能利用有两种类型，一是太阳能发电，一是太阳能热水器。如果从太阳能发电来说到了 2020 年可以发展到 180 万千瓦。但是如果包括太阳能热水器的话，可能发展到 500 万千瓦。生物燃料发电的装机容量到 2020 年可能发展到 3000 万千瓦。发展新能源对我国很有意义，因为在我国的能源结构中无论一次能源还是二次能源都是以煤炭为主。发电 70% 靠煤炭，而燃煤所造成的污染和二氧化碳排放都是比较严重的问题。因此我国制订了《可再生能源促进法》，大力发展各种广义的新能源，同时也特别强调节能减排，就是希望能够逐步实现低碳经济。

　　从国家来看，根据上述数据，我国有希望到 2020 年，从发电的角度来说，使依靠煤的比重从 70% 下降到 60% 左右，这已经很不容易了，要下很大的力量。通过不断的努力，可以逐步降低燃煤对环境的污染。现在我国风能的设备制造能力和太阳能设备制造能力在世界上都占了重要的位置。我国的太阳能电池现在的产量是世界上最大的，其中 90% 左右出口。由此可见，我国新能源发展的态势还是不错的，但是也面临着严峻的挑战。

　　这个挑战有以下几个方面：一是我国目前对于整个新能源的发展还缺乏一个周密、细致的规划。对于新能源发展战略的争论也比较多。二是我国在关键技术上掌握得还不多，自主创新太少。例如太阳能技术的第一代是硅晶电池技术，第二代是无晶硅的薄膜技术，目前无晶硅的薄膜要经过一些特殊的沉积技术来制造，包括物理气相沉积（CPVD）和等离子增强化学沉积（CPECVD）等技术，这些特殊技术我国目前还主要是引进；风能发电机现在世界能够做到最大单台能力 5 兆瓦以上，我国目前能做到的还是 1.5～2.5 兆瓦，3 兆瓦刚刚下线不久；由于风能发电出力很不均匀，所以对控制技术要求很高，我国对自动控制技术还掌握得不够；一些关键部件，例如大型轴承我国还不能制造。电动汽车的电池问题目前也还没有突破；我国的核电技术目前主要是引进美国的 AP1000。这是美国现在还没有真正投入生产核电技术，我国引进以后，也可能要继续花一段时间摸索。诸如此类的问题都提醒我们，在发展新能源时引进是必要的，但是我们必须要加强在新能源方面的自主创新。没有自主创新，我国在新能源方面能成为一个大国，但是不可能成为一个强国，就会有世界各国的技术到我们这里来做实验的情况出现，这是我国面临的第二个挑战。

我国面临的第三个挑战是目前新能源成本普遍较高。我国风能发电的成本要比火力发电高一倍；太阳能发电成本是火力发电的 4 倍；风力发电成本高的问题在于：第一，全年不可能全有风，目前的水平风速要在 3.2 米以上才可以发电；而且来台风的时候，还要把叶片拆下来以免损坏。因此将风能的发电量折算成全年满负荷的话大概是 2300 个小时，这样成本必然会高。再由于风能发电出力波动很大，所以在入网的时候，对电网的条件要求也比较高。我国电网限制风电入网不得超过 10%，在国外可以做到 20%～30%，这也限制了风电的发展。太阳发电目前组件设备成本较高，是正常风力发电的成本的两倍，因此还需要进一步降低成本。

最后一点，就是我国发展新能源一定要踏踏实实，冷静地思考，防止过分炒作。我国新能源的发展的方向要坚定，步伐要稳健。肯定有一些企业会通过炒作追求短期的利益，甚至发布一些虚假的信息，这也会进一步降低公众对发展新能源的信心。应该看到，我国新能源的发展前景还是良好的，因为我国确实有许多有利的条件。我国风能资源现在最保守的估计是 10 亿千瓦，其中30% 在内陆，70% 在浅海区，2020 年我国风电达到一亿千瓦的话还只用了十分之一，太阳能全国 90% 以上的地区都适合使用。

我认为要发展新能源，应该从三个层次上解决问题：第一个层次是技术层次。一定要通过自主创新和引进相结合，在技术上取得突破。突破有两类，一类是近期的，一类是长远的。例如说风能近期可以突破自动控制技术、关键部件的制造技术和5兆发电机的制造技术。但是从长远来看，老靠自然风，还是靠天吃饭。所以现在已经有人在研究利用烟囱技术，通过烟囱拔风形成的人造风来发电。但是烟囱拔风要建很高的烟囱，成本很高，所以有人设想将它和旅游观光结合起来，顶部像成像电视塔一样。当然这仅仅是一个设想，但是从长远来看，也是有可能实现的。从长远看来，核电可能要靠核聚变，目前核聚变在国际上还在研究，我国也参与了，但实现核聚变的实用化可能要30年～50年。现在电动车用的电池一般是锂电池，其容量还不够大，还需要进一步发展。因此我国的技术开发，既要解决当前，也要着眼于长远，如果长远的事情不做，那是短视的。这些问题都是技术上的问题，只有从技术角度真正解决问题，才能够使新能源真正得到较快的发展。

第二个层次是经济层次。要解决目前新能源成本高的问题，一要通过技术上的突破来降低成本；二是要通过计算环境成本，给新能源一定的补贴。现在风力发电的成本比火力发电高一倍，但如果把火力发电造成的环境成本包括在内，那成本的差别可能就没有这么大。政府对新能源的补贴是必不可少的，国外现在就是采取补贴的政策，例如日本和德国都是采取补贴的政策使得太阳能的利用迅速发展。三是可以通过现在国际上的清洁发展机制（CCDIVD），来取得一定的补偿。因为各个发达国家有自己二氧化碳的排放定额，它自己达不到时，可以购买发展中国家减排的成果。就风能来说，每度电可以通过CDM拿到9分到1毛钱，这样也可以降低它的成本；在碳交易上我国现在还有大量的文章可做。现在国际上的碳交易已经和金融结合起来，不仅仅是一般的碳交易市场，而且还出现了一些金融衍生产品，需要我们认真研究和应对。我国现在的碳交易还处在刚刚开始的阶段，在天津刚刚成立了碳排放权交易所。四是我们的企业要考虑如何优化供应链，提高附加值。我去英利集团考察过，他们原来只生产太阳能电池，但是由于太阳能电池价格大幅度下降，遇到很大的威胁。他们就拓展产业链，一方面采用了比较先进的硅烷技术制造硅料。另一方面不再出口太阳能电池，而是组装好太阳能电厂出口，现在已出口到葡萄牙。

第三个层次是政治层次。发展低碳经济，发展新能源，应对气候变化，绝对不是一个国家自己就可以做到的，这是世界性的问题。中国的二氧化碳排放在全世界排位靠前，所以我们要从世界的角度加强国际合作，这就需要从政治方面解决这个问题。哥本哈根会议上世界各国试图联合起来解决碳排放问题。当然，从一方面来说，人们对哥本哈根会议的成果还不是很满意，因为没有明确一些定量的指标；但是从另一方面来说，哥本哈根会议还是取得了积极的成果，因为它重申了联合国气候变化框架公约和京都议定书，重申了发达国家和发展中国家要承担共同的但是有区别的责任，而且做出了一些决议。当然，这些问题有待于进一步的落实。但是气候变化问题必须要从全世界的角度来考虑。

温总理在哥本哈根会议上全面阐述了中国在节能减排方面已经取得的成绩和今后的目标，今后的目标是在 2020 年要在 2005 年的基础上单位 GDP 排放减少 40% ～ 45%。但是实际上我国的绝对排放量还是会增加的，因此我国的任务很重。当然讲道理我们也有道理，历史上发达国家累计排放量占主要部分，中国在历史上累计的排放量只占全世界的 9%，我国现在人均排放量大概只有美国人均的四分之一，如果讲人权的话，那每个人都应该有同样的排放权；第三，现在很多制造业都转移到中国，二氧化碳的排放量也算到我们头上，这是不合理的。第四，中国是发展中国家，要发展就不可能不去增加工业生产，不可能不增加二氧化碳排放。当然我们不是以这些作为理由来减轻自己的责任，但是也要说清楚，发展中国家和发达国家是有区别的，因为他们已经到了后工业社会，工业生产基本不增长，主要是服务业，而服务业基本上不会排放二氧化碳，所以我们还需要与世界各国一起努力。温总理说，哪怕有 1% 的希望我们也要做百分之百的努力，和国际组织及世界各国共同合作。

在中央的领导下，在大家的共同努力下，全国各地都开始重视低碳经济和新能源的发展，我相信我国的可持续发展将会不断取得进展，通过新能源引领的产业革命逐步实现低碳经济和生态文明。

第二章 我们需要一场变革：营造绿色未来

——中国环境保护四十年回顾及思考

曲格平

作者系前全国人大环境与资源保护委员会主任委员，国家环境保护局原局长，中国环境保护事业的主要开拓者和奠基人之一。

作者认为，1820年开始的现代文明时代，其核心就是经济增长为主题的社会与世界。这个世界目前需要根本性的调整与改变，这个历史性调整与改变始于上个世纪60年代～70年代。这个调整与改变的主题是人与自然关系，其核心内容是环境问题。

"我们需要一场变革：营造绿色未来——中国环境保护四十年回顾及思考"是对这个调整与改变的整个过去历史的深度总结与未来发展的思考，文章充满激情、希望、睿智，发人深省，深度、权威地展现了中国40年环境保护的发展历程以及对未来的期望。

文章主要内容包括：

■ **中国环境保护四十年回顾**

1972～1978年——环境保护意识启蒙阶段。

1979～1992年——环境污染蔓延和环境保护制度建设阶段。

1993～2001年——环境污染加剧和规模化治理阶段。

2002～2012年——环保综合治理阶段。

■ **对我国严重环境问题的几点思考**

一、中国环境保护四十年回顾

本人亲历、参与了40年来中国环境保护事业，亲眼目睹了40年来中国环境保护的变化。风风雨雨，筚路蓝缕、以启山林；到如今的万物葱郁、蔚为大观，既充满着艰辛、又充满着欢欣。这样一段环保史，就是中国社会40年来巨大变迁史。今天，我愿意与大家一起来讨论这段环境保护历史的经验和教训。

（一）中国四十年来的经济发展足迹

中国的环境保护起步与西方国家相比晚不了几年，不过我们起点低，西方国家是在工业化和城市化都已完成的情况下起步的。这就是为什么环境状况差距会如此之大的原因。让我们看看中国社会这40年来的经济发展足迹。这条足迹，实际上构成了中国环境保护从起步到成长的一个大背景。

足迹之一：中国从一个低收入国家进入到今天的中等收入国家。

1972年，中国处于短缺型经济，是世界最贫困国家之一，所幸的是，从1979年开始，邓小平先生把中国带入了改革开放时代，中国经济步入了高速发展，实现了32年平均9.9%的年增长。目前中国成为仅次于美国的全球第二大经济体，人均收入已经达到中等收入国家，成绩斐然，有目共睹。

足迹之二：中国从工业化初期阶段进入到工业化中后期阶段。

改革开放30多年来，中国经济高速增长主要凭借的是工业化的加速发展。

从1972年到2012年40年来，中国经历了从工业化初期到工业化中后期的发展历程。从工业化指数看，1995年，中国工业化水平综合指数仅为12，表明中国处于工业化初期的前半阶段；经过"九五"时期，到2000年中国工业化水平综合指数提高到18，表明进入工业化初期的后半阶段。经过"十五"，到2005年，工业化水平综合指数提高到41，中国工业化水平处于工业化中期的前半阶段。经过"十一五"时期，到2010年，中国的工业化水平综合指数为66，表明工业化水平即将走完工业化中期的后半段。30多年间中国工业化经历了一个不断加速发展的历程，逐步从一个工业小国发展成为工业大国，并不断演变为制造业雄踞全球第一的"世界工厂"。

经过 40 年的发展，中国在能源、钢铁、水泥、汽车等主要工业产品产量上，已经远远把发达国家甩在了后面，就此而言，我们早已完成了当年提出的"赶英超美"的壮志。

足迹之三：中国从乡村型社会进入到城镇化社会。

从工业革命发展历程看，现代化与工业化、城市化是同步发展的。改革开放以来，中国城镇化经历了一个起点低、速度快的历程，其主要特征是：

城镇人口迅速增加，城市化率大幅提高。1978 年～ 2011 年，城镇人口从 1.72 亿人增加到 6.9 亿人，城镇化率从 17.9% 提升到 51.3%，达到世界平均水平。30 多年来，城镇人口新增了 5.18 亿，相当于美国、日本、德国人口之和。2011 年中国城镇人口首次超过农村人口，标志着中国几千年来的城乡人口结构发生了根本改变。

30 年来，中国经济高速发展，工业化、城市化快速推进同时，生态环境却也发生了巨大变化，从污染物低排放走向高排放，从环境状态的低恶化走向环境状态的高恶化，从局部型、单一型污染走向全局型、复合型污染，付出了高昂的环境与资源代价。

特别是在城镇化加快发展的同时，也带来了许多环境问题。一是污水排放量大幅提升，1991 年～ 2011 年，城市污水排放量从近 300 亿吨增加到 400 亿吨；二是生活垃圾清运量从 7600 万吨增加到 1.63 亿吨；三是私人汽车拥有量急剧增加，从 1991 年不足 100 万辆发展到今天 6000 多万辆。仅此三项，就对城市环境造成了巨大压力。据世界卫生组织（WHO）发布的报告，2009 年中国 31 个省会城市 PM_{10} 年平均浓度达到 98 微克 / 立方米，是 WHO 推荐标准的 4.9 倍，在 91 个国家中排名第 71 位。其中兰州的 PM_{10} 浓度最高，达到 150 微克 / 立方米；海口的 PM_{10} 浓度最低，为 38 微克 / 立方米，但也超过了 WHO 推荐的标准值（20 微克 / 立方米）。

中国未来迫切需要发展与环境保护的协同问题，这是一项根本性的国家发展战略问题。

（二）中国环境保护 40 年的历程

40 年来，中国经历了从计划经济向市场经济转轨的宏大历史进程，目前正在经历从经济体制改革向政治体制改革、社会体制改革扩展和深化的进程中。中国领导决策层在发展的政策思路上，有显著变化，在上世纪 80 年代初就提出了经济发展、社会发展和环境发展同步进行，经济效益、社会效益和环境效益协调统一的发展观和环境观；热忱接受了国际社会共同倡议和制定的可持续发展理念，并相继提出了科学发展的观念和战略，倡导建设资源节约型和环境友好型社会；倡导发展循环经济和低碳经济，推进生态文明建设。不过，这些发展战略相当程度停留在理念层面上，需要进一步落实在行动上。

总体上看，中国经济增长对环境压力不断加剧，环境污染不断"爬升"，从初期的低排放进入到当下的高排放，进入到一个环境污染的高峰期。目前，中国消耗了占世界 21% 的能源（11% 的石油，49% 的煤碳），排放了占 26% 的 SO_2、28% 的 NOx、21% 的 CO_2。据专家测算，2011 年中国排放 $SO_2$2218 万吨，超过环境容量的 84.8%；COD（化学需氧量）排放量 2500 万吨，排放量超过环境容量 212.5%，这些排放物均列世界首位。同时，随着经济总量、外贸总量和结构变化，中国在全球经济和环境格局中的地位也在发生显著变化。

下面，分四个阶段，回顾和检讨一下 40 年来的中国环境保护历程，特别是环境污染防治的历程。

第一阶段：环境保护意识启蒙阶段。从 1972 年~1978 年的 7 年，中国正处于极为混乱的"文革"劫难时期，也是环境问题开始暴露，环境保护意识萌生、传播和普及的时期。当时，中国人均 GDP 只有 100 多美元，工业化还处于初期阶段，但环境污染开始在局部地区特别是城市暴露出来，污染事件陆续出现。但当时国人对环境污染、环境公害还知之甚少。而此时的西方世界则是另一番景象。20 世纪 50 年代~60 年代，西方世界终于迎来了经济发展的黄金时代，特别是日本，为了不断追赶并超过西欧各国，创下了连续 18 年经济年均增长 9.3% 的记录。为此付出了沉痛的代价，日本成为公害列岛。从 20 世纪 60 年代后期，西方世界的公众终于醒悟，展开了大规模的环境保护抗议运动。而在日本，以健康损害问题为焦点，以被害者为中心，展开了大规模的环境诉讼活动和反对公害的舆论浪潮。1970 年，美国开展了旨在保护环境的"地球日"活动，喊出了"不许东京悲剧重演"口号。1972 年，联合国为顺应全球兴起的环保浪潮，在斯德哥尔摩召开了人类环境会议，拉开了全球环境保护运动的序幕。其时,《纽约时报》评论道,这次会议是一场"思想的革命"。

对当时的中国而言,当务之急是要认识环境问题,提高对环境保护的意识。

一是环境问题开始得到高层重视。西方发达国家的这场环境运动,为中国启动环境保护提供了契机。1969年,我调到"国务院计划起草小组",从事编制国民经济与社会发展计划工作。当时经常听到周恩来总理谈起"公害问题",他特别提醒说,你们要研究工业发展中的公害问题,要学习国外治理公害的经验。因为我来自燃料化学工业部,这个部的污染问题最严重,就让我来分管这项工作。1970年底周总理在听取了一位日本公害记者介绍日本公害特别是"公害病"情况后,要我们组织一次报告会,请这位日本记者介绍日本环境污染问题,并要求国家机关特别是各个部委的负责人都要来听这堂课,会后还要组织他们进行分组讨论,讨论的情况要向他汇报。我们都照办了。当我们把报告情况和分组讨论的情况交给总理后,他指示要把日本记者的报告作为会议交流材料发给那一年参加全国计划会议的人员。可以说,这是在高层次的会议上,出现的第一份有关环境保护的文件。中国的环境保护的启蒙就是由上而下、逐步开展起来的,实际上都是周恩来总理推动起来的。

1972年出席联合国人类环境会议,认识到了自身问题的严重性。

1972年,周恩来总理决定中国派团参加联合国人类环境会议。这是中国恢复联合国席位后,参加的第一个大型国际会议。代表团由国家计委牵头,有外交、卫生、工业、农业、水利、能源、城市、科技和地方等部门的负责人或专家参加。我也有幸参加并见证了全球首次环境会议的盛况。中国代表团出席会议,举世瞩目。中国代表团提出的国家不分大小、一律平等、要尊重每个国家的主权,要支持发展中国家发展民族经济的努力等主张,受到发展中国家的普遍欢迎和支持,特别是为《人类环境宣言》修改作出了贡献。

不过,在当时"文化大革命"政治背景下,代表团出席会议的主导思想,不是去"取经",而是去"斗争"的,始终绷紧了"阶级斗争"这根弦,在修改"宣言"中,也讲了一些偏激语言。代表团领导人战战兢兢,生怕在政治上犯错误。至于对会议讨论审议的环境与发展问题,并不是怎样关注。会后在写出席会议的汇报中,竟然没有一句会议中心主题—"发展与环境"的话,全是政治斗争的篇幅。今天看这份报告是极不可思议的事情,可当时就是这样做的。

就我个人来说，参加这次会议真正打开了一叶窗口，开阔了视野，了解到环境保护究竟是怎么一回事。认识到并不如极左思潮宣扬的那样"社会主义没有污染"，而是"中国城市存在的环境污染，不比西方国家轻；自然生态方面的破坏程度，中国远在西方国家之上"。当会后把这个结论汇报给周恩来总理时，得到了他的认可。他甚至还说，他担忧的问题还是发生了。周总理立即指示，要开一次全国的环保大会，介绍国际环境形势，更要探讨中国环境保护问题。

1973 年 8 月召开全国环境保护会议。

中国召开第一次环境保护会议，是斯德哥尔摩会议在中国开花结果的产物。其时，各地方和有关部委负责人、工厂代表、科学界人士 300 多人参加了会议。会议通过摆环境污染事实，分析其危害，提高了对环境保护的认识。会议后期，周总理决定在人民大会堂召开万人大会，在全社会来普及环境保护意识。在文化大革命极左思潮统治下，能召开环境保护这样的会议，允许人们在那里议论"中国社会主义的黑暗面"，真可称为一个奇迹。这一切都是在周总理的运筹下进行的。这次会议解决了几个主要问题：一是对中国环境污染有了一个初步认识，中国不是没有污染，而是有些方面还相当突出；二是通过了中国环境保护方针即："全面规划、合理布局、综合利用、化害为利、依靠群众、大家动手、保护环境、造福人民"。三是通过了《关于保护和改善环境的若干规定》，对十个方面的环境保护工作提出了要求，并做出了部署。

全国环境保护会议之后，迅即成立了国务院环境保护领导小组，下设办公室，我是办公室负责人之一。办公室成立后，督促各地成立相应的环保机构，对环境污染状况进行调查评价，开展以消烟除尘为中心的环境治理。同时，对污染严重的地区开展了重点治理，包括官厅水库、富春江、白洋淀、武汉鸭儿湖以及北京、天津、淄博、沈阳、太原、兰州等城市大气污染治理。其中，官厅水库和桂林漓江环境治理决心最大，成效也突出，为今后的江河和城市污染治理摸索出一些经验。

周恩来总理以他的远见卓识，敏感地意识到环境问题的严重性，以及对于未来中国的紧迫性，适时地抓住这个问题，未雨绸缪，开启了中国环境保护事业的航程。所以说，周恩来总理是中国环境保护事业的开创者和奠基人。

第二阶段：环境污染蔓延和环境保护制度建设阶段。

从 1979 年到 1992 年的 14 年，是中国环境保护事业第二个历史时期。1979 年是一个标志性年份。从这一年开始，中国开始实行改革开放政策，经济发展由此驶上高速增长的轨道，并迎来了长达 33 年的高速增长期。也是在这一年，《环境保护法》正式颁布，标志着中国环境保护开始迈上法制轨道。据有关资料显示：一些西方发达国家是何时制定"环境基本法"的呢？美国是 1970 年，日本是 1967 年，法国是 1976 年，英国是 1974 年，瑞典是 1969 年。就时间而言，中国环境基本法建设与一些发达国家也晚不了几年，其差别是在"有法不依"上。期间中国环境保护的理论体系、制度政策体系、法律法规体系和管理体制开始形成，初步确立了中国特色的环境保护道路。举其要点如下：

一是确立了环境保护的基本国策地位。20 世纪 80 年代初，通过对国情的分析，我们认为，环境保护事关自然资源合理开发利用，事关国家的长久发展，事关群众的身体健康，是强国富民安天下的大事，应该立为国策。我们将这一想法向时任常务副总理的万里进行了汇报，他当即表示，要象计划生育一样，环境保护也应立为一项基本国策。在 1983 年第二次全国环境保护会议上，时任副总理的李鹏代表国务院宣布，环境保护是中国的一项基本国策。国策地位的确立，使环境保护从经济建设的边缘地位转移到中心位置，为环保工作的开展打下了一个坚实基础。与此同时，为落实环境保护基本国策，国务院制定出台了"同步发展"方针，即"经济建设、城乡建设、环境建设同步规划、同步实施、同步发展，实现经济效益、社会效益、环境效益相统一"战略方针，摒弃了"先污染后治理"的老路，体现了走有中国特色环保之路的要求。与国际上 20 世纪 80 年代后期提出的可持续发展战略是遥相呼应的，并更加切合中国的实际。

二是制定了环境保护的政策制度体系。1989 年，在第三次全国环境保护会议上，提出了环境保护三大政策和八项管理制度，即预防为主、防治结合，谁污染谁治理和强化环境管理的三大政策。同时还出台了包括三同时制度、环境影响评价制度、排污收费制度、城市环境综合整治定量考核制度、环境目标责任制度、排污申报登记和排污许可证制度、限期治理制度和污染集中控制制度。

强化环境管理政策，是我国环境政策中最具特色的一条。上世纪 80 年代我国环境已经面临比较严峻的形势，在科技发展水平不高，国力有限的情况下，不可能靠高科技、高投入解决环境问题。而据调查研究说明，造成环境问题特别是环境污染，重要原因是管理不善造成的。因此，最现实、最有效的办法，是靠政府采取行政的、法律的和经济手段，强化环境管理，以监督促治理，以监督促保护。实践证明这是一条富有成效的路子，是我国环保工作在指导思想上具有历史意义的转变，如果没有这种转变，环保工作将无所作为，环境形势将更趋恶化。

以上提到的这些政策和制度。先以国务院政令颁发，后以各项污染防治的法律法规加以肯定成型，变成法律制度，在全国加以实施。

三是构筑了环境保护法律法规和标准体系。1979 年《环境保护法》首次颁布，1989 年又作了修订。同期，还陆续制定并颁布了污染防治方面的各单项法律和标准，包括《水污染防治法》、《大气污染防治法》、《海洋环境保护法》；同时又相继出台了《森林法》、《草原法》、《水法》、《水土保持法》、《野生动物保护法》等资源保护方面的法律，初步构成了一个环境保护的法律框架。

四是确立了可持续发展国家战略地位。1992 年，联合国在里约热内卢召开了环境与发展大会，我有幸作为中国代表团副团长参加。会后，以中共中央、国务院名义颁布了《环境与发展十大对策》，首次在中国提出实施可持续发展战略。1995 年，国家在制定"九五"规划中，明确将科教兴国和可持续发展战略作为国家战略。同时还颁布了《中国二十一世纪议程》，制定了中国实施可持续发展战略的国家行动计划和措施。

五是环境管理机构由临时状态转入国家编制序列。1982 年国家设立"城乡建设环境保护部"，内设环保局，从而结束了"国环办"十年的临时状态。1988 年，环保局从城乡建设环境保护部分离出来，建立了直属国务院的"国家环保局"。至此，"环境管理"才成为国家的一个独立工作部门。以后环保总局、环境部是在这个基础上的延伸和发展。实践证明，确定了环境保护方针，制定了规划，还要有相应的机构和人去推动实施，否则一切将都落空。可以说目前环境保护机构在政府编制中是到位了。1993 年，全国人大设立"环境与资源委员会"，全国政协也相应设立了"环境与人口委员会"。上行下效，各省、市、区也都相继建起这种机构，在国家各级管理层面上环境保护得到了重视。

第三阶段：环境污染加剧和规模化治理阶段。把 1993 年～ 2001 年这八年作为一个阶段看，是因为 1993 年是我国由计划经济向市场经济转轨的一年，也是中国环保历程中环境污染加剧和规模治理时期，是以总量控制为核心的环境保护制度开始落实和完善的时期。1992 年小平南巡讲话后，中国掀起了新一轮的大规模经济建设，各地上项目、铺摊子热情急剧高涨，加之 80 年代全国乡镇企业的无序发展，致使中国环境污染到了一个无以复加的地步。许多江河湖泊污水横流，蓝藻大暴发，甚至舟楫难行，沿江沿湖居民饮水发生困难；许多城市雾霾蔽日，空气混浊，城市居民呼吸道疾病急剧上升。在这种情况下，国家环保部门启动了"三河（淮河、海河、辽河）三湖（滇池、太湖、巢湖）一市（北京）一海（渤海）"治理，通过制定区域和流域污染防治规划，实施重点污染物总量控制，拉开了规模污染治理的序幕。

一是开展规模工业污染防治。在控制环境污染中，把工业污染防治作为重点，通过淘汰落后产能，在"九五"至"十一五"期间，据不完全统计关闭淘汰污染严重的工矿企业 17.7 万多家；调整产业结构，大力推行清洁生产以及强化环境管理，污染物排放有了大幅度降低，工业污染控制取得重大进展。然而，在对大中型工业企业控制污染取得进展的同时，乡镇工业企业污染排放量急剧上升，环境污染形势由"点源"污染变成"面源污染"，这种污染集工业污染、城市污染、村镇生活污染和农田化肥、农药污染为一体，加剧了污染防治的难度。

二是开展规模流域污染防治。在这一时期，以"三河三湖"为重点，开始了规模流域污染治理工作。其中把淮河水污染治理作为重点。1989 年 2 月，淮河流域发生第一次重大污染事故，100 万人饮用水发生危机；1994 年 7 月，淮河下游又发生特大污染事故，安徽、江苏 150 万人饮水困难。两次污染事故，促使国务院下决心来治理淮河污染，提出"一定要在本世纪内让淮河水变清"目标，并提出了相应的保证措施：第一，由国家环保总局和水利部牵头组成淮河水质保护机构，协调和部署对淮河污染的综合整治；第二，建立和健全淮河水质污染监测网，对各个断面的排污实行目标控制和总量控制；第三，在三年内关、停、并、转一批淮河沿岸污染严重、治理难度大的企业；第四，2000 年前，流域内所有市、县都必须因地制宜修建污水集中处理设施；第五，制订淮河流域污染防治的有关法律和法规，尽快把淮河流域的污染防治纳入法制轨道。1995年8月，国务院签发了我国历史上第一部流域性法规——《淮河流域水污染防治暂行条例》。1998年，国家环保总局宣布：在淮河流域1562家污染企业中，已有1139家完成治理任务，215家停产治理，190家停产、破产、转产，18家因治理无望被责令关闭。

那么，经过十五年的治理，今天的淮河水质状况究竟怎样了呢？据环保部的数据，2010年，淮河干流及31条支流，好于Ⅲ类水质的水体由1995年的8%上升到37.5%，劣于Ⅴ类的水体由1995年的55%下降到25%。离淮河干流和支流全面变清的目标，即大部分水体水质达到或优于Ⅲ类水质的目标，还任重道远。

人们常常把淮河治污与英国泰晤士河治理相比。要知道，淮河要比泰晤士河大得多。英国从1850年修城市下水道，做治污准备，1950年建污水处理厂，至2000年泰晤士河大马哈鱼回归，历时150年。后50年共投入300亿英镑，约相当于今天人民币3000多亿元。可见流域水污染治理的艰辛。

三是启动重点城市环境治理。这一时期，围绕环境保护的重点城市，启动了大规模城市环境综合整治。期间相继评选出70多个"环境模范城市"，环境质量、环境状况显著优于一般城市。它们的经验说明，只要城市领导重视，摆上政府议程，真抓实干，是可以在经济发展的同时，建设一个比较好的环境。在这个期间，继续推动城市工业结构和布局调整，能源结构调整，治理城市工业污染的同时，开始规模建设城市污水治理设施，大气污染治理措施。1991年到2011年，城市污水处理率从14.8%提高到83.6%，生活垃圾无害化处理率从16.2%提高到79.8%，燃气普及从23.7%提高到92.4%，用水普及率从54.8%提高到97%。

1993年之后，我到全国人大环资委担任主任委员，全力参与到中国的环境法制建设中去，陆续修订了《水污染防治法》、《大气污染防治法》和《海洋环境保护法》，出台了《固体废物污染环境防治法》、《环境噪声污染防治法》、《防沙治沙法》、《清洁生产促进法》、《环境影响评价法》。其中《环境影响评价法》是立法方向的转变，也是环境管理方式的转变。从"先污染后治理"转向"先评价后建设"，预防在先，治理在后。西方国家的实践证明，实施环评制度后，环境污染形势开始明显好转，我也希望看到中国这种转变。诚然，环评法还要进一步充实，特别要强化法律责任条款。

第四阶段：环保综合治理阶段。2002 年～2012 年的 10 年间，经济高速增长，重化工业加快发展，给环境保护带来了前所未有的压力。是中国环境保护最为艰巨的十年。数字显示，从 2001 年～2010 年 10 年间，中国 GDP 增长率达到 10.5%，其中有 6 年是在 10% 以上。特别是从 2002 年下半年开始，各地兴起了重化工热，纷纷上马钢铁、水泥、化工、煤电等高耗能、高排放项目，致使能源资源全面紧张，污染物排放居高不下，"十五"期末二氧化硫、COD 等主要污染指标不降反升，没有完成原定的减少 10% 的目标，受到了社会各界的广泛质疑。2006 年，虽然开始实施节能减排计划，但是重化工业扩张的势头仍然不减，污染物上升趋势难以遏制，终于在这一年，主要污染物排放：二氧化硫 2588 万吨，氮氧化物 1523 万吨、化学需氧量 1428 万吨、氨氮 141 万吨，达到了历史最高点。其后，中国政府进一步加大减排力度，并辅之以市场化手段，使得主要污染物开始逐步下降。但尽管如此，中国的环境质量并没有随之好转，污染事故仍然此起彼伏，由此引发的公众事件频繁发生。

近年来 $PM_{2.5}$ 闹得沸沸扬扬。就北京而言，有研究表明，$PM_{2.5}$ 约 60% 来源于燃煤、机动车燃油、工业使用燃料等燃烧过程，23% 来源于扬尘，17% 来源于溶剂使用及其它。从国外大气治理的经验来看，细颗粒物污染的治理是一项长期而艰巨的过程，不仅要付出巨大的投入，还需要付出超常的努力。以美国为例，在经历了 50 多年的治理，才达到目前的水平。我国细颗粒物污染面积如此之大，污染程度又如此严重，不要说达到国际卫生组织的标准，就是达到我国制定的标准，也需要一个更加艰巨的过程。不仅要下最大决心，更要付出超常努力，争取用 15 年～20 年的时间走完这一历程。

面对如此环境严峻形势，政府和相关部门在财税上试行了一些新措施：

一是全面推行特许经营制度。过去，污水垃圾处理厂都是靠政府投资建设经营，不仅进展慢，而且效益低，许多治理设施建而不运，建而不养，成了环保的摆设，没有发挥应有的环境效益。2002 年，拉开了以推广特许经营制度为标志的市场化改革序幕。近 10 年来，民间资本、外资等社会资本进入到供水、供气、供热、污水垃圾处理等领域，打破了国有企事业单位独家垄断的局面，提高了生产效率和服务水平，推动了环境基础设施的建设步伐。据 2011

年5月《全国城镇污水处理信息系统》显示，全国共建成投运的污水处理厂3022座，比10年前增长了6倍，变化很大。其中采取BOT、BT、TOT等特许经营模式的占42%。

二是实行有利于环境的价格政策。近年来，在各种产品价格中逐步体现环境成本，污染物减排量也成了有价商品，可以出售和交易，这些做法为利用市场机制来保护环境开始走出路子。2004年出台的每度电1.5分钱的脱硫电价政策，很快使电厂脱硫如火如荼地开展起来。短短几年内，使全国脱硫机组装机容量占火电装机容量的比重从2004年的8.8%提高到2011年的87.6%。同样，2011年出台的每度电8厘钱的脱硝电价政策，垃圾焚烧上网电价激励等政策，为环境治理市场化开启了新路子。

三是实行有利于环境的税收政策。近年来，中国在税收制度绿化方面也做了不少工作，推出了一系列有利于环境保护的税收优惠政策。比如，对节能环保企业实行所得税"三免三减半"政策，对污水、再生水、垃圾处理行业免征或即征即退增值税；对脱硫产品增值税减半征收；对购置环保设备的投资抵免企业所得税，等等。这些政策对推动环境治理无疑起到了重要作用。

四是实行环境的投资政策。中国环保投资近几十年来稳步增长，特别是近十年来，有了明显的增长。20世纪80年代初期，中国环保治理投资每年为25亿元～30亿元，约占同期GDP的0.51%；到80年代末期，投资总额超过100亿元，占同期GDP的0.60%左右；"九五"期末的1995年，投资总额达到1010亿元，占同期GDP的1.02%，首次突破1%大关，标志着规模的环境治理开始启动；"十五"期末的2005年，投资总额达到2388亿元，占同期国民生产总值的1.3%；"十一五"期末的2010年，投资总额又上升到6654亿元，占当年GDP的1.66%。在环保投资中，社会资本越来越成为环保投资的主体。但财政投资拉动作用却十分明显，往往起到四两拨千斤的作用。比如，1998年～2002年，中国政府共发行国债6600亿元，其中安排650亿元支持967个城市环境基础设施项目，并拉动地方和社会资金2100亿元，建成了603个污水处理项目，新增污水处理能力5476万立方米/天，22个中水回用项目，164个垃圾处理项目，新增垃圾处理能力8.5吨/天。这是中国政府第一次大规模投资环境基础设施建设，并带来了长远的环境效益。2008年4万亿投资中就有2100亿投资于生态环境建设，短短三年内使城市污水处理厂座数增加63%，而在县城却增加了 3.3 倍。此外，为提高财政投资的效益，2007 年起，中央财政实行"以奖代补"政策，带动地方财政资金 1124 亿元。

五是实行有利于环境的融资政策。2007 年 7 月起，中国金融行业实施"绿色信贷"政策，国有银行和商业银行对绿色产业都给予了重点支持。截止 2010 年底，国家开发银行和国有 4 大银行绿色信贷余额已达 14506 亿元。国家开发银行作为国家政策性银行，对环境治理贷款力度尤为明显。"十五"期间，环境保护贷款发放额为 1183 亿元，占同期全国环保投资总额的 14%；"十一五"期间，继续加大贷款力度，共发放节能减排贷款 5860 亿元，其中环保领域发放款 3200 多亿元，占同期全国环保投资总额的 15%。与此同时，从事环境治理的环保公司还积极上市融资，据不完全统计，目前在国内 A 股、H 股上市的国内环保公司达 46 家，2011 年营收总额达到 630 多亿元。另外还有一些环保公司在香港、美国、德国、日本等地境外上市融资。

在这个期间，环境保护法制建设也取得了新进展。相继出台了《放射性污染防治法》、《可再生能源法》、《循环经济促进法》等。到目前为止，中国已制定了 8 部环境保护法律、15 部自然资源法律，制定颁布了环境保护行政法规 50 余项，部门规章和规范性文件近 200 件，军队环保法规和规章 10 余件，国家环境标准 800 多项，批准和签署多边国际环境条约 51 项，各地方人大和政府制定的地方性环境法规和地方政府规章共 1600 余项，初步形成了适应市场经济体系的环境保护法律和标准体系。

我前面讲述的重点放在环境污染及其治理方面。在 20 世纪 80 年代至 2010 年近 30 年来，在生态环境治理方面，像林业建设、草原保护、荒漠化治理、水土流失治理、湿地保护特别是生物多样性保护方面，都做了大量工作，取得了一定的进展。

二、对我国严重环境问题的几点思考

"但见时光流似箭，岂知天道曲如弓"。40 年一转眼就过去了。

中国实行改革开放之后，从 1979 年开始连续 32 年保持 GDP 年均 9.9% 的增长。从各项指标来看，我们现在与 1970 年代初期的日本很相似。那么，在经济高增长的情况下，我们有没有避免日本公害泛滥的覆辙呢？我说没有。虽然在行政、经济和技术等方面实施了政策措施和一些治理工程，但都缺乏力度，并且不是从根源上去防治，仍然没有有效避免很多发达国家曾经历的"先污染后治理"老路，有些方面甚至更为严峻。40 年来中国工业基本上沿袭了粗放型的增长方式，主要工业产品产量增长倍数十分惊人，由此带来的资源能源消耗和环境污染也是触目惊心的。2006 年，中国工业增加值占 GDP 比重达到历史最高点，也就在那一年，中国的几项主要污染物排放指标也达到了历史峰值，有多项指标均位居世界首位。

回过头来看，在中国这样一个巨大经济体的高速增长面前，在前所未有的巨大环境冲击面前，我们是否注定无法解决好发展与环境的矛盾、无法走出目前环境问题困境呢？我认为并不是这样的，只要切实转变发展方式，适时调整政策，转变政府职能，强化环境管理，发展与环境的冲突是可以协调起来的，困境就有望消除。在过去 40 年的发展中，我们的发展政策有许多失误。至少有几点经验教训值得反思和总结。此外，我们面对 21 世纪发展需要对环境保护有更高的战略认识

（一）建立人类新文明

21 世纪的环境保护已经不是一个传统意义的国家工作一部分，而是全球人类共同大事，环境保护的认识以及环境保护的发展需要建立在一个全新的认识、责任与行动上，需要站在拯救地球生物圈——推进人类文明转型高度建设一个新的文明发展体制——将经济建设、社会发展、环境保护构成一个三位一体的发展体制，并且形成全球一致的共同发展原则与机制。中国作为一个未来世界的主要大国，需要在未来建设这样一个文明体制中扮演重要作用。

人类需要倡导新的发展原则，人类社会发展必须与自然高度和谐，必须实现下述七个原则：

原则一：人类是大自然的成员之一，与自然界其他生物是平等、友好、相互依存的伙伴关系，而不是什么至高无上的主宰者、统治者；

原则二：人类应当知恩图报，善待自然；

原则三：人类开发利用自然资源一定要取之有度，不可超过自然生态和环境的承载力；

原则四：人类对自然资源的开发利用，必须遵循"人际公平、国际公平、代际公平"的道德准则，不可侵占属于他人、他国和后代的权益；

原则五：倡导资源节约、高效、循环利用，力求效益最大化、消耗最低化、对环境影响最小化；

原则六：以可持续发展为最高追求目标，摒弃一切"杀鸡取卵"、"竭泽而渔"、急功近利的短期行为；

原则七：发展成果由全体社会成员共享，而不可由少数人独占等。

新的文明需要倡导新的世界观，这就是：可持续的经济发展。在物质层面，倡导有节制地积累物质财富，选择一种既满足人类自身需要，又不损害自然环境的健全发展，使经济保持可持续增长。在生产方式上，转变传统工业化生产方式，提倡清洁生产；在生活方式上，适度消费，追求基本生活需要的满足，崇尚精神和文化的享受。

历史有兴替，往来成古今。一部人类史，就是不断以先进代替落后的社会变革的发展史。从原始文明到农耕文明，到工业文明，再到生态文明，每一次的文明转型都是革命性、历史性的进步。推进人类文明转型——由工业文明转变为生态文明，将是人类的又一次革命性、历史性的伟大变革，是人类发展史上空前宏伟、艰巨而壮丽的事业。为此，需要国际社会、世界各国和所有的人都积极行动起来，为创建人类与自然和谐、可持续发展的绿色家园而共同努力。生态文明普遍践行之日，就是全球环境危机消失、人类幸福安康之时。

（二）改变过度追求经济增长速度战略，加快经济发展方式转型

在经济发展的总体战略上，长期没有摆脱过度追求增长速度的观念，没有注意解决经济增长速度和质量、经济增长和环境保护的关系。过分强调发展速度，一味追求 GDP 的增长；在宏观经济、部门经济和区域经济的发展战略上，长期缺乏对环境保护的综合考虑和综合决策，缺乏对部门和区域发展的环境影响评价，部门和区域规划的环境影响评价也没有有效落实。特别是改革开放30 多年来几轮超过两位数的增长周期都带来巨大的环境冲击，致使治理的速度远远赶不上污染增长的速度，环境污染每况愈下，酿成了今天环境污染严峻的形势，这是政策和指导重大失误的恶果。历史经验反复证明，追求短期超速增长，忽视经济增长的环境和社会效益，其带来的一个严重后果就是沉重的、难以承载的环境和资源代价。

过度追求经济增长速度，经济发展转型就放慢下来。转变传统经济增长方式，走新型工业化道路，是改革开放初期就已提出的方针。但长期以来，只停留在战略理念的层面上，停留在文字和口头上，而实践上仍旧走高投入、高消耗、高污染的粗放发展道路，使环境和资源长期处于高强度的经济增长压力之下。这种过度追求经济增长速度之路不仅使环境走到岌岌可危的边缘，而且使传统的经济增长方式也走到了尽头。

当前，严峻的环境现实已逼迫我们必须转变经济发展方式，在战略上充分认识保持经济适度和平稳增长对环境保护的重大意义，坚定地走可持续发展之路。在制定国民经济发展方针和规划时，适度控制增长指标，把改善经济结构和增长质量（包括经济、社会和环境效益）放在优先位置，在政策和投资上优先保障，今后 10 年环保投资占 GDP 比重要从当前的 1% ～ 1.66% 提高到 2% ～ 3%。同时，综合经济部门和产业部门要树立环境优先的理念，在制定国民经济的发展战略、政策、规划时要开展环境影响评价，要把环境保护的指标和要求纳入国民经济、部门和区域规划中，在发展的源头就能有效协调环境与经济的发展，为环境问题的有效解决创造必要的政策环境。

在环境保护的战略规划和措施上，要充分认识环境治理的长期性、全局性和复杂性，做好全面的调查和风险评估，做好长远的制度建设和政策规划，长远的科技规划，要超出现有 5 年～ 10 年规划期的限制，研究编制 10 年～ 30 年的环境治理"路线图"和"时间表"，提出到 2020 年、2030 年甚至 2040 年改善环境的分阶段目标和技术与政策路线，提出相应的战略政策和资金投入保障措施（要有最低的公共财政投入比例要求），为做好环境保护打下坚实的科学规划基础。

（三）加强市场法治建设，强化环境保护公共管理和服务

改革开放以来，我国逐步由计划经济向市场经济转轨，从此经济发展走上了快速道。但经济发展与环境保护的矛盾却日益突出，终于铸成了今天这种积重难返的局面。市场经济是自由竞争经济，特别是在市场不成熟的发展期，与环境的矛盾很突出，环境问题成为市场"失灵"的重要体现。环境的公共性和外部性特征表明单纯市场本身并不能保障与环境保护的协调发展，需要相应的政府行政干预和市场经济手段，这些手段措施主要通过法律及其监督建立起市

场健康运行机制，包括环境规划、法规、标准、征收环境税、明确环境资源产权，推行国内和国际间的排污交易、实行信息公开、扩大公众参与、动员全社会公众广泛参与环境保护行动。

　　我们回头看一看，我国的发展战略不比别人差，可以说还相当领先，符合可持续发展的要求；我国的环保法律起步不比别人晚，虽说不够完善，但主要方面都可以做到有法可依。那为什么环境问题得不到遏制，而是一再发展呢？在体制上有两个根源。一是当前中央和地方治国理政仍然没有有效实现"法治"，"人治"仍然非常盛行。党和国家多年前就指出过了："有法不依，执法不严，违法不究"；早在20年前中央就提出了转变政府职能，实行依法治国的方略。但是又多少年过去了，我们现在所看到的现实依旧是把国家可持续发展战略放在了脑后，把依法治国放在一旁，法律可执行也可不执行，没有把环境保护放到"基本国策"位置上，更谈不上优先位置了。前些年我在回答《环境报》记者提问时，曾说过这样一段话："纵观西方国家生态环境由坏变好，关键一条就在于依法进行管理，有法必依，违法必究。他们实行的是'法治'，走的是一条依法保护环境的路；我国环境治理效果差，环境问题大，重要一条原因就是有法不依，执法不严，在很大程度上实行的依旧是'人治'。一个是'法治'，一个是'人治'，但两者效果却截然不同。"二是在经济体制和环境保护公共体制上，长期没有理顺政府和市场的关系，政府公共服务观念远远不到位。长期以来，中国经济改革和公共管理改革举步维艰，加之以GDP增长为核心的行政管理和考核体制和以增值税为核心的财税体制，各级地方政府过度追求增投资、上项目，追求以投资和各种资源、能源投入拉动地方产值和税收的快速增长，忽视了各种公共服务事业的发展，忽视了依法保护环境的公共职能。目前很多产业结构失调，环境与资源问题突出，就是很多地方先增长后环保的执政思路造成的。近年来，中国政府正在更多转向公共管理和服务，但不少部门和地方仍然热衷于直接干预和参加企业和市场活动，继续忽略甚至偏废政府的各种环境保护公共管理和服务。

　　如何才能做到有法必依，有效提高政府环境保护公共管理和服务的效能？重要的就是要进行政治体制改革，要把强化法治和转变政府职能作为深化改革的重要方向，把各级政府的职能转变到依法行政的轨道上来，转变到公共管理和服务的职能上来，可以考虑把"保护环境，治理污染"作为依法行政的突破口。真正把环境保护确立为政府的主要公共管理和服务职能，同时还要有必要的公共财政投入来保障基本的公共环境管理和服务，在各级政府特别是基层政府形成健全的环境公共管理和公共服务职能，并相应建立起对政府及其有关部门的比较完善的环境保护考核和监督机制。要继续修改完善环境保护法律体系，建立健全公共环境监测体系和行政执法体系，特别要加强基层的环境监测和行政执法体系建设。要扩大环境信息公开和公众参与，建立健全全社会广泛参与环境保护的制度和政策，为公众参与环境保护决策和监督创造必要的法制和政策条件。

面对如此严峻的环境形势，特别是一些城市和地区，大气污染和水质污染已达到难以承受的地步。各级党政领导人，再也不能听之任之，高枕无忧了，应有危机感和紧迫感，要采取一些特别的规划和管理措施，在环境保护科学研究和规划的基础上，制定各种积极可行的 5 年、10 年、15 年、20 年、25 年、30 年的环境治理规划路线图和时间表，特别对重点地区、重点城市、重点行业、重点流域的治理指标，要落实到年度计划中去，作为每年考核政绩的依据，并公布于众，接受公众的监督。

（四）强化经济手段在环境管理中的作用

传统的环境保护手段是以政府行政命令控制为主的环境保护手段，是在市场不能有效解决外部不经济性情况下实行政府强制干预的产物。中国改革开放30 多年来，前期主要运用命令—控制型的环境管制措施，对遏制环境污染起到了重要作用。但是，只靠这种措施是远远不够的，并且这些措施也有许多缺陷，突出表现在：惩罚性手段多，激励性手段少；行政管制性手段多，经济刺激性手段少；执行法规代价高，违反法规成本低。

从国际国内经验看，经济手段在降低环境保护成本、提高行政效率、减少政府补贴和扩大财政收入诸多方面，具有行政命令手段无法取代的显著优点。我国在 2002 年之后，一些财税、金融、价格等方面的环境经济政策，也陆续开展试点。如在城市污水、垃圾处置、排水供水等方面推行特许证经营政策，在发电行业推行有利于减排的价格政策，推行有利于环保的税收政策，以及国家实行对环境的投资及融资政策等等，都显示出了很大的优越性。因此，在环境保护政策手段上，应当进一步扩大应用经济手段。要在国务院有关部门提出的环境税法草案的基础上，逐步扩大环境税范围，建立形成环境税体系。要在污染物总量控制及其考核制度的基础上，逐步建立排污交易制度。在涉及能源、水资源以及污染治理的政府定价政策上，要充分考虑环境治理和恢复的成本，继续扩大和完善有关环境成本内部化的定价机制。要继续开展有关环境保护的信贷、证券、保险等领域的政策试点，并逐步上升为法律规范，全面推行。

（五）充分实现环境保护的公众参与社会调节

1. 公众参与社会调节机制建立的基础

公众逐步成为环境保护的社会推动力和社会主导力量，并促进新的环境保护社会调节机制的建立，是推进环境保护深化发展的动力，是民主政治的一种反映。只有在充分调动公众积极性的社会环境下，才会有公众的广泛参与。环境保护的公众参与及相应的社会调节机制是建立在几个基石上的：确立公民法律上的基本环境权，包括公众的健康权、知情权、检举权、参与权等；政府公开有关环境保护的信息；广泛发展起来的环境保护民间团体以及社区组织。

从我国现代环境保护事业诞生之日起，1972年出台的环境保护工作方针中就明确提出："依靠群众，大家动手"。依靠群众原则一直是我们环境保护的基本方针。

公众参与原则也就是依靠群众原则。国家鼓励广大人民群众积极参与环境保护事业，对污染和破坏环境与自然资源的行为进行监督，对立法和对环境有重大影响的政策进行参与，最终实现维护公民环境权利的目的。这一原则既是我国党和国家群众路线的体现，也集中反映了现代环境法对民主与法治的诉求。

随着中国民主法治建设和环境保护事业的发展，逐步为公众参与环境保护创造了一定的社会环境。在公民环境权方面：这是现代环境运动最为强烈诉求的一个重要领域。在《环境保护法》《清洁生产促进法》和《环境影响评价法》等各项法律中，对公众的健康权、知情权、检举权、参与权，均作出了一些规定，特别是2002年出台的《环境影响评价法》，对公众参与作出了更加明确和有力的规定，对保证公民参与环境保护事业提供了法律保障。

在环境信息公开化方面：政务信息公开是民主法治建设的一个基本前提条件，也是公众参与环境保护的基本前提条件。近年来，各级政府开始推动政务信息公开，让公众了解到更多有关的信息。在环境保护领域信息公开化是走在前面的。从上个世纪 80 年代就开始发布每年的环境状况公报，让公众了解到环境保护的进展和存在的问题；从 90 年代起有关环境状况、污染源污染物排放、污染事故、环境立法、政策、规划、行政许可和建设项目等方面决策信息，也在逐步公开化，环境信息的公开化，激发了公众参与的积极性。

在公众参与环境保护方面：近年来，我国环境保护民间组织和社团组织不断发展壮大，在组织环境保护宣传、开展舆论监督、维护公民环境权益、动员公众开展社区卫生、绿化环境以及倡导绿色消费等方面做了大量工作。可以说中国环境保护的 NGO 发展是积极的和健康的，成为环境保护方面的一支重要力量。

2. 正确认识公众参与及社会调节机制

当今经济全球化，已扩展到世界各个角落，在经济管制逐步放开和贸易自由化不断扩展的时代，环境保护进入国际发展主流，"绿色"成为时代风尚，环境保护对各种经济活动的制约和影响更加突出显示出来；经济环境影响作用相互交织所产生的经济环境一体化，推动了向循环经济和循环社会转变的新趋向。

在物质生产层面上，正在逐步重新向生态系统回归，按照自然生态规律，在经济、技术等各个方面不断进行创新，全面的改造现有的物质生产体系。从企业微观层次的清洁生产和居民可持续消费行为起步，通过发展为工业生态链和农业生态链，进一步实现区域和产业层次的废物和资源再利用；并通过政府、企业、消费者在市场上的有利于环境的互动行为，形成循环经济形态，进而开始建立起相应的、由不同生态经济体系，包括工业、农业、区域等各种类型构成的循环经济体系。

在社会、政治层面上，各级政府和各个重要决策部门开始落实全面、协调、可持续发展的科学发展观，逐步建立相应的经济、社会、环境协调发展的目标体系，不断提高政府在经济、社会、环境三方面统筹规划和政策协调以及规范管理的能力和水平；开始把可持续发展工作纳入相关的战略、规划和计划，并且贯穿到计划实施的全过程，有 10 多个省市已率先开始了行动。

在文化和道德层面上，社会把对自然生态系统尊重的理念和原则纳入到文化和道德体系建设中，开始在全社会普及环境保护和资源节约意识，倡导生态价值观和绿色消费观、文化观和道德观，努力使广大公众养成符合环境保护和可持续发展要求的良好的道德准则和行为习惯，调动公众参与的积极性，形成人人关心环境、保护环境的良好社会风尚，建立一个人与自然和谐发展的社会。

环境保护引发的一系列变革过程，正是各种环境保护社会力量，包括公众、产业界和政府广泛参与和努力推动的结果，其中公众的环境保护运动在很多情况下往往成为引发这一变革的第一推动力。

在这一进程中，尽管环境保护运动不断出现起伏，但环境保护的社会力量正逐步增强，公众、产业界和政府力量在环境保护中的地位和作用同样经历着深刻转变。目前，在发达国家，环境保护民间组织已经成为保护环境的中坚力量，产业界中绿色发展方式和绿色产业也正在兴起，公众、产业界和政府三种社会力量三足鼎立的局面逐步形成，三种环境保护社会力量良性互动的局面也已经开始出现，如在绿色消费、生态建设和可再生能源等领域，公众、产业界和政府开始多方合作以追求共赢。

为了回应这一涉及经济、社会、文化等各个层面的复杂变革过程，传统的以某些污染物为重点，单纯以政府行政命令一强制控制为主要手段的环境保护管制措施已经远远不够了，必须建立更加具有综合性、更加带有预防性、更加富有社会参与性的环境保护新机制。因此，许多国家政府环境管理体制方面不断完善，形成了一些新的市场调节机制和社会调节机制。从环境法律和政策体系发展来看，长期以来，对环境保护管理的基本措施，是以行政管制和技术标准为主要内容的行政命令一控制制度。从上世纪的七八十年代开始，以环境税费为主要手段并可能发展成为"绿色税收体系"的经济刺激制度出现了。实践证明实施这种市场引导和调节措施，对控制环境污染起到了积极作用；接着又出现了以自愿协议、环境标志等为代表的自愿参与和实施制度，信息公开和公众参与为基础的社会监督制度，这两种制度措施成为政府和市场调节之外的社会调节行为。上述列举的四种政策体系正在西方国家开始确立。以污染控制为例，形成了一种对污染的多维控制模式。在这一模式中，公众可以通过直接监督企业，监督政府，通过引导市场消费等，形成对环境污染的一种有效的社会调节作用。

3. 公众参与及社会调节机制是环境管理的发展方向

随着环境保护民间力量和绿色产业的发展，我国环境保护实施的政府命令
—强制控制的方式也不适应形势发展的需要了，应该加以调整。要创造良好的
法律制度环境，进一步壮大产业界和民间环境保护力量，使公众、产业界和政
府三种环境保护社会力量良性互动，形成政府管制、市场调节和社会调节相结
合的环境保护综合机制。为此，我认为：

第一，抓紧完善有关公民环境权的法律规定，确立法律上可实施的公民环
境权，保障公民能够有效行使其在环境健康权、知情权、检举权、参与权等各
方面的权利。第二，扩大环境信息的"公开性"和"透明性"，把环境质量状
况、污染源污染物排放、污染事故及处置、环境决策的信息全面公开化。信息
公开本身就可以对污染者产生强大的约束作用。第三，不断扩展公众参与环境
与发展决策的途径和方式，建立公众参与有关环境保护法律法规、规划和标准
制定，参与环境影响评价和各种环境行政许可的法定程序。第四，完善涉及公
民环境权的相关民事、行政诉讼制度和民事、行政赔偿制度，包括有关环境公
益诉讼制度，使公民在环境权利受到损害时获得及时的法律救济。第五，发展
各种引导民间生产和消费行为的制度和机制，包括各种环境保护自愿认证制度
和自愿协议方式，通过民间各种自愿行动，引导市场供求向着有利于环境保护
的方向变化。第六，培育环境保护民间组织，鼓励和支持它们开展各种环境保
护社会监督和公益活动，并与政府建立起友好的伙伴关系。

三、掌握战略主动性

在国际环境保护问题上，要把自身环境保护做好，必须掌握战略主动性。

近年来，中国不仅为各种国内环境问题所困扰，同时也为生物多样性保
护、海洋环境保护、化学品和危险物质管理以及跨界大气和水污染防治等，各
种全球和区域环境问题特别是气候变化应对问题所带来的压力所困扰。2007
年中国 CO_2 排放量达到 60 亿吨，首次超过美国成为世界第一排放大国，2009
年中国人均 CO_2 排放量达到 5.1 吨，已超过世界人均水平的 4.3 吨。从国际政
治经济和法律关系上看，中国作为发展中国家的地位在变化，大国的因素在增
加，中国的国际责任在增大。因此，在坚持国际环境法上执行"共同但有区别

责任"原则的同时，要明确认识到中国环境国际影响和地位的变化，所承担的国际环境权利、责任和义务的变化，采取积极主动的应对战略，有效转变经济发展方式，坚定走绿色发展之路，走生态文明建设之路，努力在经济发展转型中不断取得进展，在绿色发展、循环发展和低碳发展的国际竞争中取得优势，在国际环境治理上获得战略上的主动性。

第三章　能源问题的战略思考

周大地

作者系国家能源咨询专家委员会副主任，国家发改委能源研究所前所长，首位为中央政治局讲课的国家级能源专家。

作者认为，能源战略是国家战略的核心组成部分，制定正确的国家能源战略事关国家根本。中国未来能源战略需要在两个方面进行展开：一是保证能源安全，二是能源发展的科学、绿色、低碳。

本文主要内容包括：

■ **能源安全的若干问题**

——能源安全及保障能源安全的原则

——能源安全问题要提上中国发展的战略议程

——中国保障能源供应安全的战略和途径

■ **科学、绿色、低碳能源战略考虑**

——中国的科学、绿色、低碳能源战略

——科学、绿色、低碳能源战略是经济与环境双赢的战略

——21世纪上半叶我国能源科学发展的展望

——实施科学、绿色、低碳能源战略的重大建议

一、能源安全的若干问题

中国能源安全问题始终将是未来国家经济安全、社会安全的核心问题，如何保证这种安全是国家战略的重要问题。能源安全首先要考虑现实性，同时也要考虑未来发展大趋势问题。中国能源安全应该强调几个大的问题。

（一）能源安全及保障能源安全的原则

能源安全基本内容是保证消费者可以稳定而可靠地获得所需要的能源。这种可靠性包括能源供应来源、运输通道和相关供应系统的可靠。我国煤炭资源丰富，完全能够保证国内需求，但油气资源相对不足。因此，我国的能源安全问题主要指进口油气供应安全问题，其中石油供应安全问题更为紧迫。国际能源价格的波动及其对中国经济和社会的影响也是不容忽视的问题。但价格波动相对于供应保障，乃是第二位的问题。

保障能源安全首先必须弄清能源供应的主要非安全因素是什么、来自哪里。只有了解这些，战略和措施才有针对性，才能既经济又有效。我们考虑保障能源安全时，要同时考虑其花费的经济成本和造成的环境影响。安全是相对的，不可能不惜一切代价来追求绝对安全，只能根据经济和环境承受能力，找到合适的平衡点（可以达到的安全程度）。并且选择合理的方式，使环境和经济的综合成本最小。

（二）能源安全问题要提上中国发展的战略议程

1. 近年来中国石油进口增加迅速

自 1993 年成为石油净进口国以来，我国石油净进口量迅速增加，近几年更有加快增长的趋势。目前石油进口总量已经超过使用量的一半以上，国家能源安全已经受到重大挑战。

2. 进口油气外汇压力增加

我国石油进口量快速增长的时期，正值国际油价飞涨时期，给外汇支付造成了一定压力。这个世纪初，油价20美元左右/桶，目前已经达到4倍～5倍。长期而言，油气进口的外汇支出最终将成为一个重要问题。

3. 应对国际油价波动的政策和措施

国内油价与国际市场接轨后，国际油价变化无常，而国内从硬件到软件都不适应接轨的要求，如何解决国际油价波动对中国经济稳定的冲击需要一个更好的政策和措施，保证国内经济与社会发展的稳定。

4. 当今世界仍存在非和平因素

过去半个多世纪以来，全球能源供应受到非和平因素冲击，而造成世界相当多国家经济受到冲击甚至危机性打击已经出现三次，过去几次能源危机我们基本没有受到大的冲击，主要缘于我们石油基本不依赖海外，未来我们需要充分重视这种非和平因素带来的冲击问题。

（三）中国保障能源供应安全的战略和途径

1. 增强综合国力，强化能源市场的竞争优势

经济规模和综合国力是我国以较大步伐进入世界石油资源和产品市场的基本条件和保障基础。目前，我国的 GDP 总量位居世界第二位，具备实力参与国际石油资源和产品市场的竞争。以实力为基础成为能源市场竞争的强者，以确保能源供应安全。

2. 合理的石油消费政策引导

在不影响经济发展和人民生活质的前提下尽最减少国民经济对石油的依赖，引导合理用油，努力减少不必要的石油消费应成为国家重要的政策。

世界上许多发达国家都把降低对进口石油的依赖作为重要的能源政策内容，采取种种政策措施，合理引导石油消费，以减少高耗油产业在经济结构中的比重。对于中国来讲，合理引导石油消费更为必要。只要是可以使用煤炭又可以有效控制环境污染的设施和用途，要严格控制用油。特别是电力，必须坚持火电以煤为主的方向。在冶金、建材等行业也要充分利用煤炭资源。在大力发展洁净煤技术的基础上，防止石油用途的不合理扩张。

3. 提倡和促进节约用油，培养国民形成节约用油的生活和消费方式

所有的用油设施和用油设备，都要提高能源效率，积极节油。要对国民广泛宣传中国的能源形势，形成节油的社会共识。不能盲目追求现有发达国家的消费方式。中国的国情要求我们必须认真探索有别于现有发达模式的可持续发展道路。研究、开发和引进先进的节能及节油技术至关重要，国家应制定有关

的政策，促进节约用油。从长远利益出发，逐步提高用户的石油消费成本，例如实施较高幅度的燃油税，对排气量大的小轿车征收特别附加消费税等。国家在进行汽车工业发展规划时，要把节油放在重要位置，鼓励生产节油型汽车。

4. 研究和开发石油替代能源

将其他能源形式转化为替代石油的能源形式，如天然气合成油，煤炭液化、洁净煤和核燃料、可再生能源等。作为国家能源安全战略的一部分。同时，这些替代技术的应用和推广将取决于它们的相对经济性，不能不惜成本。中国煤炭资源丰富，煤炭液化技术对保障能源供应安全具有特别重要的意义，但目前煤炭液化成本比较高，应该是真正掌握技术作为技术储备，形势需要时就能迅速扩大生产能力，作为一个重要的应对能源危机的战略手段。汽车是最大的用油设备，对电动类汽车的开发研究，应给予充分重视，争取实现跳跃式发展，使之处于世界领先水平。

5. 积极开展能源国际合作

加强与石油消费国和输出国两个方面的战略合作，总体外交战略中要把石油外交置于重要地位。应参与东亚、东北亚地区的能源合作，与俄罗斯和中亚的合作，以及与某些中东国家的合作等；继续加强与重要产油国（区）的政治、经济和外交关系；有选择地加入相关的国际组织，积极参与有关石油的国际贸易、金融、运输和相关经济组织的活动，充分利用相关国际能源多边协调机制，趋利避害，化解矛盾，切实保护中国在利用国际石油资源方面的利益。

6. 加快石油行业的市场化改革，逐步扩大国内市场的对外开放程度，加强与产油国和跨国公司的合作

逐步扩大能源领域的开放程度和开放领域是必然趋势。这对保障能源供应安全不是坏事，而是好事。一方面，我们要尽快建立公平、有序的竞争市场，使所有中外企业有公平竞争的条件。同时建立现代化的监管体系，适当地将能源安全这个因素反映到以市场为主的价格体系上；另一方面，要给国内企业充分的自主权，并制定一定的政策鼓励它们"走出去"。

在上游领域，可以利用跨国公司的资金、技术及管理经验来提高国内的石油储量和产量。利用跨国公司在华的利益，增加我们在国外与其合作的可能性，减少相应国家对中国海外石油开发的政治阻力；在下游领域，既要考虑与跨国石油公司的合作，也要考虑与产油国的合作，并开放成品油销售市场。与跨国

公司合作可利用其资金与先进的技术和管理经验，与产油国合作可利用产油国的资源，最主要的目的是与介入者建立伙伴关系，扩大并安全利用国外石油资源。

7. 实行多元化战略

首先是实行能源供应多样化，在开发利用煤炭、石油和天然气的同时，重视水力和核能，以及太阳能、风能等可再生能源的开发利用。开发可再生能源在未来应该提到应该重要的国家发展的战略层面，可再生能源无论对于国家能源安全以及气候问题的经济都有重要战略意义。

其次是石油供应多元化，包括：

（1）进口来源多元化

分散进口石油的来源地，避免过分依赖来自不稳定地区（如中东）和通过不稳定区段（如马六甲海峡）的石油供应。

（2）石油品种多元化

从长远看，特别是加入 WTO 后，成品油市场将逐步开放。应该考虑经济合理地利用国际上各种原油、成品油和化工原料资源。为此，国家应建立利用进口原油、成品油和化工原料来调节国内石油消费市场的灵活机制和环境。

（3）获取方式多元化

除石油贸易外，获取海外份额油、与产油国合资建设石油加工企业以及出让部分销售市场等都是得到石油资源的有效方式。各种方式互相补充有利于实现经济利益最大化和安全供应。

（4）运输通道和运愉方式多元化

例如建立自己的远洋船队、开辟新的海上通道和修建跨国石油管线等。应抓紧开辟俄罗斯伊尔库茨克—满洲里陆上通道和俄罗斯萨哈林岛—天津海上通道。今后还要考虑开辟伊尔库茨克—二连浩特陆上通道、哈萨克斯坦—新疆陆上通道以及中东经缅甸到中国西南的通道。国内资源的勘探开发也是多元化战略的重要组成部分，为开发国内资源而进行的研究工作和一般勘查工作实际是一种储备，需要得到政府的重视、支持和鼓励。

8. 实行正确的资源战略

首先，应从比较优势出发，经济合理地利用国际、国内两种资源。对于国内那些勘探开发成本和运输成本较高的石油资源，可以暂时保留，待技术进步使成本下降或国际石油价格上升时再开采。为了保障中国石油的长期稳定供应，应该在制定安全保障战略和措施时，合理考虑国内石油资源开发利用，同时加大进口能力，同时要加强石油储备战略的实施。

石油储备战略包括：（1）政府建立国家战略储备。由中央政府直接投资、拥有和控制，作为由于突发事件造成进口石油供应大量减少甚至中断的应急和威慑手段；（2）以法律形式规定并以优惠政策鼓励石油相关企业在正常的周转库存之外，建立和增加相应的商业储备，作为战略性石油储备的重要补充。

为此，首先要制定石油储备法规和建立全社会石油库存统计体系。可考虑从建立和增加民间商业储备起步，逐步达到战略储备的目标。同时要加强国内油气储运基础设施建设，使之系统化，增加其可靠性。

能源安全问题是中国经济发展进程中遇到的问题之一，也只能在进一步改革开放的进程中加以解决。保证能源安全必须考虑其代价和自己的承受能力。企图保证绝对安全，是不可取的，也是不可能的。中国经济的对外依存度正在逐年提高，外贸已经成为中国经济增长的关键因素之一。加强合作和对话，争取和维护一个和平的国际环境，保持国家的稳定，加快发展经济，增强国家综合实力，是维护中国的经济安全包括石油安全的基础。当然也要针对石油的具体安全问题及时采取正确的政策和措施。只要认识正确，措施得当，石油安全问题是可以妥善解决的。

二、科学、绿色、低碳能源战略考虑

能源的科学发展是国民经济和全社会科学发展的基础。21世纪上半期中国经济将经历快速增长阶段、平缓增长阶段，然后过渡到中低速增长阶段并实现第三步战略目标。过去的30年，中国经济高速增长，成就巨大，但也积累了一系列不平衡、不协调、不可持续的深层次矛盾。中国经济已走到了一个必须"转型发展"的关键期，即由比较粗放的发展转向科学发展、由资源的低效高消耗转向资源的节约高效利用、由牺牲环境转向环境友好，由投资、出口驱动转向内需和创新驱动，由低端产业的规模扩张转向高附加值、高质量的发展。就能源而言，"十五"以来我国能源消耗总量过快增长，10年增长2.2倍，给资源环境带来巨大压力。我国国内生产总值目前占世界生产总值不到10%，但能源消耗已经高于20%，能源排放的污染气体居世界首位，温室气体占世界总量的25%，单位GDP的能耗、污染排放和碳排放都过高。我国煤炭的年产量已超过 30 亿吨其中只有不到一半符合科学产能的要求，多半产能达不到安全生产和保护环境、生态的国际标准。我国能源必须改变粗放的发展方式，开创一条科学的、可持续发展的新型道路，需按"坚持以科学发展为主题、以加快转变经济发展方式为主线"谋划今后的发展。

（一）能源形势与挑战

世界能源消费由发达国家主导，开始向发达国家与发展中国家共享市场，且发展中国家的份额逐步上升的格局发展。但发达国家在优质能源（油、气、核电等）消费中仍占主要份额，且人均能耗仍远高于发展中国家。世界化石能源的供需平衡只能满足全球能源需求的低速增长，并进一步趋紧。资源和环境制约、全球气候变化等因素对传统的世界能源格局提出挑战，能源利用将进一步向节能、高效、清洁、低碳方向发展，在今后几十年内，世界能源结构将发生重大变化，进入油、气、煤、可再生能源、核能五方鼎立的格局。世界各主要国家纷纷调整战略，能源新技术成为竞相争占的新的战略制高点，以争取可持续发展的主动权。我国需要在世界能源环境中寻求最优的能源发展战略和路线。改革开放 30 年来，我国经济持续高速增长，成就举世瞩目。能源消费也随之增长，能源行业的一系列改革使能源供应能力大幅提高。21 世纪以来，能源供应紧跟需求拉动，出现超高速增长，我国已经成为世界第一能源消费国。如果我国能源消费保持前几年平均 8.9% 的增速，则 2020 年我国能源消耗将达 79 亿吨标煤，占目前世界能源消耗总量的一半。显然，这种经济增长方式将受到能源资源的严重制约，能源发展趋势必须进行重大调整。为支撑经济社会的科学发展，必须对化石能源消费提出必要的总量控制目标，统筹发展的速度、产业结构和消费模式。粗放的能源开采与利用导致了严重的环境问题。大气、水、土壤都为经济增长付出了环境代价，随着工业化、城市化进程的加快，环境压力会更大。随着生活的改善，人民的环境诉求也不断提高，要求能源优质化、洁净化。无论对气候变化问题有多少争议，我国能源走向绿色、低碳都是必须的。资源和环境代价过重、结构不良、效率偏低和能源安全是我国能源存在的主要问题，也是对可持续发展的挑战。同时，我国能源也面临着难得的历史机遇：多年的发展不仅打下了经济和科技的基础，也深化了人们对科学发展观的认识；党中央、国务院进一步强调加快发展方式的转变并采取了一系列重要措施，国家成立了能源委员会；节能减排开始取得进展。可再生能源、核能和天然气等洁净能源发展潜力大，，在科学发展观的指导下，制定可持续发展的能源战略，正当其时。

（二）我国能源中长期发展战略的指导思想和原则

能源发展战略服务于国民经济和社会发展的宏观战略目标。21 世纪中叶，我国将实现中央提出的第三步战略目标，建成中国特色的基本现代化的社会主义国家。这个时期中国的能源如何发展，国内外不同的研究机构给出了各种情景和预测，反映了不同的发展观。按照粗放高速发展的惯性进行外推预测是不科学的。中国特色的新型能源战略必须体现科学发展观。立足国情，总结历史经验，中国的发展模式必须进行重大创新，我国不可能重复发达国家走过的高消耗道路，只能用明显低于发达国家的人均能耗实现现代化。我国能源不可能长期维持前一阶段的增长速度，而必须把资源节约和环境保护作为经济发展的基本目标和制约条件。我国需要逐步降低单位 GDP 能源消费强度，长期支持经济健康发展。尽管我国能源消费总量还将增加，但是发展方式的转变、科学健康合理的消费方式的建立和能源技术的不断进步，将可以使我国用有限的能源消费增长支撑经济和社会发展。我国必须明显提高能效和能源科技水平，并努力引领国际能效和科技水平，为今后长远的发展开创一条可持续的新型道路。我国可持续发展的能源战略的确定要考虑六项指导原则：科学发展、可持续发展的原则，走中国特色发展道路的原则，节约优先、高效经济、合理调控供需的原则，环境与经济双赢的原则，有差别地确定不同发展阶段、不同地域的战略目标与重点达到总体优化的原则，依靠科技创新支撑和经济手段调控、建设先进能源系统的原则。

（三）2050 年前我国能源发展阶段的战略定位

2050 年前的 40 年是我国能源体系的转型期。能源体系的转型指的是：从现在比较粗放、低效、污染、欠安全的能源体系，逐步转型为节约、高效、洁净、多元、安全的现代化能源体系，能源的结构、"颜色"、质量都将发生革命性的变革。2050 年后，我国将拥有一个中国特色的能源新体系，进入比较自由的绿色、低碳能源发展阶段。只要坚持科学发展，我国未来的能源就是可持续发展的，这是一个重要的战略判断。2030 年前的 20 年，是上述转型期中的攻坚期（困难期）。其间，要花大力气形成节能提效机制，实现新型能源（包括核能、可再生能源等）的突破，确保化石能源的安全环保生产和清洁利用，大力控制污染排放和温室气体排放。还要解决石油安全供应和替代，优化发展电力系统，使农村能源形态显著进步等一系列重大能源发展问题。2020 年前的 10 年，特别是"十二五"是上述攻坚任务能否完成的关键期，是全面转向科学发展轨道的关键期。在这一时期经济转型应实现重大调整，能源消费增长速度和结构将有显著变化，节能、提效、减排须取得新的明显成效，以能源供需模式的转变推动经济发展方式的转变。

（四）能源科学发展观的核心是转变能源供需模式

转变能源供需模式使其由"以粗放的供给满足增长过快的需求"向"以科学的供给满足合理的需求"转变，能源供需模式是转变发展方式的重要组成部分。这里的关键在于对能源供需的科学分析评估，而不是按粗放高速增长作惯性外推预测。为了科学评估能源供需，要回答两个问题：一是能源科学供给能力是多少，其中包括对煤炭科学产能概念的认识、对其他能源发展潜力的技术和经济分析以及对环境容量制约因素的分析；二是未来能源持续高速增长是不是合理的需求。

1. 能源科学供给能力

以 2020 年为例分析：首先，煤炭科学产能是指在安全、高效、洁净、环境友好的条件下生产煤炭。根据煤炭组专家的判断，符合科学开采的煤炭产能在 20 年后预计可达到 34 亿～38 亿吨而我国现在每年生产的 30 亿吨原煤只有不到一半符合科学产煤标准。假设 2020 年我国就可实现科学产能 34 亿吨，再加上水电、油气、非水可再生能源以及核电等可预计产能，则 2020 年的科学供能约为 40 亿～42 亿吨。当然，实际的经济运行很难完全达到科学产能的要求，可能超过几亿吨，若超过很多，只有靠粗放挖煤和增加石油进口来实现，这将导致资源、环境的约束进一步趋紧。

国内生态环境制约因素不断加强。环境污染和生态破坏造成的损失占当年GDP 的 3%～4%，一些污染严重地区的环境污染损失已经占到 GDP 的 7% 以上。环境污染已对人体健康产生明显影响。城市空气中颗粒物污染导致的健康危害在城市病死因中所占比例达 13%。环境污染与能源结构和粗放发展方式关系密切。

2. 未来能源需求持续高速增长并不合理

我国单位 GDP 能耗偏高与现阶段的产业结构有关，而产业结构又与我国处在加速工业化、城镇化的发展阶段有关。但应看到，目前已走到必须调整结构转型发展的时刻。表 3-1 为 2000 年与 2009 年几种高能耗产品产量对比。由表 3-1 可知，我国高能耗产业已进入饱和期，可以满足相当大规模的基本建设需求。现有产能可满足每年完成 10 万公里公路、7000 公里高速公路、6000公里铁路、1500 公里高速铁路和改建、新建 20 个机场，已经超出合理建设规模的需求。同时，建筑节能、交通节能等领域节能潜力明显。三大产业结构调整节能潜力大，高能耗产业不应也不可能持续高速增长。

表 3-1 高耗能产品产量比较

产品	2000 年			2009 年		
	中国 /万吨	世界 /万吨	中国占世界比重 /%	中国 /万吨	世界 /万吨	中国占世界比重 /%
粗钢	12770	57009	22.4	56800	120000	47
钢材	14121	82847	17.0	69600	140000	约 50
水泥	59700	175588	34.0	163000	300000	54

如果我国 2020 年单产能耗比 2005 年降 44%，2030 年单产能耗比 2005 年降 68%，那时，仍比日、欧的能耗强度高一倍，而今后发达国家的能源强度将继续明显下降。我国能源需求总量还会增长，但不应长期持续保持高增长。我国从人均 GDP4000 美元发展到 2 万美元，不能长期依靠初级生产力要素的投入，而要转变到注重质量和效益、创新驱动、内需驱动、健康消费的科学发展轨道上来，必须过渡到以更为先进的产业作为经济增长点的发展方式上来。逐步降低能源弹性系数，既是必要的，也是可能的。

（五）我国科学、绿色、低碳能源战略的基本内涵

我国可持续发展的能源发展战略，可概括为"科学、绿色、低碳能源战略"。"科学"是指在科学发展观指导下，在科技进步的支撑下，实现节能提效基础上的科学的能源供需平衡；"绿色"（环保）是指实现环境友好的能源开发

和利用；"低碳"是指明显降低温室气体排放强度并控制温室气体排放的增长。污染排放和温室气体排放是两个不同的概念，因而，绿色和低碳也是两个有差异的概念，但在中国能源的具体情况下，二者在工作方向上高度一致：走向绿色和走向低碳并行不悖。

中国的科学、绿色、低碳能源战略可概括为：加快调控转型、强化节能优先、实行总量控制、保障合理需求、优化多元结构、实现绿色低碳、科技创新引领、系统经济高效。它由以下6个子战略构成。

战略一：强化"节能优先、总量控制"战略

节能、提效、合理控制能源需求是能源战略之首。对我国这个人口大国和人均资源短缺的国家，必须确立"人均能耗应控制在显著低于美国等发达国家水平"的战略思想。美国的人口占世界总人口的5%，却消耗世界每年能源总量的20%，这样的人均能耗是不可取的。

基于对我国经济结构调整必要性和可能性的分析，对我国单位GDP能耗的分析和结构节能、工业节能、建筑节能、交通节能及社会消费节能潜力的分析，我国的节能提效不仅必要而且可能。这项战略旨在使实现国家第三步战略目标的总能耗（特别是煤炭石油消耗"天花板"）最小化，以较低的能源弹性系数来支撑经济发展。

把2015年能源消费总量掌握在40亿吨标煤是一个合适的控制目标（这里已经考虑了容忍一定程度的非科学产能）。按2010年能源消费总量32.5亿吨标煤"十二五"平均GDP年增长8%、实现5年能源强度下降16%计算，2015年能源消费总量即为40吨标煤。16%的节能降耗目标相对保守，实际执行仍然有比较大的提高空间。如果GDP增长速度达到9%，则需适当加大节能力度（能源强度下降19%），仍可把能源消费总量控制在40亿吨标煤。

实现能源消费的总量控制既要控制GDP能源强度，又要控制年均GDP过快增长。"十二五"期间GDP平均增长7%～8%，这已经是一个很积极的高水平增长目标。当前我国面临尽快转变经济发展方式的内外巨大实际需要，从国内经济环境看，目前的高增长率过多依靠投资。投资率过高，一方面过多地挤压了国民收入中的消费比例，使多数普通劳动者的可支配收入增长受到了严重制约，限制了拉动消费性内需。另一方面又进一步扩大产能过剩，使投资效益不断下降。同时由于投资高速增长主要依靠银行信贷扩张，流动性过高问题依然明显，通胀压力持续不减，导致国民财富进一步流失。从国外经济环境看，进一步扩大外需的空间总量有限。同时，继续依靠加工、低价劳动和资源投入从而大量增加进口，已经很难支撑经济增长和提高国民收入。因此，7%～8%的高质量GDP增长既是十分积极的，也是适当的。

战略二：确立"煤炭科学产能"的概念，努力实现煤炭的科学开发和洁净、高效利用与战略地位调整

煤炭目前是我国的主力能源，煤炭的洗选、开采和利用必须改变粗放形态，走安全、高效、环保的科学发展道路，煤炭在我国总能耗中的比重应该也可能逐步下降，2050年可望减至40%（甚至35%）以下，其战略地位将调整为重要的基础能源。应该尽量降低煤炭消费增长速度，使煤炭消费总量较早达到峰值。此后，一次能源增量尽可能由洁净新能源提供。要树立"煤炭科学产能"新概念，实现煤炭安全高效生产、煤炭的清洁高效利用。根据科学产能的要求，应该也可以把合理的煤炭安全产能控制在38亿吨以内。同时，应普及推广煤炭"洁净化度"的概念和定量描述，使其作为该行业的一个考核指标。

战略三：确保石油、天然气的战略地位，增大天然气的比重

确保石油在今后几十年的安全供应和能源支柱之一的稳定战略地位。石油国产控制在每年2亿（或近2亿）吨可继续保持几十年，但我国石油储采比较低，对外依存度将进一步走高。石油的战略方针是：大力节约、加强勘探、规模替代、积极进口（消费和战略储备）。

天然气（含煤层气、页岩气和天然气水合物等非常规天然气）是较洁净的化石能源。我国潜在资源较丰富，应该也可能大力发展天然气，并将它放到能源结构调整的重点地位上来，增大其在我国能源中的比重。在未来天然气将成为我国能源发展战略中的一个亮点和能源结构中的绿色支柱之一。

战略四：积极、有序发展水电，大力发展非水可再生能源

水电是2030年前可再生能源发展的第一重点。由于其资源清晰、技术成熟，在国家政策上，应在做好生态保护的同时，促进其积极、加快、有序发展。预计2020年、2030年和2050年水电分别达到装机3亿千瓦，4亿千瓦和45亿～5亿千瓦。

因地制宜，积极发展非水可再生能源。太阳能资源丰富，可利用的太阳能发电资源约20亿千瓦，风能资源大于10亿千瓦，陆上大于海上；生物质能资源约 3 吨标煤。并有培育的潜力。应尽早使风能、太阳能、生物质能等成为新的绿色能源支柱。

2020 年前应重在核心能力的创新和技术经济瓶颈的突破，重点解决风电以提高经济效益、太阳能光伏与光热发电降低成本、间歇性能源并网和纤维素液体燃料技术等，扎实打好基础，做好示范，逐步产业化、规模化。大力推广已有基础的太阳能热利用、生物沼气、积极发展地热能、海洋能。高度重视垃圾的分类资源化利用，实现我国农村的能源形态现代化。非水可再生能源在 2020 年、2030 年和 2050 年的总贡献有可能分别达到 2 亿吨标煤、4 亿吨标煤和 8 亿～9 亿吨标煤。可再生能源（水和非水）的战略地位将由目前的补充能源逐步上升为替代能源乃至主导能源之一。

战略五：积极发展核电是我国能源的长期重大战略选择

经过国产和进口并举努力，铀资源不构成对我国核能发展的根本制约因素，核电的安全性和洁净性必须保证也是可以保证的。核能按照压水堆——快堆——聚变堆"三部曲"的基本路线图可实现长期可持续发展。核能绝不仅仅是核电站，而是一个产业链，包括核资源、核燃料循环、核电站、后处理、核废物处置等。在目前压水堆为主的发展阶段，应充分发挥已成熟的二代改进型的作用，发展沿海和内陆电站，同时积极试验和掌握三代技术。推动中国快堆技术加快发展，并支持创新技术。2020 年核电可望建成 7000 万千瓦，使核能和可再生能源的总和占到总能源的 15% 以上。2030 年核电达到 2 亿千瓦，2050 年达到 4 亿千瓦以上。2050 年，核能将可以提供 15% 以上的一次能源。之后，核电将继续发展，成为我国未来的主要能源之一。

战略六：发展中国特色的高效安全电力系统、分布式用电方式和储能技术

在我国能源结构中，电力所占的比重将逐步增加，在电力结构中，非火电的比例将逐步增加，而煤电在电力中的比重将逐步下降，2050 年可降至 35% 左右。笔者推荐的电力合理需求的情景目标（见表 3-2）。

表 3-2 推荐的电力合理需求情景目标

年份	发电装机 / 亿千瓦	发电量 / 万亿千瓦时
2020	13—15	5.6—6.2
2030	17—20	7.1—8.0
2050	25—28	10.0—10.8

电力发展面临需求不确定性增大，电源多元化，输配电运行条件日趋复杂。建议政府主管部门牵头，多方参与，分析不同方案，通过科学论证，特别是安全性、经济性论证，做好中国电力发展的规划和电网构架的规划；利用信息技术与电网技术的结合，建设信息化、自动化、互动化的智能电网，达到提高电网的效率、安全性，也使电网有效接纳新能源的目标；做好"风、光、储、输、用"示范工程；重视风电和光电的非上网和分布式用电方式；多种技术并举发展储能技术。

（六）科学、绿色、低碳能源战略是经济与环境双赢的战略

实施科学、绿色、低碳能源战略将明显抑制污染气体和温室气体的排放。SOZ 等污染气体的排放，将在目前的基础上逐步下降，并将在 2030 年前显著解决污染排放问题。中国能源的 CO_2 排放量如果按照近年来的惯性发展下去，将很快突破 100 亿～ 120 亿吨，而按照绿色低碳能源战略会在 10 年～ 20 年后达到峰值（约 90 亿吨 / 天）然后下降，在 2050 年回落到 70 亿吨 / 天以下的水平。之所以确定这样的目标，首先是我国的内在需求，其次这也会在国际舞台上为我国争得战略主动权。我国承诺 2020 年比 2005 年下降 40%～ 45% 的碳排放强度主要靠节能、提效来实现，其中以降低能耗强度的贡献为主，发展非化石能源贡献 8%～ 10%，加上化石能源洁净化的贡献共同完成。

（七）能源科学发展需要强有力的科技支撑

科学、绿色、低碳能源战略不仅将催生新的经济增长点，也将推动科技创新和抢占新的战略制高点。科技对能源的支撑涉及 3 个层次：一是基础性研究，包括新材料、新工艺、新概念等的创新，例如，新型太阳能电池、太阳能热发电新概念与技术、纤维素乙醇中酶的研究、微藻液体燃料研究、超导材料的应用、裂变聚变混合堆新概念等；二是新技术的创新，解决发展的技术瓶颈，例如，煤炭的高效安全洁净开采技术、煤气化多联产技术、新脱硫技术、间歇性能源并网和分布式用电技术、核燃料后处理和核废料处置、碳捕捉利用和储存技术、新能源汽车技术、海洋能利用技术、储能技术等；三是重大工程项目和战略性产业的支持，例如，节能技术与工程、快中子实验堆工程、能源资源的勘探、百（千）万屋顶太阳能工程、"风、光、储、

输、用"示范工程、煤的洗选技术推广、水电工程、非常规天然气开发、智能电网等。

"十二五"期间需重点支持的领域和项目包括推进水电、核电和天然气的发展，加快煤炭洁净化和安全生产，支持非水可再生能源的创新发展，采取有力措施改变汽车业和建筑业的发展模式等。建议国家统筹规划，分渠道落实。

（八）21世纪上半叶我国能源科学发展的展望

实施科学、绿色、低碳能源战略，预期到 2030 年前后我国能源发展将出现历史性的转折点，其标志是：节能、提效达到国际先进水平，开始引领世界节能潮流；煤炭科学高效安全生产和洁净化达到先进水平；煤炭消费量得到控制；核电实现大规模发展并突破实验快堆技术；天然气和水电的开发取得大幅度进展；能源结构得到明显调整，CO_2 的排放量达到峰值；太阳能发电、风电和生物质能等突破技术经济瓶颈，走上大规模快速发展道路；能源科技创新能力显著提高，达到国际先进水平。

实施科学、绿色、低碳能源战略，预期到 2050 年，我国将基本完成能源体系的变革，实现能源供需模式的科学平衡。能源结构中，洁净能源将占一半以上，并呈继续增加势头，为下半世纪的发展打下坚实而良好的基础。2020年、2030 年、2050 年我国基于科学产能和用能的一次能源结构如图 3-1 和表3-3 所示。

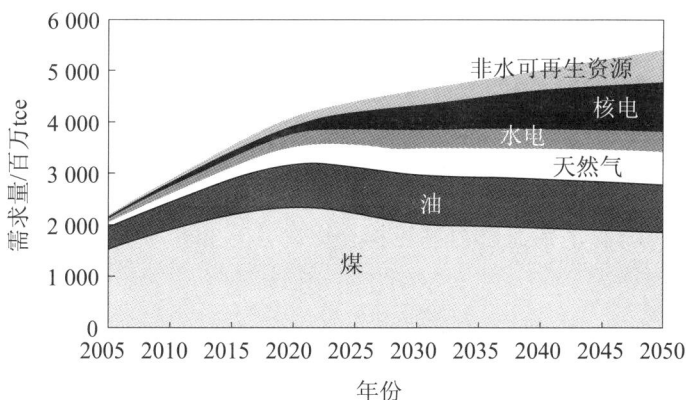

图 3-1　我国的能源结构预测

表3-3　基于科学产能和用能的一次能源结构情景

亿吨标煤

年份	能源总量	煤	油气 （含煤层气等）	核电	非水可再 生能源	水电
2020	40—42	22—24	约11.5	约1.7	约2	约3
2030	46—48	20—22	约13.5	约4.5	约4	约4
2050	56—58	18—20	约15.5	约9	约8.5	约5

（九）实施科学、绿色、低碳能源战略的重大建议

在市场经济的大环境下，在粗放发展的惯性力作用极强的情况下，如果没有一只强有力的宏观调控的大手，就难以实施科学、绿色、低碳的能源战略。必须用强有力的政策手段，抓住"十二五"这个关键期，以降低GDP能源强度、控制能源消费增长速度和数量为抓手，促进发展方式加快转变，尽早走上重质量、重效率、绿色、低碳、节约、创新驱动的发展道路。需要综合运用体制机制改革、管理调控措施、经济政策、法律、行政措施、科技创新和文化创新推进等手段，形成科学的政绩考核体系和节能减排的长效机制，为绿色、低碳发展提供有力保障。

1.管理体制。国家设立能源统一主管部门，全面负责制定能源战略。用战略指导规划，规划落实战略。能源政策、法规标准和经济调节手段要按战略和规划的要求调整。以有力的宏观调控手段调整结构、大力节能、转变发展方式；对能源新产业，主动进行优化引导；对争议较大的能源重大决策，通过科学程序主动决策，使我国能源有序健康发展。对各级政府和企业，完善科学的考核指标体系，在GDP的增速上，强调又好又快，不宜追求两位数的增长，注重发展的质量、效益，把节能、绿色、低碳的要求作为硬指标，列入考核体系。引进化石能源消费总量控制目标，以防止盲目扩大投资，避免单纯追求GDP增速。

2.经济政策。以有力的经济政策为杠杆，倒逼地方和企业节能减排的内在动力。完善能源立法，出台资源税、能耗税、排放税、碳税、物业税、调整能源价格、强化资源管理等政策，完善各类准入标准。

第四章　气候变化与人类社会的选择

姜克隽

作者系发改委能源所学术委员会副主任，气候与能源问题的国家级专家。

作者认为，21世纪人类社会的基本命题发生根本改变，人类与自然和谐成为主题代替20世纪的经济、社会发展的主题。解决气候问题是21世纪人与自然和谐的核心内容，其中气候与能源的关系是关键问题。深度探讨这个问题是本章主要内容——

■ **气候变化：全球和中国面临的新挑战**

气候变化科学方面的主要认识与结论

气候变化影响与适应性对策方面的主要结论

气候变化：全球和中国面临的挑战

未来能源发展

温室气体减缓及其他国家的对策

我国未来的能源状况

我国的气候变化对策

■ **低碳社会：我们的未来**

一、气候变化：全球和中国面临的新挑战

（一）气候变化科学方面的主要认识与结论

气候变化目前是人类社会面临的全球尺度的环境问题，也是未来对全球影响最大的环境问题，解决这个问题是一个超越国家、民族、制度的全球共同责任与义务。

认识总是有不一致，但可以说对气候变化问题，全球专家已经达成一致意见。对这种变化最权威认识的与评估是来自 IPCC。IPCC 是"政府间气候变化专门委员会"简称，是 1988 年 10 月，由世界气象组织（WMO）与联合国环境规划署（UNEP）为了向国际社会和各国政府提供有关气候的科学和技术信息而成立的。

IPCC 的任务是评估目前可以获得的有关气候变化的研究结果，IPCC 成立以来已经完成多个对气候变化问题的评估报告，这些报告表达了全球范围科学家对气候变化的认识与评估，以及应对策略。这些认识与评估是全球政府应对气候变化合作与行动的基本认识与依据。这些认识与评估基本内容如下：

1.IPCC 第一次评估报告的主要结论

IPCC 于 1990 年出版了第一次评估报告。主要评估结论包括以下几个方面：

（1）地球上的气候依赖于大气的辐射平衡，而大气的辐射平衡又依赖于入射的太阳辐射以及大气中的温室气体、云和气溶胶的多少。工业革命以来，主要是由于人类活动的影响，大气中 CO_2、CH_4、氯氟碳化物（CFCs）等温室气体的浓度一直在不断增加，此外还有证据表明，对流层中气溶胶的浓度至少存在区域性的增长。

（2）地球气候受到几种辐射强迫的影响，包括温室气体浓度、太阳辐射、气溶胶和地标反照率。根据模式计算，工业革命以来，由于温室气体浓度增加而造成辐射强迫增加的主要气体是 CO_2（61%）、CH_4（17%）、N_2O（4%）和 CFCs（12%）。根据温室气体未来排放情景，2025 年温室气体浓度增加而造成辐射强迫增加的主要气体是 CO_2（63%）、CH_4（15%）、N_2O

（4%）和 CFCs（11%）。

比较而言，在过去的百年里，由于温室气体增加而导致的辐射强迫可能远远大于太阳常数变化所导致的辐射强迫。

（3）气候系统由大气圈、水圈、冰冻、生物圈和岩石圈组成。为了预报气候系统的变化已发展了许多数值模式。迄今为止，大多数气候模拟和预测都是由基于天气预报模式建立或发展的大气环流模式做出的。为了研究温室气体浓度增加引起的气候变化，大气环流模式通常与简单的海洋模式耦合起来进行计算。气候变化的预测极为困难，只有极少数模式可以用综合的方法把气候系统统一进行考虑。

（4）对大气环流模式所模拟的现在气候进行的验证表明，模式对冬季和夏季的气压、温度、风和降水量的大尺度分布的描述具有很好的能力，对于区域尺度而言，所有模式对上述变量的描述都有明显的误差。

（5）所有模式分析都表明，当 CO_2 浓度加倍时，气候有明显的变化，低层大气与地表面变暖，而平流层变冷，全球平均降水量增加，增暖愈明显，降水量增加愈显著。从定量角度来看，未来全球平均地面温度将增加 $1.5℃ \sim 4.5℃$，全球平均降水量将增加 $3\% \sim 15\%$。

（6）从 19 世纪末起，确实存在着全球地表温度的真实但不规则的升高，记录指出，全球（包括陆地和海洋）平均增温 $0.45℃ \pm 0.15℃$（相当于 $0.3℃ \sim 0.6℃$），大多数山地冰川存在着显著而不规则的撤退，非洲地区的降水量发生了数十年时间尺度的巨大变化。由于不了解过去的增温事件的原因，因此不能把最近较小的增温现象的某种确定的部分归因于温室气体的增加上。上述增温幅度与气候模式预测的结果一致，也与气候自然变率的增幅一致。观测到的增温可能主要归因于自然变率，另一方面自然变率和其他人为因素也可能抵消了人为温室效应导致的变暖；要从观测资料中查明温室效应的增温效果并非 10 年或稍长一点时间就能做到的。

（7）过去 100 年间，全球海平面平均升高 10 厘米～ 20 厘米，但没有确实的证据可以表明 20 世纪海平面在加速上升，预计未来 2030 年，海平面将上升 8 厘米～ 29 厘米，2070 年海平面将上升 21 厘米～ 71 厘米。

（8）使气候系统的行为得到有效预测的科学战略，必须要以过程研究、观测与模拟三者的结合为基础。有五个方面需要重点考虑：地球系统对温室气体的制约；云对辐射作用的制约；降水和蒸发；海洋的热量输送与储存；以及生态系统过程。要减少未来气候变化预测中的不确定性，特别是关于气候变化的幅度、时间以及区域分布情况，需要大大提高国际合作计划中国家的参与程度。

2.IPCC 第二次评估报告的主要结论

IPCC 气候变化第二次评估报告于 1995 年 12 月在 IPCC 第十一次会议上获得批准通过。有以下新的评估结果：

（1）由于人类活动的结果，大气中温室气体含量继续增加。

（2）最近几年是从 1860 年以来最暖的几年。

（3）气候模式模拟实际气候变化趋势和重要事件的能力有了改善。预测未来到 2100 年的温度变化为 1.0℃～3.5℃，过去是 1.0℃～4.5℃，海平面将升高 15 厘米～95 厘米，过去预测是 1 米。这主要是由于考虑了气溶胶冷却作用的结果。

（4）对气溶胶的冷却作用有了更清楚的认识。

（5）有明显的证据可以检测出人类活动对气候的影响。

3.IPCC 第三次评估报告的主要结论

第三次评估报告中是 2001 年作出的，主要结论如下：

（1）日益增加的观测资料对变暖的世界和气候系统的其他变化给出了一个集合的图景。

自从 IPCC 第二次评估报告（SAR）发表以来，新的现代和古气候研究资料、改进的资料分析、更严格的资料质量检验以及对不同来源资料的比较等，均使得人类对气候变化有了更好的理解。

20 世纪全球地面平均气温升高约 0.6℃。自 1861 年以来，全球平均地表面温度（陆地和海表面上近地表气温的平均值）已经增加。20 世纪期间的增加值为 0.6℃±0.2℃。该数字比 SAR 估计的截止到 1994 年的值大约高 0.15℃，这是因为在新增的年份内（1995 年～2000 年）温度相对较高，并且资料处理方法得到了改进。这些数字考虑了各种调整（包括城市热岛）的影响。该记录表现出较大的时空变率；例如 20 世纪的大部分增温发生在两个时段，即 1910 年～1945 年及 1976 年～2000 年。从全球来看，20 世纪 90 年代很可能是 1861 年以来仪器记录中最暖的 10 年，而 1998 年则是同期最暖的一年。新的北半球代用资料分析表明，20 世纪可能是过去 1000 年中增温最明显的一个世纪，20 世纪 90 年代也可能是北半球最暖的 10 年，而 1998 年则是最暖的年份。由于有效资料不足，人们对过去 1000 年的年平均温度所知甚少，对 1861 年以前大部分南半球的情况也不很清楚。平均而言，在 1950 年～1993 年之间，陆表面夜间的日平均最低温度每 10 年增加约 0.2℃。这大约是白天日平均最高温度增加速率的 2 倍（每 10 年 0.1℃）。这延长了许多中高纬地区的无霜期。同期平均海表面气温的增加约为平均陆表面气温增加值的一半。

过去 40 年大气层最下部 8 千米已经升温。自 20 世纪 50 年代末期以来（这一时期内有足够的气体探空资料），最下部 8 千米的大气层和地表面的总的全球温度趋势约为每 10 年增加 0.1℃。自 1979 年有卫星观测以来，卫星观测和气球探空都说明，低层大气的全球平均温度每 10 年约变化 0.05℃ ±0.10℃，但全球平均地面气温每 10 年已经显著增加了 0.15℃ ±0.05℃。这个增暖速率的差别在统计上有意义的。增暖的差别主要发生在热带和亚热带地区。最低层 8 千米大气层和地表面由于受多种因子——例如平流层臭氧耗减、大气气溶胶和厄尔尼诺现象——的作用而受到不同的影响。因此，在短时期内（如 20 年）存在温度趋势差异在物理上是容易理解的。此外，空间采样技术也可以解释一部分趋势上的差异，不过这些差异还没有被完全解决。

雪盖和结冰范围已经减少。卫星资料表明，自 20 世纪 60 年代末期以来，雪盖面积很可能已经减少了约 10%，而且地基观测表明，在 20 世纪北半球中高纬地区，河流和湖泊每年的结冰期很可能已经减少了约 2 个星期。在 20 世纪，非极地地区山地冰川广泛消退。自 50 年代以来北半球春夏海冰的范围减少了约 10%～15%。在最近几十年，北极夏末至秋初的海冰厚度可能减少了约 40%，而且在此期间冬季海冰厚度减少较慢。

全球平均海平面升高，海洋热容量增加。潮汐资料表明，20 世纪全球平均海平面升高 0.1 米～0.2 米。自 50 年代末期以来，全球海洋热容量增加了，在此期间对海洋次表层的温度有较充分的观测。

气候的其他重要方面也发生了变化。20 世纪北半球大部分中、高纬陆地地区的降水量每 10 年很可能增加了 0.5%～1%，热带陆地地区（10°N～10°S）的降水量每 10 年可能已经增加了 0.2%～0.3%。而过去几十年热带地区的增加不很明显。20 世纪大部分北半球亚热带陆地地区的降水很可能每 10 年已减少约 0.3%。对比之下，南半球各纬度带未监测到可比较的系统性变化。由于缺乏资料，无法建立海洋地区的降水趋势。在 20 世纪后半叶，北半球中高纬地区强降水事件的频率可能已增加了 2%～4%。强降水事件频率的增加可以是源于很多种原因，例如大气中的水汽、雷暴活动和大尺度风暴活动的变化。20 世纪期间中高纬陆地地区的云量可能已增加 2%。在大部分地区，这个趋势同观测的温度日较差的减少有很好的相关关系。自 1950 年以来，极端最低气温的频率很可能已经减少，而极端最高气温的频率略有增加。和以前的 100 年相比，20 世纪 70 年代中期以来厄尔尼诺 / 南方涛动（ENSO）暖事件（它每次都会影响大部分热带、副热带和部分中高纬地区的区域降水和温度变率）的发生变得更频繁、更持久且强度更大。在 20 世纪（1900 年～ 1995 年），经历严重干旱或过湿天气的全球陆地面积略微增多。在许多地区，这些变化主要是由年代际和多年代气候变率（如 ENSO 向更多暖事件的转化）引起的。在一些地区，如亚洲和非洲的部分地区，已经观测到近几十年来干旱的频率和强度已经增加。

气候的一些重要方面似乎未见变化。近几十年来全球有几个区域没有变暖，主要是南半球海洋上的部分地区南极大陆的部分地区。自从有了可靠的卫星观测以来，即 1978 年以来，南极海冰的范围未见有明显的变化趋势。从全球来看，热带和温带风暴的强度和频率变化由年代际和多年代变率所控制，20 世纪内未见明显的趋势。相互矛盾的分析结论使我们很难得出关于风暴活动变化的明确的结论，特别是在温带地区。在有限的研究区域，没有发现龙卷风、雷日或冰雹事件有任何显著的系统性变化。

（2）人类活动造成的温室气体和气溶胶排放继续以预期将影响气候的方式改变着大气。

气候系统内部变率和外部因子（包括自然的和人类活动引起的）都会引发气候的变化。采用辐射强迫的概念可以对外部因子的影响进行广泛的比较。正的辐射强迫（如由正在增加的温室气体浓度产生的）将会使地表变暖。而负的辐射强迫［可以由某些类型的气溶胶（极小的空中悬浮粒子）增加引起］会使地表变冷。其他诸如太阳辐射或火山爆发活动等自然因子的变化也会造成辐射强迫。要了解以往自然变率意义上的气候变化及预测未来气候变化，就需要描述这些气候强迫因子的特点及其随时间的变化。

人类活动造成大气中温室气体浓度及其辐射强迫持续增加。自 1750 年以来，大气 CO_2 的浓度增加了 31%。当前 CO_2 的浓度水平在过去的 42 万年间以及可能在过去的 2000 万年间都从未出现过。至少在过去 2 万年从未出现过目前这样的增长速率。在过去的 20 年里，因人类活动而排放到大气中的 CO_2 是森林砍伐造成的。目前人类活动排放的 CO_2 的一半左右为海洋和陆地所吸收。20 世纪 90 年代陆地对因人类活动而排放的 CO_2 的吸收很可能超过了森林砍伐造成的 CO_2 排放。过去 20 年间，大气中 CO_2 浓度的年增长率约为 1.5（百万分之一）。在 20 世纪 90 年代，其年增长率变化于 0.9（百万分之一）和 2.8（百万分之一）之间。这种变化在很大程度上是由于陆地和海洋对二氧化碳的吸收与释放受到了气候变率（如 ENSO 事件）的影响。自 1750 年以来，大气中的 CH_4 的浓度已经增加了 1060（十亿分之一），而且仍在继续增加。现在的 CH_4 浓度是过去 42 万年间所从未有过的。和 20 世纪 80 年代相比，20 世纪 90 年代 CH_4 浓度的年增长速率变慢且更多变。

人类活动造成的（例如矿物燃料使用、牛的养殖、水稻种植和废渣填埋等）。另外，最近的分析认为，CH_4 排放是甲烷浓度增加的原因之一。自 1750 年以来，大气中的 N_2O 的浓度增加了 46（十亿分之一）（17%），并在继续增加。现在的 N_2O 浓度在过去至少 1000 年里是没有过的。目前 N_2O 排放的大约是人类活动造成的（如农业土壤、牛的养殖和化学工业等）。1995 年以来，大气中许多既引起臭氧耗减同时也是温室气体的卤化烃气体的浓度或增长速度放慢或开始减少，这是由于在《蒙特利尔议定书》及其修正案的约束下排放有所减少的结果。它们的替代化合物（例如 CHF_2CL 和 CF_3CH_2F）和一些其他的人造化合物［如全碳氟化物（PFCS）和六氟化硫（SF_6）］也是温室气体，它们在大气中的浓度目前正在增长。

人类活动产生的气溶胶在大气中的生命史很短，并且大部分产生负的辐射强迫。人类活动产生的气溶胶主要来源是矿物燃料和生物质的燃烧。这些源也和空气质量退化及酸沉降有关。自从第二次评估报告出版以来，在更好地确定不同类型气溶胶的直接辐射作用方面取得了显著进展。

在过去的 100 年中自然因子对辐射强迫有少量的贡献。关于太阳影响气候的增幅机制已经被提出，但现在还缺乏坚实的理论和观测基础。强烈的火山爆发产生的平流层气溶胶会引起持续数年的负辐射强迫。早 1880 年～1920 年和

1960 年～ 1991 年两段时期内发生了几次重要的火山爆发。据估计，在过去 20 年甚或是 40 年内，两种主要自然因素（太阳变化和火山气溶胶）的净辐射强迫效应为负值。

（3）模式预测未来气候能力的信心已经增强

要对反馈和区域特征进行详细的估算就需要有物理上复杂的气候模式。这类模式还不能模拟出气候的所有方面（例如它们还无法完全解释 1979 年以来观测到的地表面和对流层温度的趋势之差），同时对有关云及其辐射和气溶胶的相互作用上还存在特殊的不确定性。然而，由于这些模式在一系列时空尺度上已被证实的良好表现，现在对于这些模式可以提供未来有用预测能力的信心已经提高了。对于气候过程中的理解及其在气候模式中的表达——包括水汽、海冰的动力过程和海洋热量传输过程——有了改进。一些新的模式不需像以前的模式那样对海气界面的热量通量和水分通量进行非物理调整就能产生较满意的气候模拟结果。有几种模式当包括了对自然的和人为的强迫的估计时，可再现出在 20 世纪观测到的大尺度的地表温度变化。然而，这些模式可能还没有包括其他的过程和强迫，尽管如此，模式和观测之间广泛的一致性可以用来对给定的排放情景下今后几十年预计的增暖提供独立检验。模式在模拟 ENSO、季风和北大西洋涛动以及所选择的过去的气候时期时，在某些方面有了改进。

（4）有新的和较强的证据表明，过去 50 年观测到的增暖的大部分可归因于人类活动。

第二次评估报告（SAR）得出结论："各方面的证据表明，人类对全球气候产生了可以分辨得出的影响。"那次报告也注意到，人类活动的信号还正处于从自然气候变率的背景中浮现的过程中。自从第二次评估报告出版以来，在减少不确定性，特别是在辨别和刻画对不同外部影响响应的数量级方面，已经取得了进步。尽管第二次评估报告中辨认的许多不确定性的源在某种程度上依然存在，但新的证据和改进了的理解支持了个更新的结论。现在有了时间更长和经过更仔细检验的温度记录以及对气候变率的新的模式估算。正如现在模式所估计的那样，过去 100 年的增暖不可能仅仅是由气候系统内部变率造成的。重建的过去 1000 年的气候资料也表明，这个增暖是反常的，它不可能完全源于自然的变化。关于气候对自然的和人为的强迫响应，现在有了新的估计，同时新的检验技术也已得到了应用。检验和归因研究一致发现了近 35 年～ 50 年气候记录中的人类活动影响信号。只对自然强迫响应（即对太阳辐照度变化和火山爆发响应）的模拟无法解释 20 世纪后半叶的升温。但是它们表明，自然强迫在所观测到的 20 世纪前半叶增暖中可能起了一定的作用。尽管在人类活动产生的硫酸盐气溶胶和自然因子（火山和太阳辐照度）方面还存在不确定性，但近 50 年来因人类活动产生的温室气体的增加所引起的增暖还是可以辨认出来。在这段时期内，尽管有不确定性，但人类活动产生的硫酸盐气溶胶强迫是负的，因而不能解释增暖。在这个时期的大部分时间里，自然强迫变化基本上也是负的，也不可能解释增暖。目前，对模式模拟的变化与观测记录进行比较的检测和归因研究可以考虑对外部强迫所具有的模式响应程度方面的不确定性，特别是能够考虑气候敏感性方面的不确定性。这些研究多数发现，在过去 50 年里，仅仅由于温室气体浓度增加而造成的增暖，其速率和幅度同观测大的增暖相当，甚或更大。而且，大多数考虑了温室气体和硫酸盐气溶胶的模式计算结果与同期观测一致。当所有上述人为的自然的强迫因子结合起来时，可以看到模式模拟与观测之间在过去 140 年里的一致性是最好的。这些结果表明，被考虑的强迫对于解释观测的变化是充分的，但不排除其他强迫也有贡献的可能性。根据新的证据，考虑到尚存的不确定性，观测到的最近 50 年的增暖大部分可能是由于温室气体浓度的增加引起的。而且，20 世纪的增暖很可能已经对观测的海平面上升产生显著影响，这一影响是通过海水热膨胀和陆地冰的广泛消退实现的。在目前的不确定性范围内，观测和模式都没有显示出 20 世纪海平面上升在显著加速。

（5）在整个 21 世纪人类的影响将继续改变大气的组成

根据 IPCC 排放情景特别报告（SRES）得到的排放情景，利用气候模式对未来大气的温室气体和气溶胶浓度以及未来的气候进行了预测。这些情景更新了第二次评估报告所用的 IS92 情景。为了比较，本报告中有时也出现了依据 IS92 情景而进行的预测。

● 温室气体

在 21 世纪，对于大气 CO_2 浓度趋势来说，矿物燃料燃烧引起的 CO_2 排放实际上肯定还将起主要作用。随着大气中 CO_2 浓度的增加，海洋和陆地吸收人类活动排放的 CO_2 的比例将不断下降。到 2100 年，对于说明性的 SRES 情景，碳循环模式预测的大气 CO_2 浓度界于 540 ～ 970（百万分之一）之间（比工业化前的 280 百万分之一高出 90% ~ 250%）。这些预测考虑了陆地和海洋的气候反馈。不确定性，特别是有关陆地生物圈气候反馈的数值，可造成每一情景下约 −10% ~ +30% 的变化。预测的总的浓度范围是 490 ~ 1260（百万分之一）（高于 1750 年水平 75% ~ 350%）。改变土地利用方式会影响大气中的 CO_2 浓度。根据假设，如果历史上迄今所有因土地利用排放的碳在 21 世纪内全部贮存在陆地生物圈中（例如通过再造林），那么大气中 CO_2 浓度将减少 40 ~ 70（百万分之一）。在 SRES 不同的说明性情况下，模式计算的 2100 年的非 CO_2 温室气体浓度相差特别多，其中 CH_4 变化与 −190 ~ 1900（十亿分之一）之间（当前 1760 十亿分之一），N_2O 变化于 38 ~ 144（十亿分之一）之间（当前为 316 十亿分之一）对流层 O_3 总量变化于 −12% ~ 62% 之间，HFCS、PFCS 和 SF_6 的变化幅度更大，所有这些变化都是相对于 2000 年而言的。在某些情景下，对流层 O_3 总量会和 CH_4 一样变成一个重要的辐射强迫因子，并且将对北半球大部分地区的空气质量达标工作构成威胁。为了稳定辐射强迫，减少和控制这些温室气体的排放是必要的。例如，对于最重要的人类活动排放的温室气体 CO_2 来说，碳循环模式表明，要将其在大气中的浓度稳定在 450（百万分之一）、650（百万分之一）和 1000（百万分之一），就要求全球的人为排放分别在几十年、大约一个世纪和大约两个世纪内降低到 1990 年的水平以下，而且以后也要继续稳定地减少。最终 CO_2 排放要降为目前排放量的很小一部分。

● 气溶胶

SRES 情景对未来人类活动产生的气溶胶（例如硫酸盐气溶胶、生物质气溶胶、黑碳和有机碳气溶胶）给出了增加或减少两种可能性，这取决于矿物燃料使用的程度以及控制污染物排放的政策。另外，作为气候变化的结果，自然源气溶胶（如海盐、粉尘，以及导致硫酸盐气溶胶和碳素气溶胶等生成的排放）预计会增加。

● **21 世纪的辐射强迫**

根据 SRES 的说明性情景，相对于 2000 年，整个 21 世纪中由于温室气体排放而引起的全球平均辐射强迫将持续增加，其中 CO_2 所占的份额甚至会变得越来越高，**从略高于一半到约四分之三。直接的和间接的气溶胶辐射强迫的变化预计会小于 CO_2 的变化幅度。**

（6）在所有的 SRES 情景下，全球平均气温和海平面预计都将升高。

为了对未来的气候进行预测，模式引入了对过去以及未来可能的温室气体和气溶胶的排放，因而包括了过去的排放对目前全球变暖影响的估计，以及对未来可能增暖的贡献。

● 气温

全球平均地表气温预计在 1990 年～ 2100 年间将升高 1.4℃～ 5.8℃，这些结果是针对 35 个不同的 SRES 情景的完全区间，利用若干个气候模式计算得到。温度的增加值预测要高于 SAR 中的结果，后者是根据 6 个 IS92 情景给出的，增温幅度为 1.0℃～ 3.5℃。这个更大增温和更宽变幅主要是由于相对于 IS92 情景，SRES 情景中估计的未来二氧化硫的排放较低。预计的增暖速率比在 20 世纪观测的变化要大得多，并且根据古气候资料，这个速率很可能是至少过去的 1 万年内所没有过的。到 2100 年，在一个给定的情境中，一组模式所给出的地表气温响应范围与不同的 SRES 情景下一个模式的响应范围相当。尽管气候敏感性上仍存在不确定性，但是在几十年的时间尺度上，目前观测的增温速率可以用来约束对给定排放情景的预测响应。这种方法表明，在 IS92a 情景下，未来几十年因人类活动而导致的增暖可能为每 10 年 0.1℃～ 0.2℃。根据最新的全球模式模拟，很可能几乎所有的陆地面积，特别是在北半球高纬度地区的冷季，其增暖都将比全球平均的情况更快。最为显著的是北美洲北部，以及亚洲的北部和中部的增暖，每个模式给出的这些地区的增暖幅度都超过全球平均的 40%。相反地，在南亚和东南亚的夏季，以及南美洲南部的冬季，其增暖却小于全球平均的情况。最近的热带太平洋表层温度趋势变得更近似厄尔尼诺状态，热带太平洋东部的增暖比西部明显，以及相应的降水带西移预计在不少模式里都将爱那个继续。

（二）气候变化影响与适应性对策方面的主要结论

1. IPCC 第一次评估报告的主要结论

IPCC 第一次评估报告《气候变化的可能影响》的主要评估结论有以下几个方面：

（1）各种研究结果表明，气候变化对农业和畜牧业将会有重要影响。然而，研究尚不能最后确定全球农业生产能力平均而言是提高还是降低。就区域性生产能力而言，可能会因为其他原因而减少，需要进行技术革新和对农业管理实践进行调整。

（2）自然的地球生态系统可能面临全球大气温室气体浓度增加以及与之关联的气候变化所造成的严重后果。预计的温度和降水量的变化表明，气候带在未来50年可能向两极移动数百千米，动植物区系将滞后于这些气候带的移动，这有可能导致全球生物多样性减少，甚至造成某些物种的灭绝。

（3）较小的气候变化能引起许多地区水资源的大问题，特别是在干旱和半干旱地区以及存在水需求和水污染问题的湿润地区，平均而言许多地区的降水、土壤水分和水存储可能会增加，这可能改变农业和气体方面的用水方式，但对其具体细节的认识还非常有限。

（4）最脆弱的人类居住环境是那些特别容易遭受自然灾害袭击的地方。这些自然灾害包括沿海岸地区和河流的洪水泛滥、严重干旱、滑坡、强风暴和热带气旋等。最脆弱的居民是发展中国家的居民、低收入阶层的居民，以及沿海低地和岛屿上的居民。因海平面上升和风暴潮而形成的洪水泛滥可能会迫使人类大范围迁移。降水量和温度的变化可能从根本上改变病媒传染性疾病和病毒性疾病的分布情况，使它们移向高纬度地区，从而使大量人口面临危险。

（5）全球增温将加速海平面上升，改变海洋环流和海洋生态系统，危及许多重要的鱼类资源，造成重大的社会经济后果。

（6）地球冰雪圈的覆盖范围和冰冻的程度将大大减小，全球冰川和冰原也将减少，永冻层可能会出现显著的退缩。

2. IPCC第二次评估报告的主要结论

IPCC第二次评估报告《气候变化的影响、适应和减缓对策》有以下新的评估结果：

（1）人类活动引起的气候变化作为新的影响因素，对于许多已经受到污染、资源需求不断增长和管理方式不可持续的生态和社会经济系统产生了巨大的影响。

（2）自然生态系统和社会经济系统及人类健康都对气候变化的程度和速率十分敏感。

（3）大多数气候变化影响研究仅评估某个特定系统和某个特定地区的影响，综合影响难以量化，研究范围非常有限。

（4）成功的适应措施取决于技术进步、体制安排、资金提供和信息交换。

（5）脆弱性随着适应能力的减少而增加，人类健康和社会经济系统以及生态系统的脆弱性取决于经济状况和体制结构，这意味着发展中国家的这些系统更为脆弱。

3. IPCC第三次评估报告的主要结论

第三次评估报告提出了一下新的评估结果：

（1）近年来的区域气候变化，特别是温度升高，已经影响了许多自然和生物系统。

观测证据表明，区域气候变化，特别是温度的升高，已经影响了世界上许多地方的自然和生物系统。业已观测到变化的实例有：冰川退缩、永冻土融化、河湖水面结冰时间推迟和冰面提早融化、中高纬度地区生长季延长、植物和动物范围向两极和高海拔地区移动、某些植物和动物物种群下降、树木提前开花、昆虫提早出现、鸟类提前孵化等。已经有文献证明，在许多水生、陆地和海洋环境中，区域温度的改变同自然和生物系统业已观测到的改变之间存在联系。

上述研究内容都来源于文献查阅，它确认了可以与区域温度变化相关的有关生物和自然系统变化的长期研究，其中有代表性的是20年或更长时间的研究。在已检测出自然和生物系统发生变化的许多情形下，变化的方向都与已知的机制一致。在预计方向（没有提及幅度）上所观测到的变化偶尔单独出现的可能性非常小。在世界很多地方，与降水有关的影响可能非常重要。目前，还缺少足够长度（20年以上）的且气候和生物方面一致的系统资料，而这些资料对评估降水的影响十分必要。

土地利用变化和人口等因子也对这些自然和生物系统产生影响，这使得在一些情况下很难辨识变化是由哪些特殊因子引起的。然而，综合起来考虑，观测到的这些系统的变化与预计的区域温度变化的影响在方向上是一致的，同时在不同地方和区域上是相关的。因此，根据收集到的各种证据，可以得出有很高置信度的结论，即近年来的区域温度变化已经对许多自然和生物系统产生了可辨识的影响。

（2）初步迹象表明，一些人类系统已经受到近年来旱涝灾害增加的影响。

不断增加的证据表明，在一些地区，近年来旱涝频率的增加已经对一些社会和经济系统产生了影响。不过，这些系统也受到社会经济因子变化的影响，如人口变化和土地利用变化。气候与社会经济因子相对来说孰轻孰重通常还难以定量分析。

（3）自然系统对气候变化时脆弱的，一些系统将遭受不可逆转的损害。

（三）气候变化：全球和中国面临的挑战

人类社会已经认识到气候变化将给人类社会带来巨大的负面影响，并开始寻求可能的应对措施。1992年通过的《联合国气候变化框架公约（UNFCCC）》的最终目标是"将大气中温室气体浓度稳定在防止气候系统受到危险干扰的水平上"。要达到这个目标有许多实质性的问题需要解决，例如这个目标浓度定为多少合适，不同浓度下的排放路径如何，达到这个目标的代价有多大，如何分配排放权才能体现"共同但有区别"的准则，并使所有国家都能公平有效地参与合作来实现这个目标。发达国家已经在京都议定书中进行了未来排放的承诺，但距UNFCCC的要求还相差很远。不仅在承诺的总量上没有实现UNFCCC的要求，而且在"发达国家率先行动上也没有起到相应的作用。美国退出京都议定书，完全体现了一种以自我利益为主的思维，这种思维在全球气候变化行动中起到了反作用。国际减排行动可能带来重要的世界性经济影响，气候变化可能成为推动全球化的因素之一，也成为多极化的重要内容。世界各国已经开始对发展模式的新一轮探讨，在气候变化问题上，南北既存在对立，同时也存在合作的可能。由于社会经济已经发展到一定程度，发达国家的能源需求增长减缓。从全球来看，高碳化石能源的利用受到限制，推动节能技术开发和利用已成为普遍趋势，可再生能源的发展得到加速，核能有可能成为重要选择之一。在这种背景下，作为一个发展中国家，中国已经通过签署"联合国气候变化框架公约"表明支持全球响应气候变化的国际行动。虽然到目前并没有采取专门针对气候变化的对策，但国内相关经济、能源、环境政策已经对温室气体排放的控制做出了相当贡献。目前已经有许多研究探讨未来的全球温室气体排放情景和可能的对策，由于中国快速经济发展使得未来的趋势更加充满不确定性，因此在确定气候变化战略中需要更多的考虑，辩证看待气候变化和我国实现全面小康目标的关系。气候变化已成为重要的国际环境保护和可持续发展问题。联合国气候变化框架公约确定了世界应对气候变化的共同愿望。尽管京都议定书的最终生效受挫，但许多国家已经开始采取行动。

（四）未来能源发展

目前对世界未来能源需求的研究项目主要包括政府间气候变化专家组（IPCC SRES）的排放情景、国际能源机构（IEA）的世界能源展望，以及美国能源信息署的世界能源展望。由于能源活动是温室气体的主要排放源，IPCC SRES 排放情景中对能源活动进行了详细分析。该情景进行的是 100 年区间的长期分析，而且包括了 7 种情景。时间越靠后，这些情景中能源需求的差别就越大。从各种分析的结果看，2030 年全球一次能源需求量在 129 亿吨标煤油到 190 亿吨标煤油之间，与 2000 年相比，增长 1.35 倍～ 2 倍。从能源结构来看，基本趋势是清洁能源的比例上升，特别是长期来看，到 2050 年，天然气和可再生能源的比例明显上升，将成为主要的能源。

（五）温室气体减缓及其他国家的对策

为了实现 UNFCCC 的目标，全球需要减少温室气体排放量以达到一定的浓度目标。目前许多研究一般采用设置未来大气中温室气体浓度的方法来分析未来的减缓目标。目前国际上比较多的研究 2100 年的浓度目标为 750（百万分之一），650（百万分之一），550（百万分之一），450（百万分之一）。根据 IPCC SRES 情景，未来要实现这些浓度目标，需要进行不同程度的努力。能源工业是温室气体减排的要害，我们可以通过控制化石燃料的使用，并逐渐转向低碳排放能源以及大规模发展可再生能源等手段。大规模风电、太阳能发电、生物质能利用技术将是未来能源的主要解决方案。此外还可通过提高能源转换技术效率等方法。考虑到未来一段时间化石燃料仍会在发电中占很大比例，因此应大力提高发电效率，从目前的 33%～38% 的转换率提高到 50%～60%。这将大大减少对化石燃料的需求。利用新一代高效清洁用能技术，也可降低对化石燃料的依赖。特别是交通方面应尽可能用低耗能环保车，如燃料电池车等。目前我们应从常规能源逐步走向非常规能源.石油天然气和脱碳固碳技术，特别是与能源技术相结合的技术，如煤气化联合循环发电技术（IGCC）将是重要发展方向。由于能源工业的固定资产周期很长，如火电站一般寿命在 35 年左右，石油炼制在 25 年左右，因而技术转换周期也较长，因此需要有长远眼光，提前作出准备。对我国能源工业来讲，由于我国的能源供应主要依赖于煤炭，面临的压力会更大。而从煤炭转向其他清洁能源则需要资源，技术，资金和制度的支持。这些方面的变化需要一定时间来调节。由于国际上其它主要以煤为燃料的国家已经不多，因此这类技术还将依赖于自主开发。虽然目前京都议定书的国际谈判面临一些困难，但主要国家和地区已经开始着手准备应对温室气体减缓行动，并公布了各自的气候变化战略框架。目前欧盟、美国、日本等发达国家的气候变化战略和对策中，先进技术普及和开发均为首要选择。美国已经决定对技术和基础研究投入 160 亿美元，由国立实验室和著名大企业共同开发新技术。

（六）我国未来的能源状况

为了比较全面反映我国未来温室气体可能的排放途径，能源所采用情景分析方法研究了我国未来的能源与温室气体排放情景．我国经济目前处于快速增长阶段，未来的能源需求的决定因素主要包括经济增长和人民生活水平的提高，工业化和城市化进程，经济结构（产业，产品，技术结构）和消费结构的变化（住房和交通），技术进步和节能政策，环境保护政策和实施效果，以及能源资源状况（能源供应成本和价格）。根据情景分析，2020 年我国能源需求量可能会在 24 亿吨标煤到 31 亿吨标煤之间，如果措施不当，也有可能高于31 亿吨标煤。如果采取强化节能、优化能源结构，实施环保政策等措施，也可能取得 24 亿吨标煤左右的理想效果。如果外部条件较差，政策措施效果不如人意，很可能高于 31 亿吨标煤。为达高能效目标，能源应进一步优质化，煤炭占一次能源的比例应由现在的 70% 以上下降到 55% ～ 65%；天然气比例提高到 5% ～ 10%，一次电力比例也增加到 6% ～ 10%，石油比例略有提高。水电、核电、风电的发展目标，也应远远超过现在已有的设想速度。

（七）我国的气候变化对策

——采取"双赢"对策，即在气候变化不确定性存在的情况下，促进国家可持续发展政策。研究表明，气候变化对策中，大多数都与国家的能源或环境政策相一致，如节能政策、清洁燃料优化政策、可再生能源发展战略、经济结构调整等。

——将气候变化作为制定未来发展规划的考虑因素之一。对我国过去的政策研究表明，其中许多政策都对温室气体减排作出了贡献。但由于气候变化是一个长期问题，有可能会与国家的一些中短期发展规划或政策相冲突，因此需要通过分析，对某些政策进行一些调整，以符合国家长远发展利益。

——对一些具有重大环境效果的技术，加大研究与开发力度。研究表明，未来环境问题可以通过一些关键技术得到很好解决，如清洁煤发电技术、可再生能源利用技术、燃料电池技术、先进天然气发电技术、先进核电技术等。这些技术不仅对区域环境有利，而且能改善全球气候变化。同时，如果我国在这些技术制造上能够领先于世界，将对经济发展非常有利。特别是清洁煤发电技术，由于我国是煤炭利用大国，技术需求和市场非常大，因此有着良好的发展机遇。在其他一些发达国家如欧洲，因为市场萎缩，技术开发投资的信心不足，已经导致清洁煤发电技术的开发进程放慢。而另一个煤炭大国美国，最近宣布对清洁煤发电技术的开发与示范增加了投资。相信随着我国经济实力的增强，以及企业体制改革的进展，将会为这些技术的开发提供良好条件。

——扩大有效的国际合作。中国过去在经济、能源和环境方面取得的成效引人注目，已经形成了良好的实施环境，为国际合作提供了良好基础。在气候变化框架公约的国际谈判中，由于某些原因，到目前所达成的协议中（如京都议定书）并没有提供很好的国际合作机制。未来气候变化领域的国际合作中，双边合作或多边合作会逐渐重要起来，这也将为国家可持续发展提供条件。

——采取更为有效的谈判形式。在国际合作中，在防止出现对我国经济发展有任何限制的承诺的前提下，可以促使国际行动机制走向"鼓励型"框架，而不是"限制型"框架。目前的国际谈判机制基本上采用了"蒙特利尔公约"限制臭氧层损耗物质排放的方式，应用了"限制型"框架，即缔约国承诺所要控制的排放份额和日程。但是，与臭氧层损耗物质的排放相比，温室气体排放的控制所涉及的活动要复杂得多，涉及未来社会经济、能源、技术的发展规划，特别是国际上采用的几种分担方法不确定性比较大，有些甚至在基本标准上还存在争议，因而使得确定排放份额和日程变得非常困难。过去的谈判进程说明这些份额的确定导致了后来谈判的复杂性。致使大家专注于就份额及其实现机制不停的讨论，最后使京都议定书脱离了原来的目标，而对采取行动非常犹豫。在"京都议定书"提出之前，欧盟提出了比起在"京都议定书"中承诺的目标低许多的减排量，其它发达国家也都提出了相应措施应对气候变化。发展中国家则担心这种"限制型"框架会给自己未来发展产生羁绊，拒绝加入。而实际上，如中国这样的发展中国家，在自己的可持续发展进程中，已经对控制温室气体排放作出了很大贡献。如果国际合作机制设计合理，会促进这些发展中国家进一步努力。而目前，更多的声音要求发展中国家自愿承诺，这使得发展中国家仍然对这种承诺感到压力，进而无法进一步推动国际气候变化行动。因此需要采取鼓励方式，使得有条件的发展中国家如中国，在良好的国际合作机制下，积极参与到气候变化国际合作中来，这种国际合作机制应该满足发展中国家的可持续发展需要。

二、低碳社会：我们的未来

随着人们对气候变化达成共识，国际社会应对气候变化的共同意愿也越来越强烈，低碳已经成为社会经济发展的一个重要方向。低碳可以有多种解析，如低碳经济，低碳社会，低碳发展等，均是在未来实现低碳排放的一种社会经济发展的表述。低碳经济是指社会经济体系的构建和发展能够实现低碳排放。低碳排放可以有不同的定义，一是实现人类社会的共同愿景，即全球实现低升温目标下的排放水平。目前较多讨论的是 450（百万分之一）、550（百万分之一）浓度目标下的排放水平。二是在本国或者本区域自然资源条件下，采取尽可能大的努力来减少温室气体排放，实现低碳排放。判别低碳经济的指标包括温室气体排放量、实现低碳经济的投入、实现低碳经济的政策努力、公众参与度等等。这样可以较好地反映各个国家的努力程度。目前我们更多的采用第一种方式来进行判别，但各个地区根据具体情况实现低碳排放的时间区间可以不同。目前世界上提出的低碳的概念基本上是指在某一个时间达到较低的温室气体排放。如日本和英国的研究机构提出的低碳社会，就是指在 2050 年实现 60% ～ 80% 的温室气体减排。日本政府已经于 2008 年 7 月份公布了到 2050 年的减排目标，采用了该研究的结果。一些城市如伦敦、巴黎、芝加哥等也提出了低碳概念，同样也是设置未来年份的减排目标。而对发展中国家来讲，低碳经济或者低碳发展应该是在自身可持续发展的前提下，尽自己可能实现低碳排放。从长期来讲，发展中国家的低碳目标支持全球最终实现将气候变化维持在一个较低水平，如 2100 年 ～ 2150 年升温控制在 2℃左右。我们也参与了上面提到的日本和英国的合作研究，并进行了相应的针对中国低碳社会的研究。这里的研究目标是在英国和日本等发达国家实现低碳社会的情况下，发展中国家和发达国家共享技术和对策，看中国有可能实现的低碳未来。有可能这些技术或者政策会滞后进入发展中国家，但或早或晚可以进入发展中国家。目前重要的是要有一些发达国家率先进行低碳发展的探索，给发展中国家做出示范。国际上的一些经验可以为中国的低碳经济内涵提供一定的参考。国际上一些地区和国家已经有较好的经验，如丹麦、德国、英国等。但大规模实现低碳经济发展到目前还没有。

实现低碳经济有如下途径：建立高效低能耗的产业结构；采用先进的用能技术，并通过多种政策措施普及推动；全面合理发展可再生能源和核电，使其在一次能源中的比重占据重要位置；全民参与，改变生活方式，寻求低碳排放的消费行为；发展低碳农业，增强森林覆盖和管理。对中国来讲，就是优化产业结构，控制高耗能工业发展，减少和控制高耗能产品出口；争取在 2025 年前后使中国工业的能源技术效率达到当时世界先进水平；大力发展和推广可再生能源技术，如风力发电、水电要进一步大规模普及，光热发电、光伏发电技术要进行接近商业利用的示范；全面大力发展核电，特别是着重采用第三代、第四代先进核电技术；进行大范围的公众意识提高，使低碳生活方式成为人们的普遍行为。低碳经济的方方面面与现在中国正在进行的节能减排努力相一致。低碳经济并非一个新概念，而是对现在的国家能源、环境对策进行扩展。在气候变暖已成为全人类威胁的今天，我们正在没有选择地走向低碳经济。低碳经济很有可能是未来国际经济发展的一种新趋势，并会带来贸易条件、国际市场、国际技术竞争格局的变化。许多国家已经明确把低碳经济作为未来发展方向。2007 年年底在巴厘岛举行的联合国气候变化大会也指出，我们应当逐渐过渡到低碳经济模式，提倡低碳的生活方式。根据京都议定书达成的基本共识，所有国家都有应对气候变化和减排温室气体的义务和责任，而发达国家比发展中国家更有义务和责任。很多发达国家也表示愿意在完成自己减排目标的基础上，支持和帮助发展中国家发展低碳经济，应对气候变化。所以对中国来说，推行低碳经济是大势所趋，是社会经济发展的需要。

发展低碳经济对中国来说是一个很大的挑战。因为中国一直以来就是以煤为主要能源的高碳排放国家，一旦发展低碳经济，在资源上的优势就变成了劣势。但从另外一个角度看，目前中国的工业技术还达不到发达国家的先进水平，目前经济还正处于爬坡阶段，基础设施建设还不能停下来，因此造成的高排放问题很难解决。根据国家发改委能源研究所 IPAC 模型组的研究结论，低碳经济的未来是可能实现多种社会发展目标的未来，与全球可持续发展目标、社会千年发展目标、中国国家经济发展三步走总体目标、中国构建科技创新强国目标都有一致性。**同时，在中国实现低碳经济的额外投入并不大。**在当前经济结构不发生大的改变情况下，中国经济的发展必然带来排放量的增加。情景研究表明，我国一次能源需求到 2030 年将达到 53 亿吨标煤，2050 年达 63 亿吨标煤。煤炭仍将是中国能源消费的主要组成部分。CO_2 排放量在 2030 年和 2050 年分别为 31.13 亿吨碳和 33.18 亿吨碳。如果采取较强的能源和温室气体减排政策，则有可能减少能源需求，2030 年可以将一次能源需求量降为 42 亿吨标煤，相比下降了 21.13%。2050 年能源需求量为 48 亿吨标煤，下降了 24%。相应的 CO_2 排放量分别下降了 30.18% 和 35.15%。近期可以采取继续推行节能政策和可再生能源新能源发展政策，例如中国实现单位 GDP 能耗降低 20% 的减排目标。经过全面努力，中国如果实现预期节能目标，其能源利用水平在 2020 年和 2030 年就可达到全球最高的能源效率。中国目前正朝着这个方向努力。中国经过 20 年的发展，很多新建基础设施可以大量采用先进技术，例如在发电方面，国家发改委已经颁布条例要求新建火电站必须采用超临界和超超临界发电机组。二氧化碳的减排可以为我们带来一定的效益，一些国际研究机构拥有比较关键的技术，这些技术可以全球分享。通过这些技术的运用我们可以实现低碳经济。目前中国在低碳经济领域已经取得了一定成果，但还有很多减排技术需要从美国和欧盟进口，在 2030 年或者在 2020 年之前中国需要大规模推广这些技术。中国需要推行一揽子政策，相信中国的能源政策和节能政策在今后会和气候变化减排政策整合起来。中国的节能政策就是中国的减排政策。2006 年中国确立了可再生能源未来规划目标，今后新能源在能源消费结构中所占比例可能会翻番。另外，混合动力汽车、氢燃料和纯电力汽车今后很快会投入到中国市场，而且价格并不昂贵。这会比当前中国市场上销售的丰田混合动力汽车便宜很多，目前混合动力汽车过高的价格会让中国人承担不起。根据情景分析，混合动力汽车价格的降低会让更多的汽车厂商把低价节能汽车投入中国市场。据预测，2030 年中国汽车保有量有可能会达到 4 亿辆，但是考虑到小汽车效率提高，以及公共交通大力发展，非机动车出行增加，有可能在每增加 1 亿辆小汽车的情况下，石油消费仅增长 3000 万～4000 万吨。在考虑排放问题的情况下，政府需要提高公共交通水平，并制定相关法规控制机动车尾气排放，还需看到，生物燃料正在中国快速发展，中国已经开始开发第二代生物燃料生产技术。中国当前经济形势下最突出的特点是投资过热，而发展低碳经济，可以大大缓解盲目投资问题。中国发展低碳经济的机遇在于成本优势。与日本、美国、欧美相比，中国可以以较低的成本来发展低碳经济。从燃料角度来说，在中国采用超临界机组的成本可能会比普通火力发电更低一些，虽然超临界初步投资非常高，但发展低碳技术的资金问题不是很大。根据对未来的预测，在 2030 年之前，即使是最低的能源发展情景，中国仍然会排放一定数量的温室气体，这就对各个行业提出了更高要求。不同的政策和不同的技术组合对减排效果的影响很大。中国可以用来发展超临界技术的时间不多，因为需要尽快进入下一代先进发电技术，即煤气化联合循环发电（IGCC）。

第五章　美国页岩气革命及其对我国的影响

高辉清　徐以升

作者高辉清系国家信息中心学术委员会副主任、经济预测处处长，博士后专研循环经济。徐以升系第一财经研究院（北京）执行院长。

文章认为，发生在美国的"页岩气革命"被誉为"一百年来石油工业最重大的事件"，对美国经济、世界能源市场和国际地缘政治都已产生多方面影响，这些影响随着时间推移将日趋明显。对中国而言，"页岩气革命"带来了机遇，但更多的是带来了挑战。借鉴美国的成功经验，加速发展我国包括页岩气在内的非常规天然气势在必行。这不仅具有经济意义，而且具有国际政治意义。

本章主要内容包括：

■ 页岩气发展的现状与趋势
■ 页岩气发展对世界的影响
■ 中国面临的机遇与挑战
■ 加大我国页岩气开发力度势在必行

一、页岩气发展的现状与趋势

1. 北美地区页岩气呈现爆炸式发展态势

美国是"页岩气革命"的发祥地，从 1982 年开始探索性开采到 2003 年实现水平井开采，经过 20 年多的努力，终于获得了成熟技术。2000 年，美国页岩气产量只有 110 亿立方米，在天然气总产量中仅占 1.6%。到 2010 年，美国页岩气产量上升至 1378 亿立方米，占比达到了 23%。由于页岩气产量的增加，美国已于 2009 年替代俄罗斯成为世界第一天然气生产国。

加拿大是继美国之后世界上第二个对页岩气进行勘探与商业开发的国家。加拿大的页岩气资源主要位于其西部地区，与美国西部地区地质结构类似，美国发展起来的成熟技术可以较为方便地在当地移植与应用，这是加拿大页岩气能够得以发展的主要原因。2007 年加拿大第一个商业性页岩气藏在不列颠哥伦比亚省东北部投入开发，2008 年加拿大页岩气产量为 10 亿立方米，2009 年产量达到 72 亿立方米。

2. 其他地区页岩气发展大约十年后进入快行道

在北美地区之外，欧洲、亚洲等地区已有大约 30 个国家开展了页岩气的勘探开发工作。从目前情况看，这些国家总体上还处于初级阶段，短期内难以取得大的突破。其主要原因有三。一是各国地质结构差异较大。美国页岩气具有埋藏深度适中、单层厚度与整体厚度大、基质渗透率高、成熟度适中、有机碳含量大和页岩脆性好等特点；而这些特点亚洲与欧洲国家并不具备，决定了美国技术不能在其他地区直接应用。二是页岩气在开采过程中涉及多方面的环境问题。包括耗水量大，开采使用化学品可能对蓄水层造成污染，开采过程中可能会有大量甲烷气体泄露，温室效应远超二氧化碳；另外，开采过程中需要进行地下爆破，在带来空气、土壤和噪音污染的同时，还有可能导致动物栖息地丧失；由于美国页岩气丰富区大多远离沿海等经济发达以及人群居住集中地，地广人稀，水资源充沛，因此，美国页岩气开发对环境的影响相对小。而其他国家，尤其是亚洲与欧洲国家大多都不具备美国那样的有利条件，少数国家（比如法国）甚至由于担心页岩气的开采会对环境带来较大负面影响，已暂时停止相关开采活动。三是页岩气开采需要考虑经济性。北美地区发展页岩气不仅开采成本低，而且经过多年积累发展起了较为成熟和完善的储存、液化和传输基础设施网络；而其它地区相关基础设施不足，发展页岩气在短期内需要大量投入，在当前天然气价格明显下跌的情况下企业投资热情将受到明显抑制。

虽然发展页岩气存在诸多困难，但在美国页岩气革命巨大成功的刺激下，各国发展页岩气的热情有增无减。同时，其他国家可以通过借鉴美国的经验获得清晰的发展路线图，少走弯路。据多方预测，未来5年～10年之后其他国家基本上能够实现技术突破，大幅降低开采成本，从而进入快速发展轨道。

二、页岩气发展对世界的影响

1. 对美国经济的影响

首先，加速美国再工业化进程。金融危机以来，奥巴马政府提出了"制造业促进法案"、"重振美国制造业政策框架"和"出口倍增计划"等一揽子"再工业化"政策，美国制造业正进入一个缓慢而艰难的再振兴时期。在这一关键时期，"页岩气革命"象一场及时雨，带来了能源价格的大幅下降，进而大幅度降低了制造业成本，吸引了许多企业重归美国，从而推动美国制造业的复兴。目前，美国整个高能耗行业竞争力都因页岩气革命带来的低能源价格得到了不同程度的修复。其中，受益最大的是美国的基础化工行业，其全球竞争力在2008年与2009年几乎还位居末席，今天则成为世界最强。据统计，2011年欧洲、亚洲的大宗基础化学品几乎全行业亏损，而美国同行业平均开工率则由三年前的不到60%快速上升到了93%，产品出口增长了11%，盈利水平甚至超过了中东的初级能源加工业。

其次，降低美国石油对外依存度。长期以来，美国既是全球最大的石油消费国，也是全球最大的石油进口国。美国石油对外依存度由1970年的11%一路上升至2005年64.2%；但是随后逐渐下降，至2010年降为49.3%，与五年前相比下降达15个百分点。美国石油对外依存度的戏剧性变化正是得益于页岩气开采规模的爆炸式增长。由于大量石油需求被天然气所替代，美国石油进口量得以逐年减少。英国石油公司（BP）最新发布的一份报告指出，美国有望于2030年实现"能源独立"。

第三，推动经济与就业增长。根据美国天然气协会的一份研究报告，到2015年页岩气将为美国GDP贡献1180亿美元，占美国GDP的0.7%，并为美国提供80万就业岗位。

第四，改善美国能源消费结构。2010年美国石油消费比重已降至37%，比2003年降低11个百分点。美国能源信息署预计，到2035年这一比例会降至31%。

2. 对国际能源市场的影响

（1）北美地区将成为可匹比中东的能源新基础

仅仅在十年前，专家们都还认为，北美作为重要能源进口地区的角色将持续保持下去，但是，这一观念现在被彻底颠覆了。由于前几年石油价格的快速上升，过去没有多少开发价值的、以页岩气为代表的非传统能源开采变得利润可观了，北美地区作为一个新兴能源基地在世界舞台上开始迅速崛起。

首先，北美地区非常规天然气储量在世界上排第一。非常规天然气主要包括页岩气、煤层气和致密砂岩气。北美地区仅页岩气储量就达到108.7万亿立方米，占世界所有非常规天然气储量的11.8%，如果再加上煤层气和致密砂岩气，这一比例将上升至25.3%。

表 5-1 世界非常规天然气资源储量

地区	页岩气（万亿立方米）	煤层气（万亿立方米）	散密砂岩气（万亿立方米）	合计（万亿立方米）	在世界的占比（%）
北美	108.7	85.4	38.8	232.9	25.3
拉丁美洲	59.9	1.1	36.6	97.6	10.6
西欧	14.4	4.4	10.0	28.8	3.1
前苏联	17.7	112.0	25.5	155.2	16.8
中东＋北非	72.1	0.0	23.3	95.4	10.4
撒哈拉以南非洲	7.8	1.1	22.2	31.0	3.4
中亚＋中国	99.8	34.4	10.0	144.2	15.7
太平洋地区（经合组织）	65.5	13.3	20.0	98.7	10.7

续表

地区	页岩气 （万亿立方米）	煤层气 （万亿立方米）	散密砂岩气 （万亿立方米）	合计 （万亿立方米）	在世界 的占比 （%）
其他亚太地区	8.9	0.0	15.5	24.4	2.6
南亚	/	1.1	5.5	6.7	0.7
世界	456.0	256.1	209.6	921.4	100

数据来源：根据闰立《美国页岩气勘探开发的启示》中相关数据换算

其次，北美地区非常规天然气的技术可采量也为世界第一。以页岩气为例，2011年，美国能源情报署评估了32个国家48个页岩气盆地含70个页岩气层获得的结果。其中，北美地区三个大国美国、墨西哥和加拿大的技术可采页岩气资源量24.1、19.1和10.9万亿立方米，分别位居世界第二、第四和第七位。

表5-2　世界各国的技术可采页岩气资源量

国家	万亿立方米	国家	万亿立方米	国家	万亿立方米
中国	35.7	法国	5.0	英国	0.6
美国	24.1	挪威	2.3	哥伦比亚	0.5
阿根廷	21.7	智利	1.8	突尼斯	0.5
墨西哥	19.1	印度	1.8	荷兰	0.5
南非	13.6	巴拉圭	1.7	土耳其	0.4
澳大利亚	11.1	巴基斯坦	1.4	委内瑞拉	0.3
加拿大	10.9	玻利维亚	1.3	摩洛哥	0.3
利比亚	8.1	乌克兰	1.2	德国	0.2
阿尔及利亚	6.5	瑞典	1.1	西撒哈拉	0.2
巴西	6.3	丹麦	0.6	立陶宛	0.1
波兰	5.2	乌拉圭	0.6	总计	185.4

数据来源：根据闰立《美国页岩气勘探开发的启示》中相关数据换算

巨大的储量保证了北美页岩气开发将在未来相当长时期内持续快速发展。根据美国能源信息署的测算，到2035年，美国页岩气产量预计将增至3885亿立方米，占天然气总产量的比重将提高到49%。

最后，除了非常规天然气之外，美国生物质能源和加拿大油砂矿都呈现快速增长之势。在生物质能方面，美国国会在2000年通过了《生物质研发法案》

开启了生物质能发展之路。2008 年，生物质能占美国能源供给的 3%，成为国内最大的可再生能源来源。按政府计划，美国 2020 年生物能源将达到能源总消费量的 25%，2050 年达到 50%。在油砂方面，加拿大拥有世界上约 85% 的油砂资源，是世界唯一实现了大规模开采的国家，并形成了完整的上中下游产业链。目前，加拿大油砂产油量达到每天 150 万桶。据加拿大 ARC 能源公司预测，2015 年加拿大油砂产油量将达到 210 万桶 / 天，2035 年增至 510 万桶 / 天。这一增加的产量，外加其他石油产量，将使加拿大超过伊朗，成为世界上仅次于俄罗斯、沙特、美国和中国之后的第五大产油国。

（2）中东地区能源战略地位将下降

长期以来，中东都是世界能源版图的中心。然而，随着北美能源地位的提高，中东未来将退居为亚洲的能源中心，而不再是世界能源中心。近几年来，美国一方面借助整个美洲（包括北美与南美）能源供应增多的有利形势，加大从周边地区的石油进口；另一方面依托页岩气的快速发展，进一步减少进口中东石油。1977 年～ 2010 年之间，美国来自美洲进口原油占总进口规模的比例由 10.7% 大幅增至 71.1%，而来自中东进口原油则由 27.8% 下降到 14.9%。预计到 21 世纪 30 年代中期，美国经济基本上就可以与中东石油脱钩了。

随着美国能源需求渐渐回归美洲，欧洲能源需求也越来越趋于多元化来源，中东将越来越象是亚洲人的中东，以中印为代表的发展中国家将越来越明显地成为中东能源消费的主力。据英国石油集团公司预测，未来 20 年全球能源消费增长的 96% 将来自以亚洲新兴国家为代表的非 OECD 国家，到 2030 年这些国家能源消费将占全球总量的 65%。因而，中东与亚洲的关系不可避免地将更加紧密。

3. 对国际能源政治的影响

突如其来的"页岩气革命"不仅影响了美国经济与世界能源市场，而且影响了国际政治。随着时间推移，这些影响将越来越显著。

（1）能源将成为军事力量之外美国推进全球霸权的第二个武器

长期以来，美国的能源战略除了对内保障能源供应安全之外，还具有对外谋图全球霸权的目标导向。历史上，美国曾经两次利用能源武器成功地实施了其战略意图。第一次是 1941 年对日石油禁运，由于当时日本所需石油的大约

85% 都来自美国，石油禁运加速了日本的战败。第二次是 1986 年对前苏联实施能源战，一方面与沙特合作压低石油价格，另一方面阻止欧洲进口前苏联的天然气，极大削弱了前苏联的经济实力，并成为引发其解体的重要原因。

随着页岩气快速发展，美国国内能源供给的安全得到了极大保障，为其实现"外谋霸权"的战略意图腾出了更大的空间。这一点并非臆测，证据就是：美国本来就有能源部，但 2011 年 11 月在希拉里领导下的国务院又成立了一个能源资源局，专门负责从外交角度制定美国的国际能源政策，与军事部署、外交政策等相配合，以打造全新的一体化战略，服务于美国国家战略。由此可见，美国新时期的能源武器可能已经打造好了，未来"挟石油以令诸国"的现象也许为时不远了。对此，我们必须密切加以关注，做到有备无患。

（2）俄罗斯在欧洲天然气市场的统治地位将被削弱，战略重心东移速度将加快

在北美页岩气发展未发生之前，欧洲对俄罗斯天然气的依赖一直是世界能源地缘政治中的一大特点。未来随着美国页气大量出口至欧洲市场，以及欧洲自身页岩气的发展，欧洲对俄罗斯天然气依赖程度将急剧下降。据美国莱斯大学贝克研究所预测，2040 年俄罗斯在西欧天然气市场所占的份额将从 2009 年的 27% 降至 13%。这一变化将极大地改变俄罗斯和欧盟之间的力量平衡，增强欧洲抵制俄罗斯对欧洲事务进行干涉的能力。

由于俄罗斯经济对能源出口依赖较大，页岩气革命将显著减少欧洲对俄罗斯天然气进口，再加上欧债危机影响，俄罗斯通过向欧洲出口天然气拉动经济增长的想法变得更加不现实了。相比之下，亚太地区尤其是亚洲各经济体发展速度依然较快，中印这些亚洲大国已经崛起为全球经济增长的火车头。在这样的情况下，俄罗斯必然加速战略重心东移速度，以提高自身在亚太地区影响力。

（3）天然气生产者卡特尔组织难以形成

在页岩气革命出现之前，作为当时世界天然气头号产生大国，俄罗斯从不掩饰其利用天然气武器发挥世界影响的意图，并与伊朗、卡塔尔等国一起，试图创建一个天然气生产者的卡特尔组织——另一个欧佩克。在俄罗斯的推动下，2008 年底在莫斯科召开的世界天然出口国论坛第七届部长级会议通过了组织宪章，并规定组建执委会和秘书处。组建执委会和秘书处的目的是仿照欧佩克那样协调和统一成员国之间的天然气产量及价格。

然而，页岩气革命的出现不仅提高了天然气出口国论坛以外国家的天然气供应能力，更是大幅降低了天然气的价格，天然气出口国论坛国家对世界天然气市场的影响力被迅速削弱，天然气卡特尔组织成立的可能性随之明显降低。

三、中国面临的机遇与挑战

我国是世界上最大的能源消费国，对国际能源市场的依赖日趋严重。页岩气革命对我国而言是一柄双刃剑：一方面有利于我们缓解国际能源贸易与合作的环境，另一方面也增加了国际能源地缘政治的风险。

1. 中国面临的机遇

（1）有利于扩大我国能源进口

页岩气革命将使得我国能源进口环境变得更为宽松。一是有利于我国加大天然气进口。去年世界一次能源消费量中天然气比重低于石油 9.6 个百分点，位居第二，预计二十年后天然气将超过石油成为世界第一大能源。国际天然气供应的快速增长将为我国加大进口提供相对更为有利的条件。二是由于能源之间存在着一定的替代效应，美国页岩气革命将在短期内导致美国煤炭价格下降和出口增加。近几年来，美国大量关闭燃煤机组，改为天然气发电，迫使大量的过剩煤炭必须到国际市场去寻找出路。统计显示，自 2009 年以来美国煤炭对我国销量加速增长。其中，今年上半年我国进口美国煤 468.03 万吨，同比增长 47.7%，这个数量已接近 2011 年全年的美国进口煤数量。

（2）有利于我国与能源出口大国之间开展合作

页岩气革命一方面增加了国际能源贸易数量，另一方面有力地冲击了世界能源地缘政治格局，削弱了能源出口大国的话语权，再加上中国国内巨大的页岩气储量大约 10 年之后也可进入快速开发期，这就使得我国与传统能源输出国家进行相关国际贸易谈判时处于相对有利的位置。

（3）有利于推动我国页岩气发展

美国的成功至少给我们提供了以下有益借鉴：一是指明了技术突破方向，二是提供了在基础设施配套和市场培育方面成功的做法，三是了解了政府在其中应该提供哪些相关政策支持。这就使得我们可以在借鉴美国经验的基础上结合我国实际，充分发挥后发优势，在相对较短的时期内突破相关瓶颈，实现页岩气的跨跃式发展。

2. 中国面临的挑战

（1）中东能源地位的下降加速了美国"重返亚太"的战略转移步伐

页岩气革命使得美国能源独立成为了可以预见的现实，中东地区对美国的战略价值大幅度下降。因而，美国可以放任中东混乱局势不顾而将大量军事人员与装备从中东撤出转向亚太地区。虽然，美国打的是维护亚太"安全与繁荣"的旗号，但明眼人一看就知道，美国的真实用意是遏制正在崛起的中国。

（2）中东石油市场可能成为美国敲打中国的新场所

首先，中国已成最依赖于中东石油的国家。未来二十年，美国将大幅减少对进口石油特别是中东石油的依赖，直至完全脱钩。中国的情况则相反，对中东石油的依赖将有增无减。预计到2030年我国石油对外依存度可能高达80%，其中一半左右将来自中东。

其次，美国的中东政策可能将更为激进，从而导致中东局势更趋动荡。随着中东石油供给和油价波动这两大因素对于美国经济与社会发展的制约作用逐步削弱，美国在中东可以更加激进地推进霸权主义政策。这些政策包括推进中东民主化、抑制伊朗崛起、保护以色列安全等等。对美国而言，这些政策的实施可以达到一石二鸟的作用：一方面可以推进美国中东战略的实施；另一方面引起该地区局势动荡，给世界石油市场带来极大的不确定性风险，从而间接地达到敲打中东石油最大的依赖国——中国的作用。

最后，国际石油的美元结算体系可能成为美国发起能源战的更有力武器。中东石油的美元结算体系既是美元霸权的重要基石，同时也是美国发动能源战争的重要媒介。1973年，美元还只是中东石油的主要结算货币，而不是唯一结算货币，美国来自中东的石油占全部进口量的比重为22%，但是为了其国内金融与石油集团的利益，千方百计策划了第一次世界石油危机。今天，美元早已是石油输出国组织的唯一结算货币（当然，伊朗开始在突破这种格局），美国来自中东的石油占全部进口量的比重只有15%，而且这一比例将越来越小。在这种情况下，美国未来完全可以根据自身战略需求，更为方便地发起能源战争。

四、加大我国页岩气开发力度势在必行

页岩气作为独立新矿种，应突破传统的油气开发模式，尝试新的开发体制，例如可以考虑实行"市场配置，多元投入，合理分配，开放创新"的原则，实施各种鼓励政策，调动各方面积极性，提高页岩气对中国能源供应的保障能力，带动国内油气行业改革，同时也可以为推进油页岩、油砂、天然气水合物（可燃冰）等油气资源开发探索一条新路。结合国外的经验和中国实际，我们可以对未来页岩气的开发体制做一些大胆设想。

第一，运用市场机制配置页岩气矿业权。所有页岩气矿业权都应当通过公开招标出让，出价高者获得矿业权。由于页岩气是新矿种，对页岩气与已登记常规石油天然气重叠的区域，国家也应设置新的页岩气矿业权，各类企业通过平等竞争获得，协调处理好矿区重叠问题，让页岩气勘探开发与常规油气勘探开发相互衔接，确保生产安全。同时，进一步解放思想，允许国外企业参与页岩气矿业权投标和勘查开发。

第二，进一步放宽市场准入，规范市场准入条件。页岩气分布面积广、埋藏浅，地表条件很适合中小企业进行分散式开发。国家应鼓励中小企业和民营资本参与页岩气开发。放宽页岩气的市场准入，投标单位不仅限于已有的油气开发企业，不宜设置过高的资质要求，要向各种所有制企业开放，为资本市场的参与留出空间。适时进行天然气管网改革，建立单独的天然气管网公司，专门从事天然气的运营业务，并组建专门的监管机构进行监管。管网实行"网运分开"，接入和建设向所有用户开放。

第三，合理分配收益。为了保证国家作为资源所有者的权益，可以借鉴国外的做法，一是由国土资源部与开发企业签订分成合同，分成收益建立专门基金，作为财政性资金管理。在基金中提取一部分充实公益性地勘基金，专项用于页岩气地质勘探。二是在页岩气开发中进行权利金制度试点，将矿产资源补偿费、矿区使用费、资源税合并为权利金。权利金分为两个部分，分别反映矿产资源的绝对地租和级差地租。反映绝对地租的部分，可按照产值或产量进行征收，并实行比例费率；反映级差地租的部分实行从价计征、滑动比例和累进费率。同时要注意平衡中央政府、地方政府和企业间的利益，调动各方面的积极性。

第四，鼓励页岩气技术开放创新。页岩气的核心技术大多掌握在国外专业公司手中，中国在实施好国家页岩气重大专项的同时，应当鼓励企业引进消化吸收再创新。国家可以用优惠政策鼓励页岩气开发企业与国外技术原创方加强合作，在保护知识产权的基础上，鼓励国内企业以合资、参股和并购的方式与国外专业技术公司合作。对页岩气技术研发应给予财政补贴；对页岩气勘开采等鼓励类项目项下进口的国内不能生产的自用设备（包括随设备进口的技术），按有关规定免征关税或给予税收优惠。

第五，对石油天然气管网输送业务进行独立监管，在一定程度上剥离管网资产，对民营企业和其他所有制企业开放，保证各企业接入管网的公平性。美国页岩气开发成功的一个因素是其成熟、发达的天然气管网，让具有分布式特点的页岩气开发随时随地与天然气管道对接，顺利将页岩气运输至消费终端。但中国天然气管网基本为三大石油公司垄断，即使民营企业成功开采出页岩气，也可能面临三大石油公司拒绝其使用天然气管道运输的窘境，或者逼迫民营企业与其合作。因此，政府在加强天然气管网的统筹规划和科学监管的同时，可考虑在不打破已有管网格局的情况下，在其下分别组建资产、财务相对独立的石油天然气管网子公司，母公司仍然可以持有其股份，并由政府部门进行有效监管。但需对民营企业开放，对运输费率进行有效的独立监管，保障运输资源的最优配置。

第六，加大政府扶持力度，推进页岩气示范区建设。目前中央政府已经决定对页岩气开采企业给予0.4元／立方米的补贴，补贴力度较为适中。但为了扩大受益企业的范围，可考虑适当放宽补贴限定标准，根据中国页岩气的地质条件制定更加多元的补贴政策，统一行业规范，同时制定相应的税收优惠措施，通过减免企业税费的方式给予补贴，让更多的页岩气开发企业能够享受到国家扶持。页岩气开发是一项系统工程，有别于传统的天然气"田"的概念，而是要大规模打井，形成天然气"工厂"，而且水力压裂技术耗水量大，并且可能给环境带来诸多不确定影响。为此，为此政府应科学规划、统筹兼顾，建设好页岩气开发示范区，以积累经验、逐步推广，为商业化生产做好准备。2012年，年国家发改委批准设立首个页岩气勘探开发国家级示范区——延长石油延安国家级陆相页岩气示范区，中石油也建成四川长宁—威远和云南昭通两个国家级页岩气开采示范区，这些示范区是国家优势力量集中的体现，政府应促使其在资源勘察、区块招标、技术攻关、开发利用、政策支持、市场监管等方面进行综合试点，争取率先在这些地区形成产能。

第六章 未来50年：终结与革命

刘建生

作者系西南财经大学能源经济研究所所长，创立物理经济学，提出物理经济学的历史观。

作者认为，21世纪的今天可以用"山雨欲来风满楼"来描述，各种"危机"与"革命"是当今人类面临的严峻现实。如何认识、把握这场"危机"与"革命"的大趋势、大浪潮既是全球的大事，更是中国再次成为历史性大国的战略机遇。对这场"危机"与"革命"进行深度探讨是本章的基点，主要论述如下：

■ 人类大历史发展规律的再认识——物理经济学视野下的人类历史

■ 增长的极限

■ 后化石能源时代：绿色革命与绿色时代

■ 后化石能源时代：国际新秩序与大国之路

　　国际格局演变的基本历史与规律

　　后化石能源时代的国际新秩序

　　后化石能源时代的大国之路

　　大国之路的战略选择

■ 终结与革命

　　时代的终结与革命

　　文明的终结与革命

　　历史的终结与革命

导语：伟大的终极革命

现代文明的终极革命与人类历史的终极革命

50年来，人类社会一直期盼一场革命——彻底解决影响人类生存家园的环境问题，以能源可持续为核心的现代文明发展的可持续问题。这是一场以化石能源为基础构架的现代文明的终极革命。

5000年来，人类社会一直期盼一场革命——物质财富无限丰富，人性充分展现，社会无比和谐，人与自然充分友好的田园诗般的人间美景。这是一场人类历史的终极革命。

这两个革命无论哪一个实现都是人类历史上的最伟大壮举与革命。或许今天的我们已经走到了这场伟大的历史、伟大的革命前沿。点燃这场大历史革命的火炬、拉开这场大历史革命帷幕、展开这场大历史革命或许也应该是我辈的光荣与使命。

实际上，第一场革命是第二场革命的基础，第一场革命只要前进一步就是第二场革命。而实现第一场革命的基础与要害就是实现一场特殊的能源革命——解决创造财富基础的一种能源——**清洁、大量可以获得、并且是可持续获得。**就此而言，今天的人类已经站在一个伟大的时代前沿——这是50年全球精英的呐喊与奋斗，5000年人类不懈的努力与梦寐以求。今天我们非常可能是 **99 度加 1 度，烧开这 1 度就是伟大的 1 度，就是创造伟大的明天。**

过去50年全球各国无论是道义还是方向上都将这场革命视为首要问题，在科技、资金、人力方面有大量投入，但都没有实现破局的结果。**其中最为根本的是对革命的认识上存在着思想、习惯、制度的约束。这是解决 99 度加 1 度的关键、要害**——需要的是一场思想革命、认识革命。作为说明这个问题的最重要问题就是——几乎所有的企业家、投资者感到困惑的就是太阳能电池制造所直接消耗的能量远远小于它自身获得的能量，但大家都不知道太阳能电池是否真是新能源——这是重大的理论难题——自然科学家能够谈能量，却无法说货币、说价格、说经济可行性；经济学家能够说价格、说货币、经济可行性，又无法说能量、能源的可行性。如果是，新能源技术已经是在二十年前就基本完善了——革命破局的基本条件早已经完成。这个问题的破解实际上深刻涉及当今人类思想体系、核心价值观、制度体系。破局需要一场思想、价值观、制度的革命。解决这个问题需要高度、深度、革命性的思想、思考方式。

实现上述革命目前最核心问题是深度解剖这场革命，深刻分析这场革命，最终寻求到这场革命发展的可能，实现的路径与战略。核心是五个问题：

——人类大历史发展规律的再认识；

——增长的极限；

——后化石能源时代：绿色革命与绿色时代；

——后化石能源时代：国际新秩序与大国之路；

——终结与革命。

下面就此展开这种认识与探讨。

一、人类大历史发展规律的再认识
——物理经济学视野下的人类历史

面对未来这场历史性的大革命，我们首先需要的是高度、胸怀、大思路。只有如此我们才能清醒、坚定地沿着正确的方向推动、创造大历史革命的产生与发展。为此我们需要深度认识人类社会发展的内在规律，科学的了解人类社会发展的内在动力机制。

认识历史有三种大的思想体系：一是哲学体系——抽象的方式总结人类社会发展规律，历史唯物主义是代表之一；二是历史学——从现象的方式总结历史，从发生的史实来如实的表现历史；三是自然科学体系的历史认识——主要是从科学、技术、环境、资源的角度认识历史。后一种思想体系相别于前两种思想体系一是定量，二是强调外部环境对人类的影响。如果从定量的角度出发，我们可以把经济学也归为广义的自然科学。

传统认识历史是前两种思想体系主导，人类社会发展首先是认识人，展现人的作用无疑是对的。但是神化这种思想体系既是这种思想体系的成功，也是这种思想体系问题所在。我们今天走在一个特殊的历史时代：人与外部环境高度相互依赖、相互冲突时，人是自然一部分，人类社会是一个特殊的自然现象的问题已经尤为重要——我们需要一种新的历史观来认识人类、认识世界——需要将人与自然视为一个整体考虑，同时需要定量的方式探讨历史。

甚至要一定程度的否定人是中心，必须对地球、太阳、宇宙、自然界给予必要的尊重。

从某种程度讲物理学是定量化的哲学，它是定量化的对整个自然界内在规律的最高认识。从这个意义讲，所有的科学最终应该回到物理学。经济学是对人类社会存在基本形式——创造财富与分配财富规律的总结为核心内容。物理经济学是从物理学出发演绎的特殊经济学——以资源、资本、劳动三个变量为基础演绎的经济学体系，并以自然界基本特性——能量为度量手段，定量的将各种经济要素连为一个整体——传统经济学是以资本、劳动两个变量为基础演绎的思想体系，并以货币为度量手段，将各种要素联为一个整体。

用物理经济学认识历史有三个优点：一是可以用 GDP 的方式研究历史发展过程，从人类社会发展的核心问题——创造财富与分配财富的角度定量的研究历史；二是可以将历史发展过程中资源、环境对人类社会的影响定量的表达出来，可以深度把握人与自然界的关系；三是可以深度认识人类社会发展的自然特性——能量特性，深度把握人类社会发展的核心问题——人与能源的关系、人与能量的关系。上述三个优点对于我们探讨未来的革命有直接的现实意义。这就是题目的意义所在。

（一）人类社会发展的物理经济学认识

1. 物理经济学的历史观

（1）历史学派的基本评判

对人类历史探讨的学派可分为三个大类：历史、哲学、经济学与自然科学。

历史学家中最有代表意义的是汤因比，他提出推动人类社会发展的最根本方式是"挑战与应战"，最基本的社会发展模式是中国的"大一统"与希腊的"联邦制"。这也算是一种政治、哲学意义上的高度总结，也是一种人类的终极精神的总结。

就哲学而言，辩证唯物主义与历史唯物主义对历史的总结是一个能经受相当考验的学说，应该说是一个相当成功的历史认识与总结。

经济学的总结虽然林林总总，有制度角度、有资本观点、有劳动的认识、有科学与创造力的看法，但真正能够形成一个大家都认同的大历史观看法的经济学描述体系还没有出现。但经济学的总结有一个与历史、哲学总结相当不同的地方，就是具体、定量。目前，对经济学、历史包括现实而言，这个定量的工作远远没有达到大家都满意的地步，最多能称为半定量。经济学从资本、劳动、制度方面对社会发展与经济发展的研究已经是相当成熟，甚至可以说是已经达到一个巅峰。但目前的经济学最为要害的问题是没有将经济学与自然的关系、经济与资源的关系（核心是能源的关系）、经济学与自然科学的关系有机联系在一起，这种联系不是一种哲学意义的联系，而是一种内在的、自洽的、定量的联系。没有这种联系，经济学就无法完成一种真正的对经济问题的定量研究，也无法完成一种对历史真正意义的定量研究，以及对历史的本源的探寻。

过去对历史的探讨更多是从人的方面进行研究，但这是一个非常不足的研究，甚至说是一个片面的认识。真正认识历史、社会的发展是需要站在辩证唯物主义与历史唯物主义的立场上，将人与自然、人的社会特性与人的自然特性结合起来，才有可能对人类社会发展的过程、本源、动力给予真正的解答与认识，也才能对人类社会发展的历史经验给出具有说服意义的总结，从而真正对未来进行一种科学的描述、预测、展望。

从物理意义讲，宇宙万物的最根本自然特性就是其能量特性，其实这个特性是对辩证唯物主义的精髓——运动的物质——万物处在一个不断的运动的根本性的定量描述与高度总结。可以一言蔽之，经济学涉及的所有问题的根本属性就是其能量特性，在能量特性问题上能获得一个内在相互联系的统一与定量描述。

实际上人类社会的最根本自然特性也是其能量特性，也是可以通过其自然特性予以认识与统一。

人与自然的关系是认识人类社会发展的根本关系，人是自然的一部分，这是一个整体与局部、个体与全局的关系。人的自然特性——能量特性是人的根本特性——人无时无刻不在消耗能量，也需要不断地从外界补充能量——通过各种产品与物质，人的这种能量特性是源自自然界，人的能量最终获得是来自各种自然资源——气候资源、土地资源、水资源、各种矿产资源等。从某种意义讲各种资源可以看成广义能源。概括性讲人与自然的关系核心是与资源的关系，或者说是人与广义能源的关系，这就是物理经济学体系。从这个角度、这个基础出发我们对过去的历史可以进行一个特别的定量总结与观察。

（2）人类大历史的能量特性规律

人类的大历史可以从其能量特性进行把握与研究，这就是人类在生存与发展过程中得到能量的多少以及得到效率与使用能量的多少与使用效率。从这点出发，可按人类主要的能量使用形式对人类社会进行大的历史划分研究。主要的能量形式以及能量使用量一旦确定，这个社会的自然特性就能够确定。

从人类社会的能量特性出发，可将人类划为四个大的历史阶段：

狩猎文明——动物能源时代

农耕文明——植物能源时代

现代文明——化石能源时代

未来文明——后化石能源时代

在狩猎文明时代，人类文明是建立在动物能源的基础上发展起来的。人的吃穿用都基本与动物能源有关。由于动物能源来自于植物能源，大约同样的能源量，动物能源需要10倍左右的植物能源量转换而来，而所有的动物能源又仅有一部分能为人类获得与利用，大约在1/10的量级。因此，动物能源时代的人类生存空间需要约100倍农耕时代所需要的土地量，如果农耕时代每人生存需要5～10亩地，则狩猎文明时代需要约500～1000亩地的生存空间。一个300人的部落就需要15万～30万亩，约为150～300平方公里。如果超过1000人，就需要约500～1000平方公里的土地。因此，人口的平均密度非常低，是农耕时代的1%左右。此外，人口的总量也非常小。因此，人类的文明发展受到非常大的限制，**主要是无法形成一个大的群聚性社会，从而无法构成文明发展的最基础条件。**

在农耕时代，人类文明是建立在植物能源基础上发展起来的。人的吃、喝、住、穿，以及各种财富都基本和植物能源有关。植物能源利用量与效率较动物能源时代的动物能源量与效率大为提高，约为10倍～100倍。因此，人类文明得到飞跃发展。人口数量扩展了10倍以上，大型的群聚性社会得以形成。城市得以建立，社会分工、语言、文化得到较大发展，特别是专门研究思想、文化、制度、技术和教育的机制得以建立，并且与社会发展联系得越来越紧，从而使人类社会的进步得到飞速发展。

在现代，人类文明在化石能源基础上得以发展。化石能源的利用量超过植物能源的利用量，在发达国家达到 5 倍～10 倍，人类创造财富所需要的能量几乎都来自于化石能源。在此基础上，人口数量普遍增长 1 倍以上。城市化扩展了 5 倍～10 倍，人均利用的财富量增长了 5 倍～10 倍，与之相伴的是科学、教育的飞速发展，同时人类的需求得到充分满足。产品的多样化得到充分实现。人类社会几乎达到理想境界。

（3）后化石能源时代问题

后化石能源时代，是从能量特性方面对未来社会的定性，因为到目前为止，我们没有一个人敢肯定判断未来人类社会主要依赖的能源是何种形式，是核能，还是太阳能，还是像农耕时代一样利用植物能源。但可以肯定地说，人类未来是不可能持续化石能源时代，按现在的化石能源使用速度，化石能源时代快则 30 年～50 年就会基本结束，慢则难以超过 100 年。如果考虑非常规油气，这个时代可以持续的更久，但这必定是不可持续的时代。**因此，当今人类正面临一个新的大时代来临的前夜。何去何从这不单是国家精英需要面对的问题。也是每一个普通老百姓都将面临的事。早则我们自己晚则儿子、孙子这一代，就将面临这样一种结局。**

后化石能源时代的大格局是什么样的架构，目前是难以确定的。这就是将未来称为"后"化石能源时代的原因。对这个时代的研究可以从以下几个方面进行：

A. 几种能源形式条件下的人类社会能量特性所确定的人类社会的自然特性，以及以此为基础所构架的人类社会。

B. 最保守的条件，即核聚变是不可能实现或者相当长的时间难以实现；太阳能只能有限地被利用，在此条件下，人类社会应当采取什么样的发展模式。

C. 最乐观的结果，人类社会完全可以解决能源供应的可持续问题，在此条件下，人类社会将形成一个什么样的社会。

人类目前的文明形态向后化石能源时代的过渡的研究是一个相当大的问题，人类大历史形态的相互过渡是一个特殊形式，并且是一个相对较长的历史时期。今天的人类社会可以说是处在现代文明与未来文明之间的过渡期，即化石能源时代向后化石能源时代的发展过渡期。研究这个过渡期在理论与现实上都具有重要紧迫的意义。有目的地形成一个良好的过渡期对人类应对后化石能源时代的严峻挑战是非常必要的。

2. 人类大历史的物理经济学解读

（1）动物能源时代——狩猎文明

▲动物能源时代的基本概况

这个时代是以万年计数，大约在几十万到几百万年之间。这个时代是人类社会从动物到人类的初期阶段。这个时代的人类社会生存与发展的主要形式是狩猎，依赖动物能源作为人类社会存在方式的基础。动物能源是一种高级的能源形式，自然条件下，陆地平均光合作用效率是 0.2% ～ 0.3%。自然状态条件下，大约 10 份植物能源转化为 1 份动物能源。动物能源中食肉动物获取相当部分的动物，人类在这个时代平均能够获取动物能源的 20% ～ 30% 应该是一个最大可能。如果以农耕时代人均需要 5 ～ 10 亩土地计算，动物能源时代人均需要大约 200 ～ 500 亩左右，如果一个 100 人的部落大约需要 20000 ～ 50000 亩土地，大约是 20 ～ 50 平方公里。考虑实际条件，非常可能人类获取动物能源的比例大约相当低，以及相当多的其它条件限制，平均而言 100 人的部落可能需要的土地面积维持生存大约在 5 万 ～ 10 万亩左右，大约在 50 ～ 100 平方公里。也就是说一个部落平均而言很难超过 300 人。300 人的部落需要大约 150 ～ 300 平方公里范围——平均狩猎半径在 40 ～ 60 公里左右。美洲新大陆的部落文明证明了这种推论。

此时的人类社会人口密度非常低，大约是农耕文明 1% 左右，人类社会无法形成聚集式的生活方式。这是文明程度低的重要原因。

▲游牧文明是动物能源时代的最高阶段

这个时代最高阶段是饲养文明的出现，人类可以以饲养方式大幅提高获得动物能源。一是选取能量转化效率高的动物进行饲养，二是可以避免食肉动物对食草动物的影响。饲养是这个时代的最大进步。这个时代的最高发展形式是游牧民族的形成。在光合作用比较好的地区，树木参天，森林是主要的植物存在形式，人类社会在这个时代很难征服森林，这极大程度限制了饲养文明的发展。而在草原，光合作用效率低，植物主要以草的形式存在，这为规模化饲养创造了条件。中国北部与西北部的草原地区以及中亚地区的游牧地区为动物能源时代的最高阶段创造了基本条件，这块土地面积巨大，为游牧的方式规模化饲养动物创造条件，这块土地大约可以维持 500 万 ～ 1000 万人口的存在，应该超过这个时代全球其他地区人口总和。这个地区的文明成为动物能源时代的最高阶段。因此，这个地区形成的人种成为人类社会人种的主要内容。蒙古人种与高加索人种成为人类社会的两个主要人种。这也是这个时代的最大成就，实现人口的种族化以及人口总量的剧增——人口由万的量级向百万到千万的剧增。人类社会由此进入一个高级的发展阶段。

（2）植物能源时代——农耕文明

▲**公元元年到公元 1000 年的时代**

公元元年到公元 1000 年，此时人类社会主要依赖土地资源提供的产品——植物能源——粮食、棉花、植物油、蔬菜、麻、秸秆、林木作为创造财富的基本资源。如果以亩产量为植物能源 150 公斤干物质，人均 4 亩地算，大约人均 600 公斤干物质。如果平均以 1:2 的关系来衡量干物质与石油的创造财富的等价关系（后面将会对此给予更多的解释与回答），此时，人类社会的创造财富的资源使用量相当于人均 0.3 吨石油资源量，如果考虑其他资源的影响，大约为人均 0.4 吨～0.5 吨石油资源量的量级。按目前的标准算（2000年代的标准），一吨石油标量的广义能源创造约 3000～4000 美金算，此时人均产值约为 1200～2000 美金。如果考虑当时基本没有第三产业，按现在第三产业约占 70%GDP，以扣除 70% 的第三产业影响，此时的人均 GDP 约为 600～1000 美金量级。其实这个估计更加接近实际情况，用 GDP 衡量，也就是说当时人的生活水平约是目前发达国家的 1/50 左右或者现在平均水平的 1/10 的量级。

如果按资源的绝对价值算，大约一桶石油相当于 350 美金（按 2000 年的美元价值，用物理经济学计算结果），即以一吨石油当量的资源量价值 2000美金算，当时的产值主要是粮食为主体的土地为依托的植物能源产品，以 0.4吨～0.5 吨石油当量广义能源算，约为 800～1000 美金的人均 GDP。其实这个估算是比较合理的，人的感觉与实际情况通常是相差非常远，在过去 50 年或者 100 年前，全球人类长久梦想、理想生活的最高境界就是类似于每天的"土豆烧牛肉"的内容——吃饱、吃好。而这个标准实际上仅仅是粮食产量比当时的水平增加 50% 左右就能充分实现。以中国上世纪 70 年代末期开始的改革为例，真正历经这个过程的人，最有体会的是：能够吃饱饭与经常有肉吃是最大的成就，同时也是千百年来的历史性成就与变化。这也是这个时代亿万人民对邓小平时代高度赞颂的重要原因。其实这种变化仅仅是改革初期的粮食增产 20%～30% 的结果。

公元前 1000 年起始的的三千年左右的时间内，人类主要以土地为依托，实现的财富创造以及财富使用，主要财富是植物能源，因而可以称为植物能源时代，人类是依靠植物能源提供与表现人类社会的能量特性。这个时代在此之前就基本完善了，因而这个时代长期以来的经济增长基本停顿，没有实质意义的增长与变化。

这个时代的基本真理就是：土地是财富之母，劳动是财富之父。

这个时代的基本政治格局：围绕土地而展开治理、变革、争夺、斗争，甚至是严酷的战争。

这个时代的主要起伏、波动是源于人口与土地，或者说人口与资源，或者说人口与能源的关系。以中国为例，通常百年左右就有一次大的动荡——大规模的战乱，或农民战争，或其他形式的战争。在历经几十年的战争过程后，再有一个修养生息的过程，又达到一个新的繁荣、复兴、高潮，然后再是动荡、战乱的周而复始。实际上这个过程产生的根本原因是人口与土地，或者说是人口与财富总量的矛盾。通常情况下，没有避孕办法，人口的自然增长率为 3% 左右，既 20 年～25 年左右人口翻一番，在百年左右，人口通常会增加5 倍～10 倍。此时人均土地拥有量与实际财富的拥有量平均减少到过去的 1/5 到 1/10 的量级，既是大地主的后代也是平民阶层。这也是中国古语富不过三代的内在原因——三代后是由大约 10 个左右的家庭来分配老祖宗家产。这也是英国有贵族中国无贵族原因——英国只有长子有财产继承权，而中国即是皇帝的子孙，百年后也是如刘玄德那样是编草鞋的平民。

百年左右，平均而言，整个社会处于一个最低的生存线水平的状况，整个社会的普遍态势是"大贫与小贫"的境地。整个社会就是干柴与烈火，只要一点火星，就迅速成为动荡的燎原大势。这个火星可能来自于天灾——赤地千里的旱灾、水溃千里的水灾、遍及大地的虫灾，也可能来自于人祸——财富不均、制度不灵、外敌入侵，也可能二者皆有。如此，一个大规模的动荡就不可避免，勃然而起。明末民众一个口号"要吃粮，找闯王"转眼间在中原大地聚集百万灾民大军，两年不到，300 年的明王朝倒地。其实，这种状况下，一点小的扰动——局部的小灾害、小的治理失控、治理不当都足以引发一个大的动荡。这种态势——人均财富总量——人均土地——人均能源量降低到过去的10%～20%的态势，一个非常英明、圣贤的政治家、统治者也无力回天，动荡只是早晚而已。

而通常这种动荡，可能持续相当长时间。在农耕社会中，"一年之计在于春"——只要错过播种的节气，就会造成严重的减产。在躲避战乱之中，同时就形成不可避免的粮食大减产，同时战争的其它破坏作用条件下，通常这种战争将按照其自身的惯性作用，走完其历程，使其维持的动力消失殆尽，此时这种动荡才得以结束。通常情况下，人口减少到过去的1/10的量级。极端情况下，人口降低更厉害，如四川明末清初，人口降低到过去的1%的量级，天下最为富裕的地方成都——"扬州一、益州二"都成为了无人烟、白骨屡屡、老虎纵横。

动荡过后，复苏很快发生，中兴必然而起——人均财富总量是过去的5倍～10倍，甚至更多——人均拥有的土地总量超过动荡之前的5倍～10倍。近代的太平天国运动后，东南大地普遍人口大为减少，随之而来的同治中兴也是自然发生的。

这种中兴与衰退时的财富拥有量表现了极大的差异：人均产值达到10倍，而财富总量并没有明显的增加，是这个时代的重要特点。人口与土地、人口与植物能源、人口与能量是决定这个时代演变的走向，是这个时代周而复始——兴衰、战争、和平的核心要素、内在动力。

这个时代繁荣的标志就是"清明上河图"、"北京紫禁城"。

这个时代中，全球最为富裕的地方是印度，这让很多人意外。其实这个道理非常简单，在中世纪，饥与寒是威胁人类的最基本问题，解决这个问题是当时的首要问题。而对印度而言，这个问题很容易解决，印度得天独厚的地理条件，使其整个大地没有寒冷问题，一片粗布就足以解决穿衣问题，一个简易的茅棚就能应对住的问题，光合作用效果极佳的热带水果，丰富得足以使每个中世纪的人都羡慕得流连忘返。这是一个近乎于"天堂"的地方——当时的中国西天。在此处，饿了有随手可摘的水果充饥，没有寒冷之忧，甚至没有住房之忧，有充裕的时间参禅、悟道，载歌载舞，悠然自得，随地可食，随地可居。尽管印度国土面积低于中国，但可使用的土地总量略高于中国，同时印度的降雨量远远高于中国，其财富的使用效率也大大高于世界其他地方。因而印度的总产值、单位亩产量、人口总量都高于中国，同时生存条件也优于中国及全球其他地方。

实际上印度的最根本条件就是单位土地面积上通过光合作用得到的能量是超过当时的世界其他地方，得到的能量总量是超过其他国家，同时，或者说单位土地上得到的植物能源量是最高，应超过世界其他地方的20%～50%。同时，没有寒冷问题，穿不需要过多的植物能源（棉、麻、丝），住不需要耗费过多的木材，因而其能源使用效率较高，从而其整个经济体系效率较高，能使同样的土地数量创造更多的财富。中国平均亩产量约低于印度20%左右，印度的平均亩产量应与广东、长江流域的中下游地区相当，高于其他地区的30%左右。从气候条件讲，印度整个国土基本上都可以进行两季以上的农业活动。平均而言，中国整体的土地效益约是印度的80%左右。

这个时代，由于气候原因，西欧较为寒冷，因取暖的需要，大约整个植物能源中10%～20%的量需要用于额外的取暖，整体而言，西欧的财富使用效率低于印度、中国10%左右，中国南方不需要取暖。当时中国、印度的人均产值最高，人口数量也最多，西欧人均产值低于中国、印度10%左右，其土地平均亩产量与中国中原大地相当，由于土地面积原因，西欧总产值远低于中国。东欧与俄罗斯虽然土地面积大，但农耕地有限、土地亩产量非常低，因而整个欧洲的总产值远远低于中国、印度，人口总量也大大低于中国与印度。由于单位亩产量大大低于中国、印度，整个欧洲产值约为中国的1/2，印度的1/3强一点。

▲公元1000年～公元1500年时代

公元1000年～公元1500年间，全球发生一些变化：

中国人均产值增加了30%左右，除了迎来了一个基本连续的政治、社会稳定期外，主要应该说是棉花在中国引进起了重大的发展作用。在此之前，中国棉花在解决穿衣问题上所需要的土地面积应占整个可耕地的20%～30%左右，丝为主体的服装是极消耗土地资源。主要原因是丝是植物能源再经过生化过程处理所得，所能得到的生物能源量是低于植物能源量1/10，通常情况下，一块土地能得到的植物如桑叶，再经过蚕的喂养，一份植物能源仅能转化为1/10量级的生物能源，而丝仅是蚕的一部分，丝这种特殊的生物能源仅大约为生产自己所需要的植物能源量的1/20～1/30。因此此时的宋朝中期开始推广棉花相当于一个重大革命，它为中国基本解决穿衣创造了一个重要条件，也为中国大大提高生活水平创造了基本条件。客观讲，这个时期的发展与进步应该称为一个**"棉花革命"**，它有三个作用：

●**中国穿衣、保暖问题基本解决**。应该说在此之前，中国穿衣、保暖问题是一个仍没有解决好的大问题，丝代价太大，麻制衣实在困难，并且难以接受。

●**棉花的普及性推广，可以相当程度地推动纺织业、服装业的发展**。在宋、元、明乃至清出现的较大规模的城市化进程，应该说是极大程度地依赖于棉花的普及，同时棉花深加工的发展——棉花的收集、运输，棉花的纺织、印染、加工，服装业的发展，还不可避免地带动了纺织设备业的兴起，此外也将极大程度促进销售、金融的发展。中国当时的 GDP 因此出现较大规模的跃进，也应该是源于这个"棉花革命"。

●棉花的大规模推广，极大程度减少了土地使用量，应该降低在 70%～80% 左右，从而使整个社会有更多的土地生产粮食，大约增加用于生产粮食的土地占整个土地的 15% 左右，相当于比原来的土地利用效率增加约 20% 的量级，同时棉花大量的生产将较大程度带动整个经济体系的深化发展，从而提高整个经济体系的产值。因而，此时出现一个约 30% 左右的人均 GDP 的较大幅度的增长是其"棉花革命"的必然结果。

到此为止，基本可以肯定这个时期的变化与进步主要源自一个特殊的能源革命——**棉花取代丝与麻的生物能源革命**，或者说是一个"棉花革命"。

印度此时经济有一个近 20% 的人均产值的增长，也应是一个正常情况。

西欧此时有一个相对较大的变化和发展，人均产值增长近 100%，应该说主要源于以下三者的集合推动：对内对外商品经济的活跃；一定的技术发展，如能深耕的犁头以及水力、风力的较好利用；西欧特别的政治体制——各个政治分离的邦国所自然形成的政治、经济中心，从而为经济发展所需要的城市化创造了条件。

▲ 1500 年～1820 年的世界：大历史时代的过渡期

这个时代是一个特别时期：它是中世纪文明向现代文明的过渡期，也是农耕时代向工业时代的转折期。从资源的意义讲它是植物能源时代向化石能源时代的过渡期。

●根本性的革命发生

思想革命

新大陆的发现对传统的地心说是一个根本性的冲击，哥白尼在16世纪上叶提出的日心说是一个对传统认识的根本性颠覆，他直接启动了自然科学的兴起与革命。紧随而起的牛顿全面的引导与初步完成了一个自然科学体系建立的革命，从此人类对自然有了一个全新的认识，从而为一个全面发展的技术革命创造了基本条件，同时也极大程度地推动了一个承接意大利文艺复兴而兴起教育体制的革命，现代大学教育真正的兴起与发展——有实质教育内容以及普及性的大学教育革命的展开。

以马丁·路德而起的新教兴起与革命是思想革命的另一个主要内容，他向统治欧洲1000多年的至高无上的神圣权威罗马教皇以及传统的宗教体系进行挑战，掀起了一场信教方式自由的革命，他奠定了政治自由的根本基础。

以承接意大利文艺复兴的伏尔泰、卢梭等为代表的思想家掀起的"天赋人权"的思想运动，为一个人人平等的公民社会的实现奠定了一个坚实的思想、理论基础，它也成为一个现代社会的基本理念与原则。

体制革命

以新教变革为旗号而展开了长达近200年的欧洲体制革命，打破了长达近千年的教皇为中心的"一统天下"的政治体制，真正意义上的独立国家得以实现，从而为一个真正的自由、平等的国家体制的建立打下了基础。同时推动了以新教精神为主体的新大陆开发，从而创造了一个崭新的国家——美国。

全球化革命的兴起

哥伦布、麦哲伦的全球航海的完成，开启了一个真正意义的全球化运动。它直接催生了两个具有历史意义的过程：南北美州与澳大利亚的欧洲人为主体的开发，对非洲与亚洲的殖民、侵略。这两个过程同时也极大程度推动了一个全球化市场的发展。

商业革命的兴起

全球化的过程既为全球化的产品市场打开的巨大的发展空间，也为原材料市场找到了来源。印度巨大的棉花生产能力与殖民地的形成为一个英国为核心的纺织革命创造了条件。纺织革命是第一个以真正全球意义进行规模销售、长期销售的产业革命与产品革命，它是一个具有真正意义的商业革命的开端。

技术革命的兴起

规模化的产业兴起，直接推动了技术革命的展开，各种技术装置得以完成，其中最为关键的是蒸汽机的完成。传统的人力方式已经根本性地无法实现巨大市场的需求，高效、快速、大规模的动力装置已经成为社会发展的根本需求。

产业革命的兴起

此时兴起的全球化、城市化以及技术装备的进步极大程度推动了产业化的发展，特别是对工业革命的策源地英国的产业化发展起到了率先推动的作用，无论是原材料供应还是终端产品市场，英国当时都有得天独厚的条件。纺织业是其核心，全球的穿衣问题是一个极需解决的问题，也是一个巨大市场，此外毛纺工业的发展，使毛料这种能与过去丝绸相比的高端产品能够规模化生产，一个能带来丰厚利润的市场已经出现。同时，冶金矿产都有重大进展，特别是蒸汽机的出现使整个产业革命如离弦之箭。

城市化的兴起

更多、更好的前景，使更多的人聚集城市，只有更快的城市化才能适应这种产业化、科学化、大市场的需要，同时城市化更加快了这场革命的兴起。

●农耕时代：植物能源时代的巅峰与新时代的开端

此时，在英国，传统的农耕文明已经无法支撑这个发展了，大量的土地需要用于养羊，生产羊毛；大量的人手需要进入工厂、商业、军队、海外；大量的土地依靠严酷的殖民地运动强行进入到帝国棉花的原材料供应体系中；大量的森林需要砍伐用于城市、工业；城市化的发展使粮食消费极大地增加，粮食亩产量千年停滞不前的格局急需打破；嗷嗷待哺的蒸汽机需要大量的能源而停止不动；庞大的海外体系运转不灵——大量的军队与补给无法到达与及时出现世界各地、整个商业运输难以满足产业与市场发展的需要；钢材、各种原材料无法满足产业发展、城市建设的需要。一个全新的革命已经无法再站在植物能源的松软基础上起飞、升空、翱翔。一个全新的时代需要破空而出了。

植物能源时代只能提供有限的能量、能源——有限的粮食、有限的动力、有限的原材料、有限的人口，去供给、支持一个文明时代，植物能源扮演主角的时代需要、也应该结束了，一个新时代应该到来了。

在这个时代还有一个非常富有特色的现象，这就是荷兰的发展。继12、

13 世纪展开的文艺复兴运动后，在意大利的城邦体制兴起后，意大利领先发展的格局，在 16 ～ 17 世纪曾在某种程度被荷兰主导。从人均 GDP 的角度讲，荷兰取得相对高速的增长，从 1500 年到 1700 年，人均 GDP 增长了两倍，总产值增长了约 6 倍，取得了当时非常突出的成就。对这一历史，各派史学家众说纷纭，有从荷兰海外贸易、无敌舰队等方面进行探讨，有从城市化、工业发展的角度进行总结，也有从能源的角度进行认识。实际上荷兰的发展与兴衰是一场对现代人类非常有现实教育意义的能源与经济发展、能源与经济衰退的生动展示。**荷兰在两个世纪的蓬勃发展与后面一个世纪的基本停滞不前，应该说是一个对后来整个欧洲乃至当今日本的 10 年停滞不前、今天的全球经济危机都极具借鉴意义。**

● **荷兰特别问题：能源与兴衰**

荷兰的发展从本质上讲是当时荷兰率先进入了一个化石能源时代，荷兰当时发展经济主要依靠了化石能源——泥炭作为创造财富的基础，而不是同当时其他国家那样依靠土地为依托的植物能源创造财富，因而创造了一个当时丰富多彩的奇迹。

荷兰当时使用的能源主要是泥炭，泥炭的热值较低，大约 1 吨泥炭相当于半吨普通煤炭，当时每年荷兰泥炭使用量相当于 75 万吨煤炭，按每亩地 200 公斤干物质算，大约 1 吨煤炭相当于约 7 ～ 8 亩土地的效果。**75 万吨煤炭相当于国家扩展了 500 万亩土地，对当时的荷兰而言无疑是天上掉了一个巨大的馅饼——相当于人均增加了约 4 亩土地的效果。**依靠这些化石能源——泥炭，荷兰的城市经济飞速发展，其玻璃、酿酒、制盐、制糖、皮革、砖窑等相对高耗能产业获得一个相当大的发展，从而为一个当时的辉煌创造了条件，人均产值达到 2000 美金左右。此时的荷兰被马克思称为"经济发展的模范国家"，也是当时的黄金时代。

但荷兰这种繁荣仅持续了 200 年左右后，在整个 18 世纪就基本停滞不前。尽管荷兰在此期间建立了完善的商业社会的制度体系，但这不能保证这个社会不衰退，人才、技术、制度通通失灵。**其根本原因在于化石能源历经 200 年的使用，基本耗尽，相当于凭空掉下来的人均 4 亩土地又不翼而飞。**

应该说荷兰的发展历程对当今人类社会是极具警示意义的。某种程度讲，是后来、现在、将来人类社会一定历经的发展、危机、衰退的历程预演。

●结论

1500年～1820年时代的主体就是一个上述描述的时代，这个时代是以英国、欧洲为代表的时代。**这个时代可以认为是人类6000年的农耕文明向现代文明过渡的时期，是一个以土地为依托的植物能源时代结束的过程，是一个需要新能源支撑的新时代**——需要大量的新能源推动蒸汽机、冶炼金属、制造水泥、开发矿山、开动船舰、代替棉花等。

到此为止，一场革命亟待发生，而能否发生已经不取决于政治、思想、体制、技术、人才了。一切取决于一场伟大的能源革命能否发生：能否找到大量的能源给瓦特已经制造出来而又无法开动的蒸汽机提供大量的能量，能否给张开巨口的冶炼高炉提供巨大的能量，能否给庞大的舰队提供动力。

这一切已经归结为这个变革需要一场伟大的、历史性的能源革命——远远超出过去所有土地所能提供的能量、能源，只有找到这个能源才能真正创造出大量的财富去支撑一个远远超出过去文明所具有的辉煌。应该说，这个时代最终提出了能源革命这么一个时代的要求。

●中国视角

从经济角度讲，中国此时没有如欧洲那样的根本变化。在此期间，主要是美洲开发所产生的全球辐射效果：马铃薯、红薯、玉米等高产作物引入中国；中国的粮食产量大幅增加，大量的贫瘠土地可以耕种，并且高产。从目前的人口数据看，植物能源的总量增长在1倍以上，甚至更高。其中主要是红薯与玉米的作用，红薯作用更大。从实际提供给人的能量效果看，理论上的说法是相当程度低于实际效果，如此才能基本解释清朝人口比明朝最高人口增加2倍～3倍的效果。总体而言，整个农耕时代的几千年中，各种粮食产品的亩产量仅有非常有限的增长，引进高产作物是全球几千年农耕时代发生一些重大变化的主要原因，如中国宋朝期间开始的棉花代替丝、麻，明朝年间开始引进的土豆、玉米、红薯。当然水利、耕作技术也是原因，但是较为缓慢、有限，从统计效果看，可能平均亩产量的增长影响在20%～30%的量级。应该说这个原因是中国几千年来极大程度表现出一个相对稳定的社会的基本原因。

中国社会基本上表现为一个动荡、复兴、再动荡、再复兴的周期性历史，应该说影响这个变化的内在主要因素是人口与土地、人口与植物能源总量的关系所定。其中，宋朝前动荡的周期更频繁些，尔后，王朝的周期更长一些。应该说土豆、玉米、红薯是中国每年获得的植物能源总量大幅度增加的主要原因。当然国家管理也非常重要。

到此为止，中国的植物能源时代也基本上说是走到了巅峰，比欧洲慢一个节拍。

此时，中国的经济也有一个较大的增长，经济总量较大幅度超过印度，人均产值也继续保持超过印度，人口急速增长，约增长1倍，经济总量也第一次成为全球第一，约为全球30%的量级，约为英国的6倍。当然中国的经济总量第一并不代表一个全球发展的方向，更不是人均水平的第一，而是远远落后于欧洲。但这也充分反映，如果科学技术只能做样子、做摆设，其进步也是没有实质意义的。

（3）化石能源时代——现代文明

▲ 1820～1913年：化石能源时代第一个阶段——煤炭时代

● 化石能源时代的第一个黄金期

到1820年，整个欧洲历经300年左右的一个全方位的变革后，已经发展到一个张帆以待，只等东风，并将乘风破浪，开创一个历史新征程的时代。而这个东风就是能源。幸运的是上帝为这个幸运者早已准备好了这个能源——化石能源，这是一笔上帝给人类已经储藏了上亿年的宝贵财富。

在1820年～1850年前后，由于英国煤矿、法国的加来海峡地区和德国鲁尔地区的煤矿发现与开发，从1850年到1869年间，法国的煤产量由440万吨上升到1330万吨，德国的煤产量由420万吨上升到2370万吨，整个世界从1830年煤炭消耗量占整个能源消耗量的不到30%，迅速在1888年达到48%。尔后迅速超过木材使用量，成为主要能源。与此同时蒸汽机真正开始大显神威。交通、钢铁、电力迅速得到推动。整个世界经济、社会产生连锁式飞跃发展，世界从此正式全面进入工业文明时代——化石能源时代。

整个这约100年是化石能源时代或者说工业文明的黄金时代，英国是这个时代的先导，欧洲、美国是主角。在这个时代，化石能源的大规模使用，使人才、教育、技术、科学、制度的作用汇聚一起，演绎了一场人类社会发展的灿烂辉煌的大剧。在100年间，英国的经济总量增长7倍、德国增长4倍、法国增长9倍、美国增长更是高达约45倍，并在20世纪初叶跃居全球第一。

●黄金时代的奥秘

在此时代，各个国家发展的最根本规律就是经济高速发展基本与化石能源消费高速增长同步发展。

100 年间，英国经济增长 7 倍左右，大约化石能源消费增长在 13 倍左右，远远高于经济增长。在 1913 年，英国煤炭产量基本上接近高峰，约为 2.4 亿吨量级，人均能源使用量达到 5 吨煤炭左右，超过目前中国人均能源使用量。相当于英国人均增加了约 40 亩土地的财富贡献效果。

100 年间，美国经济增长 45 倍量级，能源使用量大约增加了 50 倍～ 60 倍量级，其中 90% 以上是煤炭，能源增长速度高于经济增长速度。到 1913 年时，美国煤炭已经超过英国煤炭产量一倍多，达到 5.68 亿吨，如果加上其他能源，应更高一些。同时，美国总产值超过英国 2.3 倍。整个美国的能源增长速度远远高于经济增长速度。

整个工业革命的最基本历史经验是：能源（主要是化石能源）增长速度远远高于经济增长速度。平均 100 年达到经济增长速度与化石能源增长速度之比为 1:1.4 左右，**就此意义而言，这个时代可以称为化石能源时代，更进一步细分，这个时代又可以称为煤炭时代，或者称为化石能源时代的第一阶段：煤炭时代。** 如果从一次能源的角度考虑，也就是说，需要加上秸秆、木材等植物能源的影响，在 1820 年时，植物能源还是主要能源，整个 100 年左右的平均效果是：西欧与美国的经济增长速度与一次能源使用量的增长速度之比为 1:8 ～ 9 左右。后面将会更清楚地看到这一点，如此考虑，更利于总结历史的经验。

如果平均以 1 吨煤炭相当于 7 ～ 8 亩地的能源效果，这个黄金时代的本质就是相当于一个发达国家的每人平均增加约 40 亩土地的财富，相当于比农耕时代能多创造财富 10 倍左右。这个数字基本与农耕文明的人均财富——全球平均为 500 美金，与工业文明时代黄金时期的人均财富总量 5000 美金的比值基本一致，这绝对不是一个巧合，反映了一个目前经济学理论、社会科学理论还不知道的问题，或者说更深刻的社会发展的内在机制，或者说一个还没有认识的社会发展规律。后面将有一个对此问题的全面描述的理论体系介绍。

●亚洲的表现

中国此时基本没有变化，整个 100 年大部分时间都处在一个内忧外患的动荡之中，人均产值降低 10% 左右，总产值略有 10% 的增加，人口 20% 左右的增加使人均财富没有增长效应。

此时印度虽然人口在100年左右增加了近50%，但印度人均有一个提高幅度，达到近30%的增长，再一次超过中国，总产值有近100%的增长。此时的印度发展主要是两个原因：一个是印度在经历与英国的冲突、争斗后，在一个相对利益均衡条件下，出现一个相对稳定时期；再就是，和平条件下，印度相当程度受到欧洲的影响，工业革命的发展方式一定程度在印度得到发展，这应是印度这100年大大超过中国的发展速度的重要原因。此时印度发展的基本指标能源使用总量就是一个最能说明问题的基本因素，印度1905年的煤炭产量已经达到8000万吨以上，仅此财富大约相当于印度增加了6亿亩土地的效果，相当于人均比中国多增加30%～40%的土地的财富效应。

在这个阶段，日本是发展最快的国家，人口增加近70%，总产值增加3.5倍，人均产值增加一倍，已是中国的2.5倍左右。此时，日本的煤炭在1913年时已经超过1亿吨，人均化石能源使用量已达到2吨煤炭以上，加上其他能源，相当于中国人均一次能源使用量的5倍左右。

▲ 1913～1950年：一个特殊的大动荡的年代

这个时期内，人类社会经历了两次前所未有的世界大战，并且中间夹一个空前的经济危机。对这个时代的讨论、探索是历久不衰，一个一致公认的经济学结论还并没有得出，特别是在当前的这场大危机下，探讨这场危机产生的内在原因非常必要。在这里仅是从一些部分现象出发提出一些问题，主要是一些基本数据并不是非常完整，无法进行深度的系统探讨。

● 欧洲的状况

在100年的黄金发展期取得成就的西欧国家基本都面临一个煤炭资源枯竭问题，以英国为例，在1820年时煤炭产量为1700万吨，到1865年时就达到1亿吨量级，增加了近6倍。而到1900年已经达到2.25亿吨，比1820增加了13倍多，比1865年增加了1.3倍。尔后，英国煤炭产量基本没有大的增长，在一战前夕，煤炭产量达到最高峰为2.7亿吨量级，从此就再也没有达到这产量。在1929年前后，基本维持在2.4亿吨量级，经济危机后，煤炭产量继续保持一个缓慢下降的过程，在1950年前后，煤炭产量2亿吨多一点。目前，英国煤炭产量在持续下降过程中，仅有2000万吨左右的产量，可采资源量仅有3亿吨左右，仅为目前一年的能源使用量的70%，也就是说煤炭已全部采完。

●危机与战争的原因

从基本情况看，一战前夕，英国已经开始面临一个能源的战略危机：整个国家的可持续发展已经无法再以自己的资源维持下去了，整个国家的经济增长已经达到一个时代的高峰。如果没有新的能源维持，英国步荷兰的后尘是必然的。资源用完，国家的经济面临一个持续性的历史衰退，纵有科技进步、优秀的人才、先进的制度，没有能源，一个国家的生命补给——能量的供给就无以为继，就没有生命力。

争夺20世纪的生存空间，就是保持对殖民地的控制——从而控制赖以生存的能源。从这个意义讲，欧洲的发达国家都面临这样一个基本的共同问题。仅有德国的资源量略好一点，这也是50步与100步的问题。这种生死攸关的格局应该是第一次世界大战产生的最根本原因，更是紧接着的二战再度爆发的根本原因。二战以波兰为最后双方的妥协点不是偶然的，在此时，除苏联以外，欧洲仅有波兰具有一块较大的煤炭资源，能再维持英法或者德国30年左右的发展。这应该是当时欧洲大国争夺的利益根本之处，为此再一次爆发战争应该是一个必然的结局。

日本1931年，占领中国的东三省应该是说与欧洲类似，获得东三省的煤炭资源应该是其根本目的。对日本而言，一个弹丸之地，自身基本没有能源，是处在一个随时经济崩溃的危机之中，不顾一切地要控制中国东北成为其号称的"生命线"就一点不奇怪了。这也是为什么1941年日本不惜国家将最终被美国击败，也要与美国一战，而获取东南亚石油的基本原因。

两次世界大战密集地紧随相致不是偶然的，欧洲为波兰而战，东亚为东北而打，其基本原因都是相同的，这就是煤炭——化石能源，为20世纪的"生存空间"而战。这是一个人类社会持续了几千年的古老法则：为生存空间而将进行生死对决。在中世纪，土地就是一个国家的生存空间；在现代工业文明时代，能源就是一个国家的生存空间。为土地而战，为能源而战，这就是人类社会迄今为止的一个根本法则、根本规律。

● 1929年的全球经济危机的基本认识

历经100年左右的高速发展，欧洲发达国家普遍面临一个煤炭资源战略短缺的危机，由于普遍性的煤炭资源无法再保持一个与经济同步的增长，从而使

整个欧洲大陆无法再实现一个持续的高速增长，欧洲的经济已由过去的高增长
转向一个低增长，甚至不增长的历史性大调整的格局。这个格局加上当时的财
富分配体制的问题，以自由竞争、资本为主体实现的社会发展、财富分配，使
整个社会的矛盾非常突出，并走到一个难以为继的地步。1929 年的经济危机
发生应该说金融问题仅是问题的表象，财富分配体制也存在重大问题，但能
源——主要是煤炭的战略性短缺是其根本。煤炭战略性短缺主要表现在：各国
自身的煤炭资源无法支撑各国自身庞大的经济体系的持续高速发展。以德国为
例，尽管此时还有相当多的煤炭资源，但是，其经济总量已经超过英国，由于
德国人口超过英国近 50%，要继续保持这种经济高速增长，也难以为继。英
国、法国基本上完全处于一个无法依靠自身的煤炭资源再继续增长。可以基本
肯定地认为，上述问题是 1929 年全球经济危机的基本根源。再加上资本、劳
动分配财富的体制使整个国家的消费受到根本性的约束，在这种高速增长到低
速、甚至基本不增长的转型条件下，各种问题在经济增长失去动力条件下发生
严重的经济危机是一个必然发生的结果。

● **美国的作用与问题**

美国此时处在一个特殊的状态，经济还在保持继续增长，从资源总量而
言，不存在欧洲国家的能源战略短缺问题，但还是存在经济转型的重大问
题。主要是三个问题：

问题一：高速增长向低速增长转型

美国在过去 100 年左右实现了一个经济爆炸性增长的历史神话，经济总产
值增加了 40 倍，同时能源增长是一个基本从零起步的增长，到 1913 年是全球
第一，是英国的两倍多。整个一次能源的增长是在 40 倍~ 60 倍的量级。无论
如何，美国再继续保持这种超高速增长是难以为继。美国在一战后的 15 年，
即 1929 年全球经济危机前夕，经济第一次处在一个低速增长状态，其时整个
煤炭产量仅增加 10% 左右，能源增长主要是石油增长所带动，大约为 30% 的
一次能源增长，整个经济增长约在 30% 的量级。

同时，全球整个经济处于基本停滞不前，甚至是处在某种动荡之中，美国
从一战开始兴起的全球化很难有实质的进展。如此，美国经济增长的巨大潜力
面临一个如何消化的问题。

问题二：分配体制

分配体制已经成为一个严重束缚经济、社会发展的障碍，以资本、劳动为核心的分配体制已成为社会发展的一个主要的制度问题。随着这种经济高速、持久的增长，在完全自由竞争的体制下，经济的高效、管理的高效充分表现，企业的大型化、资本的集中度越来越突出。同时，技术进步、资本对劳动的替代、资源的大量使用使一个社会对劳动的依赖越来越小，这个社会已经充分表现出传统的观念：劳动与资本创造财富不是一个全面的真理，以这种观念确定的分配方式有很大局限。传统的分配方式使大量的财富无法有效地分配给广大民众，分配问题成为此时发达国家普遍需要解决的问题。

问题三：能源结构调整与经济转型

美国此时正面临一个新经济全面展开的前夜——以煤炭能源为基础的社会发展转型到以石油为基础的经济与社会发展的体制。这个转变将是一个人类社会的巨大革命，而这个革命仅能由美国这个国家来引领世界，因为当时只有美国有这个天赋：拥有大量的石油资源。这个革命是一个1820年展开的工业革命后又一个历史性的巨变。也是整个人类社会的又一个巨大希望与前景。任何一个革命的诞生，都往往是以巨大的痛苦为代价。应该说这个革命同样存在此问题。从生产到消费的整个经济体系是建立在煤炭的基础上，改变一个历经100多年发展建立起来的煤炭能源经济体系无疑是一场革命。

●二战的能源经济与政治

就上述意义而言，此时整个社会需要一个新的方向，需要一个新的动力，需要一个新的机制，需要一个革命。而这个革命简而言之，就是能源革命——煤炭时代进入石油时代的革命。而当时，这并不是一个非常明朗的前景。对欧洲国家而言，没有石油资源，这场革命最终导致战争——第二次世界大战，这也是一个非常合乎逻辑的结局——德国最终将战争目标指向欧洲石油大国——苏联。希特勒在闪电战中表现出的对石油文明的深刻理解，以及他对战争经济学的深刻理解是对这场战争的内在动力的一个深刻的注解。到了此时，争夺生存空间的战争已经由土地转化为煤炭、石油。波兰和乌克兰的煤炭、高加索的石油无疑是这一场战争的真正目标。

而日本不惜最终的失败，将国家的命运押在历史的赌台上，将整个中日战争扩展为太平洋战争，将战争的矛头指向美国、英国，而不是履行盟国的义务，并北上，与苏联一战，与盟国会师莫斯科。战争的基本目的非常清楚：获取东南亚主要是印尼的石油。从争夺号称日本的生命线中国东北——丰富的煤炭与粮食，到东南亚的石油，一场非常彻底、明确的战争目标，非常清楚地道出了整个时代的核心问题：化石能源——煤炭、石油将决定一个现代文明时代国家的生死命运。

这个时代已经走到无法用和平手段、商业办法、技术方式解决国家命运的地步，是非常深刻导出的这个时代的根本问题。到此为止，金融的表象问题已经不足以解释1929年这场全球经济大危机的本质以及推动这场危机运行、发展的内在动力。这是需要一个更大的视野、一个更深刻理解观察、思考这种历史性事件与全球发展。

煤炭、石油才是真正的财富，这是一个真正的硬道理。土地、能源是财富之母，而不是财富之父，这是一个人类社会长期以来的残酷真理。我们需要真正明白这一个社会发展的真谛。

● 1913～1950：一个大历史时代的过渡期

1913～1950这个时代是一个非常时代。有史以来，人类第一次连续卷入两次真正意义的全球性战争与一场席卷全球的经济危机，这决不是偶然的。这是一个特别的历史时代。站在今天这种山雨欲来风满楼的全球经济危机面前，总结这个历史时代已经是一个具有高度现实意义的重要问题。稍具清醒头脑的人都非常清楚地意识到，当前的危机并没有真正的结束，这场危机是否真如格林斯潘所担忧的那样"百年不遇"。这是一个不能简单回答的全球人类命运的大事。历史往往具有惊人的相似之处，我们需要对1929年发生的全球经济危机，以及这个时代进行一个更大视野的总结与认识。

这个时代应该说是一个大历史时代变革的过渡期：化石能源时代的第一阶段——煤炭时代向化石能源时代的第二阶段——石油时代展开的过渡期。这个论断主要是三个理由：

理由一：煤炭资源战略性枯竭

以欧洲为主体展开的工业革命的时代，在历经100年左右的发展，其发展的基本动力正在丧失，主要是这些国家的煤炭资源已经到了一个特别的历史阶段：煤炭资源战略性枯竭，煤炭资源已经不能支撑不断向前的经济发展，并且煤炭资源量已经到了可以看见库底的时候了。以英国为例，历经100年的高速发展，英国的煤炭使用量累计已经达到近200亿吨的量级，基本消耗掉整个国家煤炭资源一大半，整个国家剩下的煤炭资源已不到1/3。就煤炭而言，国家的命运已经处在一个战略性危机的过程之中。

其他欧洲国家情况基本类似，法国比英国更为严重。而德国虽然情况好一些，但从长远意义讲，德国缺乏英法那种广大殖民地的战略支撑。

在煤炭时代，决定一个国家的根本要素——煤炭资源出现战略性枯竭的格局是产生这个时代的根本原因。

理由二：增长格局改变

发达国家高速增长的基本格局向低速增长甚至停滞不前的格局转化，是决定这个时代的中观原因。

在这个时代，欧洲主要发达国家都在1820年～1913年这个欧洲的黄金时代中经历了一个持续不断的高速发展，发展速度普遍都达到一个惊人的地步，100年左右的时间都有一个飞跃式的发展。英国经济增长达到6倍以上，德国更是高达9倍左右，美国更是高得惊人，达到经济增长40倍量级的成就。

在历经这个超高速的增长，发达国家普遍都面临一个发展格局调整、转化的战略态势，几乎所有的国家都在经历高速发展向低速发展，甚至停滞不前的格局转变。这种转变的重要结果就是：在经济高速增长的条件下，所有掩盖的经济、社会问题都突然之间变得非常突出，主要是三个问题：

●财富分配问题

在充分自由竞争，并以资本、劳动为标准分配财富的体制下，一旦这种经济高速增长局面结束，将加速促进资本、技术、管理代替劳动、降低劳动人员的数量、压低工资的格局发展。如此，从整个宏观格局而言，一是大众与资本所有者的矛盾将进一步甚至尖锐化发展；二是整个经济格局出现严重的停滞不前，或出现反方向的调整、发展，全社会的消费能力出现根本性的下降态势，进而又促使经济增长下降、失业率增加。如果处理不当，这种恶性循环的最终结果就是形成严重的经济危机。

●产能过剩问题

为高速经济发展配置的产能、资本结构与规模将与低速经济发生严重的碰撞，高速增长的惯性将使一个较长时期内保持一个较高速度的投资增长惯性，当这种惯性得到调整与改变时，低速增长的消费已经与这种庞大资产、产能形成严重的不匹配。此外，将不可避免产生的国际保护与国际贸易萎缩。在这种多面冲击下，整个金融体系面临整体性改变：庞大的金融资产的惯性增加与整体利润剧烈的持续下降是最终形成不可避免的金融危机的根本原因，全球市场的一体化更是将这种金融危机的爆发构成了一个多米诺骨牌效应：一家倒，全部都倒。

随着时间的推演，这种高速增长的资产结构，低速增长甚至停滞不前的经济格局，以及利润持续的下降所形成的累计效应，将使整体性的资产质量严重下降，微观上表现为：大量的企业面临倒闭，大量企业经营不善。这种状态下，金融危机的大爆发仅是一个时间问题。

●**国际格局改变**

高速增长的基本格局向低速增长甚至停滞不前的格局转化，对国际局势也将产生重大影响，特别是在这种帝国主义的殖民地时代，国际格局的影响更为剧烈，甚至是一种根本性的影响因素。主要是两个问题：

贸易保护主义的发展，并且贸易保护有愈演愈烈的趋势。

原材料的争夺与市场争夺更为激烈，在殖民地、半殖民地，这种局势的发展更为突出，是发展中国家形成冲突、内战的重要根源。

危机、战争最终交织在一起也是必然的。

理由三：石油时代的曙光已经展现

石油是一种物理性能远比煤炭优越的化石能源，主要为两点：

同样质量及体积能源的能量，石油是煤炭的两倍，但直接使用效果是三倍左右。如果考虑运输、设备的投资，石油的能量效果更高。

石油极易汽化，因而，使传统能源方式发生一个重大革命。石油可以实现连续性燃烧，同时，汽化燃烧比煤炭的表面性的固体燃烧优越，可实现能量效率的大幅提高。

上述特性直接推动了工业革命的深度、广度发展：导致交通革命——飞机、汽车普及性的发展，所有的交通工具性能获得一个质的改进——能量使用强度提高3倍，高速世界得以实现；化工产业也达到一个重大推动——许多化工产品得以实现与改进。

石油时代表现出一种革命性的前景，但是石油时代在当时仅属于大部分国家遥望的未来，石油时代仅属于美国。

1900 年美国石油产量为 870 万吨，约为其煤炭能源使用量的 6.3%；1913 年达到 0.34 亿吨，相当于当时煤炭产量的 10.7%；到 1920 年，美国石油产量达到 0.61 亿吨，相当于煤炭产量的 18.5%，石油约占全球能源使用量的 10%。到 1940 年，全球石油产量达到 2.78 亿吨，其中美国生产 1.91 亿吨，占 68.7%，其次是苏联 0.31 亿吨，再就是委内瑞拉 0.25 亿吨，中东此时仅生产 0.14 亿吨，整个石油产量相当于当时的美国煤炭产量的 74.6%。到 1950 年时这个格局也没有根本改变，全球石油总产量 5.19 亿吨，美国生产 2.69 亿吨，占全球产量的 51.8%。此时中东仅生产 0.88 亿吨，但占全球石油产量的第二。此时石油占全球一次能源消费量的 25% 左右。整个世界的能源结构正在发生重大改变。考虑石油实际的使用效果远远高于煤炭，实际上美国在 1940 年代就完全进入石油时代。如果从传统的能源定义，到 1950 年，美国已经是全面进入石油时代。

在整个 1913～1950 时代，美国给整个世界演绎了煤炭时代到石油时代的巨大变迁：

汽车时代的普及性实现，城市化发生了根本变迁；

飞机时代的来临；

以石油为依托的化工工业飞速发展。

以石油为依托的战争机器威力无穷，在一战，尤其是二战中，美国的石油战争机器扮演了决定性的作用。战争结束时，仅是航空母舰就达到百艘的量级，飞机是以万架为基数。德国战争结束前，已经制造出喷气式飞机，由于没有汽油，无法升空，在决定战争方向的空战中，无力回天。二战的胜利极大意义是石油文明对煤炭文明的胜出。

在一战前，美国对欧洲是后进的小兄弟，而在二战后，已是名副其实的大哥，在经济总量上美国远远超过英国、法国、德国，并超过整个西欧经济总产值的总和。

到 20 世纪 50 年代，整个世界已经做好进入一个新时代——石油时代的基本准备。万事俱备，只欠东风，即在什么地方找到大量的廉价石油。当然，也只有找到大量的廉价石油顶替能源的缺口，经济增长才能得以实现，文明的跃迁也才能实现。

●结论

这个时代的变迁告诉了我们：真正解决这个时代的问题是需要一场革命——能源革命，即石油能源代替煤炭能源的革命。这个能源革命包括五个基本内容：

第一，石油代替煤炭成为主要能源，石油使用量最少需要相对超过其他能源的使用量。

第二，有能确保供应的油源。在煤炭时代，工业革命能够非常快地在各个国家发展起来，其重要原因是各个国家基本都有较为丰富的煤炭资源，能满足各个国家发展的能源需要。

第三，石油价格要十分低廉。在未来的石油时代，相当多的国家都没有足够的石油资源，普遍需要海外石油的购买，特别是此时的发达国家，主要是西欧国家。价格不低廉，各个国家能够使用的石油量就无法保证经济获得增长，也无法保证新的生产、生活方式实现普及性的替代、转换。

第四，获得与使用石油的产业体系能够充分的发展，并代替煤炭获得与利用的产业体系。

第五，利用石油的国际环境能否建立。煤炭时代的能源基本建立在自己的基础上，而石油时代需要国外的石油，过去那种殖民时代、帝国主义时代是根本没有可能实现一种能充分保证各个国家的石油供应安全的条件，一战、二战就是对此的另一方面回答——国际性的垄断资源与市场，其最终结果是相互巨大杀伤力的战争。石油时代需要一个"自由、和平、相互妥协"的全球性国际新秩序。传统的国际秩序需要一个政治、经济的全面重构。

到 1950 年代，上述条件基本全面具备，大量的石油在一个人口极少、经济非常落后的地区——中东发现了。大量、廉价的石油的基本条件基本能满足，一种并非真正意义的"公平、自由"的国际石油新秩序基本可以建立，这是以一种巨大的、毁灭性的战争机器为后盾、威慑建立的"公平、自由"的石油贸易为基础的国际新秩序。这是一个基本以充分保证买方以廉价为基础的"自由、平等"。

历经 40 年的残酷、痛苦的时代，人类终于迎来了一个新时代的曙光——和平、自由、平等、繁荣的时代。这是一个巨大的历史进步。就人类社会最基本的自然特性——能量特性而言，这是一个石油时代。

▲ 1950～2001 时代：化石能源时代第二阶段——石油时代

石油时代是人类社会的第二个黄金时代。

此时代，全球经济在庞大的基础上，再次获得一个超高速增长。到 1973年，这个局面受到一个重大的调整，全球性的全面超高速发展基本结束。这是石油时代的第一阶段，到 2001 年，石油时代结束。1973 年～2001 年是石油时代的第二阶段，全球经济处于一个局部地区的高速增长，大部分地区，特别是发达国家则处在中速、低速甚至停滞不前的格局。

● 1950～1973 时代——第二个黄金时代

这个年代是一个最为辉煌、激动人心的时代。

全球经济增长达到有史以来的最高发展速度，23 年的平均增长速度为4.91%，是 1870 年～1913 年的黄金煤炭时代的增长速度近 2.5 倍。全球经济总量实现 3 倍增长。

西欧 23 年平均经济增长速度达到 4.8%，是上一个黄金时代的约 2.4 倍。整个经济总量增长达到约 3 倍。

此时，日本 23 年的平均经济增长速度惊人地达到 9.29%，整个经济总量增长约 8 倍。

美国平均经济增长速度在保持了 100 多年的较高增长速度的条件下，依然实现了与世界同步的高速增长，平均增长速度为 4.8%，是过去 100 年高速增长速度的 2.2 倍左右。经济总量也实现 3 倍增长。

全球经济总量增长达到 3 倍左右。

推动这个增长的"看不见的手"——能源增长达到近 60 亿吨石油标量的一次能源消费，一次能源是 1950 年的 3 倍左右。其中石油增长达到 5.2 倍，主要是石油产量增长推动了整个经济的高速发展。

到 1973 年，世界达到石油时代的特殊高峰，世界进入一个货真价实的石油时代。石油产量占整个能源的 43% 左右，如果考虑石油实际的使用效率远远高于煤炭，实际石油的能量作用在 50% 以上的量级。石油消费的增长速度达到一个惊人的地步：平均增长速度约为 7.4%，是整个一次能源增长速度的1 倍左右。

此时，一个全面依赖石油的文明体系基本形成，一个经济高速增长、一个城市化全面发展、一个物质财富极大丰富的世界得以实现。发达国家普遍实现人均产值达到1万美金以上，一个以物质财富极其丰富的社会，使一个以公平为目标的社会改造得以充分实现。发达国家实现一个近乎理想的社会建设。一个高度文明社会得到充分的展现，这是石油文明时代的巅峰。

这个社会的实现是以大量廉价的石油为根本基础实现的。石油廉价得如同白送，石油价格约2～3美元一桶，相当于2007年的10美元左右。这种状况不可能持续下去。廉价一旦不存在，依靠廉价的繁荣就将结束。这就是以1973年为标志作为这个黄金时代结束的原因。

● **1973～2001年代**

廉价石油时代在1973年结束，石油时代在走向一个特殊的发展阶段：石油价格的动荡与推高的石油时代第二阶段。

在这个阶段，石油价格既是在上涨，也是一种动荡、不断涨落的形式低速上涨。上涨的幅度离石油真实的价值相差非常远，因而对这个社会还没有构成根本性的威胁与打击。这个社会还可以通过挖潜、节约、技术进步等自我调整方式来化解石油涨价的影响，从而实现石油时代的继续发展。

在这个阶段，如果以2001年的消费量为基准，全球石油消费增长量为25%左右，平均年增长速度为0.8%左右，仅为上个23年平均增长速度的1/10左右的量级。石油增长速度大幅降低，石油占整个能源使用量的比例从1973年的最高峰43%左右已经降到2001年的38%左右。

这个时代中，全球经济实现了相当的增长，整个经济总量增长约130%。这个增长主要靠3个因素来实现的：

一个因素是能源总量的增长：这个时期能源总量增长为60%的量级，主要是靠其他能源使用量的增长来实现的一次能源使用量的增长；另一个因素是节约、挖潜、技术进步等，其中发达国家的石油消费方式进行重大调整是主要因素，节油型小车普遍推广。这个时期，能源增长幅度与经济增长幅度之比约为0.6∶1，而上个阶段约为0.9∶1。整个能源创造财富的作用提高50%左右。再就是产业革命的深入发展，主要是信息技术的发展导致的一场具有革命性意义的产业革命。它本质上是将能源、能量的表现形式由低级、简单的热能形式上升到信息这种高级、复杂的能量形式，从产业上讲，是经过资源获得、原材料生产、传统型资本生产、信息产品、信息产品利用产业五级利用的最终发展，相应的是最大程度动员了大量的劳动力进入市场，从而使整个经济总量实现了一个巨大的跃升。

这个时期，发达国家经济平均增长速度出现大幅降低，远低于上个阶段，其中西欧国家仅是过去增长速度的44%。

日本仅是过去平均增长速度的32%，甚至出现最近10年左右的停滞不前的状态。

美国好得多，略比过去约4%的平均增长速度低20%多一点，也是一个较高的增长速度，仍是美国一个黄金时代。其主要因素是美国的能源基本能保证能源自给性的增长需要的供给；同时，美国是这一次信息革命的领头羊；再就是美国的全球化战略的有效实施，使高能耗产品的生产转移到发展中国家，使其实现一个能耗低增长，但经济实现了一个较高速度的增长；此外，普遍性的节能技术的推动，各种设备的能量效率大为提高。这一切使美国经济发展质量与速度明显高于其他发达国家。

此时期，中国保持了一个超高速增长，使这个时代全球经济获得一个较好发展的重要因素。

此时期是石油时代的后期阶段，石油增长速度大幅降低，仅是1%的量级，并且经常出现石油使用量比过去降低的状况。石油时代表现出走向结束的基本态势：石油增长速度大幅降低，维持在非常低的水平，石油增长的加速度为负值。石油时代受四个因素影响：

石油使用量已经增长到一个天量的水平，由石油时代开始时的5亿吨量级增加到2001年的36亿吨量级，整整增加了7倍；同时，每年巨量的石油使用已经持续了50年，一个高强度的使用方式已经彻底改变了石油工业格局，石油战略性枯竭的时代已经到来，包括美国在内的绝大部分国家已经没有石油完全自给能力，并且自给率在快速下降；石油日益集中在少数几个人口小国，主要集中在占全球人口不到0.5%的海湾六国；石油工业的地缘政治格局彻底改变。

石油供应从量到价都到了彻底调整、改变的时代，一个不以人意志为转移的历史新时代正在到来。

● **总结**

至此为止，人类达到一个辉煌的顶峰，从财富的观点，发达国家已是应有尽有，早已经超过人类曾经有过的理想世界。从能源的角度讲，人均使用量最

高的美国，已经达到人均 8 吨多石油的量级，相当于人均增加了 100 亩土地的
资源。其他发达国家，人均使用能源约为 4 吨多的石油量级，大约相当于比
中世纪人均增加 50 亩土地，如果考虑其他矿产资源，其资源增加效应还将提
高 10% ～ 20% 左右。这就是今天人类社会辉煌、发达、富裕、文明、进步
的最根本的基础，化石能源的使用效果相当于这些的国家的疆土极大幅度扩
展。可以说离开这 50 ～ 100 亩土地当量的资源、能源，一切就是镜中之花，
空中之楼。

从上述意义讲，这个阶段的人类社会是一个石油文明的时代，从整个
1820 年～ 2001 年讲，人类社会处在的时代可称之化石能源时代。

从大历史时代划分而言，2001 年的 "9.11" 是一个具有标志意义的时代性
事件。从物理经济学体系的基本判定标准来看，2001 年的 "9.11" 是具有一个
大时代结束意义的事件，同时，也是一个新的大时代开始的标志性事件。主要
是三个结果：

一是，历史性的石油供应量收缩的过程已经启动，石油供应量历史性的降
低是不可避免。

二是，石油价格历史性的上涨已经开始，这是一个不以人意志为转移的历
史过程，廉价石油的时代已经结束；同时，廉价能源的时代也已经结束。廉价
粮食、廉价矿产资源、廉价产品的时代也已经结束。

三是，煤炭使用量将大幅增加，某种意义上的新煤炭时代将来临，以可持
续的新能源为依托的时代也可能紧接着破土而出。

四是，一个新的国家新秩序将出现，在没有大量的可持续的新能源问世之
前，类同于 1913 ～ 1950 时代的历史有可能在某种程度上重复：

前景一，高速增长的大格局向低速、不增长、甚至负增长的大格局的
出现。

前景二，实际财富总量增长停滞不前与高速增长条件下形成的的财富分配
体制的矛盾，利润的历史性减少与惯性扩展的资本总量的矛盾，巨大的产能过
剩与市场的历史性萎缩的矛盾将出现。这种效应的总合将历史性地推动金融危
机、经济危机、能源危机不断反复出现，一直到找到历史性的新平衡点为止。
或者如同 1950 年时代，石油大量的发现，比水还便宜的石油滚滚而来一样，
丰富、便宜的新能源从天而降，一个新的大发展的时代才将来临，或者说我们

目前拥有的辉煌的现代文明才能基本确保。从这个意义讲，一切都是能源，能源就是现代文明之母。

前景三：国际性的收缩格局不可避免的出现，减少贸易量，提高价格，贸易保护将极大程度的历史性的出现。这是减少能源、资源输出，提高能源、资源价格的根本格局产生的自然延伸结果，也是历史性的高速增长向低速增长格局转变的自然结果：让本国人有更多的工作机会的政治需求结果。

前景四：为能源、资源、市场而起的冲突的危险大为增加，某种意义上讲，历史性的争夺、战争格局，弱肉强食的丛林法则主导的国际政治格局还将有可能以不同形式再次上演。

从上述意义讲人类社会紧盼的就是一场能源革命——一场新能源革命，只有这一场新能源革命的成功，人类社会才能续演过去的辉煌与荣耀。

▲ 2001 年～未来：后化石能源时代

从能源的观点看，未来什么能源来代替化石能源，为人类社会提供所需要的能量特性，现在不能完全肯定，是核能，还是太阳能，目前暂时还没有一个肯定的答复。就此意义而言，我们将未来这个社会称之为后化石能源时代。

确定的后化石能源时代之前，应有一个过渡期，如同人类社会过去的1913 年～ 1950 年——煤炭时代与石油时代的过渡那样的时代，或者说1500 年～ 1820 年——农耕文明——植物能源时代向工业文明——化石能源时代过渡的历史时代。这种大历史时代的过渡期是一个较长的历史时期，目前的情况下有可能是一个将持续 30 年～ 50 年的时代，并且可能呈现一个较为复杂的演变。非常可能在 10 年～ 30 年间，人类社会进入一个新煤炭时代，煤炭成为未来的主要能源。而后，如果新能源的可行性问题彻底解决，人类社会将进入一个新能源时代，或者混合能源时代，人类社会将第一次进入一个可持续发展的现代文明。

● "9·11" 事件的历史意义

"9·11" 最具本质意义的是 19 个撞机者中 15 个都是沙特人，而且按常识标准看，这些人都是很本分的普通人，怀着深仇大恨，以最为惊人的方式打击美国最为象征、心脏意义的世贸大楼。这是一个非同寻常的历史事件，是一个堪比 1914 年塞尔维亚青年刺杀奥匈帝国的皇储斐迪南大公，1942 年的珍珠港事件，是一个足以引起一场世界大战的历史性事件，这种举世难忘的事件的真实目的何在，绝非巴勒斯坦、意识形态冲突那样简单。

沙特与美国之间，最为核心的就是石油关系，两国处在石油问题的两个对立的端点上，一个是石油供应的最大、最重要国家，一个是石油需求最大的国家，石油问题都是涉及到两国最为核心，甚至是生死存亡的大事。以沙特为首的海湾六国的石油是二战以来美国国际政治、经济的核心问题，也是号称美国的生命线。同样如此，沙特的石油也是沙特的可持续存在的生命之源。沙特是一个特殊的国家，国土的可用土地不到10%，而近50年间，人口增长10倍，而且目前还在继续增长，对这样一个国家，石油获得最高、最好的价钱，石油使用的最久就是国家的根本利益、根本的国家战略。这是与美国的国家根本利益与根本战略是完全相冲突的。美国庞大的第六舰队，应该是有两个根本的战略目的：一是保证石油的运输安全，再就是威慑与保证石油的价格稳定、低廉。这种根本利益的冲突，应该说是"9·11"冲突的根本原因。这是一个最符合逻辑的结果与解释。

"9·11"事件以后的所有连续结果，基本彻底的改变了二战以后的历史格局，其中对"9·11"最有呼应效果的事件是美国伊拉克战争的战术性的胜利与战略性的失败——美国这个世界上最为强大的超级大国能够在一场正规战中轻易击败一个国家的军队、推翻一个政权，但却无法战胜不惜牺牲生命的人肉炸弹。这个结果是一个具有历史意义的大事，石油国家已经不再惧怕压在头上的战争机器，美国对中东的战争威慑力已经相当程度地失去作用。它的直接结果就是为石油涨价在政治上打开了大门。

应该说石油涨价、高价石油是"9·11"事件的一个自然结果。这个结果打破了二战以来国际秩序的根本一环：廉价的石油是保证黄金的石油时代的必要条件。

同时，可以预计，石油供应的战略性减少的格局正在展开。从某种意义讲，这也是"9·11"的自然结果。

从这两个结果来看，可以基本断定：石油时代已经达到其巅峰，正在走向其结束的历史进程。未来的20年～30年，或者20年～50年是这个历史大时代——石油时代走向结束，一个新的历史大时代——后化石能源时代诞生的历史过渡期。

●**全球经济危机**

全球经济危机本质是一个能源危机，此次危机有两个基本问题：

一是，石油涨价引起所有的经济要素基本同步上涨。

二是，高油价持续时间长，上涨幅度大，它的直接结果是形成一次全球财富再分配，对大量依赖进口能源的国家而言，这种持续的高资源价格的结果，相当于形成一个国家的整体利润降低，而且降低的幅度相当大，这是整个金融、经济危机的深层次根源。

此次危机形成的根本原因并没有消除，是如同 1929 年的经济危机结果是最终走向战争，还是有一个黎明前的黑暗，最终何去何从需要一个更深入的讨论，作为一个专题放在后面的专门问题中。

（二）人类社会发展基本规律的认识与总结

整个上述内容是一个从半定量的人类社会发展历程的观察与评论，或者是一个还不很精细的总结，但应该是首次定量讨论一个长周期的历史进程的产生原因与发展规律。过去的历史研究的最大问题是不定量，这就形成一个众说纷纭的局面，难以形成一些比较有说服力的事实与数据，以及真正的对历史经验的总结。上述总结不是非常全面，同时本书也不是一本历史或者经济学专论，主要的着眼点是总结能源与人类社会发展的一些关系，还不能更加深入的展开讨论，所针对性的，主要是能源与人类社会的核心关系。大致有以下结论：

1. 经济与能源

从 1820 年～ 2000 年，整个经济增长大约为 50 倍，一次能源增长在 60 倍左右，整个全球经济增长与一次能源增长的关系约为 1:1.2。

如果考虑煤炭与石油实际使用效率有一个确定的差异，既按实际燃烧关系看。此时的全球经济增长与一次能源的关系为 1:1.5 ～ 2。

从 1820 年～ 1913 年，整个全球经济增长大约为 4 倍，一次能源增长大约为 5 倍，全球经济增长与一次能源增长的关系约为 1:1.2。

从 1913 年～ 2000 年，整个经济增长大约为 13 倍，一次能源增长大约为 15 倍，全球经济增长与一次能源增长大约低于 1:1.2。

如果考虑煤炭与石油实际使用效率有一个确定的差异，既按实际燃烧关系看。此时的全球经济增长与一次能源的关系为 1:1.5 ～ 2。

1820 年的一次能源使用量难以准确定量，人均应是不超过 0.2 吨石油当量的一次能源。上述计算中的一次能源包括秸秆等所有的生物质能源。

从平均效果而言，全球经济增长一次能源增长有一个基本确定的增长关系，一次能源增长高于经济增长，这是一个具有普遍、根本意义的规律。

2. 其他

从 2000 年的大历史看，人类社会发展最具历史意义的进步是建立在能源革命的基础上，每一次重大的社会进步，都有一次能源革命作为基础。当然与能源革命有一个相适应的技术进步与设备体系，或者说有一个资本、劳动的体系与之适应。这是一个最根本的社会发展规律。

每一次历史性的衰退与危机，总是与一次能源性的危机连在一起，人类社会要真正的解决这种问题，必须要有彻底的能源革命。

二、增长的极限

20 世纪后半叶两本书对人类社会产生重大影响，其中一本是梅多斯的《增长的极限》。《增长的极限》的预测虽然引起许多争论，但他的基本论点与核心结论是大家必须承认的：人类社会存在着增长的极限，如果不改变增长方式，这种极限在未来迟早会发生。《增长的极限》出版已经 40 年了，但今天探讨增长极限这个问题事关重大。增长极限涉及的三个问题需要深度讨论：**一是产生的原因，二是增长极限存在的形式与产生影响力的方式，三是解决增长极限的办法。**

增长极限的另一种说法就是顶峰论。目前相当多的人已经认同，或者意识到"增长极限"所确定这种顶峰时代已经来临，2008 年的全球金融危机、经济危机就是这种顶峰的表现。目前的顶峰是石油供应的顶峰时代。这种顶峰产生的重大冲击力已经显现出全球 50 年没有见过的破坏性、打击力。6 年已经过去，全球还没有走出经济危机的影响范围，何时经济走出困境似乎难以确定。我曾经在全球金融危机爆发后的一周左右在"第一财经日报"发表了我的看法："从'9·11'到金融风暴——全球大变革的序幕"。今天再看这篇文章，全球形势发展几乎全面验证了我的观点与结论：美国只是开始，欧洲、日本将会在其后，他们因为几乎没有能源资源，他们在这场顶峰时代的能源危机冲击下很难走出困境。走出困境需要根本性的改变发展模式，需要一场能源革命。

"顶峰论"是我《后化石能源时代论》的核心观点与结论。对于这场危机发生的方式与影响力，在全球金融风暴发生的五年前我就相当程度地作出预测，油价能够冲击 140 美金／桶这一不可想象的天价——如果发生将会对全球经济危机停摆式的重创的预测，早于摩根斯坦利两年，并且是全球最早提出这一不可思议的价格发生的可能。当然对这种顶峰论现还有各种不同看法。不管如何，我们需要认真对待。事实上我们今天已经走到人类社会一个特殊阶段——后化石能源时代，这是一个充满困境与危机的现实，我们需要走出这一困境与危机，找到解决问题的办法——我们需要深刻认识"增长极限"、"顶峰论"、"后化石能源时代论"。

（一）增长极限产生的原因

"增长极限"是 40 年前提出的问题，它的主要内容是三点：一是人类社会发展所依赖的资源、环境存在着消耗尽的问题，相应的人类社会存在着随着资源供应减少而产生的经济不断衰退问题；二是我们经济发展过程中存在着资源提供的顶峰供应问题，相应的人类社会存在着随着资源供应增加到一个特殊的节点——资源供应无法再增长的顶峰问题，同时将产生经济增长的顶峰问题；三是资源消耗尽与顶峰出现的时间节点问题，相应的存在人类社会经济发展衰退与特殊周期问题。

资源供应减少产生的经济衰退是一个不准确的问题，甚至是一个伪命题，只要不存在能源供应问题，几乎任何其他资源供应短缺问题都可以通过能量的作用，通过循环、替代的方式克服，典型的事例就是空间站的生存方式，没有地球上可以方便获得的每天需要消耗的资源，解决办法就是循环模式。实现的基础就是能量。就此意义而言《增长极限》的立论缺乏科学意义的严谨，甚至是物理学意义上的幼稚。这也是增长极限相当多预测落空的原因所在。但是就此书所提出的重大问题以及社会效果而言，这是一本既有历史意义也有现实意义的里程碑著作——它开启了可持续发展的历史时代。

与《增长极限》几乎同样有名的预测是美国石油地质学家哈伯特倒钟型预测，这个预测非常经典。1956 年提出石油顶峰论，并预言美国将在 1970 年到达石油供应顶峰，当时正是石油供应一片兴旺时期，几乎没有人相信他的预言，但历史却证明了他的预言。

"增长极限"最为现实问题是顶峰问题，要害问题是能源与气候问题。

"增长极限"问题经过 40 年发展，目前全球已经达成共识的是能源可持续问题、气候为核心的环境问题是当今全球人类社会必须解决的两个基本问题。粮食极限问题也是未来需要高度重视的问题。

"增长极限"产生的基本原因主要是三点：资源有限、指数增长、非平衡分布。资源有限核心是化石能源有限，其他资源有限应该说不是根本问题，可以通过替代、循环、节约的方式来解决，**特别是循环与节约是应对除了化石能源的资源问题的根本手段，并且应该成为人类社会的最基本原则——既是全人类价值观的核心也是人类社会运行的最基本的游戏规则——生产方式、生活方式的核心规则。**

所有的资源只有化石能源是无法通过能量的作用将资源形成的下级物质循环回到需要的物质——这就是通常人们喜欢说的物质不灭原则。而唯一化石能源无法做到，因为本身就是能量，所有资源都可以想办法，就是能量无法再生，需要寻找新的能量之源。因此，**资源有限的核心是化石能源有限，增长的极限核心是化石能源使用量、使用时间是有限的。**化石能源有限产生的原因来自两点：第一是它本身基本无法再生，循环、再生实现的可能来自于能量。基本无法再生是指可以再生一部分，主要是再生部分远远无法满足人类社会的需求。再生部分就是每年通过土地可以得到的生物能源，如果考虑人类社会需要土地产生的相当部分生物用于维持生态平衡——主要是森林——担任地球的肺。那么仅有大约 100 亿亩耕地产生的秸秆可以形成相当于化石能源的补充，大约相当于全球人类目前使用能源量的 5%。

第二，化石能源总量与人类社会需求相比非常有限，如果按照目前的趋势发展，常规化石能源使用年限在百年量级——人类社会的基本度量单位应该以百年计数，也就是说以历史的观点看化石能源可使用的年限仅是人类社会的一个非常小的片段。

增长极限产生的第二个原因是使用化石能源的速度增长是一个指数增长规律，利滚利就是我们日常社会中见到的指数增长问题，如果我们是放贷或者借款，利息是 10%。60 年后我们需要偿还或者得到的不是相加得到 6 倍本金的利息，而是 36 倍本金的利息收入或者欠款——指数增长是一种加速度增长方式，越到后期，增长的效应越大。这个原则就是我们生活中投资理财的长线投资的理由。同时这个规律就是我们人类社会遇到最大的欢乐与最大困境——增长极限的原因。以中国为例，如果建国以来增长速度保持每年 10% 的增长，60 年的累积增长是达到 36 倍左右的增长结果。与此同时，我们还有另外一个结果，就是与经济同步增长的是资源基本同步的指数增长，我们煤炭增长大约是建国初期的 60 倍。如果按目前的增长速度，我们经济总量大约 10 年左右翻一番，同时煤炭消费量也将翻一番。这个翻一番可不简单，它相当于过去 60 年发展总和的结果。经济增长总量相当于 60 年前 GDP 的几十倍，煤炭消费量大约相当于建国初的 100 倍左右，接近目前全球的煤炭消费量。**这个生产量应该是达到我国煤炭生产量的极限范围——可以认为这个节点附近应该是中国化石能源时代增长的极限区——可以认为所有的传统经济规则下的问题都会在这个节点附近大爆发。**

人类社会从 1820 年开启的高速增长的化石能源时代已经接近 200 年，已经走到化石能源时代的特别阶段——化石能源增长很快达到可能提供的极限范围。可以认为人类社会已经来到化石能源时代的顶峰阶段。

如果从 1820 年作为现代文明发展起始的原点计算有下述五个基本结果：

▲发达国家经济大约平均 30 年翻一番的速度增长，相应的化石能源使用量也翻一番。

▲全球经济平均 30 年左右时间实现翻一番速度增长。能源增长速度基本与此一致，按此速度，全球经济增长在未来 30 年可以再增长一倍左右，相应的能源增长也接近一倍，大约每年消费 200 亿吨石油量级的能源。这是一个天量的水平，全球可能不太支持这个能源使用要求，至少这个量是接近极限水平。

▲中国建国后平均 10 年左右时间 GDP 翻一番，按物理经济学的计算方式，中国 GDP 目前应该超过美国。相应的化石能源使用量增长一倍左右，煤炭增长略快于经济增长。按此速度计算，10 年左右，中国煤炭使用量可能翻一番，在 80 亿吨 / 年水平，石油消费量是 10 亿吨 / 年量级。此时中国的煤炭生产能力应该是达到极限水平。进口石油需求量在 5 亿～ 7 亿吨量级，超过目前美国的石油进口量。这个水平的石油进口量非常可能是一个极限水平，全球非常可能没有这个供给能力。

增长极限存在的第三个原因是全球能源是非平衡分布，并不是每个国家都有丰富能源，以煤炭为例，煤炭几乎都分布在北纬30度以上的国家，北纬30度以南的国家除了澳大利亚、南非以外几乎都没有较大的煤炭资源。南美洲几乎没有煤炭资源，这也是南美没有多少发达国家的重要原因——几乎所有经济发展较好的国家都是有煤炭资源的国家，包括资源状况不是非常好的国家日本，在发展前期，国内都有相当的煤炭资源支持其起飞与发展——这至少是一个经典的现象。

经过二战后60年的石油时代高速发展，石油供应达到一个新的临界点：

▲石油进口需求问题

几乎所有的发达国家都没有石油自给能力，全球90%以上的国家都需要进口石油，并且这种石油进口需求量还在高速增长。

▲石油供应减弱问题

出口石油的能力在向减弱的方向发展。近年来，印尼这样的老牌石油出口国家都开始进口石油了。可以看到一些重要的石油出口国家随着经济发展，人口增长等原因，石油出口的能力会降低。伊朗、俄罗斯、伊拉克就是这样的国家，在10年左右，这些国家走全面发展经济的道路，而不是依靠石油资源为生是必然的，结局是这些当前最重要的石油出口国家极大程度退出石油出口市场，由此产生的国际石油市场未来紧缩是可以预料的。

▲海湾六国问题

石油出口最大问题集中在石油资源分布特点上，石油出口集中在三个特别国家群体。海湾六国，是决定全球石油供应最大因素的国家群体，是当前全球国际能源政治的核心，也是美国国际政治的核心。人口只占全球不到1%海湾六国，集中了全球40%左右的石油资源，拥有全球石油出口市场的40%左右。对于这些国家而言，仅仅出口有限的石油，就可以有一个非常好的经济。对这些国家而言，油价越高，出口量越小是他们的基本国策。**海湾六国的这种特殊的国际石油结构是全球石油危机、全球经济危机产生的重要机制**。过去60年全球发生了3次重大经济危机，每次都跟能源危机相关，每次海湾六国都起到决定性的作用。可以预见未来这种全球能源危机、经济危机还会在这里产生与发展。

▲美国作用问题

二战后，中东就是美国国际政治的核心，当前美国在经历高成本的伊拉克战争后，相当程度弱化对中东的政治、军事高压政策机制，转而采取能源独立路线，依靠本国的资源解决能源问题。**如此，中东石油国家、整个欧佩克国家体系在未来实现较高油价的政治、军事压力已经极大程度解除。从这个意义讲，未来的能源危机、高油价问题将会在不远的将来再次上演，全球性的经济危机还会再次发生。**

（二）增长极限存在的形式与产生影响力的方式

1.增长极限存在的形式

增长极限存在形式从两个方面认识：

（1）当今人类社会增长极限主要是三个问题——

▲化石能源供应极限问题

化石能源供应量的大小决定了相应的经济规模以及经济增长的极限，**人类社会也巧妇难做无米之炊，没有能源增长是不可能有经济增长的。**

化石能源供应极限问题是当今人类社会面临的头等大事。我们今天已经走到化石能源供应顶峰时代，大约这个顶峰时代将持续30年～50年。如果没有根本性解决办法，**类似于目前的全球性经济危机会不断的发生，滞涨会成为一个常态。**

▲气候极限问题

气候问题是一个近20年才日益凸显的环境问题，并且日益成为人类社会必须要根本性解决的大事。其重要程度是仅次于能源，如果越过一个特殊边界，其重要性将超过能源问题成为人类社会的头等大事。如果各国沿海城市都存在着淹没的危机，能源也是小问题了。如果人类社会没有边界约束的排放温室气体以及没有约束的生产化石能源，这种结局是可能发生的。例如，超大规模的使用煤炭，可能使 CO_2 排放达到一个天量水平；如果没有安全边界的生产水合冰，生产过程中，超级温室气体甲烷大量排放是很有可能的。如此，突破边界问题完全可能发生。气候极限目前已经成为人类社会存在方式的重要条件了。气候巨变到什么程度是未来必须控制的硬约束，解决这个问题，需要一个有约束力的全球共同行动机制，**根本性的办法是需要一场彻底的能源革命。**

▲人口或者粮食极限问题

粮食或者土地是决定人口极限的问题。人口极限问题主要体现在粮食问题，当然人口问题也是能源问题、所有环境问题的根源。人类社会已经面临一个人口极限问题了，其主要原因是生产粮食的主要因素存在极限问题——土地有限、水资源有限、粮食亩产量增产有限。

（2）化石能源增长极限的结构：石油顶峰、天然气顶峰、煤炭顶峰，CO_2排放极限、非常规能源问题。

目前化石能源增长极限的核心问题就是化石能源供应的顶峰时代已经来临——后化石能源时代来临。化石能源顶峰时代有一个大结构，一个是时间范围，顶峰时代不是一个点，而是一个时间段；另外一个是石油、天然气、煤炭达到顶峰的时间以及顶峰结构，以及非常规油气的影响。再就是CO_2排放极限结构形成的顶峰结构。整个化石能源顶峰时代有下面几个主要问题：

▲化石能源顶峰时代基本问题

目前大家讨论的化石能源主要针对是常规的油气与煤炭。按照能源专家的研究，相当多人认同未来 10 年～20 年将出现石油供应顶峰。天然气的供应顶峰将出现的略晚一点，大约在未来的 20 年～30 年或者 30 年～40 年。煤炭顶峰应该是一个特殊结构，从全球资源量看，煤炭顶峰时代是还没有提上预测日程，因为煤炭资源量太丰富。

目前权威的预测主要由能源专家做出的。能源专家包括各种专门研究机构的能源预测都有共同问题，他们主要从资源、生产能力的角度探讨与研究。这种方式对某一个国家的能源生产量的预测是非常准的，其中美国能源专家哈伯特对美国的能源顶峰预测非常经典。事实上对一个国家而言，**只要能够把握资源状况，生产能力是比较好确定的，在正常或者比较理想的经济运行条件下，顶峰也比较容易计算出来**。就计算而言，这是任何一个理工科大学生都可以完成，难在资源状况的把握。但这套方法应用到全球预测上会有相当的失真度。全球能源预测除了考虑资源、生产能力外，国际政治、经济的影响力是非常大的，在相当多的情况下是超过资源、生产能力的影响。因此，化石能源的顶峰时代需要将国际政治、经济因素考虑进去。而一旦考虑这两个因素，问题就非常复杂了。我在 10 年前全球首次提出后化石能源时代问题，尽管我是一个非传统能源专业方面的人士，但是提出了后化石能源时代论这种重大的历史性话题，并且表达了后化石能源时代挑战产生的冲击，这种冲击在相当程度上已经成为最近七八年全球格局的写照。在后化石能源时代来临起作用的政治、经济因素是主要石油生产国家沙特、伊朗、俄罗斯的政治、经济运行方式，以及全球最大的超级大国也是最大石油进口国家美国的作为方式。

顶峰通常在数学意义上有拐点特性，表示一种趋势向另一种趋势转移的特别问题。在顶点附近的顶峰区域，产量的增长或者降低变化速度比较小，远远低于快速变化时期。这种顶点附近的变化趋势转移在实际经济、政治中将有过去发展趋势完全不同的特点，这种顶点附近的顶峰区域的能源产量滞涨是经济滞涨的内在原因。可以认为在理想条件下，整个化石能源时代可以由一个倒钟型来描述，可以分为六个阶段：

第一阶段——早期阶段：这个阶段发展比较缓慢，增长速度非常低，产量非常小，持续时间比较长。这个阶段为 1820 年前的几百年。

第二阶段——发展阶段：这个阶段发展非常快，增长速度远远高于过去，产量持续增长。可以认为 1820 年以来都属于这个阶段。这个阶段已经持续了 200 年左右。

第三阶段——顶峰第一阶段：这个阶段发展比较慢，增长速度持续降低，直到降为零。这个阶段增长速度较低。增长速度为零时，产量达到最高峰。这个阶段时间可以考虑为整个增长阶段的 10% ～ 20%，大约为 20 年～ 40 年。

第四阶段——顶峰第二阶段：这个阶段发展也比较慢，增长速度为负，产量开始缓慢降低。这个阶段时间可以考虑为整个增长阶段的 10% ～ 20%，大约为 20 年～ 40 年。

第五阶段——衰退阶段：这个阶段以较快的速度降低产量，大约持续 200 年，回到 1820 年的初始点。

第六阶段：尾声阶段。

上述模式反映了化石能源时代变化大趋势，但实际状况与此有相当差异，主要是资源分布不均衡与经济发展不均衡产生的。上述模式的第三阶段与第四阶段顶峰附近的特殊阶段，是一个过渡期。顶峰阶段有一个特点，就是增长或者减小的变化速度大为降低。考虑实际情况与理论模式，我们可以初步将顶峰阶段确定为 30 年～ 50 年（或者 50 年～ 100 年）。

上述倒钟型可能存在一个调整性的结构，就是水合冰得到规模性开发。此时，整个顶峰阶段将有一个根本性的调整，顶峰阶段大为推迟与延长。

●**化石能源顶峰问题的基本判断**

简单使用顶峰时代描述化石能源时代仍有一定问题,石油、天然气使用顶峰时代比较接近,但煤炭的顶峰时代非常不好把握,一是煤炭资源巨大,远远超过石油、天然气以及石油与天然气的总和。二是集中度远远超过油气,主要集中在中国、美国、俄罗斯三个大国。对化石能源顶峰时代而言,30年~50年左右可以描述相当部分问题,50年~100年基本可以描述大部分化石能源顶峰时代。化石能源顶峰时代由石油顶峰时代、天然气顶峰时代、煤炭顶峰时代三个顶峰时代构成。

目前可以认为未来的10年~20年是石油顶峰时代。

●**石油顶峰问题**

石油是1950年以后这个时代的主导能源,相当时期内占整个能源使用量的40%左右,远远超过其他能源使用量,石油的使用效率远远高于煤炭,石油的实际影响力更大。石油的顶峰时代可以认为已经来临,2008年的金融风暴是这个顶峰时代来临的标志。石油的顶峰时代大约可以持续20年~30年,或者更长一点。如果考虑非常规石油,这个顶峰或者还会更加延长。不过非常规石油与常规石油,以及非常规油气与常规油气有实际经济方面的重大差异——价格问题,在一定的价格条件下,非常规石油是无法实际使用。

●**天然气顶峰问题**

相当多的能源专家认同天然气顶峰出现应该晚于石油顶峰20年~30年,天然气顶峰时代大约持续30年~50年。天然气与石油的替代性比较强,石油的短缺会对天然气有相当大的推动。此外,石油输出国家同时也是天然气资源国家。因此天然气顶峰时代非常可能与石油顶峰时代交叠在一起,形成一个特殊的顶峰结构,如果与非常规油气结合,可以维持一个较长时期。

●**煤炭时代与煤炭顶峰问题**

煤炭时代是一个特殊时代,主要是资源量太大,远远超过油气资源。1950年前的100多年的时期是煤炭时代,煤炭是整个时代发展的基础。整个产业革命与产业发展是围绕煤炭展开。如果没有全新的能源革命发生,大约10年形成一个特殊的煤炭时代。煤炭消费总量超过石油、天然气,但主要集中在中国与印度。如果一定的时期内,还没有全新的能源革命发生,煤炭的影响力还会大幅增加。主要是价格因素影响,依靠煤炭能源的经济体系产生的价格竞争力将远远超过油气经济体系的竞争力。这个结果将推进煤炭时代的发展。

21世纪如果形成煤炭时代将在10年～20年左右形成，因主要煤炭使用国家——世界两个人口大国——中国与印度的作用，中国目前的煤炭使用量已经达到约全球的一半水平，并且是进入超高速增长的尾期，再有10年左右就可能增加一倍。此时中国已经接近煤炭生产的极限，全球的煤炭使用量与目前全球石油使用量相当。印度目前已经进入经济高速增长的轨道，20年左右煤炭使用量可能达到中国目前水平。30年左右中印两国都应该达到煤炭供应顶峰时代，**此时应该是全球继1820年～1950年的第一个煤炭时代后又一个煤炭时代的顶峰时代。**同时由于煤炭为依托的经济体系具有超过油气经济体系的竞争力，全球其他地区的煤炭消费也将得到相当程度强化。

如果没有全新的能源革命发生，化石能源时代的石油顶峰时代与煤炭顶峰时代，甚至天然气顶峰时代都可能在未来20年～30年左右交汇，形成整体性的化石能源顶峰时代。

（3）CO_2排放限制的能源极限结构

全球CO_2排放总量控制机制如果能够得到实现，全球化石能源消费量就得到控制，这个顶峰是一个特别顶峰，不是资源不足引起的，而是环境条件引起的。这个顶峰水平取决于控制全球温度的水平，这个水平有控制增加温度的5度标准，也有2度标准。其结果是不同的。这个顶峰的实现完全取决于各国政府的自觉性，缺乏实现的强制性基础，不太能完全落实。

（4）非常规油气的影响

非常规油气问题主要是两点，一是总量，二是价格。

如果不考虑水合冰情况，非常规油气总量还是太小，按能源专家的评估，整个非常规油气不超过化石能源总量的5%～10%的量级，不足以根本性改变局面。此外，目前化石能源使用量已经达到一个特别阶段，全球能源使用总量是1950年时的6倍左右。目前的美国页岩革命声势很大，尽管如此，其所有能够开采的全部总量大约相当于目前全球两年的能源使用量，中国或者美国10年左右的能源消费量。

非常规油气的价格是另一个问题。如果目前的油气价格有一个相当幅度的回落，非常规油气发展会受到一定约束。

从美国页岩革命的结果可以得到一个启示，这就是未来非常规油气非常有可能异军突起，对全球能源格局有一个根本性的挑战。这种挑战将来自于水合冰在未来某一天得到一种有效开发。

2. 增长极限产生影响力的方式

（1）能源增长极限产生影响力的方式

能源增长极限产生影响力主要是以下几个问题

▲**能源危机问题**

●能源危机在一个相当长的时间内是以石油危机的形式表现出来。石油危机形成除了经济原因、资源问题以外，国际政治的影响因素非常重要，是过去几次全球性经济危机直接导火索。

●能源危机未来可能还是以这次危机类似方式发生，以油价不断高涨，最终击穿全球经济的方式表现出来。

●能源价格滞涨的方式是未来影响全球经济滞涨的基本原因。

▲**全球经济危机问题**

1950 年以来，全球几次经济危机都直接是全球能源危机的结果。**可以肯定未来相当长的时间内全球没有任何其他原因可以推动全球性的经济危机爆发，未来的全球性经济危机发生一定来源于能源危机。**

●能源危机与经济危机的关系

能源危机导致经济危机关系是目前一直没有很好解决的理论问题，人们更加愿意用经济危机本身去直接寻找原因。全球性经济危机解释是一个重要问题，解决好这个问题对正确应对经济危机是具指导意义。用物理经济学可以给出一个解释。

经济危机是一次重大的全球财富再分配的结果。

能源危机最核心的形式是能源价格不断上涨，如果短期内上涨幅度过大，或者连续上涨时间过长，都有可能击穿全球经济体系，首先引发金融危机，再导致经济危机。能源价格不断上涨的直接结果是形成全球范围的财富再分配，一方面是石油输出国家通过油价上涨实现了"超额"利润，另一方面是全球能源使用国家通过利润减少的方式实现支付"额外"的价格上涨。如果这个利润减少超过经济体系的承受能力，这个经济体系就首先爆发金融危机。以这次金融危机冲击最为厉害的美国为例说明此问题。

油价最高峰的 2007 年，美国一年内由于油价上涨，与 2002 年相比，相当于一年多付出接近 7000 亿～ 8000 亿美金，也就是说美国整个资本体系大约利润减少 10%，对于金融体系而言，这就是大灾难，金融体系是采取杠杆效应运行的体制，大部分机构都是以 10 倍以上的放大效应运行的，整个资本体系利润减少约 10% 的条件下金融机构资产整体归零，这样，全部覆灭格局就是一个普遍结局。这就是金融危机真实的原因。

发生能源危机的发达国家财富减少是经济危机产生其他结果的直接原因。

一个国家资产利润减少，相当于这个国家整体性的资产贬值，平均的资产贬值程度与平均失业直接相关，而平均资产贬值与平均利润减少直接相关。

这就是除了能源自给国家外，美国、发达国家全部以及全球其他国家均产生经济危机的原因。

●能源危机产生的经济危机的基本表现形式

能源危机产生经济危机的基本方式：

是等能量、等价值、等货币的物价上涨方式。

所有经济要素随着石油价格上涨而同步上涨，上涨规律不是按传统的思路：价格随着供需关系实现涨落，而是按物理经济学的等能量、等价值、等货币的方式上涨。煤炭、天然气以等能量的方式上涨，玉米粮食以制造酒精的液体能源的能量定量的方式上涨，铁矿石以运输能量消耗、冶炼能量消耗实现价值衡量。所有的基本原材料基本都以这种"等能量、等价值、等货币"的方式实现上涨。同时其他经济要素也是以曲折的方式按此方式上涨。最终导致剧烈的通货膨胀。

经济衰退与利润大幅减少一致的是资产损失、失业、经济衰退，这种衰退同时伴随着的是严酷的通货膨胀，整个衰退属于新型经济危机——滞涨型经济危机。

●未来经济危机的可能表现形式：

从历次能源危机看，能源危机冲击最大的国家都是能源对外依赖度最大的国家，或者能源进口量最大的国家。从目前情况看，未来 5 年～ 10 年有可能再次触发一次全球性的能源危机以及相连的经济危机，中国将是主要冲击对象。那时中国的石油对外依赖度将超过 60%，甚至 70%，进口总量可能与美国相当，或者超过美国。此外，届时中国的经济总量大约超过美国 50%，甚至 100%，中国成为全球最大的经济体，如果有能源危机、经济危机，中国受到的冲击力一定最大，这点应该是毫无疑问。

（2）粮食产生影响力的方式

能源是人类社会受到的第一个约束——经济发展总量的约束。粮食是人类社会发展受到的第二个约束——人口规模的约束。**从目前情况看，未来 20 年～30 年左右全球将受到一次重大的粮食危机的冲击。届时印度也已经成为重要的粮食进口国家。全球主要的人口国家都是非常依赖进口粮食。这次粮食危机极有可能与整体性的化石能源危机一起爆发，连动性地发展。不过粮食危机是可以通过节约的方式应对的。**

从粮食危机的可能性看到人类社会需要确定一些根本性的原则，即人类社会必须控制人口，以求得人口总量与土地使用量的平衡。目前中国大豆与食用油进口量总和相当于近 1 亿吨大豆，如果生产这些大豆，大约需要 5～6 个黑龙江的土地——黑龙江的可耕地是全国最多的省份。如果按照大豆与粮食的 1:3 比例换算，相当于进口了 3 亿吨粮食，超过全球粮食市场的一半。大约相当于中国粮食产量的 30%～40%。按照这个趋势，中国粮食进口最终有可能增加到中国粮食产量的 40% 甚至更高的水平。如果我们不采取根本性的措施，未来的粮食危机、能源危机带动的经济危机对中国发展将是有最大影响。**从这个意义讲，中国未来有效控制人口仍然是中国的根本性国策——从能源与环境而言我们也必须强化调整我们的人口政策。**

从根本上讲一个大国必须保证粮食安全，长期而言，全球各国最终都必须实现粮食与人口的基本平衡。从这个意义讲中国最终人口必须控制在 7 亿人以下。如果考虑环境和谐，生态环境的实现，人口总量极限还应该低于 7 亿人口的 20%～30%，既人口规模不应该超过 5～6 亿。如果如此，中国的能源压力也将极大程度消除。此时中国将可以建设一个比较理想的天人合一社会。

（3）气候问题

气候问题主要是三个问题，一是气候对全球的影响，二是气候极限的应对问题，三是中国气候问题的影响与选择。

▲气候对全球的未来影响

●气候目前已经成为对全球未来影响最大的环境问题，并且目前已经发展到一个临界点附近——人类社会面临短期内影响气候变化的因素急剧增加的时代，目前影响气候变化的碳排放总量基本是与经济增长同步的指数增长规律在增长。与此同时，气候温室效应的变化又是与 CO_2 排放量引起温度增长是强烈的指数增长规律，温室效应主要结果之一是引起降雨量与蒸发量变化的饱和蒸汽压的变动。这种变化幅度大约是温度增长变化幅度的约 7 倍效应，而对应的峰值效应是超过 7 倍的变化率。**温室效应产生的后期结果是两个以上的指数增长规模的乘法叠加引起的变化趋势，而不是算数叠加，这是温室效应非常可怕的内在变化规律——暴雨、暴雪、雾霾，温度剧烈波动，极端高温、极端低温、温度剧烈波动，干旱、水灾等，都会以高速的非线性效应急剧发展，并且会在未来 20 年～ 30 年不断强化地表现出来。**就此而言，目前人类社会到了需要采取紧急的全球性共同行动时候了，否则我们将面临一个非常痛苦的全球气候格局。

●气候极限问题

气候极限是选择全球性如何确定温室效应产生的温度极限标准的控制。有容许增长 2 度的标准，有增加 5 度的标准。这种标准一当确定，人类社会未来化石能源全球使用总量就确定了。

不过就现在局势发展而言，全球人类社会如何实现这种共同行动，缺乏保证机制。困难的是在利益与未来、现实与未来、利益与价值观的选择中，利益与现实往往更加强大。

▲气候变化的应对办法：中国气候问题的影响与选择

●中国的责任与压力

目前我们的 CO_2 排放量已经是全球第一，10 年后我们可能超过全球排放量第二的美国的两倍。届时全球责任与压力将是我们极其难以应对的。

●温室效应对中国的影响

温室效应可能愈演愈烈，对我国经济、环境形成重大影响。中国主要经济地区沿海、南方处于温室效应变化波及比较强烈的地区。这种极端性的气候变化会对这些地区会形成重大的负效应影响——北方、内陆，特别是干旱地区有一定正效应。

●中国的选择

中国未来将会在一个历史时期成为全球最大的经济体，最终中国会在 20 年～ 30 年左右成为超过美国 2 ～ 3 倍的全球历史上最大的大国。作为这样一个大国，我们需要有道义与责任的制高点。我们需要对环境与气候有一个根本性的解决办法，而不是改良的办法。**可以说对我们未来那样一个超级大国而言，任何好的局部改良方式都无法解决天量的排放量。我们只有一条道路——这就是绿色能源革命。**

3. 应对增长极限的挑战问题

（1）全球应对战略

▲改变应对战略，强化根本问题解决

应对气候这种全球问题，目前全球合作机制缺乏根本性的实施能力，同时现有的模式无法根本性解决问题。未来必须展开一场全球性彻底的能源革命，才能解决根本问题。全球的气候问题应该将全球可持续问题联系在一起，形成以解决全球能源安全与气候问题捆绑的解决方案。如此，可以有效地集中全球的政治、经济、科学、技术力量，形成一个新型全球性的合作机制来集中应对能源、气候这个全球最根本的问题。如此，有效的气候问题解决，以及能源解决都可以很快有一个答案。

▲构架全球绿色革命合作新机制

●对新能源发展的关键技术形成全球性合作攻关，形成全球技术共享机制。

●构架全球合作的新能源推动金融机制，迅速形成推动全球各种新能源发展机制的各种前沿开发。

●全球性形成新能源发展绿色通道机制，打破技术垄断、关税壁垒。建立全球性的绿色革命合作机制。

●全球形成一个由各国政治家组成最高层面国际绿色革命的合作机制，形成对这场革命的政治支持机制。

●全球主要国家形成有计划的绿色革命推动的合作组织，直接推动相关的产业发展。

▲目前的改良方式应该尽快确定一个可以全球一直行动的实施办法。

（2）中国选择战略

中国是以超过欧洲以及所有发达国家人口总和的基础，连续高速发展30年或者说还可能连续高速发展60年。目前已经走到一个特别的临界点附近——几乎在所有的关键数据上中国都是全球第一：GDP、人口、能源使用量、CO_2排放、粮食、钢铁、汽车等…同时中国还可能将这些数据再翻一番。

这是一个令人无法想象的前景。与此同时，我们必须承认这也是一个空前的挑战，**反映这种挑战的核心是能源、粮食、环境的增长极限的历史性挑战。应对这个增长极限的挑战只有走根本性的解决道路，中国这种严峻的现实难以走改良、折中的道路。**

中国需要坚决走能源革命的根本解决道路——既解决能源安全问题，同时解决环境问题，还解决中国再继续增长的障碍问题。

同时需要坚决的控制人口。实际上目前的诸多的社会问题也是人口过多产生的。许多到美国的中国人有一种人间天堂的感觉就是对比中国人与自然界和谐问题。中国这种可耕地资源仅有美国的一半左右，却有美国人口的 4 倍多的环境是中国必须深度调整人口数量的原因。**中国人口老化以及劳动力的担忧完全是不必要的，美国能够创造与中国相当的产值却仅有中国人口的 1/4 充分说明这个问题。财富最大创造源泉不是人口而是资源。**中国过去 30 年的人口控制政策成就很大，但没有有效控制农村人口的增长是一个重大不足。未来不能再犯过去错误。中国人口控制需要再坚持 50 年。

三、后化石能源时代：绿色革命与绿色时代

（一）后化石能源时代

1. 后化石能源时代基本评估

（1）后化石能源时代的基本结构

后化石能源时代代表整个未来，分为两个大历史阶段：

过渡期时代：

过渡期是化石能源时代向另一个能源时代转换的特别时期，这个过渡期大约持续 30 年～ 50 年，或者持续 50 年～ 100 年，可称为过渡期时代。

任何过渡期时代都是非平衡时代，这个时代是一个平衡时代向另一个平衡时代转换的时代，必定具有过渡期时代的基本特点：**动荡、机会、失望、希望交织一体的社会。**

过渡期是一个社会瓦解、重构的过程：

过渡期是一个旧的社会体系衰败、瓦解、分崩离析，甚至死亡的过程。过渡期是一个旧的社会、旧的文明衰退、瓦解甚至死亡的过程。应该说美国底特

律就是这样一个典型事例：过去的辉煌、光荣、成功的典范，也是新时代的旧体系衰退、瓦解、重构的典范。

过渡期也是一个新的社会下种、发芽、开花、结果、成林的希望时代，新的社会在旧时代上破土而出，新的文明在旧世界上成长为主体社会、主体文明的过程。

这种新与旧的替换是这个社会的主体内容。伴随这种替换一定有我们从没有见过的惊天动地的大历史革命动荡与响彻云霄的大历史革命的凯歌。同时也有旧时代哀伤的殉葬人，也有创造新历史新时代的英雄。

当然过渡期也有另一个结局，就是我们没有找到建设一个全新社会的基石，从而在此基础上创造一个全新的经济体系、社会体系。其结果就是不断的衰退，重新退回到现代文明的原点——1820 年以前——农耕文明——依托植物能源为基础创建的文明体系。**这个新文明的基石就是一种新能源，新文明将是以新能源为基石建立的新型文明体系——以新能源为基石建设的新的经济体系，以新的经济体系为基础建设的新的社会体系。**如果出现这个结局将是人类社会最大的一个悲壮。这不是没有先例：16 世纪到 18 世纪的荷兰就是这样一个历史样板与范例。

新的历史时代：

通过过渡期，大约 30 年～ 50 年，或者 50 年～ 100 年，一个新的大历史时代将在动荡中破土而出。

新的大历史时代将以一种能够扮演长时期稳定供给的主体能源为依托建设的一个新的文明体系。这个文明体系极有可能在未来 50 年左右基本形成大的结构，完成整体性的未来文明的框架性结构。这也是本书命名"未来 50 年"的原因之一。

（2）后化石能源时代的基本前景

▲过渡期时代基本前景

过渡期有三种发展前景：理想前景、半理想前景、悲观前景。

过渡期持续时间有三种可能：

理想前景过渡期持续时间：与理想前景相应的是过渡期大约将经历 50 年左右，甚至更短一点，一个理想完美的时代将破空而出，创造一个人类梦寐以求的伟大社会。

半理想前景的过渡期持续时间：这个过渡期大约也是 50 年左右。

悲观前景的过渡期持续时间：大约将持续 100 年，甚至更长。

理想前景是指未来我们成功的实现了清洁、可持续的能源革命，这种能源革命将实现新能源对旧能源的完全替代。由此我们可以以这个能源革命为基础实现一个伟大的经济革命、伟大的社会革命，从而完成一个伟大的文明的建设。

半理想前景是我们的能源革命不彻底，实现的是新能源对旧能源的部分替代，从而将旧能源时代延续几百年甚至上千年的结局。这是一个不够理想的结果。这种文明体制也必须对过去进行一次革命，**特别是价值观与体制的革命——节约、循环、天人合一的价值观与相应的体制革命——无论理想与半理想革命都需要这个伟大的价值观与体制革命。**

▲新时代基本前景

新时代有三种前景，一种悲观结果，这个也可能存在，但是就目前的进展而言，基本可以说这个未来基本不存在。半理想前景，目前为止是相当多人的设想结局。当然这也是正常，迄今为止，没有多少人提出了明确的路径说明最理想的结果可以获得。人类社会为了这个理想结果已经不懈地努力了半个世纪，甚至说已经奋斗了 100 多年了。实现这个理想社会是人类长期以来梦寐以求的渴望。这个理想结果的根本标志就是这种代表未来新能源的价格可以做到比传统能源还要低。**这个革命在西方被人们评价为人类社会的圣杯——也就是人类社会的最高成就、终极理想。**过去人们把这个理想寄托在核聚变身上——人类社会的终极能源革命、终极革命——人类社会能够实现的能源革命的最高境界——人类社会的里程碑——**天量、清洁、可持续的能量提供。**

（二）绿色能源革命

1. 能源革命

无论是资源问题，还是气候问题，人类社会以化石能源为依托的继续发展空间已经极其有限。人类社会已经走到一个临界点附近：**难以实现传统模式的发展——每隔一段时间经济翻一番，同时能源使用量翻一番。**

1820 年以来发达国家平均大约实现六个翻一番的发展历程，从人均大约 1000 多美元增加到 30000～40000 美元的水平。人口大约增长不到一倍，经济总量增加大约在 30～40 倍。如果不考虑油气与煤炭现有换算标准的差异，能源使用量增长略低于经济增长，大约增长 30 倍，翻一番的时间也基本与经济增长节奏基本一致。如果考虑煤炭与油气实际关系与理论有一定差异，能源翻一番的时间略高于经济增长。200 年左右发达国家经济与能源平均大约翻一番需要 30 年左右。

新兴国家主要是在二战后发展起来的，中国、日本以及四小龙都有一个高速增长期，大约实现了四个翻一番的过程。平均周期在 7 年～ 8 年左右。同时能源使用量也是基本一致的增长速度。翻一番时间基本一致。

全球 1820 年以来，到 2000 年，经济增长大约在 50 倍，大约实现了 6 个翻番，人口增长接近 6 倍。同时能源使用量增长大约达到 70 倍左右，大约实现 6 个多翻一番。能源增长周期快于经济增长周期。

全球 1950 年的 50 年以来经济增长接近 7 倍，大约实现了三个翻番，平均周期不到 20 年，大大低于 200 年来的平均翻一番周期。同时能源增长大约在 5 倍多一点，平均翻一番的时间超过 20 年，略高于经济增长翻一番的时间，也远远小于全球 200 来能源的平均翻一番周期。如果考虑煤炭与油气理论换算关系与实际使用关系的差异，能源 50 年左右的平均增长基本于经济增长一致，或者略高于经济增长速度。

目前人类社会在延续 1950 时代开启的高速增长时代，主要因素是 1950 时代以前，是全球少数发达国家的主要增长历史，而 1950 年后的时代是全球共同快速发展的时代，这是这个时代经济增长速度大大高于过去 200 的平均增长速度的核心。目前这个全球高速增长时代正处于方兴未艾的历史过程，并且这个高速增长的接力棒已经传到全球占主体的人口国家手里了，以中国、印度以及几乎所有的落后国家（占全球人口 80% 以上）正处于一个高速增长的过程中。这是一个人类历史的伟大过程，同时也是对能源、环境问题的根本挑战。可以基本预测未来 30 年全球难以避免能源的较高速度增长的状况发生。

基于上述历史事实，我们可以有一个经得起历史考验的结论：

▲ 1820 年～ 2000 年的整个化石能源时代经济是处于一个高速发展过程，这个发展过程依赖于能源的同步高速增长实现的。

▲ 200 年的人类社会的增长是一个指数增长的发展过程，大约经历了 6 个翻一番的结果。经济总量增长了 50 倍。大约 30 多年翻一番。同时能源增长略高于经济增长的速度，都是按指数增长规律的增长方式。

▲目前人类社会进入一个特别时期，由于能源增长的指数规律发展，同时人类社会增长模式方式根本性改变：由过去 20% 左右的全球人口主导经济增长变为 80% 人口主导经济增长，能源高速增长的需求难以避免。这个现实将难以避免的导致一场化石能源供应的历史性危机出现。解决这个危机需要一场能源革命——供应天量般的能源需求。

▲考虑气候为核心的环境问题，这场能源革命必须是绿色的，巨量能源使用同时，必须不影响环境。

▲这场能源革命必须是可持续的，是能够持续千年、万年。就此意义而言，这场能源革命将是人类历史上的终极革命。

2. 新能源革命评估

▲新能源革命的基本考虑

满足上述意义的能源革命的基本能源形式，就目前所知道的能源形式而言，只有两种能源形式是可以实现这场终极意义的能源革命。一是太阳能利用，二是核聚变提供的能量。核聚变从短期内是难以解决的——科学家的试验还有大约至少 50 年。现实只有一条路可以走，就是实现太阳能利用的能源革命。目前太阳能利用的革命可以有两种形式——太阳能的热发电形式、太阳能的光伏发电形式。目前而言，两种形式都可以取得突破。光伏革命研究得比较成熟，前景比较明确，是目前全球各国的重点。**可以肯定的结论是我们未来唯一的道路就是太阳能利用的能源革命道路。**

3. 能源革命的基本展望

目前推动能源革命最重要的问题已经不是技术问题，长久不能启动具有实际意义的能源革命，核心问题是判断能源革命是否可行的理论问题存在巨大甚至根本性的缺陷造成。目前而言，太阳能电池历经 50 年的发展，各种技术已经趋于非常成熟，甚至相当多的指标已经达到技术上可以实现的极限指标。关键问题是我们从理论上无法得到一个是否可行的结论。**新能源是否可行的核心在于——新能源获得能量是否大于整个新能源制造与使用过程中耗费能量，如果不是，就是能量转换装置，而不是新能源，如果是，就是新能源。但是目前没有任何一个理论能够给出这个结论。**传统的自然科学无法回答价格问题，同时也无法说明制造新能源过程中资本、劳动代表多少能量。而传统的经济学是公认的新能源经济学意义的可行性的评判者。但是新能源可行必须是物理学意义的标准与评判，必须能量可行的评判而不是价格。人类社会目前的价格体系本身具有重大缺陷——资源是没有价值的，资源的价格是由开采它耗费的劳动、资本来确定，而不是资源本身具有价值来确定。按物理经济学的标准，资源特别是能源的价值是远远高于实际价格。传统经济学价格评定新能源是否可行是一个重大问题，关键是能量评定模式，这种评定必须回答资本、劳动代表多少能量，新能源生产过程中耗费的资源代表能量是现有体系可以解决的，而将资源、劳动、资本全部用能量统一起来需要全新的经济学体系，这就是物理经济学。按物理经济学体系对新能源可以完全给出一个新能源是否可行的评判。基本结论非常令人鼓舞。**一场具有历史意义的终极能源革命可以由太阳能电池革命来实现**。我在与刘汉元共同完成的《能源革命：改变 21 世纪》一书中对此问题做了一个基本评判。此书出版已经三年多了，目前的形势发展远远超出过去的预期。但是基本评判的理论仍具有现实意义。这里可以展示其意义。

《能源革命：改变 21 世纪》用物理经济学评判太阳能电池革命是否可行的评判如下：

物理经济学发展的最基本原动力就是追求太阳能电池问题的根本解决。能够、敢于宣称"能源革命"就要回答这个问题，并给予一个肯定的答复。

改变 21 世纪的能源革命的核心就是太阳能电池能够真正成为一个能源，而不是一个能量转换器，要判定这个问题必须回答两个问题：

第一，太阳能电池产生的能源是大于制造太阳能电池所耗费的一切能源；

第二，太阳能电池最终的成本会低于传统化石能源的发电成本。

（1）基本分析一：太阳能电池的物理经济学意义的可行性问题

太阳能电池物理经济学意义的可行性是从创造财富的资源、资本、劳动的能量特性出发探讨太阳能电池的物理意义的可行性问题——太阳能电池产生的能源是大于制造太阳能电池所耗费的一切能源。

●算法 1

创造太阳能电池的能耗由三部分组成：直接耗费的能源、资本所隐含的能源、劳动所隐含的能源。

太阳能电池直接耗费的能源：

生产太阳能电池直接的耗费能源主要是生产晶体硅所耗费的能源，国内做得较好的企业晶体硅能耗约为 130 千瓦时 / 千克，差的约为 200 千瓦时 / 千克。如果考虑各种其他能耗，应不会超过 300 千瓦时 / 千克的量级。如果以平均每瓦太阳能电池消耗晶体硅 10 克算，大约每瓦太阳能电池的晶体硅能耗为 3 度电。如果太阳能电池的寿命为 20 年，平均每年发电 1000 小时，发电量为 1 度电（千瓦时），20 年为 20 度电。即太阳能电池的发电量是远远高于生产太阳能电池所直接消耗的能量，约为 7:1 的关系。这是生产太阳能电池的能耗上限的情况。如果考虑晶体硅的生产能耗为 130 千瓦时 / 千克，每瓦太阳能电池消耗晶体硅 7 克，太阳能电池寿命 25 年，平均发电量为每年 1500 小时，则有制造太阳能电池直接消耗能量与太阳能电池获得能量之比约为 1:30。显然在目前条件下，制造太阳能电池直接耗费的能量与太阳能电池得到的能量比较而言已经不是一个根本障碍了，也就是说新能源发展已经取得突破性进展了。

资本、劳动隐含的能源：

以 2008 年为基准，进行评估。

2008 年中国能源消费约为 20 亿吨石油当量的能源，中国经济总量约为 28 万亿人民币，平均约为 0.07 公斤标准油 / 元。

如果 1W 太阳能电池价格为 30 元，平均而言，制造 1W 太阳能电池，约需要耗费：30 元 × 0.07 公斤标准油 / 元＝ 2 公斤标准油。

如果按 0.2 公斤标准油生产一度电换算，2 公斤标准油相当于 10 度电。

如果，生产耗能以 3 度电计算，整个资本、劳动、资源所产生的总能耗为 13 度电，与生产得到的电能比值为：

$13/20 = 0.65 = 65\%$。

上述结果似乎表明太阳能电池已经达到可用的基本标准。

但还需要更精细的物理经济学的计算。

●算法 2

上述算法仅是考虑了资本、劳动中所隐含的能源部分，没有考虑资本、劳动中包含的其他资源的影响，如果考虑这部分影响，情况有相当不同。如果以 1 吨粮食与 1 吨石油相当的标准考虑，铁矿石按价格与煤炭相当计算，大约 1 吨钢铁约需 2 吨煤炭当量的铁矿石资源。如果以 2 吨算，整个钢铁使用的矿产资源相当于约 10 亿吨煤炭当量的能源。如果其他矿产资源相当于铁矿石资源一半的影响，大约相当于 5 亿吨煤炭当量的能源。粮食与矿产资源大约相当于

13 亿吨石油当量的能源。如此中国整个资源或者广义能源使用量约为每年 33 万亿吨石油当量的资源或者广义能源。按此标准计算有：

30 元人民币平均隐含 3.3 公斤石油当量的资源或者广义能源。如果以平均 0.2 公斤石油生产 1 度电（千瓦时）算，3.3 公斤石油当量的能源相当于约 17 度电（千瓦时）。加上直接消耗的 3 度电（千瓦时），相当于约 20 度电（千瓦时）。

上述结果表明：太阳能电池在 2008 年的技术水平条件下，太阳能电池的能量收益与太阳能电池消耗的整个资源量（广义能源使用量）大约相当。就这个意义上讲，太阳能电池已经到一个关键的临界点——太阳能电池的资源收益与资源消耗已经基本达到平衡。

上述算法是非常保守的，主要是放大了矿产资源与能源的替代关系，如果矿产资源以石油价格为参照，则整个矿产资源的能源当量数量将大为下降。

此外，1 度电是大于 0.2 公斤石油当量的资源，1 度电除需要直接耗费 0.2 公斤石油外，还需要耗费相应的资本于劳动所包含的能源与资源。

再就是，中国相当多的地方的太阳能利用时间是大大高于 1000 小时。

● 算法 3

算法 2 是考虑了资本、劳动所包含的所有资源结果，但是没有包含环境资源的利用。如果考虑环境资源的影响，应该说太阳能电池包含的资源量是大于太阳能电池直接获得的资源量。考虑环境资源主要是水资源，而水资源主要用于粮食生产，如果简单按粮食算，相应的环境资源量不会超过相当于粮食产量的资源量，大约为 5 亿吨。

如果以中国实际可利用的水资源量为基准，则有 1 万亿吨左右，以平均人工净化水的价格为 5 元 / 吨计，大约相当于 5 万亿人民币当量的资源。这应是水资源最大的实际作用的价值估算。也就是说资源总量应该不超过目前中国经济总产值 20% 的资源影响作用。实际上水资源相当部分在粮食中已经体现作用。如此环境资源对太阳能电池的平均影响效果应当在 20% 的范围内，即大约整个太阳能电池消耗的总资源当量约为不超过 4 公斤的石油当量的资源或者说 24 度电（千瓦时）当量的能源。

▲ 重要结论

按上面计算结果有下述结论：

●按最高标准计算的太阳能电池消耗的资源量基本与 2008 年水平的太阳能电池得到的资源量相当。就此而言，可以说人类社会已经走到太阳能电池革命的临界点附近了。这是一个历史性的伟大时刻——一个人类历史的新时代即将来临。

在过去的 50 年里，人类社会对通过大规模利用太阳能电池来利用太阳能充满一种历史性的期盼：这是人类社会实现一个历史巨变的根本希望。实际上所有的新能源中仅有太阳能电池能够满足人类社会的巨大需求，风能、水能、核能的发展潜力仅能实现人类社会的能量需求的极少部分，**可以说太阳能电池是解决人类社会能源问题的根本之途。**

长期以来太阳能电池距这个临界点有巨大的距离，这是太阳能电池无法获得一个根本性发展的关键。科学、技术的发展就是在追求这个临界点的来临，这是一个全球政府、科学家、企业家 50 年的不懈追求的结果，也是一个历史性的成功与成就。

●从产业发展的基本规律看，当大规模的太阳能电池发展来临时，太阳能电池价格将有一个较大幅度的下降，按过去的太阳能电池下降的规律看，太阳能电池平均产量规模增加一倍，价格下降 20% 左右，如此，大约 10 年，太阳能电池价格下降将在 50% ～ 70% 左右的幅度。

●从技术的角度看，太阳能电池最终大幅度提高效率还有根本的实现路径，这就是太阳能电池的聚光技术与太阳能电池对太阳光的自动追踪技术。我们认为这是太阳能电池取得突破性进展的最根本手段，而这个技术是一个非常传统的技术，在传统电子技术领域，这是一个常规技术。而这两个技术的采用可以大幅度提高太阳能电池的能量收益。理论上讲这两个技术的采用完全可以实现太阳能电池能量收益提高 3 ～ 5 倍，甚至更高的结果。就此而言，太阳能电池时代即将来临。这是《能源革命——改变 21 世纪》一书敢于放言"能源革命——改变 21 世纪"的最基本依据之一（另一个基本依据就是物理经济学的基本分析）。

▲特别结论

●到此为止，可以说，经济学的革命必须来临与进行，这是一个时代的需要，这是新能源革命的时代需要，这是一个资源有价的时代需要，这是一个节约、循环、高效、清洁的时代需要，不考虑资源作用的时代应该彻底结束了。

物理经济学必须走上历史舞台。

●就目前太阳能电池发展的现状而言，技术已经不是一个根本问题了，需要的是真正清楚太阳能电池是否可行的实际内容，否则如同盲人骑瞎马一样。传统的可行性判定标准——货币判定标准是一个不准确的标准，需要改变发展思路。

●发展太阳能电池是改变人类社会的根本革命，中国是到了举国动员的时候了，发展太阳能电池是一个具有三方面效果的革命：

一是根本性改变能源供应格局，实现全面的可持续发展格局，从而彻底掌握发展的主动权；

二是可以提供长达 30 年～ 50 年持久发展的动力，也是应对全球经济危机的根本措施；

三是可以根本应对环境与气候的挑战，是建立一个环境友好型社会的基本基础。

上述评判过程已经历经 6 年（2008 年的数据进行的评判）。目前中国的太阳能电池发展远远超出过去的预期，其结果非常令人鼓舞。就目前的成就而言，我可以有一个根本性的结论——**我们完全可以展开一场改变历史、改变世界的能源革命——太阳能电池利用能源的能源革命。由于这个能源革命是依赖太阳，而太阳可以认为具有千年、万年可持的永恒特性，这场能源革命就此意义而言是一场终极革命。**

如果我们现在有效展开这场能源革命，5 年～ 10 年就可以看到这场革命的伟大历史意义与效果。完全可以提前 10 年～ 20 年，甚至 20 年～ 30 年实现人类社会一个伟大的梦想。

（三）绿色革命与绿色时代

应对未来 30 年～ 50 年极有可能出现的增长极限困境，需要根本性解决能源问题，根本性解决能源问题有三种途径：

途径一：传统化石能源途径

继续在化石能源的道路上考虑解决方案。美国的页岩革命就是这种方式。大量考虑非常规油气，包括水合冰以及煤炭。如果配合全面的节约，以及人口调整。理论上讲也可以延续化石能源时代几百年。但是这种方式的维持结果将非常可能会是一种灾难。

途径二：改良与折中方式

化石能源、新能源以及生活方式加以调整，实现一种可持续的发展。这是一种改良、折中的方式。

途径三：能源革命方式

坚决的实现能源革命，以清洁、可持续的能源革命性的代替化石能源，实现一场能源革命，彻底的解决能源问题。

我们目前实际只有采取第三条道路，实现一场彻底能源革命，才能避免各种能源回避的增长极限的困境。

彻底的能源革命本质上是一场新能源革命。

解决增长极限这种困境，根本性解决能源安全和气候为核心的环境问题，同时解决未来天量般的能量需求增长，需要一场彻底的能源革命。需要走第三条道路，走彻底的能源革命道路。如果这场能源革命得以实现，将是一场终极革命，也是一场石破天惊的大革命。这场革命将不可避免导致一场比1820年的工业革命更为伟大、更为深刻、更具有历史意义的一场革命，革命将涉及全方位，革命将根本性的改变历史、改变世界。

这场革命从环境的角度，从人与自然角度可以认为是一场绿色革命。它可以根本性地解决目前对人类社会最大威胁的环境问题——气候巨变。同时还可以为根本性地解决其他环境问题提供坚实的基础。

这场革命的核心是需要一场绿色能源革命，绿色能源革命的条件下将不可避免催生一场绿色经济革命，绿色能源革命以及绿色经济革命基础上不可避免的会降生一个全新的绿色社会革命。未来的绿色革命一定是一个全球革命，并且是绿色的全球革命。

中国应该成为未来这场革命的中心，领导、推动这场大历史潮流发生与发展，如此，中国将有一个崭新的未来。绿色中国革命应该是我们的选择。

绿色革命由五个革命构成：绿色能源革命、绿色经济革命、绿色社会革命、绿色全球革命、绿色中国革命。如此，五个革命将构架一个人类社会梦寐以求的崭新未来，一个终极理想社会与光明、和谐的全球世界。

1.绿色能源革命

（1）导论

绿色能源能否展开形成一个革命是未来全部问题的关键、基础，**巧妇难为**

无米之炊，没有能源的米，任何大师都是无法实现未来的美好愿景。这场能源革命需要解决三个基本问题：发展的规模问题、价格问题、保障与稳定性问题。

▲能源规模问题

能源规模有三个标准：

●最低标准

如果新能源能够替代目前能源使用量的 20% ～ 30%，同时能源使用量保持不变，就可以基本认定一场最低意义的能源革命已经发生。可以有如下基本结果：

至少可以替代目前油气使用量的 35% ～ 50% 左右，此时，可持续的新能源成为主要能源，可以占能源使用成分中最大比例部分，超过石油的比例。新能源取代石油主导的能源格局，实现最低标准的绿色能源时代。

如果配合一定的核能发展，新能源的取代效应感觉突出，新能源产生全球经济、政治的影响作用更大。绿色革命大趋势可以有更大的影响力。

如果适度强化煤炭的作用，可以实现一个更加均衡、政治上更加可控的全球格局。按现有的煤炭使用量，全球煤炭可以持续几百年到千年水平，**适度强化煤炭作用可以加强新能源对油气特别是石油力量的政治与经济控制，这样可以有效确保一个全球的稳定。**同时煤炭使用在清洁的机制下，可以大大降低对环境的影响。同时煤炭使用量适度的强化是有基础的，主要能源消费大国美国、中国都具有非常好的煤炭资源。

这个能源结构的时代可以维持百年量级的稳定持续，是一个可以持续千年的时代。

这种新能源的规模可以基本终结全球油气帝国左右全球格局的能力，此时可以做到使石油使用比例降低 50% 甚至更高的水平。如此，**可以基本杜绝大型全球性能源危机、经济危机的发生，可保证一个基本稳定的国际新秩序。**

在坚持实现人口有效控制，以及深度落实节约、循环的原则下，全球能够实现一个基本均衡、人均达到两万美金最低标准的美好社会。

可以基本避免资源争夺以及经济不平等而出现的战争，可以基本确保未来是一个和平的世界。

可以基本解决气候问题，根本性消除气候问题对人类的威胁。

可以在一个相当时期推动一个相当规模的经济革命发生与发展，实现又一次人类社会的黄金增长格局。可以完全解决目前难以克服的长期经济滞涨问题。

解决这个新能源规模目前人类社会是可以争取完成的，如果太阳能电池在物理经济学意义上可行，以屋顶电池为基础配合其他形式的新能源发展的方式基本可以解决这个问题。

●基本理想标准

在未来能源使用量增加50%的条件下，新能源使用量能够超过50%，如果如此，可以认定一场基本理想的能源革命已经完成。人类社会已经进入一个基本完美的社会，可以实现下述目标：

人类社会可以根本性解决能源危机问题，同时可以根本性解决经济危机问题。

人类社会基本实现绿色能源革命，可以根本性解决气候问题。同时可以有效解决其他环境问题。

如果人类社会保持目前的人口规模不变，可以实现全球人均3吨石油水平的发达国家标准的能源消费，完全可以建立一个理想的全球世界。

如果人类社会实现的比较好的生态体系平衡条件下的人口规模，全球人口保持在30～40亿，人类社会可以实现在人均4～6吨石油标准下建设的完全理想的社会。

●完全理想标准

新能源使用量能够超过整个能源使用量的70%～80%，或者按需要的水平。如此，可以认定一场完全理想的能源革命已经完成。人类社会已经进入一个完美的社会，可以实现下述目标：

人类社会永久性解决了能源问题，同时永久性解决了经济增长问题。

人类社会完全实现一场理想的绿色能源革命，可以根本性解决气候问题以及其他环境问题。

如此，人类社会可以建立一个理想的全球世界。

上述前景是人类社会一个完美的结果，尽管不存在能源问题，但是人类社会还是必须控制人口，这是地球生态平衡的要求。理想的全球人口规模是不超过30～40亿。

▲价格问题

新能源的价格问题反映两个结果：

一个结果是说明新能源确实是一个能源——扣除投入的全部能量后，能够得到新的能量。

一个结果是说明使用的新能源根本不是一个能源，只是一个能量转换器——扣除投入的能量，无法得到新的能量。

由于目前的自然科学体系以及传统的经济学都无法回答这个问题，自然科学无法说明经济学资本、劳动投入代表的能量，经济学又无法讨论货币与能量关系，**以价格、利润指标根本就解决不了是否是能源这个最基本的新能源评定问题。**

新能源的价格问题涉及三个基本情况：

● "新能源"实际还不是可以解决能源问题的新能源

价格过高反映目前的新能源可能是"伪新能源"。实际制造新能源投入的总能量——资源、劳动、资本代表的能量高于新能源能够得到的能量，新能源还无法使用。

就目前情况而言，应该是新能源已经达到能量平衡的临界点附近，或者甚至已经越过临界点，成为新能源了。这是能源能能否最终实现革命的最基本命题。

● 价格高于传统能源，但已经是新能源

由于各种原因，新能源的结果难以实现低于传统能源的价格水平，但是可以确定新能源是一个能源。如果如此，需要解决一个新的价格机制来解决发展新能源问题。

这个背景下，新能源发展始终有一个大的障碍。与传统能源的价格差异大小决定新能源可能的发展程度。目前的价格差异条件下是难以动摇传统能源的天下，实现一个能源革命。如果在价格问题上取得相当进展，一个中等规模的能源革命可以实现。**客观讲目前的条件下已经具备实现一场能源革命的基本条件，需要的是根据物理经济学来设计新的推动机制。目前造成价格差异的相当多问题是制度、机制问题。如果解决得好，可以实现类似于美国页岩革命的效果——在比常规油气价格较高的情况下获得能源大规模开发。**目前条件下，需要加大发展的力度，创造条件。

●价格已经可以完全低于传统能源

这个背景下，人类社会就走到能源革命的最高境界，可以完美地实现能源革命。

▲保障与稳定性问题

主要涉及两个问题：能源只能在白天得到，晚上如何解决，天气波动对能量供应的影响如何解决，这是实现能源需要解决的技术问题。

解决目前新能源这种非平衡的能量获得方式除了传统思路的能量储存的方式，**可以考虑革命性的发展思路，通过全球联网的方式作为解决非平衡问题的根本性措施。**如果实现一场以新能源为基础的能源革命，**超大规模的能源非平衡问题是难以依靠储存方式获得根本性解决，既不经济，也难以实现这个储存能力。**如果有这个储存能力，这个储存也可能成为新能源规模发展、革命式发展的一个新的价格瓶颈。

全球联网是目前我的一个考虑思路，全球联网采用传统技术肯定有问题，传统的输电方式，无法实现全球尺度的电力传输，全球联网只能采取超导技术的传输方案，这是一个可以解决的问题。在后面相关内容作为一个单独问题讨论。

全球联网非常可能成为仅次于新能源发展本身对未来的革命形成历史性的影响力，成为推动绿色新经济革命的又一个核心内容。

（2）绿色能源发展内容、路径与战略

▲绿色能源的选择

●未来绿色能源选择标准

可持续性：能源要具有长期获得的能力，这是解决目前化石能源有限性问题，解决人类文明的延续性这一当前人类社会发展的首要问题。

清洁：除了解决传统的化石能源使用创造大量污染问题外，还需要解决CO_2排放问题。

数量：目前传统能源使用总量巨大，接近每年120亿吨石油标量的能源。作为替代或者补充，基本量是以10亿吨的量级来考虑，如果发生了能源革命是需要以每年50亿吨石油相当量的能源数量以上的能力来考虑。

●绿色能源的选择

在绿色新能源中只有太阳能利用能够达到这个水平。生物能源只能达到每年提供亿吨石油当量能源的水平，水能也基本如此，每年提供能力与生物能源相当。风能是一个有相当争议的新能源。除了不稳定外，**我个人认为风能大规模开发的环境问题可能会是一个重要问题**。风是水循环、空气循环的重要推动力，人为大规模改变这个因素一定是有问题的。此外风能能够实现的规模也是有限的，肯定无法达到能源革命的要求。

满足未来能源革命或者极大程度改变现有状况，需要的新能源数量在以10亿吨石油当量规模以上计数。解决这样大的数量的能量只能直接来自于太阳能，就此而言可以说太阳能利用实现的新能源是未来的基本能源，是实现能源革命的基本内容。实现太阳能利用有三种形式：太阳能的热能直接利用形式、太阳能热发电的利用、太阳能光伏发电的利用方式。三种方式中，后两者是主要利用太阳能的形式，其中太阳能电池将是主要新能源发展形式。**太阳能利用是具备每年解决百亿吨石油当量能源的条件——具备实现能源革命的基本条件**。因此人类社会发展需要更大的智慧与努力集中于太阳能的利用方面的发展。

● 太阳能利用的两种主要形式：热电与光电

热电与光电目前看来都有可能取得能源革命的进展，热电应用范围受到一定限制，主要是需要有水资源的支持。中国西部是不适宜发展热电。此外，如果光电采取聚光技术的使用方式，热电效率是无法相比的。此外，光电实用性非常强，哪里都可以使用。从全球而言，比较冷的荒漠地区光电使用效果更好。比较热的沙漠地区如非洲、美国德克萨斯使用热电具有相当前景。

▲ 绿色能源发展路径选择

● 发展模式问题

绿色能源发展路径未来应该根本性改变发展模式，绿色能源发展路径应该特别突出太阳能发展，抓住具有核心意义的新能源种类，展开发展。**发展模式需要根本性的调整，需要有欧洲模式，更应该有中国模式，以及不同国家的资源条件来确定的发展模式**。特别是中国具有最好的发展太阳能的条件，**应该以中国资源的特别条件展开能源革命**。中国西北占整个中国国土的约60%面积，属于全球最好光资源的地区，具有全球太阳能发展的最大优势。从资源条件来看，中国具有成为最大新能源国家的基本条件。

中国具备成为未来能源革命的领导者，真正做到这一点，需要走出中国的

能源革命道路。

● 发展策略

渐进式策略

目前各国采取的都是渐进式发展策略，逐步推进。

跨越式发展策略

目前的形势看来，大形势需要大发展的格局，此外技术、成本的发展现状都需要也可以采取跨越式的发展道路。中国目前特别需要在 5 年～ 10 年大步走，才有可能解决可能出现的重大问题。此外跨越式发展中国最具备条件，同时也是在这个事关 21 世纪的最核心问题起到领袖作用。

绿色能源发展路径选择是一个比较专业化的问题，后面还需要专题讨论。

（3）绿色能源如何推动整体性的绿色革命

▲**革命的原因**

一场彻底的能源革命来临，几乎所有的产业、整个经济体系都会产生根本性的调整、改造、革命、终结。

传统的能源是以三种形式发生作用——电、燃料、化工原料，通过这三种形式的化石能源再形成冶金、化工、材料产业，再通过原材料产业形成资本类各种产品——厂房、设备、交通体系，以此又形成消费类产品，消费类产品上再产生劳动产品。化石能源通过上述五个过程形成整个经济的主体内容。

基础能源的形式一旦改变，所有的上述过程涉及的科学、技术、产业都将根本性的改变。

● 能源加工引起的变革

如果绿色能源主要是太阳能彻底代替化石能源，**传统的能源体系将难以避免崩溃性的重构：**

油气产业走向衰亡的结局

油气产业将主要以化工的形式部分存在，不包括化工部分的整个产业将缩水 60%～ 80%，甚至更高比例。**大油气集团作为全球最大企业的时代将结束，相当多的油气集团将会面临今天柯达集团的命运。**

电力体系根本性的重构

传统的电力体系是由热电技术体系支撑的产业体系，是以蒸汽机、电机为核心设备体系，光电技术体系是以光伏形式的电能获得方式，是以晶体硅为基本的设备体系。这是根本性的不同。整个电力体系将转变为太阳能为核心的能源获得方式的产业格局。**电力体系是所有发达国家资产体系中比重最大部分，中国规模资产中电力体系资产大约占 30% ～ 40%。**电力体系的重构性革命将是未来经济革命中的核心部分。

●能源传输与储存引起的变革

传输方式引起的变革

未来传输方式系统需要重大改变，需要适应长距离甚至是全球性尺度的长距离，远远超过目前电流的超大电流的传输体系，传输体系需要革命性的改变。**全球性超导电力传输体系是唯一的选择。**

●能源使用引起的变革

铁路问题

以中国为例，目前中国铁路运力 50% 是运输电煤，20% ～ 30% 运力运输其他矿产资源、粮食等。如果未来绿色革命条件下，这种传输需求将降低 50% ～ 80%。整个铁路面临一个根本性的变革。

汽车产业

汽车产业需要重大的改变，汽车的核心内容——动力体系发生根本性改变，燃烧动力体系改变为电力动力体系。同时能源补充体系——油气补充系统变为电力补充系统。

化工体系

目前的化工体系是以化石能源为原料，热动力的能量提供形式，未来都将受到根本性的调整。

城市化革命

太阳能时代，任何地区都可以实现能源独立，从而实现经济独立以及其他他社会关系的改变，城市化方式都将受到革命性的改变。这种能源独立将是改变未来人类社会生存方式的根本性原因。后面更加详尽讨论这个问题。

其他

未来的各种产业都将受到能源革命不同程度的影响。

能源革命也是未来社会革命、全球革命的根本原因，后面专题讨论。

（4）绿色能源革命的基本意义

▲终极意义的能源革命

过去指终极能源革命是指核聚变的成功引起的能源革命是终极的能源革命。

人类社会发展过程中经历了四次能源革命：

动物能源革命的时代：这个时代持续是以万年为基数的时代，人类社会由动物变为人，并且由非洲走向全球，实现了全球人类的分布，人口总量达到千万量级。如果以动物能源与化石能源按 1:5 的关系简单算，每人平均使用 200 公斤肉类的动物能源，人类社会在这个时代利用的能源总量相当于1000 ～ 10000 万吨规模左右石油标量能源。

植物能源时代革命：这个时代是以百年计数，人口总量达到 10 亿规模，如果以植物能源（以粮食能源为基准）与化石能源按 1:1 的关系简单算，每人平均使用相当于 0.5 吨石油左右，人类社会在这个时代利用的能源总量相当于5 亿吨规模左右石油标量的能源。

化石能源时代革命：这个时代是以 10 年计数，人口总量达到 60 亿规模，每人平均相当于使用 2.5 吨石油左右（考虑粮食的作用），人类社会在这个时代利用的能源总量相当于 150 亿吨规模左右石油标量的能源。

未来能源时代革命：这个时代可以千年甚至万年计数，人口总量应该不超过 100 亿，应该说以不超过 30 亿规模为最佳，每人平均使用相当于 4 ～ 6 吨石油左右，人类社会在这个时代利用的能源总量相当于 120 ～ 600 亿吨规模左右石油标量的能源。

未来能源革命应该是物理学意义的终极革命，以目前的物理学知道，人类社会可以实现的能量需求的最高形式是核聚变，核聚变既是清洁、环保的，又是可以提供充分满足人类社会能量需求的可持续的能源形式。而太阳能也是核聚变产生的能量，这种利用是间接的核聚变能量利用。但是从能够满足人类社会充分需求，以及清洁、可持续而言，这种能源革命也可以说是终极性质的能源革命，完全可以不需要新的更高形式的能源革命。就此意义而言太阳能利用的能源革命是终极能源革命，至少是准终极能源革命。

2. 绿色经济革命

（1）绿色经济革命产生的原因

绿色能源革命的直接结局就是产生相应的绿色经济革命，绿色能源革命由于两个特点，推动相应的绿色经济革命。

特殊的能源使用——能源基本是以电的形式得到，化石能源的利用是以热能方式使用，因而所有经济体系都是以能源利用的技术体制进行全面调整。从而对整个经济体系产生全面调整与革命。

特殊的能源获得形式：面分布为重要形式的获得能源方式，能源在任何地方都可以方便获得，**这种能源获得方式将为一个全新的面分布的经济模式奠定基础——区域经济、个性化经济、家庭经济创造基本条件。**

绿色经济革命核心是三个问题：推动四个方面的经济革命、彻底解决温室效应问题、建立全新的经济体制。

（2）绿色经济革命发生的基本内容

绿色经济革命有四大基本内容：**绿色科技革命（包括全球联网问题）、绿色产业革命、绿色金融革命、绿色经济体制革命。**

▲绿色科技革命（包括全球联网问题）

绿色科技革命主要是两方面，一是直接围绕绿色能源生产、传输、利用而引起的科技革命；二是由绿色能源革命产生与传统经济的结合引起的科技革命。

●绿色能源革命直接相关的科技革命

绿色能源生产方面的科技革命。绿色能源生产方面的科技革命是目前 10 年～20 年，甚至是 20 年～30 年绿色能源革命中的主要科技问题。经过 50 年左右的全球绿色能源的科技开发，绿色能源革命需要解决的主要科技问题已经相当程度得到解决，现有的技术体系需要解决的提高效率，降低成本。争取在关键的技术问题再取得一定程度的突破，主要是能否在晶体硅的生产方式实现工艺进步，由物理法取代目前的化学法。此外，**能否若干年后实现如同当年奇迹般地发现高温超导现象——人们从理论到实际都不敢想象的工艺、技术、材料革命发生。**

从产业规律出发，一种技术体系开始应用，有一个大约 30 年～50 年的不断改善、完善的过程。

绿色能源传输方面的科技革命——超导科技革命

这方面的科技革命将是未来绿色能源发展过程中的主要问题，除了目前大家比较关注的分布式能源的传输问题外，主要问题是远距离的大能量传输问题。未来的远距离是全球的尺度的距离，跨国家、跨州、跨海洋的远距离。同时传输的能量是远远超过现有的水平，需要在需要现有的基础增加 **10 倍到 100 倍的量级**。现有的技术体系从原理到技术都是根本无法胜任的，需要一个彻底的科技革命来解决这个问题。从目前看只能走超导技术的发展道路——只有超导技术体系才能解决超远距离、大能量的能量传输问题。

超导技术在未来绿色能源革命、绿色经济革命、绿色全球革命中具有不可估量的作用，将会是仅次于上个世纪开始的"晶体硅革命"以后又一个重大科技革命。它成功将会根本性改变 **21 世纪**，如果不考虑未来的生物革命，它将是 **21 世纪产生最重大影响的科技革命**。它有两个改变历史、创造历史的革命性作用：

一是与太阳能利用技术一起发展成为未来的能源革命、经济革命、全球革命，超导技术可以实现能源全球联网的人类社会重大梦想——**实现全球能量流、全球能量共享**，同时根本性的促进全球经济发展，从而实现全球的财富共同发展、全球财富共享的伟大世界。

全球超导联网体系，同时可以解决了目前新能源发展的最重要问题——**能量得到的非均衡问题**——白天有能量、晚上无能量的问题。东半球的白天是西半球的晚上，西半球的白天是东半球的晚上，**如此，全球可以根本性解决目前困扰新能源能量供应的非平衡问题**。

二是超导技术体系大规模应用，可以形成一个未来的交通革命，实现每小时 500 公里以上的高速度。如此，**全球可以实现一个超导技术支持的全球高速铁路系统，这个系统将极大程度代替飞机交通体系**。这将是一个重大技术革命，也是重大经济革命的重要内容。

如果这个交通系统与全球超导电网共同使用一个超导支持体系，二者成本将大幅下降。

当然超导科技革命还会在其他领域产生重大影响。

从近期对这个问题初步探讨中，可以有一个基本结论，**上述前景不是虚幻的，从技术到经济实用性都是基本没有问题**。超导实现的基本技术体系的开发与研究已经是一个百年以上的历史，**高温超导材料经过 30 年发展已经到了可以承担历史大任的地步**。

目前超导输电线路小试建设成本大约是传统传输电路的 2 倍左右，但高温

超导材料的最大电流是同样截面的铜线材料 25 倍左右。同时超导输电线路与目前的高压传输体系方式有重要区别，是建立在地面上的，而不是空中，理论上讲一个低温超导支持体系可以支持完全能满足需要的导线传输任何能量。

此外超导交通体系的成本不超过目前高速铁路的 1.5 倍。**从成本、技术而言超导世界来临是完全可以期待的。**

绿色能源使用方面的科技革命

这方面的科技革命主要需要电池以及其他相关问题。电池主要是两方面，一是车用电池，二是电能储备电池。

●绿色能源革命间接相关的科技革命

智能化革命

由于能源几乎可以达到满足人类的尽可能的需要，智能化将会有一个空前的发展。智能化将在两方面实现发展，一个工厂的全面智能化，一个家庭充分的智能化，智能化的机器人将会成为重要的一员。

区域经济革命相关的科技革命

能源独立可以实现到任何一个区域，微型化的生产体系将会成为重要的生产方式。微型化的各种生产体系将是未来的重要生产方式，甚至是主流生产方式，甚至产品生产可以进入到家庭。

个性化革命

未来能量无限提供以及能量获得已经进入到家庭的条件下，**个性化的生产方式、消费方式将成为主流。**服装、食品、以及各种其他消费品个性化的生产成为主流。**设计师与专家成为最重要的行业，人们的生产与消费主要是通过各种设计师与专家进行指导。**

▲绿色产业革命

绿色能源革命将引导整个经济体系实现全面的产业革命，这种革命引起的原因主要是两方面：

一是绿色能源的基本形式是直流的电能而不是化石能源燃烧的能量提供方式；

二是绿色能源能够几乎是能充分满足需要的能量供应方式；

三是绿色能源是可以在任何地方获得甚至是以家庭为单位获得能量。

这种方式是形成绿色产业革命的基础，产业革命将会席卷各个产业，但主要由五个方面构成：

绿色能源产业：这个产业是未来最大的产业体系，由三个方面构成：

绿色能源生产产业：主要由太阳能获得体系构成。全球能源资产规模将达到 100 ～ 300 万亿美元规模，将成为全球人类社会的最大资产成分。化石能源时代的能源企业是全球最大的资产体系，未来绿色产业革命的直接结果就是这些旧的资产体系瓦解性的重构。

绿色能源传输体系：化石能源时代的能源传输体系主要由铁路、公路、油气管道、输电网构成。这个产业规模仅次于能源生产本身，是现代文明体系中第二大产业体系。未来的能源传输体系主要由新型电网构成。

绿色能源储备体系：绿色能源存在生产过程非均衡供应问题，需要一个庞大的能源储备体系。

绿色交通革命：未来存在一个绿色交通革命的问题，一是汽车体系的绿色能源化的革命，二是未来可能存在超导火车相当程度代替飞机的问题；三是目前的交通方式需要革命性的调整。

绿色智能化产业革命：未来智能化在能源供应解决前提下将有一个空前发展，有两个重大结果：

一是生产高度智能化，机器代替人将是未来重要趋势。经济学意义上就是资本替代劳动的革命。

二是人的生活方式的高度智能化实现，特别是医疗领域的高度智能化具有革命性作用。

个性化经济革命

集约化文明是这个时代的主要内容，大家都穿耐克、大家都喝可口可乐、大家都吃肯德鸡的方式会有一个根本性的改变。**未来的消费方式将是个性化为主体的方式。**

一是生产体系的小型化、当地化。

二是设计师成为消费方式的主要引导者。

区域经济革命

能源当地化以及能源充分供应的结果，是生产体系的小型化、当地化成为主要生产方式。生产极大程度在当地实现，再加上网络世界的高度发展，区域经济将成为主要的经济方式。

城市小型化、乡村化居住方式将成为重要内容。

▲**绿色金融革命**

绿色能源革命、绿色产业革命实现本身需要一个全新的金融革命来助推，同时绿色能源革命与绿色产业革命的结果本身对金融存在的形式将产生一个革命性的改变，将形成一场绿色金融革命。

绿色革命实现的核心是如何动员以及解决发展需要的天量资金以及前期过程如何建立特殊的风险投资机制。

未来的能源革命需要解决人均 3 ～ 6 吨石油标量的新能源，大约相当于每年人均 1.5 ～ 3 万度电，每人需要大约 7.5 ～ 15 千瓦的太阳能电池，相当于每人需要 75 ～ 150 平方米的太阳能电池，**大约人均需要投入资金 1.5 ～ 3 万美金左右**。全球总共需要 150 ～ 300 万亿美金（未来按全球人口总量为 100 亿算）。如果考虑相应的其他产业需要的配套，大约总共需要 200 ～ 400 万亿的投资规模。这是全球有史以来的最大投资革命。

此外，绿色能源革命前期需要特殊的风险投资机制，绿色能源投资项目通常会达到百亿甚至千亿、万亿规模量级，风险投资需要全新的机制。需要解决政府支持，企业投资、社会参与的全新风险投资机制。只有很好解决这个问题才能实现最为重要的前期发展过程的有效展开。

未来有三个带有重要影响的结果产生：

一是财富总量以及人均财富总量实现一个能够充分满足人类高度需求的社会，财富已经不是决定人类社会行为方式的支配力量；

二是区域、个人成为生产的主体，经济上的相互依赖大为减弱；

三是信息化的高度发达。

上述三个条件下，**金融存在方式将会有一个彻底的革命**。

▲**绿色经济体制革命**

绿色经济体制革命主要由五个因素决定：

因素一：绿色能源革命的原因

所有经济要素必须要与能源形式一致，这是决定经济体制变革的根本原因。

因素二：能源总量的原因

能源总量是决定财富总量的核心。能源革命的最重要结果是人类社会第一次实现了人类社会的千年梦想：**财富可以充分满足人们的需求，人类社会第一次可以不以财富为核心实现社会治理，人为财死，鸟为食亡的千年利益格局被根本性打破。**

因素三：智能化高度实现

智能化高度实现，人类第一次可以实现不以劳动为基本存在的生存模式，智能化的工厂、家庭成为基本劳动与生活方式。

因素四：太阳周期的能源获得形式

绿色能源时代的生产方式、生活节奏是极大程度受到太阳周期的调节，这是最大效率的生产方式与生活方式。这种方式类似于过去农耕社会的日起而作，日落而息的生活节奏。

因素五：个性化、区域化经济格局的因素

未来社会将极大程度实现经济个性化、区域化，这种格局决定了整个经济体制的变革。**超大企业、千篇一律、集约式、一统天下的经济格局受到根本性调整与改变。**

上述五个因素是决定未来经济体制发生根本性改变的基本原因，经济体制改变将深刻反映上述变化。

3.绿色社会革命

▲价值观的革命：两个和谐

价值观革命是未来社会革命核心部分，有两个核心组成部分：

●人与自然的和谐

社会科学必须与自然科学和谐，社会科学不能独立于自然科学，应该成为一个整体，人是自然界的一员，指导人类社会的行为方式的社会科学、思想体系应该是一个更加广义意义的自然科学一部分。尊重自然首先应该是指导思想体系与自然界运行规律的统一。

人与自然关系需要一个不能跨越的边界：

人口边界： 人口总量不能跨越的边界，这个总量是由可耕地总量决定的。

气候边界： 不能影响人类社会基本理想存在的气候稳定的边界。主要是温室效应的控制边界。

生态边界： 除了气候、耕地以外的狭义生态边界，包括水资源、森林资源等各种与人类相关生态条件应该有一个不可跨越的边界。

人类在尊重自然基础上形成人类社会的基本原则。

●人与人的和谐

人类社会存在以来，社会重要原则都是围绕利益问题展开。未来利益问题极大程度消除，利益问题引起的不和谐问题应该得到根本性的解决。人类社会可以建立一个理想的社会。

按需分配极大程度取代按劳分配。

相互帮助的社会成为基本的原则、行为方式。

全球一体化最大程度实现。

▲生产方式与生活方式革命

上述意义的革命最终体现在生产方式与生活方式革命上，是一场根本性的革命。几乎所有内容都将改变。

▲体制革命

这场革命反映在体制上也是一场革命，在生产管理上需要一场革命，在收入分配上需要一场革命，社会治理体系也是需要一场彻底的革命。**国家、政府的作用将空前弱化。地方、公民自治将成为主要形式。**

4.绿色全球革命

▲**高度发达的全球化**

绿色革命的结果是人类首次可以实现一个全球均衡的高度发展的水平，达到一个全球普遍的理想境界。

▲**高度结合的全球化**

绿色革命将是一场全球性革命，绿色革命的成果可以实现全球共享。绿色革命的结果将使全球变得更小，联系得更加紧密，实现高度的全球化。

▲**高度分离的全球化**

绿色革命将使全球更加分散，更加独立，全球各个地区都可以有一个自己特色的高度发达经济体系。

5.绿色中国革命

绿色中国革命主要三个内容，

▲**中国将是绿色革命的主体。**

▲**绿色革命的结果将使中国成为全球最重要的国家。**

▲**绿色革命将使中国成为一个伟大的国家。**

后面有专门文章讨论，这里就不详细展开。

四、终结与革命

人类社会面临对过去全部历史的一个伟大的终结与革命的特别时代：1820年以来化石能源为基础的现代文明的终结与革命；五千年来以利益创造与分配为核心的社会的终结与革命；人类社会存在以来生存方式——劳动为基础的方式的终结与革命。

（一）1820年以来的时代的终结与革命——化石能源为基础的现代文明时代的终结与革命

1820年以来的工业文明建立的时代是以化石能源为基础的，走到今天，面临一个根本性的革命，以解决三个问题：能源可持续问题、温室效应引起的气候问题、财富供应总量问题。解决这三个问题需要一场彻底的能源革命。这场能源革命的结果其本质意义就是1820年以来的化石能源时代的终结与革命。这场革命将由四个革命构成：绿色能源革命、绿色经济革命、绿色社会革命、绿色全球革命。这四个革命完成将是对过去200年的历史时代的一个终结与革命。终结的核心是化石能源利用的终结以及与化石能源相关的技术体系、生产体系的终结。这个终结将如同我们今天看到的底特律、柯达相似的情景发生：

全球当前最大的企业集团——传统的能源公司壳牌、中石油瓦解、崩溃、重构。

全球最大的资产体系电力体系根本性的重构——电力体系是所有发达国家最大的资产体系，占整个资产体系30%左右的比重。这个体系是建立在化石能源使用的基础上，这场革命的结果是革掉传统电力体系的基础。

未来相当的地区在现有的土地基础利用5%～10%的土地实现能源供给，就可以实现完全的能源独立。这种格局很可能成为重要的能源供应方式。这种方式无疑是对现有电力体系的革命。

运输体系的革命——目前所有运输体系主要运输内容是能源，其次是矿产资源与粮食。中国目前铁路50%的运力是煤炭，20%～30%是其他矿产资源与粮食。绿色革命的结果将是这种运输内容极大程度的减小。运输体系需要革命性的重构。

集约化是现代文明的基础。这个集约化是建立在化石能源时代的基础上，大规模利用化石能源、大规模的实现产业化、大规模生产方式。以此相应是集约化的生活方式——大规模的城市化、千遍一律的产品、同质化的生活方式。这些结果将有根本性的革命。

绿色革命将使几乎所有的现有经济体系、社会体系进行一个革命性的改变。

这是一个化石能源时代的终结与革命，它是迟早会发生的。

（二）五千年来以财富创造与分配为核心的社会的终结与革命

人类社会五千年的文明有一个最根本的要素在决定人类社会发展的模式与方向——如何创造财富以及如何分配。这是整个人类五千年文明内在的核心。在这个核心问题的基础上，人种、地缘等要素与之形成各种形式的文明模式。按劳分配始终是核心。资产分配财富的形式也是极大程度源于按劳分配。在绿色能源革命、绿色经济革命、绿色社会革命、绿色全球革命的背景下，这种体制在未来面临一个根本性终结的问题。人类社会首次将出现马克思所描述的物质财富充分涌现，按需分配成为社会基本财富分配原则。人类社会千年期待的理想的社会可以基本实现。在这种体制下无私、和谐、公平、公正可以完全得以实现。过去乌托邦式的理想社会前景将是未来的现实。人类社会在我辈眼前已经可以看到这一伟大的革命前景，并且可能由我们这一代以及我们下一代或以下两到三代人去完成人类社会最为伟大的光荣与梦想的终结与革命。

（三）人类社会存在以来生存方式——劳动为基础的方式的终结与革命

人类社会在绿色革命——绿色能源、绿色经济、绿色社会、绿色全球革命的条件下，首次面临一个人类社会生存模式的终结与革命。人类存在的基本前提是学会劳动，并且是以劳动成为人类社会存在与发展的基本方式。未来这种人类存在的基本方式将有一个根本性的终结与革命。人类社会将首次面临马克思在共产党宣言中提到的未来的伟大前景：劳动不再是生活的手段，而是生活的意义。两个根本性的革命将改变这一切：

▲智能化将极大程度代替几乎所有传统形式的劳动，包括现有的生产劳动、家务劳动。

▲财富充分涌现的背景下，以劳动分配财富已经成为非主导原则，按需分配是社会的基本财富分配方式。劳动为基础的财富分配意义历史性地弱化与退位。

这种前景现在看来已经不是一个梦想，而是一个可以期待的未来。

未来这场以绿色能源、绿色经济、绿色社会、绿色全球为基本内容的绿色革命将不可避免地带来上述三方面的伟大的终结与伟大的革命。人类社会将首次面临一个伟大的理想王国、理想世界。如果人类社会怀揣这一伟大的理想，我们完全可以在 50 年左右基本建设一个伟大的未来的基本结构。从物理经济学的考虑，大约未来 10 年，人类将基本结束新能源发展的准备阶段，可以进入一个规模化推动新能源发展的历史。如此下去，大约再经历两个 20 年，人类社会可以基本建设成一个绿色能源为基础的新型文明体制。任何一个技术革命或者产业革命，最终体现在资本体系上，一个新的资本体系建立起来，大约需要一个 20 年的周期，平均而言，每年的投资规模相当于固定资产体系的 5% 左右，大约相当于 GDP 的 20% 左右，建立一个完整的以新技术为依托的资本体系需要 20 年的周期。通常，一个技术体系由不完善到完善，经过 2～3 个固定资产体系的更替周期基本可以实现这套技术体系的完善。如果一个固定资产体系的建设周期为 15 年～20 年，**过渡期 10 年加上 2～3 个固定资产体系的更替周期**，基本可以认为一个工业革命基本可以实现。这也是本书以"**未来50 年：绿色革命与绿色时代**"作为书名的原因之一。

第二部分
机遇与战略：绿色发展的基本内容与路径

◎站在历史发展的新起点：推动第三次产业革命

◎绿色发展与第三次产业革命的若干问题

◎气候变化约束条件下的能源发展路径

◎循环、节能经济发展及中国绿色经济发展的考虑

◎绿色革命发展战略与路径

第七章 站在历史发展的新起点：
推动第三次产业革命

徐锭明

作者系国家能源局原局长、国家能源专家咨询委员会主任。

作者认为，当今人类社会面临一场产业革命即将来临的大事，如何深度认识、把握、推动这场革命至关重要。

从能源危机、能源革命、能源替代这个层面认识这场产业革命是抓住了这场革命的根本。从能源意义讲，第一次产业革命本质是煤炭代替薪柴的革命，第二次产业革命是石油代替煤炭成为主体能源的革命。这次产业革命是可持续的绿色新能源代替不可持续的化石能源的革命，站在这个高度谋划、推动这次革命是抓住了要害。

本章主要内容为下述问题——

■ 从容迎接后石油时代到来

■ 绿色发展、低碳发展是未来根本方向

■ 新能源导演第三次"工业革命"

■ 站在历史发展的新起点谋划新能源发展

■ 新能源的战略定位

一、从容迎接后石油时代到来

读罢西蒙斯先生的《沙漠黄昏》，掩卷长思，不禁想起李商隐的千古名句：夕阳无限好，只是近黄昏。我们明知美丽的夕阳必将逝去，黄昏必将到来，为什么不能理智地筹划明天呢？后石油时代已经到来，这是我们必须面对的根本大事，是一个改变历史走向的根本问题。

世界和各国的决策者是否都充分认识到了后石油顶峰时代的特点，是否已经准备好了，并在其长期能源规划中加以体现。这是一个重大问题。

从过去几十年的事实来看，世界石油储量和产量稳定增长，并且越是扩大和深化开采，石油资源规模越大。这充分验证了人类的科学认识和科技进步的威力。但是就世界范围和不可再生矿物能源的特点来看，科技进步不可能改变石油顶峰的到来。"石油顶峰早晚要到来"，这是任何油气工业界人士不争的事实，争议在于何时到来。长期以来，业界各个学派和许多专家对世界各大油田、各国的石油生产以及世界石油供应潜力有不同的认识，石油顶峰派对世界石油产量的预见也颇具争议。现在看来，任何油田、国家，乃至世界石油产量的顶峰都是很难预测的。正如西蒙斯先生所做的人的壮年的比喻一样，壮年顶峰时期是因人而异的，但是，谁也不能否认自己有一个壮年顶峰时期。根据我的估计，全世界石油包括非常规油达到产量高峰的时间不会早于2040年。但石油这种能源它是有限的，达到高峰是必然的。因此，正视石油生产的顶峰，正确认识和应对石油顶峰前后的特点，制定正确的开发战略和对策是关键。

石油是当今文明的根基，人类社会近百年历史都紧密与石油联系。纵观现代石油工业近一个半世纪发展的历程，石油供求矛盾时起时伏，石油市场价格时涨时落，石油国际争斗时隐时现——石油成为主要发达国家重点争夺的战略资源，也是其控制世界经济政治命脉的重要武器。

从全球来看，石油供求矛盾与价格起伏分为几大阶段：

1859年～1973年，为美欧跨国公司控制掠夺阶段，廉价的石油支持了少数国家工业化和现代化建设。

1973年～1986年，是OPEC石油输出国组织与美欧跨国公司激烈斗争的阶段，双方角逐终于使油价摆脱了廉价时代。

1986 年～2003 年，是石油供求双方力量相对平衡时期，国际石油价格基本稳定在一个水平上。

2003 年来，国际石油市场持续升温，石油作为金融衍生物的属性充分展现，国际油价连续突破每桶 40，50，60，70 美元，最终突破 140 美元，成为引爆全球金融危机、经济危机的根本原因。

目前，世界石油市场各种势力的平衡出现了新的变化，旧的格局正在打破，新的格局尚未形成，各方都在为自身利益下赌注，石油再一次成为国际舞台上有力的外交手段和政治武器。这次石油角逐的结果，让石油生产者和美欧发达国家都获得了巨大利益，受损害的是正在谋求发展的发展中国家。

回顾国际油价发展历史，石油价格大致可划分为：每桶 5 美元～15 美元以下的特低油价；每桶 15 美元～20 美元的低油价；每桶 20 美元～40 美元的常规油价；每桶 40 美元～80 美元的高油价；每桶 80 美元以上的超高油价等五个区间。这五个油价区间并不是一刀切，而是相互交织在一起的，但又有明显的区别。

高油价何时冲入特高油价，取决于各方争斗力量和地缘政治的变化。或快速到来，或缓慢到来，或长期处于高与特高油价之间徘徊。前一次国际油价持续上升，美欧发达国家不仅获得了巨大的经济利益，而且企图在油价失常和攀升中实现各自的政治目的。事实上，主要发达国家不仅没有出手干预持续上升的油价，反而频频伸手囤积石油，加剧了市场的紧张气氛。对能源价格合理性的判断，不应仅仅局限在供需方面，而应该跳出中短期供需关系，站在地缘政治以及国家战略利益角度上，全面地进行分析和判断。

国际上，不少能源专家认为，人类社会正在走向后石油时代，这不是没有道理的。纵观国际石油资源和市场的发展历史和变化轨迹，一旦石油价格冲入特高油价区域，并长期维持在高油价及以上，即可认为，全球迈入了后石油时代。后石油时代是一个新的主体能源的接替时期，所以它将是一个相当长的时期，至少需要 20 年～30 年，甚至更长一些时间。后石油时代是新能源、可再生能源快速成长和发展时期，也是石油替代产品的培育、成长和发育时期。在后石油时代，一方面，要从各个领域入手应对高油价和特高油价；另一方面，要大力鼓励支持新能源和可再生能源的发展，大力鼓励和支持石油替代产品的发展。从容地迎接新的主导能源时代的到来，为我国小康社会和现代化建设，提供新的可靠的能源保障体系。

石油顶峰的到来对世界意味着什么，是终结还是新的发展？这是人们正确认识石油顶峰论的一个关键问题。石油顶峰论不是悲观论，而是发展论。石油顶峰的到来，预示着新时代的开始，并推动人们认识新时代的不同特点。遗憾的是，由于认识不同，对于当今和今后世界的发展问题，有许多不全面的认识。人们往往只看到了全球化进程和生活舒适度提高所带来的利益，而忽视了这些进步对石油资源带来的压力。目前，发达国家广大中产阶层的生活方式离不开石油，与此同时，新兴经济体和发展中国家的中产阶层正在形成，对石油正提出越来越多的需求，这是经济和社会发展的一个趋势，也是一个危险的信号。如何应对这种石油顶峰时代可供选择的两种方案：B方案和C方案。B方案，即今后出现什么问题就解决什么问题的方案。很显然，这是不得已而为之的被动选择，也正是现实的写照。可惜，这条道路必将把世界引向死胡同。真正的出路在于探讨C方案，即创新发展理念和模式，化危为机，以新能源代替传统能源，以优势能源替代稀缺能源，以可再生能源替代化石能源的方向，逐步提高替代能源在能源结构中的比重，这是基本方向。

二、绿色发展、低碳发展是未来根本方向

（一）绿色发展、低碳发展的基本理念

绿色发展理念是一个比低碳发展理念更加宽的理念，低碳发展更加有定量、具体的内容。低碳发展是低碳经济、低碳产业、低碳技术、低碳生活等一类经济形态的总称。其中低碳经济是核心。低碳经济以低能耗、低排放、低污染为基本特征，以应对碳基能源对于气候变暖影响为基本要求，以实现经济社会的可持续发展为基本目的。低碳经济的实质在于提升能效技术、节能技术、可再生能源技术和温室气体减排技术，促进产品的低碳开发和维持全球的生态平衡。这是从高碳能源时代向低碳能源时代演化的一种经济发展模式。在人类社会发展过程中，为了获取能源而大量消耗化石能源，致使地层中沉积碳库的碳以较快的速度流向大气碳库，从而引发了温室效应、环境污染等灾难性问题。据世界银行统计，在20世纪的100年当中，人类共消耗煤炭2650亿吨，消耗石油1420亿吨，消耗钢铁380亿吨、消耗铝7.6亿吨、消耗铜4.8亿吨，

同时排放出大量的温室气体，使大气中 CO_2 浓度在 20 世纪初不到 300ppm（百万分率）上升到目前接近 400ppm 的水平，并且明显地威胁到全球的生态平衡。据预测，到 2050 年世界经济规模比现在要高出 3 ～ 4 倍，而目前全球能源消费结构中，碳基能源（煤炭、石油、天然气）在总能源中所占的比重高达 87%，未来的发展如果仍然采用高碳模式，到本世纪中期地球将不堪重负。由此，以低碳经济为基本内涵的发展模式就提到了日程之上。"低碳经济"概念最早正式出现在 2003 年的英国能源白皮书《我们能源的未来：创建低碳经济》中，在其后的巴厘路线图中被进一步肯定，2008 年的世界环境日主题定为"转变传统观念，推行低碳经济"，更是希望国际社会能够重视并采取措施使低碳经济的共识纳入到决策之中。目前，我国深入实践科学发展观，努力建设资源节约型与环境友好型社会，大力倡导循环经济，在中央文件和领导人讲话中，多次提出要将节能减排、推行低碳经济作为国家发展的重要任务。作为发展中大国，我国人口数量众多、经济增长快速、能源消耗巨大、自主创新能力不足，来自于能源、环境的压力也十分巨大。依照著名的卡亚公式原理，人均"碳足迹"（碳足迹表示一个人或者区域的"碳耗用量"）取决于人口数量、人均 GDP、能源强度和单位能源含碳量等几个变量，中国的能源消耗和 CO_2 排放，在世界上受到极大关注，我们必须采取有力行动，积极应对温室气体减排导致的国际经济格局和贸易规则的变化。因此，发展低碳经济不仅是我国转变发展方式、调整产业结构，提高资源能源使用效率，保护生态环境的需要，也是在国际金融危机的情况下增强国内产品的国际竞争力、扩大出口以及缓解在全球温室气体排放等问题上所面临的国际压力的需要。这既符合我国现代化进程的要求，又可以面对来自国际上的挑战。

（二）低碳发展的理念、设想与示范

"低碳"意味着低能耗、低污染，在应对全球气候变化的背景下，"低碳经济"、"低碳技术"日益受到世界各国的关注。

"一个地球生活"（OPL）理念、"一个地球生活"（One Planet Living）是由世界自然基金会（WWF）和英国生态区域发展集团（BioRegional Development Group）共同发起的，旨在让可持续的居住方式在全世界内变得易行、有吸引力，从而在合理利用资源的基础上建造一个和谐健康的世界。社区开发建造时需遵守 10 项原则（1. 零碳；2. 零废弃物；3. 可持续性交通；4. 当地和可持续性材料；5. 本地食品；6. 水低耗；7. 动物和植物保护；8. 文化遗产保护；9. 公平贸易；10. 快乐健康的生活方式），以保障社区在达到可持续性的环保要求的同时，为居民提供健康愉快的生活工作环境。按照计划，到 2009年全球至少会在欧洲的英国和葡萄牙，亚洲的中国，非洲的南非，美洲的美国和加拿大，大洋洲的澳大利亚等 5 个国家建立 OPL 社区。

英国皇家国际事务研究所能源、环境和发展项目组曾向我们提出了在中国发展低碳经济区设想。研究所认为低碳发展势在必行，项目组由中国 20 世纪80 年代初建立经济特区受到启发，认为中国的决策者可以考虑建立"低碳经济区"（LCZ）。就像经济特区作为市场经济的实验室一样，低碳经济区可以成为未来大规模低碳经济发展转型的试验基地。低碳经济区可以吸引大量国外投资；随着规模扩大，经济和环境效应日益显现，还将增强关键技术和经验的出口；低碳经济区还可以作为气候变化影响和适应性中心，将应对气候变化的各项必要技术融合起来。

贝丁顿生态示范项目贝丁顿零（化石）能耗（BedZED）生态社区由BioRegional 始建于 2002 年，位于伦敦南郊，是首个世界自然基金会 WWF 和Bioregional 集团倡导建设的"零能耗"社区，现已成为英国首个完整的生态村。该项目将众多节能减排的措施集中于一个小生态社区中，切实有效地减少二氧化碳的排放量，主要措施有：以生物质燃料热电联产为小区实现集中供暖；通过屋顶铺设光伏板为电动汽车充电；增加南向窗门玻璃面积，减少北向玻璃面积；增加保温绝热材料厚度；使用节能电器等。与同类居住区相比，该生态社区住户的采暖能耗降低了 88%，用电量减少 25%，用水量只相当于英国平均用水量的 50%，而居民的生活质量并没有降低。BioRegional 的工作表明"一个地球生活"是可行的，在伦敦贝丁顿社区的一些居民已经生活在"一个地球"的水平。全方位的推进与倡导英国外交与联邦事务部气候变化特命大使艾士诚先生谈到：向低碳前进既是应对气候变化的方法，也是经济繁荣的机会。

为促进低碳发展，证明低碳与经济发展是可共存的，英国政府积极开发各种政策工具和落实各项措施。

1.立法应对气候变化

英国 2007 年 3 月通过《气候变化法案》(草案),英国将成为第一个立法约束二氧化碳排放的国家,法案要求到 2050 年减少碳排放达到 60%(与 1990 年相比),这也显示出英国政府治理气候变化的决心。草案为英国政府推动低碳经济、评估政府政策是否能促成全球达成的 2012 年后温室气体减排协议的目标,提供了一个框架。

2.积极应用政策工具在家庭领域

政府提出到 2016 年所有新建住宅全面实现零碳排放。环境、食品与乡村事务部(Defra)设立了碳信托基金(Carbon trust),提供节能服务和贷款等;其次是家用电器采用欧盟标准,运用降低增值税等财政工具,制定燃料贫困补助措施;第三是为居民提供信息和建议,如设立节能信托基金(The Energy Saving Trust),负责提供绿色住房服务、建立能源标识、建筑节能绩效证书制度等措施。在企业领域,英国政府规定 20MW 以上的机组都要加入到碳排放交易系统;第二,设立"碳信托"(carbon trust)基金,负责提供碳管理、能源审计和贷款(对中小型企业提供低息或无息贷款)等服务,安装智能计量表,建立建筑能效证书制度;第三,引入财政激励,推出了"气候变化税",和重工业能源用户签订自愿协议,如果他们能够通过新的投资实现较低的排放,就不需要支付全税,最高可免税 80%。

3.积极倡导碳捕获与埋存(CCS)技术

2005 年英国率先建立了 3500 万英镑小型示范基金,制定了《减碳技术战略》,在 2007 年预算中宣布将支持建立第一个 CCS 技术的大规模示范项目。2007 年 5 月发布的《能源白皮书》更是确定了计划的细节,宣布开展一项竞赛。英国政府为这场 CCS 竞赛计划设定的目标是 2014 年实现大约 90% 的捕获和埋存比例。根据该计划,英国政府对 CCS 示范项目的成本资助可以达到 100%(不包括电厂建设成本)。

4.地方政府积极响应

伯明翰规划发展署为我们介绍了该城市的气候变化战略,其目标是成为一个"后碳时代城市",包括到 2026 年减少 CO_2 排放 60%;人均排放从 6.6 吨下降到 2.8 吨;绿色改革——引领低碳革命,鼓励创新。伯明翰在今年 6 月 5 日发布《气候变化战略》,并举办第一届国家气候变化节(5 月 31 日～6 月 8 日),

理解和重视在目前和今后每天的生活质量中环境建设扮演的角色，提高公众意识和接受度，告诉大家未来需要我们做什么。这与英国政府实施名为"对二氧化碳采取行动"的宣传计划、发布碳排放计算标准、为人们提供计算碳足迹（carbon footprint）的方法，是一脉相承的。

（三）低碳发展是全球共同责任、共同未来

低碳发展是世界的责任，也是中国的责任，是国家的责任，也是人类的责任。人类只有一个地球，地球在发烧。中国人说中医看病望闻问切，聪明的中医一看到你就知道你生什么病。哥本哈根会议全世界的政治家集中在那里为地球看病，推动了一步。所以，气候变化人人有责。地球很生气，后果很严重。升高1℃沙漠变桑田，2℃ 1/3冰川融化，3℃生态灾难，4℃欧洲人大迁徙，5℃加拿大北部出现阔叶林，6℃ 65%的物种要灭亡。温室气体是前辈排放的苦果由今人承受，今人排放的由子孙承待。植物没有了，动物没有了，人还有吗？佛教还讲"人人知道有来年，家家尽种来年谷，人人知道有来生，何不修取来生福"？今天应对气候变化，就是为儿孙们修取来生福。印度有一个伟大的人物甘地先生，记者问他，印度独立以后会不会走英国的工业模式？他讲英国实现繁荣消耗了这个星球半数的资源，印度的发展需要多少个地球呢？当时没有回答，现在回答了，现在能源消耗水平需要2个地球，澳大利亚能源消耗水平需要7个地球，美国能源消耗水平需要9个地球。20世纪70年代中期之前，中国生态盈余，现在中国是生态赤字，现在中国的发展水平需要2个中国的自然资源才能承载。生于忧患，死于安乐，我们要有忧患意识。走低碳发展道路既是中国的责任，也是全球未来必走的发展道路。

（四）实现低碳发展的基本考虑

实现能源的"生态文明"是推动整个社会"生态文明"建设、实现资源节约型、环境友好型社会的基石。低碳发展，重点在低碳，目的在发展，与科学发展观、建设生态文明一脉相承，是实现"能源生态文明"的必由之路。实现低碳发展有以下几点考虑：

1. 大力宣传低碳理念

以高效、洁净、低碳排放为标志的"低碳经济"已经向我们走来，政府必

须起到正确的引导、宣传作用，使每个行业、每个公民都了解和重视。低碳能源是低碳经济的基本保证，清洁生产是低碳经济的关键环节，循环利用是低碳经济的有效途径，持续发展是低碳经济的根本方向。我国应在政府层面上做出战略决策，利用全球化的巨大动力，将低碳能源和低碳能源技术作为今后能源发展的重点，积极应对气候变化，有效维护能源安全，确保人类持续发展。能源工作者要带头做"低碳经济"的积极宣传者和忠实践行者，将低碳理念贯彻到能源各行各业的工作中。

2. 尽早着手项目示范

能源科技是解决日益严重的环境和能源问题的根本出路。能源发展需要科技先行，要早谋划、早安排，建立能源科技储备。当前要瞄准低碳能源和低碳能源技术，积极开展研究开发和示范工作。首先要着力研究、开发和应用先进核电技术，推动核电的安全、健康、快速发展；其次要着力加强可再生能源技术的研发，全面推动可再生能源的技术研发和有序发展；再次要着力抓好IGCC和煤炭资源的清洁利用、综合利用和循环发展工作，建立煤炭资源的科学利用体系；第四要着力推动天然气综合利用，提高天然气这一低碳能源的利用效率，发挥其在确保能源安全中应有的作用。

3. 积极加强与参与国际上关于低碳能源和低碳能源技术的交流

尤其是要加强与英国在低碳能源技术和碳捕获与埋存技术方面的交流合作。低碳能源和低碳能源技术对于全世界都是一个新的课题，当前正在推动示范和制定标准及规则，为了争取我们的话语权，应采取积极态度，主动参与。同时我们有广阔的市场，应欢迎并引进国外的先进理念、技术和资金到中国来，共同示范，共享成果，争取双赢，为我国能源技术发展开创新的道路创造条件。

三、新能源导演第三次"工业革命"

第三次工业革命说法是美国未来学家杰·里夫金提出来的。这不是一个小事，需要高度重视。

实际上绿色发展、低碳发展核心是需要一场新能源革命，而这场能源革命的结果将直接导演一场工业革命——第三次工业革命。

纵观世界文明发展史，能源问题关系国计民生，关系人类福祉，也同国际政治息息相关。能源是支撑人类文明进步的物质基础，也是现代社会发展须臾不可或缺的基本条件。能源根本性的决定了社会发展的形态。现代人类社会经历了两个能源时代，煤炭时代与石油时代。与煤炭时代相应的有一个经济体系、军事体系、社会体系。与石油时代相应的有一个经济体系、军事体系、社会体系。这个体系出现了闪电战，汽车文化。目前的新能源发展也将引导一个新经济，这是一场工业革命，是第三次工业革命。

　　21世纪中叶，人类能否进入可持续发展的后碳时代，能否避免灾难性的气候变化，第三次工业革命将是希望之所在。现在，对于中国而言，最大限度地利用人才与资源，深刻地认知在21世纪上半叶开展第三次工业革命、建立可持续发展社会的重要性，应该是目前的当务之急。化石能源驱动的工业时代即将结束，很多人并没有理解这一事实。现实是，以石油为基础的工业革命正逐渐衰退，永不会再回到其巅峰状态。历史上新型通信技术与新型能源系统的结合，预示着重大的经济转型时代的来临。新能源技术的出现推动人类文明向更为复杂的方向发展，而更为复杂的文明需要以先进的新型通信技术为媒介来对其进行处理和整合。

　　新能源作为重要的战略性产品，一旦取得重大突破，必将成为经济发展的强大引擎。当今世界正处于新科技革命的时代，新产业革命初现端倪，一些重要科技领域显现出发生革命性突破的先兆。美欧学者近期预言称，一种建立在互联网和新材料、新能源相结合基础上的第三次工业革命即将来临，它以"制造业数字化"为核心，将使全球技术要素和市场要素配置方式发生革命性变化。一些专家认为，美德等国已取得先导性技术突破，有可能占据此次革命的制高点，重新划分全球分工。第三次工业革命将形成五大支柱打造绿色未来。第一大支柱是从化石燃料结构向可再生能源转型。第二大支柱是用世界各地建筑收集分散的可再生能源。这一支柱可以在世界任何地方促进当地经济，创造大量就业机会。第三大支柱是在建筑和其他基础设施中使用氢和其他可储存基础来储存这些可再生新能源。第四大支柱是互联网技术革命与可再生能源相结合所建立起来的"神经网络"。第五大支柱是以插电式或燃料电池动力为交通工具的交通物流网络。到时可在任何一个生产电力的建筑中为车充电，也可通过电网平台买卖电力。"五个支柱组成了新经济系统的基础，这一系统将把我们带向绿色环保的未来"。

第三次工业革命呼吁战略科学家、战略企业家和战略管理者。人是第一位的因素，把握与领导这场伟大的革命需要人才辈出，这是全球、中国这场革命的需要。

四、站在历史发展的新起点谋划新能源发展

中国的先贤有一句话：知道变，而能应变，属下品境界；能在变之先，而先天下将变时先变，才是上品境界。在第三次工业革命大变革的前夜我们需要一个战略思维与战略行动来应对这场工业革命。核心是：

纲举目张：新能源是未来社会发展的纲。

低碳能源是低碳经济的基本保证，清洁生产是低碳经济的关键环节，低碳经济是全世界共同的课题，低碳经济需要全人类共同面对。低碳经济发达国家更多承担，低碳经济发展中国家努力作为。环境意识和环境质量如何，是衡量一个国家和民族的文明程度的重要标志。保护环境是我们的基本国策。节约能源是我们的基本国策。可持续发展就是要促进人与自然的和谐．实现经济发展和人口、资源、环境相协调，坚持走生产发展、生活富裕、生态良好的文明发展道路

新能源的开发利用，人类使用的能源将由高碳走向低碳，进而期待着走向无碳的发展方向；能源的使用从低效走向高效、从不清洁走向清洁；能源利用设备和装置将从小型走向大型进而形成大型和小型相结合的格局、从分散走向集中进而形成集中与分散相结合的格局，人类将从一个高能耗型社会走向低能耗型社会，建设资源节约型社会和环境友好型。同时，科技日新月异的发展，正在预示着人类将从能源资源行社会走向能源科技型社会。世界正在进入后石油时代，这是一个相当长的新的主体能源的接替时期，至少需要 20 ～ 30 年，甚至更长一些时间。后石油时代是新能源、可再生能源快速成长和展时期，也是石油替代产品的培育、成长和发试用时期。当今世界正遭受金融危机的冲击，也正处在新科技革命的前夜。历史经验表明，经济危机往往孕育着新的科技革命，正是科技上的重大突破和创新，推动了经济结构的重大调整，提供了社会经济新的增长引擎，使经济从危机中重新恢复平衡并提升到更高的水平；哪个国家或者地区能在科技创新方面占据优势，就能够掌握经济发展的主动权，率先复苏并走向繁荣。进入 21 世纪，各国政府高度重视可再生能源的发

展。发展可再生能源已经成为许多国家能源发展战略的重要组成部分。目前，全球已有60多个国家制定了法律、法规或行动计划，通过立法的强制性手段保障战略目标的实现。

五、新能源的战略定位

（一）推动我国太阳能事业实现又好又快发展

欧洲联合研究中心（JRC）预测，太阳能光伏发电在不远的将来将成为世界能源的主体。2030年太阳能光伏发电在世界总电力的供应中将达到10%以上；2040年达到20%以上；到本世纪末将占到60%以上。

太阳能是未来新能源革命的主要内容，推动我国太阳能事业实现又好又快发展是我国发展新经济、推动第三次产业革命的重要内容，甚至是核心内容，也是解决气候问题、环境问题、可持续发展问题的关键所在。推动我国太阳能事业实现又好又快发展将是我国未来发展一项重大战略任务，需要解决三个问题：

1. 建立创新体系

（1）高纯硅材料的生产技术必须走自主创新的道路从1978年开始，我国高纯硅的发展走了两条路。一条是引进技术的道路，一条是自主创新的道路。这两条路都有了一定的进展，但同时又都在艰难的发展之中。高纯硅材料是微电子产业的关键基础材料，美、日、德三国都将其作为战略性物资，严格控制技术扩散。虽然国内有关企业做了很大努力，但引进技术始终没有突破。事实告诉我们，核心技术是买不到的，只有自主创新，实现多晶硅生产技术的国产化，才能自己做主，不受制于人。目前，我国主要技术基于改良的西门子法，但工艺与国际相比仍有相当差距，能耗为世界先进水平的2～3倍。主要表现在还原和氢化两个工序的工艺技术、工艺装备与国外差距较大，干法回收工艺装备落后，还原工艺采用常压还原，产能低，还原炉小，能耗高。国内最大还原炉是12～18对棒，国外一般采用大型还原炉中压还原，还原炉最大达50对棒。在硅材料技术研发和创新方面要切实落实国家发展改革委已有的安排，同时，要鼓励太阳能企业和科研机构加强科研开发，力争在重点技术和重点装备上取得突破。要积极开展国际合作，引进先进技术，借鉴成熟经验，搞好消化吸收再创新。要发挥社会主义能够集中力量办大事的特点，集中物力、财力和人力，形成拳头，联合攻关。

（2）培养高素质的人才队伍目前我国在硅材料方面既有生产实践经验，又有基础理论知识，同时具备创新能力的人才不多，能称为专家的科研工作者为数很少。因此，一定要把有限的人力资源更突出地集中起来，把他们的积极性更充分地调动起来，把他们的聪明才智更有效地发挥出来，为突破太阳能发展中的重大难题做出他们不可缺少的应有的贡献。同时，做好人才梯队的培养，让高技术研发后继有人。

2. 创建产业体系

为了满足太阳能事业的发展需要，必须加快建立我国太阳能产业发展体系，包括技术研究、人才培养、设备制造、产品认证和咨询服务等方面。在做好规划、科学布局的基础上，要坚持把太阳能产业发展与太阳能产业体系培育有机结合起来，把项目建设与能力建设和技术进步有机结合起来，把设备引进与消化吸收再创新有机结合起来，把基地建设与人才培养有机结合起来，推动太阳能产业实现可持续发展。

（1）加快实现高纯硅材料生产规模化。目前，人们眼睛盯着利润，不顾技术要求，不顾发展中存在的困难，在利益的驱动下，正在形成一种大办多晶硅的局面，也可以说是一种多晶硅的"大跃进"，却忽略了多晶硅入门门槛高的事实。特别是随着环保要求的逐渐提高，要求从工业硅到多晶硅生产过程中所产生的各种废物料都必须回收，形成一个闭合的生产循环系统。我国30多年多晶硅发展历史证明，没有规模就没有效益，就不能循环，就不能做到清洁生产。多晶硅生产工艺不只是生产多晶硅的问题，而是一项综合技术发展过程，生产过程的节能、降耗、环保效市场。在人才和技术都缺乏的硅材料发展中，现阶段已经出现了不择手段挖人才、偷技术、盗资料的恶性案件，个别案件已诉诸法律。多晶硅材料技术研发投入高、周期长，一定要加大知识产权的保护力度，保证知识产权拥有者的合法权利。

（2）促进光伏发电产业均衡发展目前我国光伏发电产业走的是"出口工业硅—进口多晶硅—出口光伏电池"的路线，所从事的生产环节附加值低，利润薄。我国高纯多晶硅材料严重短缺，95%以上依赖进口，并且大多数太阳能电池生产企业不属于国外硅材料集团内成员，不能享受长期优惠供货价

（50～60 美元 / 千克），而必须花 200～250 美元 / 千克的高价钱购买多晶硅。主要太阳能电池消费市场在国外，95% 以上的太阳能电池出口。无论从太阳能电池的使用效果还是能量回收期来看，太阳能电池本身属于绿色能源，是节能环保产品。但如果我们只是生产太阳能电池，而不去扩大应用，则太阳能电池只能算是一种高耗能的出口的产品，是出口了绿色能源，为世界作出了贡献，客观上增添了我们发展可再生能源的形象，留下的却是能源的消耗和环境的污染。

3. 培育市场体系

（1）正确引导我国高纯硅产业理性发展总的说来，我国硅材料发展经历了三个阶段：第一是零敲碎打阶段：建起了十几家没有经济规模的生产单位，始终没有形成独立的成龙配套的真正的生产企业；第二是徘徊不前阶段：国家支持工业性试验，但一直未能取得突破性进展；第三是利益驱动阶段：在国际市场不断扩大、利润翻番的吸引下，投资者成趋之若鹜之势。对目前高纯硅材料出现的盲目发展势头，调研所到之处，专家普遍呼吁，一定要遏止盲目势头、调控无序投资建设项目，从节能、环保等方面严格控制此类项目的备案，并建议有关部门把硅材料作为重要的战略物资来管理，在科学研究、产业发展和人才培养上给予高度重视和必要的支持，为未来科学、安全、经济地利用太阳能提供高效优质、稳定可靠的材料保障。

（2）积极培育光伏市场稳步发展考虑到经济成本和支持我国光伏产业持续发展的需要，我国的光伏发电应采取稳步发展的原则和策略，依照可再生能源法，推动落实已有政策，稳步推出优惠政策，逐步形成支持鼓励太阳能事业发展的配套政策体系。在今后 5 年～10 年内，我国光伏发电系统的应用，一方面应以户用光伏发电系统和建设小型光伏电站为主，来解决偏远地区无电村和无电户的供电问题，建设光伏发电 20 万千瓦，为 200 万户偏远地区农牧民（即目前我国 1/3 的无电人口）提供最基本的生活用电；另一方面，应借鉴发达国家发展屋顶系统的经验，在经济较发达、城市现代化水平较高的大中城市，在公益性建筑物和其他建筑物以及在道路、公园、车站等公共设施照明中推广使用光伏电源。此外，还应积极开展大型并网光伏系统的示范，为在光伏发电成本下降到一定水平时开展大型并网光伏系统的大规模应用做准备。太阳能是可再生能源，发展太阳能对节约能源，减少排放，应对气候变化有着重大的现实意义。太阳能事业方兴未艾，有着广阔的发展前景。从长远看，发展太阳能又具有重大的战略意义。太阳是万能之源，减少化石能源的使用，增加可再生能源的使用，从本质上讲就是用今天的太阳能替代昨天的太阳能。明天的太阳能有待人类进一步去开发利用。站在新的历史起点上，我们应进一步认识太阳能在可再生能源中的地位，在未来能源发展中的地位。我们认为，在我国太阳能开发利用方面能不能思想再解放一点，改革步子再大一点，政策支持再有力一点，这是值得进一步研究的课题。总之，在我国的能源发展中，我们要全面地、客观地、科学地看待太阳能事业的发展，做到科学规划，因地制宜，合理布局，有序开发，加快建立、培育、发展、完善我国太阳能技术、产业、市场体系，推动我国太阳能事业实现又好又快发展

（二）科技决定能源未来

2005 年 11 月 17 日，胡锦涛同志在 APEC 釜山会议讲话中指出："纵观人类社会发展的历史，人类文明的每一次重大进步都伴随着能源的改进和更替。"2006 年 1 月 9 日，胡锦涛同志在全国科技大会重要讲话中强调："能源科技将进一步为化解世界性能源和环境问题开辟途径"。

新能源发展涉及三个方面的技术体系发展：一是新能源本身的技术体系发展；二是新能源传输与储存的技术体系发展，三是新能源使用的技术体系。这三方面的技术体系的发展将极大程度改变未来的社会结构。同时这些体系发展本身将是一个巨大的历史任务。只有很好的解决这些技术发展才能根本性的推动新能源的发展。

第八章　绿色发展与第三次产业革命的若干问题

冯　飞

作者系国务院发展研究中心产业经济研究部原部长、能源与产业经济国家级专家，首次为政治局讲能源问题的两位专家之一。

作者认为，如何深度认识、准确把握第三次产业革命既是一个理论问题，也是一个国家发展战略问题，需要一个深度研究。

产业革命如何发生，如何形成产业之间的互动，如何形成整个经济的跨越式发展，以及中国产业革命的发展基本趋势，都需要深度认识产业发展的规律、产业革命的影响方式，从而战略性的调整产业结构、配置资源，推动产业革命的发展。

本章是作者在国务院发展中心期间对产业经济与产业革命方面的一些研究工作，主要论述四个问题：

■ 第三次工业革命：挑战与机遇

■ 对我国所处工业化发展阶段的判断

■ 绿色能源经济转型需要体制机制改革

■ 推动战略新兴产业发展

一、第三次工业革命：挑战与机遇

（一）第三次工业革命的提出与认识

国际上关于第三次工业革命的表述，有两个代表性的观点：一是美国经济学家里夫金，在其 2011 年 9 月出版的专著《第三次工业革命》中认为，历史上的工业革命均是通信技术与能源技术的结合，进而引发重大的经济转型。19世纪蒸汽机的使用，导致了报刊、杂志、书籍等通信手段及相关产业的大量出现，提高了公众的受教育程度，使人类能够对以煤炭为能源的蒸汽机以及工厂进行系统管理和操作，产生了第一次工业革命。20 世纪出现的电话、无线电通讯和电视等通信技术，催生了全新的信息网络，与燃油内燃机的结合引发了第二次工业革命，使人类进入到石油经济和汽车时代。互联网技术与可再生能源的结合，将使全球出现第三次工业革命。当前，全球经济危机的本质是以化石燃料及相关技术为基础的第二次工业革命已日薄西山，无法再支撑世界经济的发展，而以新能源与互联网技术为特征的第三次工业革命，是摆脱经济危机的必由之路。二是麦基里于 2012 年 4 月 21 日在《经济学人》杂志上发表的《第三次工业革命》一文。他认为，工业革命主要体现在生产方式的革命，发生在 18 世纪后期英国以蒸汽机技术为标志的第一次工业革命，使得机器生产取代了作坊式的手工制作，典型行业是纺织业。第二次工业革命发生在 20 世纪初，开创了规模化生产的时代，典型案例是福特汽车的大规模流水生产线。当前正在经历的第三次工业革命，其核心是数字化制造，新软件、新工艺、机器人和网络服务正在逐步普及，大量个性化生产、分散式就近生产将成为重要特征，大规模流水线的生产方式将终结。

三次工业革命共同点在于通信技术和能源技术的结合。第一次是蒸汽机和报纸杂志书籍纸质通信方式的结合；第二次是电气化内燃机和电话无线电通信电视这样一些通信设备的结合；而这一轮正孕育着互联网技术与可再生能源的结合，与新能源的结合，就是第三次工业革命的线索。

第三次工业革命的特点是数字化制作，新的软件、新的工艺、机器人和网络服务正在逐步扩建，大量个性化的生产，分散式的就地生产成为第三次工业革命的重要特征，实际这个论点出来之后中央的高层领导非常重视，给我们的提出好多次，要研究这个问题及其对中国经济会带来哪些重大的影响。

两次工业革命持续二百多年，基本上都是以一百年为周期，现在可能进入到了新一轮工业革命时期，数字化制作，典型的产业像3D打印、能源互联网、生产方式的变革、分散合作型的生产方式，个性化、就地化和数字化的生产带来一系列的变化。这样变化主要还是一些生产技术的诞生和应用。

其实对未来即将到来的一场革命的认识是一种全球共识，这种共识表现为多种提法，新能源革命、能源革命、绿色革命、低碳革命、信息革命等。不管这种革命的说法如何，有一个共同或者基本内容，就是核心是能源革命，或者新能源革命，这是这场革命的基础。这场革命由一个外国人特别是美国人提出更加具有国际性影响力。当然由能源革命上升到工业革命更具广延性、具体性，同时这种提法也具有一定局限性，绿色发展或者绿色革命是一个对未来这场革命具有更加全面概括或者有更大内涵的提法。但是从搞产业研究的角度出发，我比较偏爱第三次工业革命的提法，这是一个介于宏观与微观之间的提法，从这里出发下可以到微观，上可以去宏观，同时这种提法具有打动力，延续了过去传统的革命的描述方式——工业革命，也具有现实意义。

（二）挑战与机遇

全球经济危机的本质是以化石燃料及相关技术为基础的第二次工业革命已日薄西山，无法再支撑世界经济的发展，而以新能源与互联网技术为特征的第三次工业革命，是摆脱经济危机的必由之路。第三次工业革命的因素，将对我国依赖大规模出口的产业体系转型升级形成挑战。

第三次工业革命的一个核心是数字化制造，新软件、新工艺、机器人和网络服务正在逐步普及，大量个性化生产、分散式就近生产将成为重要特征，大规模流水线的生产方式将在一定程度上终结。

第三次工业革命的组织模式与以往有很大不同，扁平化结构、分散合作式商业模式更为普遍，创新型中小企业的作用更为突出，生产者与消费者的互动关系更为紧密，对市场需求的快速反应能力更为重要。

当今全球正面临着以能源生态化、制造数字化为核心，以互联网和新材料、新能源相结合为特征的第三次工业革命。第三次工业革命的到来有其必然性，它是以化石能源的大量使用、大规模生产为特征的第二次工业革命后形成的产业发展模式不可持续的结果。

尽管对于"第三次工业革命"的理论，国内外均有不同认识，分歧点既有对工业革命划分的不同（如有人认为是第四次工业革命，也有人认为是第六次科技革命），也有对其程度和影响的不同看法。但由于国际上有关"第三次工业革命"的主要观点契合了当前全球面临的经济危机、能源短缺、气候变化、发达国家实体经济萎缩等实际问题，还是得到了许多人甚至是部分决策者的认同。例如，欧盟委员会副主席塔尼亚明确表示，欧洲需要第三次工业革命。

我们认为，国际上对于"第三次工业革命"的趋势性判断，与国内近一段时间对全球正孕育着以新兴技术和产业引领的新一轮科技革命和产业革命的判断相一致，是对已有现象的归纳和提升。应该说，当前出现了第三次工业革命的端倪，但要经历较长时间才能对经济发展产生逐步深刻的影响，对其认识也是一个动态深化的过程。但由于其蕴含的一系列革命性变化，将有可能对不同国家的竞争力产生深远影响，对此应给予高度重视和动态跟踪。

由于第三次工业革命将使生产方式从大批量生产转向个性化定制生产和分散式就地生产，这种转变可以将曾经转移到发展中国家的工作机会重新回到发达国家，因此，面对第三次工业革命，我的机遇与挑战并存，近期挑战大于机遇。

在我国竞争优势亟待转换升级的关键时期，第三次工业革命的因素将加大调整的压力和难度。

数字化制造将使劳动力成本影响产业竞争力的重要性下降。当前，我国劳动力成本上涨的速度已明显快于劳动生产率提高的幅度，研究表明，2010年我国考虑劳动生产率差异并修正后的劳动力成本约为美国的30%，未来几年我国的成本优势将进一步缩小，2015年我国修正后的劳动力成本将是美国的45%，数字化制造的影响有可能加速削弱我国的既有比较优势。另一方面，数字化制造并不是简单地机器替代劳动，数字制造技术、知识产权、设计、软件、品牌对产业竞争力的影响程度提高，这些非物质要素成为推动经济增长的关键，而这些方面恰恰是我国的短板。

第三次工业革命对不同产业的影响有差异。数字化制造的优势体现在对市场需求的快速反应和提供个性化产品，因此对那些贴近市场最终需求的产业影响较大，而我国许多产业是大量进口原材料和关键零部件进行加工组装生产最终消费品，其受影响的范围和深度要大于其它国家。此外，发达国家与我国在新能源、互联网等新兴产业的竞争更加激烈，不可能像传统产业一样出现新一轮的大规模跨国间产业转移，面临的贸易纠纷和知识产权纠纷更加多发。

第三次工业革命当地化、分散化的生产方式，将对我国依赖大规模出口的产业体系形成挑战，数字化制造将使得某些行业（特别是生产生活资料的行业）规模经济变得不明显，个性化定制、分散生产成为新特点。为更贴近市场，更快响应市场需求，企业会更多选择在消费地进行本地化制造。从而，将对全球产业分工格局和全球生产体系产生重大影响，产业分工体系有可能沿着两个方向发展：一是延续产业链分工，主要体现在原材料、零部件等生产资料领域；另一是靠近市场需求的就地生产，主要集中在个性化需求突出的生活资料领域。后一种趋势将使全球化呈现新的发展方向，对地区产业格局逐步产生深刻影响。

就外商直接投资而言，一方面，外资企业将更加看中我国庞大的市场需求，为更加贴近消费需求，会加大在我国设立研发、设计等机构的力度。另一方面，部分外资企业考虑贴近消费者、规避市场风险、享受发达国家再制造业化政策以及我国成本上升等因素，会将已在我国的部分外资回流到发达国家。此外，也促使国内企业加快"走出去"步伐，并且更多地采取在国外投资设立生产企业的方式。

第三次工业革命合作、分散、开放的特征，提出了体制机制适应性的新要求。第三次工业革命的组织模式与以往有很大不同，扁平化结构、分散合作式商业模式更为普遍，创新型中小企业的作用更为突出，生产者与消费者的互动关系更为紧密，对市场需求的快速反应能力更为重要。这些变化对体制机制的适应性提出了新要求。目前，政府对企业微观活动的直接干预多，不利于创新的行政性审批多，缺乏针对性的集中决策多。此外，在信息和能源等领域市场垄断、行政性垄断问题突出，促进创新的体制机制环境仍不完善。第三次工业革命的到来，意味着需要进一步理顺政府与市场的关系，更大力度地推进经济体制改革。

总体而言，以技术为引领的第三次工业革命，也进一步凸显了市场规模、需求多样性的重要性，内需扩大还将提高我国超大规模国家的市场优势。就此意义上说，第三次工业革命不仅不会终结中国的崛起，如果把握住机会反而成为推动经济转型的机遇，但近期将面临较大的挑战。

因此，从迎接第三次工业革命及其引发全球性结构大调整的高度，中国首先必须不失时机地加强国家层面的战略规划研究，强化工业和实体经济的战略定位，大力推进以数字化制造为重点的工业化与信息化深度融合，大力加快人才培养和支持核心技术攻关。采取有效措施纠正因行业间利润失衡造成对实体经济的侵蚀，注重将发展战略性新兴产业与升级传统产业有机结合起来，以更大力度推进结构调整。

（三）第三次工业革命对中国的挑战与机遇

伴随着经济和社会面临的资源、能源和环境压力严重，发展的成本逐步提升，支撑中国经济高速发展的旧模式已经难以为继。

推动依靠科技和产业创新，调整我国产业结构、创造新的经济增长点，是实现可持续发展、提升综合国力和全球竞争力的根本手段。推动中国的第三次工业革命是解决未来中国良性持续发展，建设创新型国家的一个重要途径与办法。

目前中国经济出现潜在增长率下降的长期趋势，这个趋势在时间上存在争论，是现在出现还是"十三五"或者再往后，但是潜在增长速度下降的判断没有问题，经济增长靠投资很难进一步支撑下去。

我们做过测算，目前中国增量投资的产出率，和东南亚发生金融危机的时候大致相同。支撑经济增长所需要的投资呈现上涨趋势。特别是投资效率明显下降，每单位 GDP 增长所需要资本增量，与 1995 年相比增长近 3 倍。

经济再靠投资来支撑，一方面就是投资的成本过高，另一方面投资所积累的金融和财政风险越来越大，这种方式很难再支撑下去。

中国需要经济增长驱动力方面的一个转变，也就是说从依靠投资的增长，要转到一个依靠技术进步和创新驱动的经济增长，以提高经济增长质量为核心的方式的转变。

伴随着经济和社会面临的资源、能源和环境压力增加，发展的成本逐步提升，支撑中国经济高速发展 30 年的比较优势目前已经受到重大影响，随着劳动力成本的上涨，已经开始影响到产业的竞争力，现在看来劳动力成本上升的速度比我们预计的要快。

前段时间我们对某省调查，过去 5 年这个省的劳动力成本年均增长速度 15%，而劳动生产率提高为 8%，只有前者一半。

横向来看，中国劳动生产力提高速度在全球是最高的，但是劳动力成本上涨速度更快，"十二五"提出"两个同步"，居民收入和经济发展同步，劳动报酬增长和劳动生产率同步，现在后一个同步比较难。如果再这样持续下去的话，可能会进一步削弱产业发展。

劳动力成本上涨面临着长期压力，主要是"两个拐点"的集中出现，一是刘易斯拐点，普通劳动者供给短缺，这个拐点在 2004 年已经出现了。第二个是人口红利拐点，劳动人占总人口比重下降，有可能出现在明年。这两个拐点的时间差是 9 年。

日本和韩国在经济快速增长过程当中，都碰到与我国类似的问题，就是劳动力成本持续上涨，但是这两个拐点相差时间，日本 30 年，韩国 40 年。

建设创新型国家是解决目前这些问题的一个重要途径，但科技领域最大的问题，还是经济与科技"两张皮"的问题。我们讲了多年产学研紧密结合，但实际上现在问题还没有解决，不断的在讲，但问题始终存在。对于建设一个创新型国家是一个亟需解决的问题。

推动中国第三次工业革命是目前解决中国经济转型的重要途径，但这是一个战略过程，是一个长周期问题。目前要做判断，说出现第三次工业革命的端倪更合适，这个影响可能是逐渐升华，在未来若干年才会体现出来。

目前美国的产业回归问题将是影响未来国际形势发展的大问题，造成这个问题主要的因素是制造业成本。

以中国为代表的新兴经济体，与发达国家之间的成本差距在逐渐缩小，甚至这种缩小的幅度超出预期，主要是中国的国内因素造成的，比如刚才讲的人力成本上涨。

第二个方面就是美国的低价能源，特别是天然气价格比其他国家都低很多，甚至是我们天然气价格的 1/7，形成了全球能源价格洼地。

第三是美国高效低成本的物流，目前造成美国制造业回流，制造业开始有复苏苗头。

第三次工业革命的一个特点，就是当地化生产。比如说数字化制造所带来的便利，贴近消费市场是非常重要的因素，对市场需求有快速的反应能力。这会影响到产业竞争力非常核心的问题，所以可能会有一些企业回流到市场范围大、市场需求多层次比较突出的一些地区，实际中国也具备这种特点，中国13亿人大市场太诱人，同时呈现个人化的特点。

中国如果说整个经济发展转为内需主导，在第三次工业革命过程当中可能就地化生产，对中国来讲是一个机遇。

但是也存在挑战，第三次工业革命的特点是分散决策，包括生产的分散化和决策的分散化，这是非常关键的。

相对于未来的分散决策，目前中国的政府集中决策，可能在第三次工业革命前面临更加突出的问题。真正要推动中国的第三次产业革命需要相应的体制、机制改革。

（四）第三次工业革命与中国新型工业化结合的思考

中国工业化是推动中国发展的重要内容，目前中国的工业化已经走到一个特殊阶段，如何在未来发展中形成与第三次工业革命的有机结合是一个需要考虑的问题。

二、对我国所处工业化发展阶段的判断

各种机构对我国工业化发展阶段判断有所差异，我们对工业化阶段的判断为：

1. 基于人均GDP指标衡量，我国已处于工业化后期阶段

2010年，我国的人均GDP达29940元，按当年平均汇率计算为4423美元，按2005年不变价计算为3962美元，按2005年美元购买力平价计算为8506美元，已经处于钱纳里模型中的工业化后期阶段（参见表8-1）。

2. 从三次产业结构判断，我国处于工业化后期的起步阶段

按照三次产业产值结构来看，2010年第一产业产值占比为10.1%；第二产业产值占比为46.8%，比重高于第三产业的43.1%。根据产业结构可以判断，我国目前处于工业化后期的起步阶段。

3. 第一产业就业比重较大，处于工业化中期阶段

改革开放以来，我国第一产业的就业比重持续下降，但受城市化水平低、

农村人口多、三次产业发展滞后等因素的影响，我国第一产业就业比重仍处于较高水平，2010 年为 36.7%，高于第三产业 2.1 个百分点，高于第二产业 8 个百分点，处于工业化中期 30%～45% 的范围内。

表 8-1 世界各国的技术可采页岩气资源量

	人均 GDP（美元）		三次产业产值结构（第一产业／第二产业／第三产业）	城市化率（%）	第一产业就业比重（%）
	基准汇率	PPP 法汇率（2005 年美元）			
2005	1703	3656	12.5/47.5/40.0	43.0	44.8
2006	1970	4167	11.7/48.9/39.4	44.3	42.6
2007	2360	4780	11.3/48.6/40.1	45.9	40.8
2008	3313	6450	10.7/47.5/41.8	47.0	39.6
2009	3603	7039	10.3/46.3/43.4	48.3	38.1
2010	4423	8506	10.1/46.8/43.1	49.9	36.7

注：2005 年 PPP 折算率为 2.147。

4.城市化水平低，刚迈入工业化中期门槛

由于我国社会经济"城乡二元结构"的不平衡性，我国城市化率一直处于较低水平。2011 年，我国城市化率首次超过 50%，迈入工业化中期的 50%～60% 范围内，但低于工业化后期至少 10 个百分点。因而，如果基于城市化水平判断，我国目前刚进入工业化中期的初始阶段。可见，我国城市化水平严重滞后于工业化的整体进程。

基于人均 GDP 指标衡量，我国已处于工业化后期阶段，但采用购买力平价的人均 GDP 高估了工业化发展水平；从三次产业结构判断，我国处于工业化后期的起步阶段；从就业结构看，处于工业化中期阶段；从城市化水平看则是刚迈入工业化中期门槛，但存在着因城市化滞后于工业化和城市化率统计数据的偏差而低估了工业化发展阶段。综合来看，我们认为，我国的工业化总体上处于中期阶段，但已出现向后期阶段过渡的明显特征，2020 年左右基本实现工业化。理论上并不存在工业化"中后期"的阶段划分，所谓"中后期"是指由工业化的中期向后期过渡。

工业化发展阶段的变化，意味着经济发展的驱动因素将发生改变，工业化中期阶段的经济增长主要依靠资本投入，而后期阶段就转变到主要依靠技术进

表 8-2　工业化不同阶段的主要内容、驱动因素、主要产业等特征

	主要内容	驱动因素	主导产业	贡献来源顺序变更	增长理论
工业化前期	对自然资源的开发	自然资源大量投入	农业	劳动力、自然资源	"马尔萨斯陷阱"
工业化初期	机器工业开始代替手工劳动	劳动力大量投入	纺织工业	劳动力、资本、规模经济	古典增长理论
工业化中期	中间产品增加和生产迂回程度提高	资本积累	重化工业	资本、规模经济、技术进步、劳动力	哈罗德·多马增长理论
工业化后期	生产的效率提高	技术进步	加工组装工业	技术进步、资本、规模经济、劳动力	索洛的新古典外生增长理论
后工业化时期	学习和创新	新的知识	高新技术产业和服务业	知识进步、人力资本、技术进步	罗默和卢卡斯的内生新增长理论

步上来。换句话说，源自经济系统的、依靠技术进步驱动经济发展的内生倒逼机制正在形成过程中。

改革开放以来，我国的投资率始终保持在 30% 以上，大大超过了 GDP 的增速。随着投资率的上升，宏观投资效率却在下降。20 世纪 90 年代中期以后出现持续上升的趋势，1995 年是 1.59，2000 年、2005 年和 2010 年分别是 3.45、3.54 和 4.84。1995 年只要增加 1.59 元的资本就能增加 1 元的 GDP 产出，到了 2010 年同样增加一元的 GDP 产出，就必须增加 4.84 元的资本。通过国际比较可发现，我国目前的实际 ICOR（增量资本产出率（Incremental-Capital—Output Ratio，ICOR）＝当年投资量（I）／生产总值增加量（ΔY），即年度投资与当年增量产出之比，已经接近东亚金融危机爆发前的泰国、马来西亚等国的水平，投资率的上升和投资效率的下降会蕴涵着较大的金融风险，应该及早采取宏观调控措施。

5. 传统的低成本竞争优势逐步削弱，亟待形成新的竞争优势

我国刘易斯拐点发生在 2004 年，表现为普通劳动者短缺、工资上涨。劳动成本上涨与劳动生产率的提高应该相匹配，但中国现在前者远快于后者。人口红利拐点发生在 2013 年，表现在人口抚养比降到最低点。换句话说，从

2013 年开始，干活挣钱的人相对需要供养的人变少。日本的刘易斯拐点出现在 1960 年，人口红利消失点在 1990 年，两者相差 30 年；韩国的刘易斯拐点在 1972 年，人口红利拐点在 2012 年，相差 40 年。中国两个拐点相距只有 9 年，这对经济发展造成的压力非常大，我们经济发展长期依靠的劳动力优势将逐步削弱。面对这一形势，我们要靠提高工业增加值率来应对，形成新的竞争优势。

6. 以第三次工业革命内容促进中国下一步的工业化

中国工业化未来还有后期或者中后期过程，这个过程也是需要高投入与技术进步，同时中国工业化、城市化的非平衡发展特点使未来工业化具有加入第三次工业革命内容的较大空间，中国可以在未来的工业化、城市化过程中加大第三次工业革命内容的嫁接，同时也是一个规模化推动中国第三次工业革命的前期示范与探索。可以系统的在未来 10 年或者 10 年～20 年进行这方面的工作。

三、绿色能源经济转型需要体制机制改革

随着全球对环境变化的重视，绿色经济、低碳发展已经成为各国转变发展方式的出路。绿色经济的几重含义。第一个含义是指绿色产业，包括提供绿色产品、装备、技术和服务的产业。第二是指生产过程的绿色清洁化，即在生产过程中减少能耗、物耗和污染物的排放。第三是指绿色的流通，包括绿色物流等。第四是指绿色消费，是一种可持续的消费模式。金融危机之后，把经济复苏和绿色经济发展结合起来成为全球发展的主题。绿色低碳也成为主要经济体实现绿色转型的重要途径。2009 年底，联合国倡导要实现绿色复苏，进而实现绿色增长。在这期间，有关国际机构也对各国经济刺激计划中绿色投入的比例做了统计。按照联合国环境规划署（UNEP）的统计，在我国的 4 万亿投资中，绿色投资占到 37.8%，仅次于韩国，居于世界第二。按 UNEP 的统计标准，我国目前的绿色产业产值占全国 GDP 总量的 10% 左右。绿色产业主要包括新能源、节能环保产业、公共交通、生态恢复、建筑节能等。在我国，有些产业的发展速度很快，比如新能源和可再生能源。近年来我国的风电装机年均增速超过 100%，累积量全球第一。再比如太阳能，全球是 10 兆瓦，中国是 4 兆瓦。其次是在交通上投资，在 UNEP 的统计中，铁路的建设也算是绿色投

资的一部分。在我国，37.8% 的绿色投资很大一部分是在铁路上。据统计，我国时速 250 公里以上的铁路有 7000 多公里，居全球第一。此外，节能环保产业的发展也很迅速。截至 2008 年底，我国节能环保产业产值 1 万 5 千亿元左右，年均发展速度超过 20%，势头很猛。

绿色经济这个概念提出得比较早，一开始主要是针对农业来提的，比如上世纪 60 年代南亚、拉美等地区应用农业生物技术实现粮食大量增产的"绿色革命"。随后罗马俱乐部在第一次石油危机前提出"增长的极限"，1992 年的联合国环发大会提出了可持续发展的概念，不断地拓展绿色经济的内涵。因此绿色经济在今天的含义有两个层面，狭义和广义。所谓狭义绿色经济，主要指联合国环境署的定义，即相对于原来的污染物的降低、减排而形成的经济。按这个定义的话，绿色经济就不涵盖低碳的概念，因为低碳主要是针对温室气体的，温室气体特别是二氧化碳并不是污染物，它是气候问题、是环境问题，但不是有害气体，不能作为污染问题来对待。所以按照绿色经济的狭义定义来看，它和低碳经济是有区别的。而循环经济主要是从资源利用方式的角度提出的，就是对于资源的消耗、生产、消费，从原来单线式消耗方式变成一个可循环、反馈式的资源利用模式。绿色经济还有另外一个广义的定义，它既涵盖低碳经济，也涵盖了气候问题和温室气体问题。比如 2008 年底，联合国环境署向全球倡导实现绿色复苏，进而实现绿色增长，并定义了绿色投资的范畴，无疑是广义的绿色经济。我们国内对绿色低碳经济的理解，关键看"绿色"是指广义还是狭义，现在国内用的比较多的是广义绿色经济的概念。如果要强调减排或者资源循环利用方式，还会有"绿色低碳经济"和"绿色循环经济"这样的提法。

目前在对待气候变化的问题上，世界各国有着来自政治上和经济发展上的不同诉求，在许多重大事务上存在着分歧，主要可以归结为以下几个方面：一是共同愿景，全球共同应对气候变化目前需要展望到 2050 年，2050 年要控制到什么程度，各个国家有其自身利益考虑，因此在共同愿景上各国的提议也不同，比如欧盟提出"2 摄氏度"控制目标，联合国气候变化问题政府间协调工作小组 IGCC 提出的是控制二氧化碳排放浓度当量的概念，所谓当量就是把其他的温室气体也折成二氧化碳来考虑，控制在 450ppm，再如英国的著名气候问题学者斯登提出到 2050 年全球二氧化碳排放当量要控制在 200 亿吨，届时全球人口预计将达到 100 亿，人均 2 吨的概念。在《哥本哈根协议》中，实际上对共同愿景有了一个相对统一的认识，就是把气温上升控制在 2 摄氏度以内。

降低碳排放是未来发展一个重要任务，我国二氧化碳排放的高峰可能在 2030 年才出现，要实现到 2030 年 CO_2 排放总量出现拐点，更好的实现强度减排，以及向总量减排的跨越，在我国当前的经济社会发展中需要有五大支柱：第一个支柱是低碳的新型工业化，第二个支柱是低碳的可持续的城市化，第三是能源结构的改善和发展低碳能源，第四是低碳的消费模式，第五是碳汇和土地利用。这些构成中国当前和未来低碳发展的总的框架。在积极应对气候变化的框架下做好中国自己结构调整和绿色低碳转型发展的大文章，有利于中国的长远发展。同时低碳变革还带来产业投资新机遇，目前明确提出应对气候变化国家行动计划的已有 17 个经济体，既包括主要的发达国家，如欧盟、美国、日本，其中最积极的是欧盟；也包括主要的发展中国家，比如墨西哥就专门制定了国家低碳发展规划。全世界范围内对于低碳经济的一致共识将带来千载难逢的产业新机遇和新投资，并对世界经济发展和经济格局产生 5 方面的重大影响。"第一个影响，是将引发世界范围的产业结构调整和科技革命。比如我国目前提出的将要大力培育和发展战略性新兴产业，如新能源、电动汽车、节能环保产业等，都属于低碳经济的范畴。而美国新能源的概念则包括 3 层含义，既包括能源供应的新来源，也包括节能技术，还包括电动汽车，可谓异曲同工。事实上，发展低碳经济不仅可以催生新产业，还可以多创造就业，美国加州的案例就显示，在整个风电产业链中，包括建造、安装、运营所创造的就业机会比传统火电多 27%，比天然气发电多 60%。根据联合国环境署 2008 年对于绿色投资的界定，绿色投资在各国投资活动中占比最高的韩国达到 80%，中国占达到 37.8%，美国大约占 15% 左右。其中美国的绿色投资主要在能源相关领域，集中度非常高，去年已经达到 970 亿美元，总量上很大。而中国的绿色投资，由于联合国环境署把铁路、公路等公共交通设施投资计算在内，因此比重也较大。第二个影响是将改变贸易规则和贸易格局，特别是对于出口型国家包括中国在内，带来的压力是越来越大，在全球范围内，真正实行碳关税会有一个曲折过程；另一方面，今后以各种名义出现的以气候变化为借口的贸易壁垒会不断出现。第三个影响是可能改变公众的消费行为，最近很多发达国家在引入碳标识制度，它标识一种产品的碳含量，从而引导消费者购买低碳产品。第四个重大影响是全球碳市场的规模可能会远远超过原油市场。目前欧洲的碳交易市场规模最大、最为活跃，美国也提出要进一步壮大美国的碳交易市场，日本韩国也准备建立碳交易所。而"碳货币"、"碳银行"等市场创新更是不断涌现。而第五个影响则作用于资本市场和金融机构投资行为准则，比如实行强制性的上市公司碳信息披露制度，估计几年之内就会在一些国家出现，取代目前自愿性的信息披露制度。

绿色发展是一篇大文章，推动绿色经济发展是大趋势。需要着重解决三个问题。

1. 尽快推动低碳经济发展壮大

对于中国而言，今天的问题已经不再是是否需要低碳转型，而是转型速度能有多快、幅度有多大。低碳经济不仅是一条走出当前经济发展方式困境的有效途径，而且对保障中长期持续增长来说也是一个可行的办法。中国必须而且尽快通过多方面政策措施全方位推动低碳经济的发展壮大。

一是尽早启动发展低碳经济，将发展低碳经济纳入"十二五"规划，并将降低二氧化碳排放强度作为"十二五"规划的约束性指标。建议将单位GDP二氧化碳排放降低20%作为"十二五"规划的约束性指标之一。

二是改革能源价格形成机制，构建起反映市场供求关系、资源稀缺程度和环境损害成本的价格体系。要逐步实现竞争性能源领域的市场定价，自然垄断环节要根据明晰的规则进行监管；将能源开发、转化和使用过程中的外部成本和资源消耗状况完全反映在能源产品的价格；价格交叉补贴要逐步实现"暗补"向"明补"转变，并最终取消交叉补贴。

三是构建绿色税收体系，加大财政支出来支持低碳经济的发展。在资源的开发环节通过税费调整，将环境损害成本和资源价格反映到能源价格中。将排污费改为污染税，实现"污染者付费"；资源税由从量计征改为从价计征。在能源的消费环节，通过征收能源税增加能源使用成本来引导能源的消费行为和使用方式。研究开征碳税，为低碳技术创新和大规模应用提供稳定的价格信号。加大节能、可再生能源、低碳科技创新的财政支持力度。

四是充分利用市场机制，促进低碳经济发展。长期来看，中国应该建立一个碳交易系统，近期则可以通过实施自愿碳交易，从中获取并积累经验和能力，包括技术手段和管理经验。要充分利用目前的 CDM 机制，并逐步引入碳银行制度。

五是支持技术创新和应用，加强国际合作。要加强公共研发机构和试验平台建设；进一步完善鼓励技术创新的相关政策，实施自主化依托工程；资助和引导组建产业创新联盟；加快技术成果的产业化，成熟技术加快应用。

六是完善法律法规，加强法规和标准的执行。要完善能源生产和转换、节能、固体废弃物和农林业等领域有利于降低碳排放的法律法规；制订和完善能效标准；加强能效标准的执行，对于工业、建筑等项目，能效标准和固定资产投资项目的评估及审查相结合。

2. 发展绿色能源经济是核心

发展绿色经济，实现中国经济转型，发展绿色能源经济是关键。

绿色能源是大概念、大内容。绿色能源包括可再生能源、传统能源的的高效清洁改造、核电、以及包括循环内容的节能。

未来可再生的新能源发展在绿色能源发展要占有重要内容。

▲加快发展能源经济的绿色转型与升级

近段时间，国务院发展研究中心产业经济研究部在研究战略性新兴产业的发展，一个基本判断就是全球正在孕育新一轮的产业革命和科技革命。如果说其他的一些领域处在孕育当中，能源、新技术恐怕已经诞生，趋势愈加明显，这个趋势就是非化石能源对化石能源的替代作用。

能源经济需要转型，主要是两大驱动力的推动。其一是能源安全，其二是环境和气候变化。而金融危机加速了能源经济转型的进程，某种程度上说，转型在危机之前就已经出现了。能源经济发展需要转型和升级并存。所谓转型和升级并存就是顺应全球能源经济转型的大趋势，更快发展非化石能源、可再生能源、核能源。所谓升级就是化石能源部门技术升级问题。这样的背景下，用两句话来概括，就是新能源加先进能源技术的两条腿走路。

中国的转型是在能源需求仍然高增长的背景下进行的转型，这和国际上有很大的不同。国家能源局原主任张国宝说，中国一年新增的电力装机是英国电力总装机的 1.5 倍，在这样的背景下，中国的能源转型有它自己的特点。所谓自己的特点，就是化石能源如何转型升级，如何使这些高碳的传统化石能源部分低碳化。

传统能源要特别关注两个问题：洁净煤技术，非常规天然气的开发和利用技术。中国是世界上煤炭使用大国，煤炭使用量约全球的 40% 左右，发展煤炭清洁技术是中国绿色能源经济发展的重要内容。目前美国的页岩革命获得重大进展，中国也需要高度关注这个问题。

能源供应结构要优化，要调整，要降低煤炭的比例，要提高非化石能源的比例。主要是要加大太阳能、风电、核电的发展。

此外，要加快建设新型的能源交易市场。

▲ 加快太阳能与风电发展

加快太阳能与风电发展是中国能源经济转型的战略任务，在日本核事故的背景下，这个任务尤为突出。

近两年，风电和太阳能发电技术进步加快，成本下降超出预期，国内产业能力迎头赶上，具备了大规模应用的技术基础和产业基础。国际上，发达国家向可再生能源转型的态势已非常明确，日本核事故加快了转型步伐，我国在制定发展规划和进行产能调控时应考虑这些新的变化。

风电和太阳能发电技术日新月异，应用部署加快。

风电技术进步体现为风机的大型化和智能化。国际风电主流机型由 2000 年的 0.5～1 兆瓦提高到 1.5～2.5 兆瓦，5～6 兆瓦的风机已开始生产运行，10～20 兆瓦在部署研发，2010 年全球新增风电机组的平均功率达到 1665 千瓦。我国主流机型由 2005 年的 0.6～1 兆瓦提升到 1.5～2 兆瓦，3 兆瓦海上风电批量安装，5～6 兆瓦风电机组生产下线，新增风电机组的平均功率由 2005 年的 849 千瓦提升到 2010 年的 1467 千瓦。单机容量增大提高运行效率和部件性能的同时，新的电机驱动技术、智能控制技术、电网接入技术和发电预报技术不断涌现，使得风电更为可靠，也更易于电网接入。与技术快速进步相伴的是大规模应用，风电已经成为主力新增电源，2010 年全球新增装机的 1/3 是来自风电。金融危机后，美国和欧洲加快了向可再生能源转型的步伐，其新增电力的一半以上来自风电。从电力供应的总量上看，2010 年风电占欧盟电力供应总量的 5.3%，其中德国 6.7%、西班牙 16%、丹麦 20.1% 的发电量来自于风电。

太阳能光伏发电转化效率明显提高，目前商业化晶体硅光伏电池的最高转化效率可达 20%。更为重要的是，多晶硅制备技术出现重大突破。国际上多晶硅的综合电耗由 2000 年的 240 千瓦时 / 千克下降到 120 千瓦时 / 千克，标杆企业韩国 OCI 的综合电耗已降至 100 千瓦时 / 千克。从国内来看，过去四年多晶硅制备平均综合电耗下降 50%，降至 160 千瓦时 / 千克左右，保利协鑫的综合电耗由 2008 年的 163 千瓦时 / 千克下降到 100 千瓦时 / 千克。从多晶硅到硅片、光伏电池、组件和系统生产全过程的能量消耗在 2 年～3 年内即可通过电池发电回收，对于使用寿命长达 25 年的光伏电池而言，净可再生能源系数高达 0.8～0.9，在可再生能源技术当中是较高的。另外，有毒副产品回收利用也取得突破，基本可以实现闭式循环。光伏电池生产高耗能高污染的状况已大大改善。光伏发电应用也在加速，2010 年全球新增光伏发电 1600 万千瓦，累计装机达到 3790 千瓦，过去 10 年年均增长 38.8%，国际能源署预测到 2050 年光伏发电将占电力总需求的 11%。

太阳能光热发电异军突起。太阳能光热发电虽然因占地面积大、有一定的应用局限性，但具有转换效率高、电网调节性强等优势，近年来得到很快发展。2010 年西班牙光热发电装机超过 50 万千瓦，计划在 2013 年达到 250 万千瓦，2020 年达到 1000 万千瓦。美国未来几年有 1026 万千瓦的太阳能光热建设计划，美国能源部的目标是 2015 年将光热发电的成本降至 10 美分 / 千瓦时，作为尖峰负荷具有竞争力；2020 年降至 5 美分 / 千瓦时，作为基本负荷具有竞争力。国际能源署预计 2050 年光热发电将占全球发电量的 11.7%。

风电和太阳能发电成本下降超出预期，平价上网的前景日渐清晰。

由于技术进步、规模经济以及竞争加剧，风电成本显著下降。2010 年单位容量（1 兆瓦）风电机组的全球平均合同价格为 98 万欧元，比 2009 年下降 7%，比 2007 年 121 万欧元的峰值价格下降 19%。美国、瑞典等资源丰富地区的风力发电上网电价为 68 美元 / 兆瓦时（折合 0.44 元 / 千瓦时），与燃煤电厂 67 美元 / 兆瓦时（折合 0.43 元 / 千瓦时）的发电成本已非常接近。从国内来看，过去五年风电机组价格每年下降 10%，累计下降 40% 以上，风电机组的价格已降至 4000 元 / 千瓦以下。即使考虑到征地和塔架等基建成本的上升，风电装机的综合成本也下降了 10%。目前，资源较好地区的风电发电成本已低于 0.5 元 / 千瓦时，全国火电的平均上网电价已达 0.44 元 / 千瓦时，如果考虑到火电尚有 5～6 分 / 千瓦时的电价需要疏导，风电与火电的价格已经非常接近。

多晶硅制备和光伏发电的成本更是大幅下降。国际多晶硅价格在 2008 年

4月达到峰值时高达470美元/千克，之后持续下降，2009年下降到40~50美元/千克，目前由于需求旺盛价格又回到50~80美元/千克的波动区间。实际上，国际上先进厂商的生产成本已降至20~30美元/千克，国内企业平均成本降至40美元/千克左右，保利协鑫的成本由2009年一季度的50美元/千克下降到2010年四季度的22.9美元/千克，预计2012年可降至18美元/千克。按照目前的成本水平，在各个环节有适当利润的情况下，光伏发电成本可下降至0.9元/度，与2008年相比，下降了60%。业内专家普遍预计到2015年前后光伏发电相比火电有竞争力。

我国的风电和太阳能光伏产业发展进入世界前列，具备大规模应用的产业基础。

从产业规模上看，2010年我国风机产能近4000万千瓦，新增装机1893万千瓦，累计装机4473万千瓦，三项指标均为世界第一。我国光伏电池产量为800万千瓦，更是占据世界半壁江山。

从产业链的完整程度看，近两年也取得长足的进步。在风电领域，叶片、齿轮箱、发电机和控制系统等关键零部件实现了国产化，产品质量也有所提高，一个集原材料、零部件、整机和服务业的完整产业体系已初步形成。在光伏发电领域，原材料受制于人的局面得到改观，2010年多晶硅产量超过3.5万吨，进口比例降至50%，随着新建产能不断释放，预计于2012年多晶硅将实现供求平衡。

从技术能力上讲，已具备一定的自主创新能力。风电实现了大功率风电机组从引进消化、联合设计到自主设计的转化，兆瓦级风电机组的出口标志着我国风电设计制造能力达到了国际先进水平，在大型海上风电、直驱式全功率变流技术等新一代风电技术研发上也紧跟世界前沿。光伏发电领域，我国的企业在光伏电池和组件生产以及多晶硅制备和废物回收利用上有一些独特的技术。

更为重要的是，风电和太阳能发电产业拥有一批具有相当规模的优秀企业。这些企业极有可能像当年的华为、中兴公司一样，带领中国的可再生能源产业成长为继通信业之后又一个与世界同步并有一定领导力的优势产业。

发达国家向可再生能源转型态势已非常明确，日本核电事故加快了转型步伐。

目前，我国光伏电池产量90%要出口，外部需求的稳定性是行业普遍担心的问题。从短期的需求来看，特别受政策的影响，国际可再生能源市场可能有波动。比如，受德国、意大利和捷克光伏发电补贴政策调整的影响，在过去几年高速增长之后，欧洲市场将会趋于平稳增长，今明两年将是光伏市场的低潮，每年的新增装机将在 2000 万千瓦左右，预计到 2012 年后，随着美国、中国、中东和印度新兴市场的启动，世界光伏市场进入新的增长周期。

从长期的角度来看，美国、欧洲等发达国家的消费模式和能源消耗水平基本已被锁定，要实现温室气体减排，必须依靠可再生能源以及水电和核电等非化石能源的发展。在 1999 年～2009 年的 10 年中，欧盟能源消费结构发生了重大变化，可再生能源在能源消费总量中所占比重由 1999 年的 5% 上升到 9%，几乎翻了一番，欧洲议会在 2009 年明确提出 2020 年可再生能源比例将达到 20%。美国在联邦政府层面提出了 2025 年清洁能源比例达到 25% 的预期目标，多个州政府提出了更为激进和约束力更强的可再生能源发展目标。

日本核事故加快了发达国家向可再生能源转型的步伐。日本已经放弃将核电比例由 30% 提高到 50% 的能源战略，转向加快发展风电和太阳能发电。德国和瑞士明确停止发展核电，并很可能引起其他国家的连锁反应，英国制定了雄心勃勃的海上风电发展计划，2020 年海上风电将达到 2000 万千瓦，占电力总需求的 19%。

目前不仅光伏电池大量出口，风电大规模出口的苗头也开始显现。尽管 2010 年只有 13 台共计 15.5 兆瓦的风机出口，但我国的风电技术与国际先进技术差距较小，并且有 30% 左右的成本优势，在国内风机制造供过于求、而国际风电迎来新的发展契机的情况下，出口是大势所趋。相关部门应该注意国际可再生能源发展的大趋势，做好政策支持，特别是在进行产能调控时，要注意到外部市场的变化和中国竞争力提升带来的总需求上升。

3. 加强能源市场市场建设，适应新形势发展

整个能源的市场体系建设当中，几大市场体系建设非常关键。

一是电力市场。实际上，电力体制改革自 2003 年提出来，7 年的时间，我们电力市场体系应该说还没有完全建立，当然，在改革的初期我们碰到了全国性的电力短缺，使得改革不得不放缓。而"十二五"期间，我认为这个供求关系已经发生了重大变化，这几年间积累起来的矛盾，比如煤电价格之争的矛盾，恐怕不是水多加面，面多加水就能解决的。我认为，加速深化电力体制改革，构建现代电力市场，已经提到了议事日程上。

二是煤炭市场。当我们很多电企面临着煤炭涨价之苦，我们每年的煤炭交易大会，原来年年搞，年年有问题，后来不做了，发现又有问题，不得不恢复起来，去年又重新恢复起来了。其实，这些现象的背后是煤炭交易市场体系的缺失。中国的煤炭靠什么交易？双边长期协议、现货还是用部分期货补充？这样一种交易体系如何来建？我认为需要进一步探讨、研究。

三是石油市场。我们石油的消费量越来越大，全球石油增量中中国能占到百分之三四十，但是在全球石油定价权上，我们没有任何的话语权。这里面反映的问题，我认为同样是市场体系的问题。当然，在石油市场体系现货、期货的讨论当中有不同的观点，比如说全球有影响力的主要在生产，实际上我们看好像不完全是在生产。天然气市场，应该这样说，全球的天然气市场跟石油市场完全不同，以双边照付协议为主要形式，但是天然气市场同样有一个市场交易的问题，特别是随着非管道气 RNG 的发展，市场交易的需求越来越大。

实现绿色经济转型与发展除了上述问题外，还需要强化其它产业的协同绿色发展问题，以及解决发展过程中的创新性问题。这两个问题作为专题后面讨论。

四、推动战略新兴产业发展

1. 什么是战略新兴产业？为什么要发展战略新兴产业？产业发展规律如何培养？

发展战略新兴产业首先是应对未来的挑战，破解资源环境的制约，进而增强可持续发展能力。其次全面提升经济与社会的竞争力，推动经济与社会的发展。再其次就是应对全球经济危机，推动经济复苏，抢占新一轮经济制高点的重点。发展战略新兴产业可以说是发展绿色经济的根本需求。对中国而言，正如温家宝总理所说："战略性新兴产业决定国家经济社会的未来"。

目前全球正酝酿着新一轮产业结构调整，孕育新一轮产业革命和科技革命。美国出台了一个制造业复兴的政策框架，提出了六大新兴产业，包括我们现在所确定的新兴产业；日本在 2010 年对外宣布了 2020 新增长战略，提出了三个重点发展的领域，其中之一是健康产业；欧盟在 2009 年底出台了 2020 智慧可持续协调增长的战略，提出了几大新兴产业的发展。

战略性新兴产业是"新技术"和"新产业"的深度融合。"战略性"和"新兴"是关键。

"战略性"主要体现在三个方面：一是能显著地提升我国的自主创新能力；二是能显著增强我国可持续发展能力；三是能让我国更深入地参与国际竞争，谋求在新一轮全球性产业结构调整和科技革命中占据一席之地。温家宝总理说过："战略性新兴产业决定国家经济社会的未来"。

新兴产业需要重视三个创新，技术性创新、商业模式创新以及体制和机制的创新。战略性新兴产业的发展要有新的思路、新的方式系统推进。

2. 战略性新兴产业的战略意义和发展重点

全球瞄准新能源、生物产业和新一代网络信息技术三个领域进行主要的创新——新能源产业在美国的定义比较宽泛，广义新能源也包括新能源汽车；生物产业很多年前就被发达国家作为一个对经济社会影响力可能大于 IT 产业的战略性产业来发展，尽管现在生物技术产业还没有像当初预期的那样体现出战略性效果，但有专家预言，到了 2025 年，全球经济将进入生物经济的时代；还有新一代互联网产业，或者称为"新一代信息技术产业"，IBM 提出的"智慧地球"、物联网、云计算等都属于这种新产业。另外，一些与气候变化相关的产业也获得了高速增长，全球向低碳经济转移也成为了大趋势。

在这样一个背景下，中国最大的问题就是要转变经济发展的方式——已经到了非转不可的时刻了。国家制定"十二五规划"，主基调就是加快经济发展方式的转变。之所以说是"必须要取得实质性进展"的时候了，主要是两个"倒逼机制"导致的：一是我国传统产业的比较优势在经济危机中显著削弱，亟待形成新的优势。二是发展中出现的资源环境的压力、气候变化的压力。这两个"倒逼"决定了我国必须转变旧的发展方式。

在国家规划中，将重点提到的战略性新兴产业有"4 个方面、7 个产业、22 个重点领域"。

3. 战略性新兴产业的特点和其发展规划

一是技术创新活跃。

战略性新兴产业是一个高增长产业，完全不同于房地产或者传统汽车产业，它最重要的特点就是创新的活跃。目前围绕新兴产业，全球都处于一个创新的高度活跃期，但从另外一个角度来看，创新活跃也意味着技术的不成熟，包含有大量的技术风险。一种新的技术出现，往往对前面出现不久的另一些技术来说是颠覆式的，按照熊彼特的创新理论来说，是"破坏式创新"。新技术的出现是一轮一轮的，而且往往可以完全替代前一种技术。应该思考的是，旧技术的投资成本该由谁来买单？就多晶硅制备这个产业来说，我国90%的企业产品用于出口，中国在为全球承担巨大的技术风险。在这样的背景下，政府要抓什么？是抓大项目引进、快速产业化，还是真正去谋划自主创新能力的把握？战略性新兴产业的规划要完全不同于传统产业的思路。如果不提高我国的自主创新能力，而是简单地以投资规模关注项目，将会面临巨大的风险。

二是产业组织方式呈现新特点。

一方面，一个新产业往往伴随着大量新兴企业的出现。在撰写规划时，要注意保护新产业和新兴企业的发展。当年谷歌从创立到成为全球500强仅仅用了7年时间。另一方面是产业价值链发生重大变化，比如新能源汽车产业——传统汽车产业的发动机、变速箱等是核心零部件，而新能源汽车的核心零部件则变成了电池、电机、电控等，掌握着这些核心技术的企业才站在价值链的高端。政府在政策和制度上更应该有利于创新型企业的发展。

三是市场需求的不确定性。

一方面，相当多的新兴产业是供给创造需求，而不是需求创造供给——有互联网才有互联网用户，有物联网才有物联网用户，这是一个非常大的特点。另一方面，战略性新兴产业的产品往往在发育期成本很高，价格也高，需要政府给予支持，如政府采购政策、补贴政策等。再者，消费环境以及基础设施也还不完善，存在着诸如新能源汽车的充电设施、物联网基础设施信息网络的升级等问题。

四是商业模式需要创新。

发展战略性新兴产业不仅仅需要技术创新，还涉及到商业模式的创新。物联网是新一轮世界范围内的信息化浪潮，以信息技术的生动应用为特征。要拉动物联网产业的发展，千万不能停留在以政府示范来拉动产业发展的层面上，而是要形成一种创新的商业模式，取得多方的共鸣，才能真正良性发展。电动汽车的充电模式等其他方面也都需要商业模式的创新。政府需要在政策层面上给企业以广阔的空间去发挥商业模式创新的想象力，进而使技术优势真正实现产业化。

五是战略性新兴产业的发展往往会对旧的机制体制带来比较大的冲击。

美国、欧盟等很多国家都面临着既有利益集团与现行体制机制上的障碍，而中国的矛盾更突显一点。7个战略性新兴产业的重点，几乎每一个方面都存在着体制机制漏洞，比如：新能源产业存在上网电价的问题、新能源汽车面临准入的问题、物联网面临着行业壁垒问题、生物制药面临着药品审批和医保问题等，以上例子仅仅是特殊情况的体制机制问题，还不包括一般性的体制机制问题，比如项目审批准入通用机制、价格形成机制如何适应战略性新兴产业发展等。

培育和发展战略性新兴产业的思路和指导思想，可以总结为16个字：立足国情、创新驱动、重点突破、引领发展。

立足国情，就是要面向中国经济社会的重大需求，而确立中国的战略性新兴产业的重点领域。创新驱动，指战略性新兴产业的最大特点是创新，发展的第一驱动要素就是知识和创新，发展方式和政策支持方式不能和传统产业等同化，否则将没有针对性。创新驱动除了技术创新之外，还有系统性创新，包括体制机制创新、产业组织模式创新、商业模式创新等一系列创新，包含着政府在政策上、管理方式上、政策着力点上、组织方式上的一系列创新。引领发展，要更加关注产业的长期性和战略性——至少要10年左右才能见分晓。一个产业在5年之内，很有可能还看不出有多大的产业量和规模，它的战略意义更体现在后几年的发展上。全球在经济技术领域的竞争更多地体现在新兴产业的竞争上，要超前作出规划。在具体的政策上，应该下大力量解决自主创新问题。战略性新兴产业的发展必须要走自主创新的路子，当然不排除对外合作、国际合作。

第一，要鼓励组建若干个"产业创新联盟"。七大战略性新兴产业的特点是多学科融合，很难说某一个产业是在孤军奋战，中国企业自身的能力规模跟国外相比偏小，更要走"组织化"路线——建立"创新联盟"。国际上大的产业创新基本上都出自联盟之手，比如新能源汽车产业，美国总统奥巴马上任之后几天，就立刻宣布了美国新的电动汽车联盟成立。日本也成立了一个类似的电动车联盟，通过联盟的方式实现产学研用的紧密结合。要建立有效的风险分担机制和利益共享机制，注意避免联盟的"名存实亡"问题。

第二，国家创新体系建设和区域创新体系要紧密结合。对地方来讲，就是"怎么建立区域创新体系"的问题。从中央政府角度考虑，希望不同产业在地方上建立若干个国家创新基地，进而形成国家创新体系。借助战略性新兴产业发展的新机遇，希望在国家创新体系和区域创新体系的联动上能够取得成效。

第三，供给侧的创新基地政策和需求侧的创新基地政策要结合。供给侧是指原来鼓励大企业发展，政府会给企业提供资金，支持研发、支持产业化。这时，需求侧往往是薄弱的，比如新能源汽车产品，我国通过政府采购或者购置补贴来促进消费。一些技术成果甚至是由政府花钱购买的方式在需求侧激励创新。需求侧激励创新，能避免"有心栽花花不发，无心插柳柳成荫"的状况。有很多新技术都不是国家支持的项目，但民间高技术企业却自己发展起来了，政府应当采取购买的方式、事后支持的方式，从需求侧激励发展。当然，现在还要通过财政政策建立一些战略性新兴产业的专项。

第四，各地非常重视战略性新兴产业的发展，总体积极性值得维护。但从中央的考虑来看，各区域间应该有一定的分工和协作。政府的职能就在于管住投资。政府投资要慎重，要形成区域和区域之间的互动关系，这是非常重要的。

4. 从第三次工业革命的角度考虑战略性新兴产业发展

这一轮新技术革命和产业革命归纳起来有三个主要特点。

第一，新兴技术的群体涌现，协同融合。信息技术对其他产业和新兴技术的促进作用非常明显，有很强的催化作用。生物技术也是如此，生物能源与新能源之间还产生了耦合效应。

第二，新兴经济体积极参与到新技术革命中。在金融危机之后，世界多个国家都相续出台了类同于我国战略性新兴产业发展计划，各国对新兴技术的选择日益趋同，基本上都把新能源、生物技术和信息技术作为本国或本地区今后发展的重点。大家普遍认为，在这些领域可能存在一些新的发展机遇。到了产业化突破的临界点。加上政府采取适当措施支持可以形成一个新的增长点，进而带动经济新一轮高增长。新兴经济体则试图通过重点突破的战略来发挥自身的比较优势，集中力量在一些重点领域实现突破。比如，巴西利用自己独天得厚的资源优势主要在生物能源领域展开突破。

第三，应对共同挑战。各国需要共同应对的挑战主要集中在资源、能源、环境和气候变化等方面。对于新能源汽车和节能环保等产业发展，驱动力主要来自两个方面，一个是能源安全，第二是环境与气候变化。而且这两大驱动力也是全球共同应对挑战的问题。在这个过程中，竞争和合作是必然的。既有竞争一面，各个国家试图抢占新一轮产业发展制高点，另外必须走合作道路，共同采取行动才能应对全球面对的挑战。

对于第三次工业革命的这种发展，作为世界第二大经济体的中国也不能置身事外，我国政府也非常重视在这次工业革命抢得先机。

此外，我国在发展战略性新兴产业方面应该突出重点，充分抓住未来的发展方向进行产业的重点培养。

当然，我们也需要必要的冷静，对"第三次产业革命"我们还需要必要的冷静观察与等待。

第九章　气候变化约束条件下的能源发展路径

姜克隽

作者系国家发改委能源所学术委员会副主任，气候与能源问题的国家级专家。

作者认为，如何控制全球性的温室效应是全球 21 世纪各国的重要任务，完成这个任务需要科学的确定一个控制战略，这个战略的核心点就是如何确定未来我们可以容忍的最小温度上升幅度。确定这个幅度就确定了未来全球 CO_2 可以排放的总量。由于各种能源使用时的 CO_2 排放量不同，同样的 CO_2 排放量可以确定不同的能源使用模式、路径、总量的组合。这种不同的组合就可以形成不同的国家以及地区的能源发展战略与策略，同时也极大程度决定一个国家以及地区的产业政策、发展模式。同时也可以确定一个国家在全球气候控制框架下的国际关系。科学的研究气候变化约束条件下的能源发展路径是一个具有国家意义重大战略问题。

本章主要阐述以下问题：

■ 全球情景和排放分担

■ 全球升温控制在 2℃ 以内目标下中国能源和排放情景

■ 如何应对不可逆转的能源消费

■ 中国 2050 年低碳情景和低碳发展之路

■ 中国未来社会经济发展展望

■ 中国未来能源与排放情景

背 景

2009 年在意大利 G8 峰会上提出的在本世纪内将升温控制在 2℃以内的目标被写入《哥本哈根协议》，但另外一个指标，2050 年全球温室气体排放相比 1990 年减半，未纳入该协议。虽然 2℃目标与 2050 全球排放减半的目标密切相关，但最终需要确定发达国家与发展中国家如何进行责任分担，由此产生要求附件一国家 2050 年将实现 80% 的减排目标，使得这两个数字并未同时放入协议文本。值得注意的是，温升控制在 2℃之内只是一个全球平均目标，在此水平上一些非洲国家的温升有可能达到 3.5℃，可以预期将给非洲大陆带来大面积灾害。哥本哈根会议上，非洲国家和小岛国呼吁全球温升目标控制在 1.5℃，希望缓解气候变化对本地区的影响。尽管协议指出将在 2015 年前对 1.5℃进行评估，但文本绝大部分内容还是压倒性地突出了 2℃目标，这也是许多非洲国家和小岛国拒绝接受哥本哈根协议的根本原因。基于 2℃目标的协议不仅在国家间，也在支持不同温升指标的环境集团之间制造了鸿沟。由于缺乏基于 1.5℃目标进行的排放情景分析，这里选用 2℃目标进行分析。文献中常用的目标是稳定大气中的 CO_2 浓度，若研究的温室气体不止一种，可采取 CO_2 当量浓度或辐射强迫的形式，根据不同气体的辐射特性权衡其浓度。另一种方法是以稳定全球平均温度为目标。辐射强度指标优于温度指标之处于计算时无需考虑气候敏感度，缺点在于统一辐射强迫水平可能对应着较大范围的温度冲击，而温度指标则与气候变化影响更直接相关。2010 年的坎昆气候变化大会和 2011 年的德班气候变化大会再次确认了全球 2℃的气候变化控制目标，国际推动减排的合作已经在不断推进中，而且进程将越来越快。但是未来如何实现全球升温控制在 2℃的目标是目前各国研究机构需要答复的问题，也是 IPCC 第五次评估报告的重点。近期全球几个研究项目已经着重利用模型分析全球 2℃目标排放途径。本文主要分析中国在全球框架下实现 2℃目标的排放情景的主要因素。

一、全球情景和排放分担

现有研究表明，2100 年 CO_2 当量浓度（辐射强迫）与 CO_2 浓度之间存在着很强的相关性，因为 CO_2 是辐射强迫的最重要影响因素。正是基于这个原因，在进行未来气候变化减缓目标设置时，一般采用控制未来的温度上升。

IPCC 报告中主要讨论到 2100 年的升温目标，目前大家所讨论的减排基本上是在 IPCC 报告中给出的升温目标下确定的。如果目前可以以 2100 年控制在 2℃升温为目标，从 2℃升温到辐射强迫，再到浓度，再到排放，每一步都会存在不确定性，这就会导致最终确定排放途径的范围比较大。不同的模型组在同样实现 2100 年 2℃升温控制目标的情况下，给出的到 2100 年的排放途径会多种多样。目前欧盟提出的到 2050 年全球减排目标，实现 2100 年 2℃升温目标的可能性仅有 50%。在实现同样减排目标的情况下，欧洲研究人员和美国研究人员给出未来排放途径的区别，欧洲的研究结果是全球减排峰值较早，而美国的研究则是实现峰值较晚，但之后大规模下降，2050 年之后低于欧洲研究的结果。这些研究说明实现未来减排的途径可以有多个。在本研究中如果要分析未来全球减排目标，同样需要有一个全球减排情景。这里我们就利用能源研究所的 IPAC 模型中的气候模型，即 NCAR 的简单气候模型 MAGGIC 来得到实现未来升温目标的全球排放途径。我们得出了结果。该结果设置的目标为 2100 年浓度控制在 450PPMe。输入的温室气体排放利用了 IPAC-Emission 全球模型的多种温室气体排放途径。为模拟各个国家或地区的未来排放空间，应采取责任分担的形式。关于责任分担的一些主流观点包括：

（1）人均排放趋同指每年人均 CO_2 或者温室气体排放在某一目标年趋同，以在排放上体现人权。一般常用 2020 年、2070 年，以及 2100 年作为人均排放趋同的目标年份。各个研究组有所区别。同时在达到最终人均排放趋同年份之前，各国和地区的排放途径也很重要，需要在分析人均排放趋同时进行分析。

（2）人均累积排放认为在目标年（如 2050 年、2075 年）人均累计排放应趋同，在起始年上则可以选取 1850 年、1900 年。

（3）混合方式综合考虑支付能力、人均排放和减排潜力，以得到能被大多数人接受的分担方式。根据全球减排情景，以及世界银行的人口预测，我们对人均排放趋同进行了分析。

在进行人均分配时，有几个主要的假定，这些假定的不同导致不同的分配。这些假定包括：

（1）人均一致的时间：2050 年，2075 年。

（2）中间时间段优先发达国家减排，发展中国家偏离基准线。

（3）可以允许某一些时间发展中国家超过一些发达国家的人均排放。图 9-1 给出了按照人均趋同进行分担分析的结果。发达国家必须尽早深度减排，以便为发展中国家提供排放空间。在我们的研究中，仍假设其他发展中国家在可持续发展下，通过国际合作做出减排的努力。根据上述责任分担的机理，表 9-1 给出各国和地区 2020 年相比 1990 年的减排幅度。利用 IPAC 模型组全球排放情景的研究，同时也考虑了技术进步的因素。

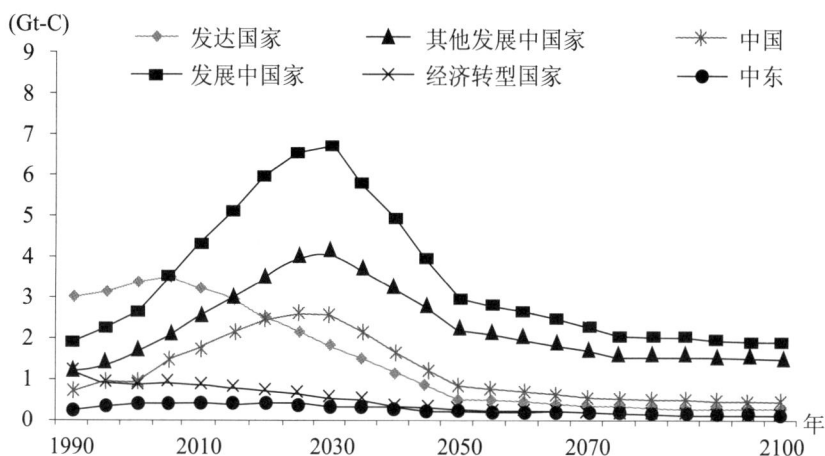

图 9-1　IPAC 模型人均趋势同分配方案

表 9-1　部分国家和地区 2020 年与 1990 年相比的减排幅度

单位：%

	2020		2020
美国	16.63	中国	−228.99
加拿大	15.48	印度	−323.13
英国	33.72	印尼	−353.87
德国	32.20	中东	−75.25
法国	27.80	其他亚洲国家	−195.98
其他欧盟国家	23.87	亚洲（中东除外）	−206.76
欧盟 25 国	27.74	巴西	−138.92
俄罗斯	43.75	墨西哥	−88.99
其他东欧国家	47.63	其他南美国家	−121.91

续表

	2020		2020
经济转型国家	45.80	中南美	−115.33
澳大利亚	13.57	南非	−97.34
其他在大洋洲国家	−18.72	其他非洲国家	−165.47
大洋洲	10.48	非洲	−151.89
日本	18.46	全球	−50.45
韩国	−93.94		

注：正数为减排，负数为增排。

二、全球升温控制在 2℃以内目标下中国能源和排放情景

由图 9-1 可知，中国能源活动 CO_2 排放将在 2025 年左右达到峰值，约为 85.6 亿吨 CO_2。但是这样的分析是在要求发达国家到 2020 年与 1990 年相比二氧化碳减排达到 30%～35% 左右，以及其他发展中国家也进行强有力的减排行动情况下得到的。这个前提的可能性存在，但似乎也很困难。就是说，如果要实现全球 2℃升温的控制目标，中国有可能要在 2025 年之前达到峰值。以上分析，主要是考虑了要给中国减排留出空间，但这种空间看起来也很有限。此结论比 IPAC 强化低碳情景更为严峻。基于对 GDP 的不同假设，2005 年～2020 年碳强度的降幅为 49%～59%。依据 IPAC 模型的研究，在 2025 年之前达到 CO_2 排放峰值是有其可行性的。为了进行这样的分析，我们利用 IPAC-AIM/ 技术模型，在已有的强化低碳情景下，进行进一步的可再生能源利用、CCS、节能等因素，看是不是可以做到在强化低碳情景下，2025 年之前达到 CO_2 排放峰值（见图 9-2）。主要因素分析如下。

从政策环境上，我国发展低碳经济已经有了很好的社会环境和政策导向。我国政府提出到 2020 年单位 GDP 二氧化碳排放比 2005 年下降 40%～45% 的目标。实现这样的目标，一方面需要在今后两个五年计划内继续推行现有节能、可再生能源和核电政策，努力推进低碳发展，提倡低碳交通和生活方式；另一方面，可以通过技术、碳金融、碳市场等国际合作，获得更多的外部支持。近两年可再生能源技术的快速发展，为实现 2℃情景提供了强有力的支持。到 2011 年，风机成本下降到了 3200 元～3500 元 / 千瓦，光伏发电装机

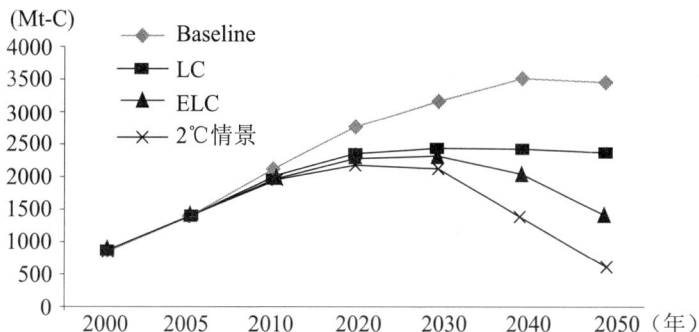

图 9-2　中国能源活动 CO_2 排放情景

成本下降到了 16000 元 / 千瓦。使得在沿海地区一些风力发电成本已经可以和燃煤发电相竞争，在终端用户侧，一些光伏发电成本也已经具有成本竞争性。我国 2020 年可再生能源发展的目标不断提高，如从 2006 年计划 2020 年风电装机 3000 万千瓦，到 2008 年 8000 万千瓦，2010 年 1.5 亿千瓦，而目前，在讨论 2 亿千瓦以上的目标。根据目前风力发电的发展格局，尽管目前在风电入网遇到了一些困难，但根据工程院相关研究的结论，这些困难随着电网建设和纳入风电的规划进一步完善，会较快得到解决。因此到 2020 年，甚至有可能发展到 2.5 亿到 3 亿千瓦的装机。对于光伏发电来说也是同样。近期 2020 年光伏发电的目标已经提高到了 2000 万千瓦，相关专家在讨论 5000 万千瓦的目标。做得好的话，有可能超出其目标。因此在 2 度情景中，进一步提高了 2050 年可再生能源的利用目标。模型考虑未来可再生能源和化石燃料发电技术的成本下降的学习曲线效应，到 2020 年之前，随着化石能源成本不断上升，以及对环境成本的内部化，可再生能源已经全面对化石能源发电具有成本竞争性。这样在模型中，到 2050 年，风力发电装机达到 8.6 亿千瓦，光伏发电达到 10.4 亿千瓦。同时模型中还进一步加大了太阳能热水、采暖的应用。同时模型也考虑了大量分布式可再生能源利用技术，如太阳能空调、光伏发电采暖等技术。模型中同时进一步考虑了 CCS 技术。由于非化石能源的进一步扩大，在 2 度情景中燃煤发电装机从强化低碳情景 2020 年的 7.6 亿千瓦和 2050 年 6.3 亿千瓦分别下降到 7.1 亿千瓦和 5.7 亿千瓦。在 2 度情景中，到 2050 年有 4.1 亿千瓦的煤电使用 CCS 技术，届时燃煤发电已经以 IGCC 为主。同时，低碳发展的建设，由于国家经济实力的快速发展而得以全面实现。到 2020 年，

2030 年和 2050 年我国 GDP 总量会从 2010 年 39.8 万亿元，上升到 130 万亿元、290 万亿元和 520 万亿元。由于技术成本的下降，即使按照现价计算也下降明显，因此未来可以用于低碳发展的投入可以远远大于目前国内主要模型研究机构的模型中对低碳投入的需求。充足的资金投入可以在低碳交通、建筑方面全面实现低碳发展的需求，实现更低的 CO_2 排放量。依据上面主要因素，利用 IPAC–AIM/ 技术模型，可以看出，如果政策明确，投资充足，我国实现 2 度情景的 CO_2 排放途径是可以的。但前提是要有很好的政策设计以及资金投入。

通过分析可以看出，实现 2100 年比 1850 年温度上升 2℃ 的目标，全球的 CO_2 排放量需要在 2020 年之前达到峰值。虽然有多种全球分担的方式，对于中国而言，要支持全球实现 2℃ 目标，我国的能源活动的 CO_2 排放需要最晚在 2025 年达到峰值，之后开始明显下降。近两年可再生能源技术的快速进步，为实现 2℃ 情景提供了强有力的支持。考虑可再生能源和化石燃料发电技术的成本下降的学习曲线效应，到 2020 年之前，随着化石能源成本不断上升，以及对环境外部性的内部化，可再生能源已经全面对化石能源发电具有成本竞争性。在模型中，到 2050 年，风力发电装机达到 8.6 亿千瓦，光伏发电达到 10.4 亿千瓦。同时模型中还进一步加大了太阳能热水、采暖的应用。另外模型也考虑了大量分布式可再生能源利用技术，如太阳能空调及光伏发电采暖等技术。模型中同时进一步考虑了 CCS 技术，使得 2050 年化石燃料发电低碳化。在 2 度情景中，到 2050 年有 4.1 亿千瓦的煤电使用 CCS 技术，届时中国能源活动 CO_2 排放情景已经以 IGCC 为主。随着国家经济实力的快速增长，低碳建设进一步加强。由于技术成本的下降，即使按照现价计算也下降明显，因此未来可以用于低碳发展的投入可以远远大于目前国内主要模型研究机构的模型中对低碳投入的需求。充足的资金投入可以在低碳交通、建筑方面全面实现低碳发展的需求，实现更低的 CO_2 排放量。利用 IPAC–AIM/ 技术模型，可以看出，如果政策明确，投资充足，我国实现 2℃ 情景的 CO_2 排放途径是可行的，但前提是要有很好的政策设计以及资金投入。

三、如何应对不可逆转的能源消费

近十年，我国化石燃料消费快速增长，导致我国大气质量和其他环境问题恶化，这对我国的可持续发展战略带来巨大的挑战。我国必须尽最大努力控制化石能源增长，采取有力措施减少对化石能源的需求，并清洁化利用化石能源，促进我国环境的改善。

"减排"不容有畏难情绪

控制化石能源的消费，主要途径有：调整经济结构，严控高耗能产品增长；大力促进节能，进一步在能源总量增长控制方面取的成效；全面鼓励可再生能源发展。我国近十年能源和电力增长的约 70% 用于工业以及高耗能工业，其中主要是化石能源。控制高耗能工业将会带来极其明显的控制化石能源增长的效果。我国经济结构调整在"十二五"期间会很明显，高耗能工业的产量增长速度将会低于 3%～4%，甚至在近期达到峰值后开始下降。目前，高耗能工业占据我国终端能源消费的 50% 左右，根据 2011 年底到 2012 年初的状况，2012 年一些高耗能产品、产量很可能会出现变化。但是需要控制的是投资冲动，投资惯性会仍然有可能推高高耗能产品、产量，特别是在目前国家鼓励西部开发的进程中。但是国家和地方，都需要充分认识产能过剩给国家和当地带来的危害和负担。我国的节能措施继续推进，现在要做的就是进一步完善"十二五"期间的各种经济调整政策、节能政策，坚决要把遏制能耗陕速上升作为一个重要的目标来做，促进环境质量全面改善，温室气体排放增速明显减缓，能源供应安全充分保障。

其实，我国可以做到实现更大强度的节能目标，同时明显改善我国的大气质量，控制温室气体排放增长。我国在"十二五"期间的节能目标可以再次实现 20%，同时可以将能耗控制在 40 亿吨标煤。但是不容忽视的是，在"十一五"节能取得很大成效的情况下，"十二五"开局之年，也出现了一些畏难睛绪，一些行业减排政策出台缓慢，甚至有些行业到目前还没有明确目标和政策，传递出一些错误的信号，使得行业的节能有所放松。目前的行业节能还是过于依赖全国目标，都在等待国家目标的出来后，再制定行业目标。

能源总量控制已成必然

"十二五"期间的能源目标也可以考虑引入其他方式，如能源总量控制方式。其实各地在制定目标的时候，都已经对于总量有了一个大的判断。从长期来讲，我国未来肯定会进行总量控制。"十二五"期间一些先进省市的能耗上升已经比较有限。城市要全面转向以服务业为主的经济结构体系，这样其能源消费的增长就相对比较明晰。国家能源局已经制定了能源规划，提出了能源总量控制目标。这个总量目标要尽快出台，越快越好，给出一个明确的信号，供各地实施。目前我国的能源增长已经不再是我国自己的事情，而是全球问题，需要我们充分关注。我国的二氧化碳排放需要在 2025 年之前达到峰值之后开始明显下降。这样，就要求我国的化石能能源总量控制已成必然，"十二五"期间的能源目标也可以考虑引入其他方式，如能源总量控制方式。其实各地在制定目标的时候，都已经对总量有了一个大的判断。从长期来讲，我国未来肯定会进行总量控制。"十二五"期间一些先进省市的能耗上升已经比较有限。城市要全面转向以服务业为主的经济结构体系，这样其能源消费的增长就相对比较明晰。

可再生能源抓大不放小

近两年，可再生能源有了快速的发展，在每年的投资和新增装机容量方面，中国已经成为世界的领头羊。我国可再生能源装备制造业也快速发展，使得风力发电和光伏发电的成本大幅度下降，为未来进一步大规模发展可再生能源打下良好基础。在风力资源比较好的地区，以及在东部缺煤省份，出现了风力发电成本已经可以和燃煤发电成本相竞争的状况。

我国 2020 年可再生能源的目标也因为近期的发展状况良好而不断修改，如风力发电从原来的 4000 万千瓦提高到 8000 万千瓦，进而到 1 亿千瓦，近期还在讨论 2 亿千瓦到 2.5 亿千瓦。光伏发电也从 200 万千瓦调整到 2000 万千瓦，目前看来 5000 万千瓦是可行的，甚至可以达 8000 万千瓦或者更多。目前遇到的入网难的问题不久随着电网更好的规划和智能电网的建设将会得到解决，国家电网作为大型国有企业，支持国家可持续能源发展，成为支撑我国超大规模发展可再生能源的骨干。在发展大规模可再生能源的基础上，也一定要关注小规模或者小型可再生能源利用的发展。

四、中国 2050 年低碳情景和低碳发展之路

低碳未来已经成为社会经济发展的一个重要方向。低碳经济是指社会经济体系的构建和发展能够实现低碳排放。低碳排放可以有不同的定义，目前讨论较多的是 450mg/L 和 550mg/L 浓度目标下的排放水平，最近也在讨论更低浓度目标下的排放水平，应在这种全球排放水平下实现本国或本区域的低碳排放。如伦敦的低碳经济或者低碳社会是指在 2020 年、2030 年实现大规

模减排，与 1990 年相比，减排率达到 50%～80%。发达国家需要在 2020 年与 1990 年相比有明显减排，减排率达到 25%～40%。到 2050 年，平均减排 80%～90%。对于发展中国家，时间段将会明显比较长，如中国的低碳情景，要在 2050 年争取实现与 2000 年的排放持平，与 2030 年排放高峰相比减排 50%～60%。其他发展中国家也类似。判别低碳经济的指标包括：温室气体排放量、实现低碳经济的投入、实现低碳经济的政策努力及公众参与度。这样可以较好地反映各个国家的努力程度。中国作为一个经济快速增长的国家，未来的能源需求和相应的温室气体排放将明显增加。中国要实现低碳情景，必须从现在就采取适合于低碳发展的政策。

五、中国未来社会经济发展展望

对经济增长的预测主要来自于对其他经济发展研究的回顾和分析，但进行到 2050 年的中长期经济增长分析的研究还很有限，目前较多的是讨论 2020 年以及 2030 年的经济增长。最近的一些对于经济发展的研究，由于近期中国经济的快速增长而显得更加乐观。这里选择较高的经济增长情景，在这种情景下，中长期的发展目标是实现国家经济发展的三步走目标，即到 2050 年中国经济达到目前发达国家水平。在这种模式下，由于国内外市场环境的变化，中国产业结构将面临调整、重组。加入 WTO 后，中国产业更加充分地国际化。未来十几年内，中国将成为国际制造业中心，出口成为拉动经济增长的重要因素。考虑到中国经济快速发展，2030 年之后，GDP 的主要支持因素则变为以内需增长为主，国际常规制造业的竞争力因劳动力成本的快速上升而下降。通过采取一系列行之有效的措施，经济结构不断改善，产业结构逐步升级，先进产业的国际竞争力日渐增强，使中国经济仍能在不断调整中以较为正常的速度发展，估计 2000 年～2050 年，中国经济将保持年均 6.4% 的增长速度。各时期中国经济增长率和部门结构见表 9-2、表 9-3。

表 9-2 2000～2050 年中国各部门 GDP 增长率 %

部门结构	2005～ 2010 年	2010～ 2020 年	2020～ 2030 年	2030～ 2040 年	2040～ 2050 年
GDP 增长率	9.67	8.38	7.11	4.98	3.60
第一产业	5.15	4.23	2.37	1.66	1.16

续表

部门结构	2005～2010 年	2010～2020 年	2020～2030 年	2030～2040 年	2040～2050 年
第二产业	10.32	8.27	6.39	3.80	2.46
第三产业	10.17	9.35	8.39	6.19	4.48

表 9-3　不同年份各部门 GDP 构成　%

部门结构	2005 年	2010 年	2020 年	2030 年	2040 年	2050 年
第一产业	12.4	10.1	6.8	4.3	3.1	2.5
第二产业	47.8	49.1	48.7	45.5	40.6	36.3
第三产业	39.8	40.8	44.5	50.2	56.3	61.2

　　人口情景主要考虑近期的几个主要规划和研究数据。政府继续对中国人口增长进行控制，农村人口生育状况也在不断改善，计划外生育有所减少，中国人口基本按照目前的构架向前发展。尔后，随着中国经济的不断发展和人们生育观念的逐步改变，外加人口高峰到来后面临负增长局面，政府有意识地放宽对人口增长的限制，间隔生育措施逐步实施，使中国的人口数基本维持在一个较低水平。这里主要采用了计生委的人口发展情景，并利用 IPAC- 人口模型进行分析。在这种情景下，2030 年～2040 年之间中国人口达到高峰，为 14.7 亿左右，2050 年下降到 14.6 亿。各个时期的人口情景见表 9-4。

表 9-4　2000 年～2050 年各中国人口情景

人口构架	2005 年	2010 年	2020 年	2030 年	2040 年	2050 年
总人口 / 百万人	1307	1360	1440	1470	1470	1460
城市华率，%	43	49	63	70	74	79
城市人口 / 百万人	562	666	907	1029	1088	1153
城市每户人口 / 人	2.96	2.88	2.80	2.75	2.70	2.65
城市户数 / 百万	190	231	324	374	403	435
农村人口 / 百万人	745	694	533	441	382	307
农村每户人口 / 人	4.08	3.80	3.50	3.40	3.20	3.00
农村户数 / 百万	183	183	152	130	119	102

六、中国未来能源与排放情景

依据模型组对 2050 年情景研究，根据与未来排放密切相关的几个主要因素设计了 3 个排放情景。第一个是不采取气候变化对策的情景（基准情景）。以各种可能的发展模式设计了一个情景，主要的驱动因素是经济发展。根据以往情景分析研究结论，基本反映目前所能回顾评述到的有关中国未来 50 年的经济发展途径。人口发展模式按国家人口规划，即在 2030 年～ 2040 年间达到人口高峰 14.7 亿。第二个情景是低碳情景（LC），考虑我国在国家能源安全、国内环境、低碳之路因素下，通过国家政策所能够实现的低碳排放情景。这个情景中主要考虑国内社会经济、环境发展需求，在强化技术进步，改变经济发展模式，改变消费方式，实现低能耗、低温室气体排放因素下，依据国内自身努力所能够实现的能源与排放情景。第三个是强化低碳情景（ELC），主要考虑在全球一致减缓气候变化的共同愿景下，中国可以进行的进一步贡献。

考虑在全球共同努力情况下，进一步强化技术进步，重大技术成本下降更快，发达国家的政策会逐渐扩展到发展中国家；2030 年之后中国经济规模已经是世界最大，可以进一步加大对低碳经济的投入，更好地利用低碳经济提供的机会促进经济发展；同时中国在一些领域的技术开发已居于世界领先地位，如清洁煤技术和二氧化碳捕获与封存技术（CCS），CCS 在中国得到大规模应用。情景分析利用前述 3 个模型，根据一些模型的详细参数设计，得到 2050 年中国的能源和 CO_2 排放情景。3 个情景的一次能源需求量见表 9-5 至表 9-7。2050 年基准情景一次能源需求量由 2005 年的 21.89×10^8 吨标准煤增加到 66.57×10^8 吨标准煤，其中煤炭占 44%，石油占 27.6%，天然气占 10%，核能发电占 9%，水力发电占 6%，风电、生物质能发电等新能源和可再生能源占 3.4%。2050 年低碳情景一次能源需求量由 2005 年的 21.89×10^8 吨标准煤增加到 52.50×10^8 吨标准煤，其中煤炭占 37.8%，石油占 19.5%，天然气占 14.2%，核能发电占 14.5%，水力发电占 8.0%，风电、生物质能发电等新能源和可再生能源占 6.0%。

强化低碳情景的 CO_2 排放量与低碳情景相比 2030 年之后开始有明显下降，

表 9-5　基准情景一次能源需求量　　　10^6 吨标准煤

年份	煤	油	天然气	水电	核电	风电/太阳能	生物技能发电	醇类汽油	生物柴油	合计
2000 年	944.4	278.1	30.4	85.3	6.4	0.4	1.0	0.0	0.0	1346.0
2005 年	1536.5	435.0	60.4	131.5	19.9	0.8	1.9	1.8	0.6	2188.6
2010 年	2423.6	627.7	109.3	216.9	27.6	6.6	15.8	9.7	0.6	3437.8
2020 年	2990.5	1096.4	270.5	294.4	90.2	20.2	30.2	21.5	3.1	4817.0
2030 年	2932.3	1586.9	460.3	358.0	181.2	53.7	43.8	33.4	7.9	5657.5
2040 年	3001.1	1710.2	532.4	379.5	379.5	84.0	70.8	36.1	8.5	6202.1
2050 年	2924.6	1835.5	668.0	396.9	595.4	102.5	86.3	38.9	9.2	6657.3

表 9-6　低碳情景一次能源需求量　　　10^6 吨标准煤

年份	煤	油	天然气	水电	核电	风电	太阳能	生物技能发电	醇类汽油	生物柴油	合计
2000 年	944.4	278.1	30.4	85.3	6.4	0.4	0.0	1.0	0.0	0.0	1346.0
2005 年	1536.5	435.2	60.4	131.5	19.9	0.8	0.0	1.9	1.8	0.6	2188.6
2010 年	2173.1	528.2	108.7	206.5	45.6	12.1	0.1	9.4	2.0	1.0	3086.7
2020 年	2194.8	842.8	349.1	374.7	136.2	51.1	0.7	32.4	8.3	5.8	3995.9
2030 年	2091.5	963.7	529.2	400.7	300.6	92.2	4.0	52.1	27.9	12.0	4473.9
2040 年	2062.8	1010.5	627.8	423.8	470.9	117.7	9.4	61.2	36.3	13.0	4833.4
2050 年	1984.4	1025.0	745.5	422.0	759.5	168.8	19.7	67.5	43.5	14.0	5250.0

表 9-7　强化低碳情景一次能源需求量　　　10^6 吨标准煤

年份	煤	油	天然气	水电	核电	风电	太阳能	生物技能发电	醇类汽油	生物柴油	合计
2000 年	944.4	278.1	30.4	85.3	6.4	0.4	0.0	1.0	0.0	0.0	1346.0
2005 年	1536.5	435.2	60.4	131.5	19.9	0.8	0.0	1.9	1.8	0.6	2188.6
2010 年	2083.3	532.3	107.0	180.0	39.7	17.5	0.2	8.2	2.0	1.0	2971.2
2020 年	2143.6	837.9	329.8	353.7	144.7	65.9	0.8	30.5	8.3	5.8	3921.0
2030 年	1903.2	943.4	490.9	394.7	300.7	156.0	4.7	48.9	20.1	12.0	4274.6
2040 年	1813.9	993.1	603.9	428.9	496.6	214.4	15.8	58.7	21.7	13.0	4660.0
2050 年	1714.7	1031.9	709.9	420.0	761.2	238.9	36.7	63.0	23.4	14.0	5013.7

表 9-8　化石燃料燃烧 CO_2 排放量　　　　　10^6 吨碳

年份	基准情景	低碳情景	强化低碳情景
2000 年	867.2	867.2	867.2
2005 年	1409.3	1409.3	1409.3
2010 年	2134	1943	1943
2020 年	2779	2262	2194
2030 年	3179	2345	2228
2040 年	3525	2398	2014
2050 年	3465	2406	1395

2050 年与低碳情景相比下降了 42%。与低碳情景相比，在进一步强化节能的基础上，一次能源需求量下降 4.5%，可再生能源发电、核电等发电量占总发电量的 58%，增加了 7%。同时燃煤电站在 2020 年之后大规模普及煤气化联合循环发电技术（IGCC），同时配备 CCS。钢铁、水泥、电解铝、合成氨、炼油、乙烯等高耗能工业普遍使用 CCS。建筑普遍使用可再生能源技术，如采用先进太阳能热水器供热水和采暖，同时户用风电和光伏技术在适合的建筑及地区得到普遍使用。我国未来能源与排放情景研究显示，我国能源需求量将呈持续增长趋势。从目前到本世纪中叶，随着我国社会经济持续稳定地增长，能源需求量增长明显。若要实现较低的能源需求（如达到低碳情景和强化低碳情景的能源需求量），需要付出相当大的努力，包括优化经济结构和能源结构、建立和完善能源市场、通过技术进步实现 50 年年均 2.95% 的较高节能率等。这些情景分析结论表明，我国未来能源增长速度为经济增长速度的 40% ～ 65%（即能源弹性为 0.4 ～ 0.65），与发达国家在经济起飞阶段的历程相比，这是相当低的。

　　未来 50 年，随着能源消费量的增长，我国能源活动所引发的温室气体排放量同样处于上升趋势。2050 年基准情景 CO_2 排放量最高会达到 34.6×10^8 吨碳，而低碳情景则有可能将 CO_2 排放量降低 31%。

　　实现低能源需求和低碳经济的途径实现低能源需求和低碳经济的途径包括：调整经济到一个低能耗高效的产业结构；全面实现用能技术的先进化，通过多种政策措施大范围普及先进高效技术；全面合理发展可再生能源和核电，使它们在一次能源中的比重占据重要位置；全民参与，改变生活方式，寻求低碳排放的消费行为；发展低碳农业，增加森林覆盖面积并加强管理等。这些对于中国来讲，就是要优化产业结构，控制高耗能工业发展，减少和控制高耗能产品出口；争取在 2025 年左右使中国工业的能源技术效率达到当时世界先进水平；大力发展使用可再生能源技术，如风力发电、水电要进一步大规模普及，光热发电、光伏发电技术要进行接近商业利用的示范；全面大力发展核电，特别是着重发展第三代、第四代先进核电技术；大范围提高公众意识，使低碳生活方式成为普遍行为。可以看出，目前中国正在进行的节能减排努力方向与对未来的能源需求和低碳经济的要求是很一致的。因此低碳经济并非是一个全新的、额外的努力，而是要在现在的国家能源、环境对策和可持续发展政策上进行进一步的扩展。中国需要推行一揽子政策，相信中国的能源政策和节能政策在今后会完全整合起来。中国有自己的节能政策，从全球的角度来看实际上也就是中国的减排政策，中国在这方面做了很多工作。

能源使用和供应技术的发展对未来能源需求和温室气体排放趋势有着相当重要的影响。经济发展、人口变化和收入以及使用技术的变化是影响能源消费数量及其质量的主要因素，而资源和转换技术则是保障能源供应数量和质量的驱动力，技术进步特别是先进技术将使大量潜在的常规油气、非常规油气以及其他清洁能源资源的开发、利用具有经济性、较高的利用效率和较好的环境效益。因此，应将技术发展政策的制定过程与经济发展和应对气候变化对策结合起来，利用我国自然资源条件，着重发展一些具有国际领先地位的重大清洁能源开发、转换和利用技术，使之既有利于能源环境发展，同时也有利于经济发展。

2006 年中国确立了可再生能源未来规划目标，今后新能源在能源消费结构中所占比例可能会翻番。还有就是混合动力汽车、氢燃料和纯电力汽车今后很快会投入到中国市场，而且价格并不昂贵。这会比当前在中国市场上销售的丰田混合动力汽车便宜很多，目前混合动力汽车过高的价格让中国人无法承担。根据情景分析，混合动力汽车价格的降低会让更多的汽车厂商把低价节能汽车投入中国市场。据预测，2030 年中国汽车保有量可能达到 4×10^8 辆，但是考虑到小汽车效率提高，以及公共交通大力发展，非机动车出行增加，有可能在每增加 1×10^8 辆小汽车的情况下，石油消费仅增长 $3000 \times 10^4 \sim 4000 \times 10^4$ 吨。在考虑排放问题的情况下，政府需要提高公共交通水平并制定相关法规控制机动车尾气排放。还需看到，生物燃料正在中国快速发展，中国已经开始开发第二代生物燃料生产技术。根据本文对未来的预测，在 2030 年之前，即使是最低的能源发展情景，中国仍然会排放一定数量的温室气体。这个问题十分值得关注，因为这对各个行业都提出了更高的要求。不同的政策和不同的技术组合对减排效果的影响是相当大的。中国可以用来发展超临界技术的时间不多，因为需要尽快进入下一代先进发电技术，即 IGCC 技术，以为普及 CCS 打下基础。中国电站设备制造企业对 IGCC 技术非常重视，已经开始投入大量自有资金用于这项技术的开发，这是多方共同合作的结果。对于碳税的设计，不同的研究结果也不尽相同。但是对于中国来说，最好是先实行燃料税，之后是能源税，再逐渐过渡到碳税。这里面最重要的是中国必须要利用目前这个机会，更好地支持中国有关的工业进行碳减排。

中国发展低碳经济的机遇在于成本优势，与日本、美国、欧美相比，中国可以以较低的成本来发展低碳经济。从燃料角度来说，在中国采用超临界机组的成本可能会比普通的火力发电更低一些，虽然超临界初步投资非常高，但是因为其能源效率较高，总体而言成本更低。

结　语

中国作为一个经济快速增长国家，未来的能源需求和相应的温室气体排放将快速明显增加，到 2030 年将比 2005 年增加 1 倍以上。但中国也存在很大的机会在 2020 年之后将 CO_2 排放控制住，可以基本稳定下来，不再出现明显增长。中国要实现低碳发展路径，必须从现在就采取适合于低碳发展的政策，否则由于技术锁定效果，实现低碳发展的机会会越来越小。

第十章 循环、节能经济发展及中国绿色经济发展的考虑

高辉清 闫 敏

作者高辉清系国家信息中心学术委员会副主任、经济预测处处长；闫敏系国家信息中心副研究员。

作者认为，未来这场绿色革命从社会学意义讲是一场文明革命、制度革命、价值观的革命，这场革命所确定的基本社会原则之一就是节约、循环原则。以此相应的经济模式是循环、节约的模式。这个模式从某种程度讲是对现有的发展方式的调整与修订甚至是革命。如何认识上述问题、如何实现这种文明革命是本章要表达的内容。

- 发展循环经济迎接低碳时代、绿色时代
- 循环、节能经济的基本认识

  传统经济学缺陷探源

  循环经济对经济增长理论的挑战

  循环经济对制度经济学的挑战

- 中国绿色革命的基本路径

  中国实施绿色革命具有重要时代意义

  中国绿色革命具有博大精深的科学内涵

  中国绿色革命需要政策助力

绿色发展需要循环、节能经济与新能源经济双轮驱动，一方面要发展新能源以及传统能源的绿色改造，另一方面要大力发展循环、节能经济，改变我们的生产模式。如果说未来新能源为基础构架的经济体系是整个新经济或者绿色经济的主要部分，那么可以说循环、节能经济是新经济或者绿色经济的另一个不可缺少的另一个部分。当然循环、节能经济同时也构架了整个未来世界与格局的另一个不可缺少的部分。

一、发展循环经济迎接低碳时代、绿色时代

控制气候、保护环境必须发展循环经济、节能经济，这已是一个全球共识。除此以外，应对全球经济危机也需要高度重视循环、节能经济。

广义的绿色经济、绿色发展是一个比低碳经济、低碳发展更加宽泛的提法，但低碳经济或者低碳发展更加易于定性、定量。二者各有所长。

从应对全球经济危机的角度考虑低碳经济的发展具有现实意义。这次全球经济危机的影响力堪比上个世纪 30 年代全球经济危机，如何走出这次危机是目前各国的头等大事。历史上任何一次经济繁荣的种子，其实都孕育于萧条之中。如果能够在积极应对当前经济危机的同时，提前预判未来经济繁荣的种子所在，迅速调整发展方向，则不仅能够尽快实现由"危"向"机"的转换，而且还能够在未来新的国际竞争格局中占据有利位势。

通常，经济的萧条大多是由经济本身的周期性波动所带来，而经济繁荣的种子本身就孕育于旧的经济格局之中，就如同自然界的四季变化一样，只要春天一到，枝头就会抽出新芽。在这种情况下，寻找经济繁荣的种子并不是很重要。但是，今天的情形很不一样，这场"百年一遇"的国际货币体系和世界经济大变局，产生了深远的影响。

自由资本主义模式已然受到重大挑战。通过传统的办法应对危机已经难以见效。

显然这次经济危机已不能用经济的周期性波动来解释了。这是一次世界经济和金融体系大调整的危机，走出困境的根本途径不是市场出清，而是生产力的跨越式发展。

那么，未来世界经济摆脱经济危机和实现跨越式发展的路径在哪里？从多方迹象看，通过科技创新，实现循环、节能和新能源技术的突破，发展低碳经

济，将是世界经济实现跨越式发展的方向。

首先，全球气候变暖已成为全人类所面临的共同威胁，危及人类生存，发展低碳经济将是人类社会可持续发展的必由之路。人们在发展经济的同时必须兼顾环境保护。"低碳经济"从表面看是为了减少温室气体排放，但实质是能源消费方式、经济发展方式和人类生活方式的一次全新变革，是从化石燃料为特征的工业文明转向生态经济文明的一次大跨越。

其次，低碳经济将成为推动世界经济增长走上新一轮长周期的新的增长点。发展低碳经济需要合理调整产业和金融结构，需要发展新技术、新产业和新市场，可再生能源将是其中的重点。目前，近60个国家已确立了发展可再生能源的目标，而可再生能源行业也已为230万人提供了就业机会，与之相比，石油和航空业提供的就业机会分别是200万人与400万人。在低碳经济发展较快的欧洲，可再生能源技术已有200亿欧元的产值，提供30万人就业。而在整个生态产业，欧洲就业人数为340万，年产值超过2270亿欧元。

最后，低碳经济已成欧美争夺国际话语权的新舞台。近年来，气候变暖和低碳经济的发展已经成为全世界关注的政治、经济问题，欧盟在其中起了至关重要的作用。美国新总统奥巴马一系列的讲话和行动清楚地表明，美国将恢复科技领域世界领先地位的突破口放在气候控制与低碳经济上，由欧盟主导相关领域国际话语权的局面将被打破。

从长期趋势看，本次金融海啸可能成为人类社会发展历史长河中的一个分水岭。工业文明以来的高碳时代将因此逐渐远去，一颗低碳经济的种子将开始成长，并最终开出绚烂的生态文明之花。

目前，中国是世界第一大能源生产国和消费国，也是世界第一大二氧化碳排放国，在全球关注环境，以环境谋求政治、经济利益的背景下，正面临着越来越大的国际政治压力。中国减排既是义务也是责任。可持续发展道路是中国必走之路，发展低碳经济是中国的内在动力。

由此看来，我们必须根据我国目前还处于工业化中后期阶段这一特定国情，大力发展以制造业产业链条为核心的循环、节能经济，来达到进入低碳时代的目的。发展循环、节能经济对提升未来我国低碳经济的竞争力具有重要意义。一是我国是世界制造业中心，发展以制造业为中心的循环、节能经济，可以达到极大程度的节能减排；二是西方国家早已完成工业化，发展以制造业为中心的循环经济不会与之产生正面冲突；三是发展以制造业为中心的循环经济，实际上将为能源环境约束下完成工业化闯出一条新路，将为其他发展中国家树立典范。

正因为具有以上诸多优势，中国以重点发展循环经济的方法介入全球低碳经济的竞争中必将受到各界的认同，并在新的世界经济体系中获得独特的不可替代的地位。

二、循环、节能经济的基本认识

循环、节能经济是新经济的重要组成部分，发展这个新经济除了采取科学、技术的层面展开外，还需要才制度、理论方面进行发展与完善。其中建立与完善相关的经济学理论是基础工作。

过去资源与环境的稀缺性长期被忽视，从经济理论来看，西方主流经济学认为，只有进入市场体系的资源才是真正的经济资源，才具有经济分析意义。那些市场上难以计量的东西，如环境服务、自然资源、生态功能等即使很重要，但由于无法通过价格机制进行配置，就无法进行经济分析，也就当然被排除在经济理论考察范围之外了。随着人类社会经济发展的突飞猛进，经济活动与生态环境之间的矛盾日益激化，人类谋求生存与发展的空间逐渐缩小，可持续发展的目标难以实现。在这种情况下，循环节能经济在世界范围内得以兴起与发展，要求以市场机制来解决环境保护、资源消耗问题。然而，这恰恰触动了传统经济的软肋！

（一）传统经济学缺陷探源

传统经济学忽视了环境与资源的稀缺性。这一点也是导致传统经济学在其他方面难以对循环经济特征提供有效理论阐释的根源。过去，有两种主要观点认为环境与自然资源的稀缺性问题可以"自然而然"地被解决，因而无需对此过于关注。第一种观点，认为通过市场机制自发解决，价格会对资源的稀缺程度做出灵敏的反应；另一种观点认为可以通过技术进步与创新解决问题。

上述观点在循环经济时代不再成立：第一，市场机制发挥调节作用的一个重要前提是明晰的产权。而长期以来，多数环境与资源却没有或者无法界定的产权，没有真正作为一种生产要素、产品或商品进入市场，市场规律无法自发对其进行调解。第二，从理论上讲，如果不考虑时间这一因素在内的话，科技进步与创新也许可以解决包括环境与资源在内的一切问题。但是，在实际中，存在科技进步与创新的速度能否超越自然资源与环境消耗速度的问题。对自然资源与环境的稀缺性认识不足和一些相关的不正确的观念，导致对循环节能经济的解释力存在缺陷。

（二）循环经济对经济增长理论的挑战

尽管众多经济增长理论都对经济增长过程进行了颇有见地的分析，但是，必须承认在诸多经济增长理论指导下的各个经济体的增长实践都或早或晚地、程度不同地遭遇了经济增长的困境。人们不得不承认，在现代经济增长理论框架内无法解释现实与理论之间的矛盾。

纵观历史发展脉络，经济增长理论面临着如下挑战：第一，从理论出发点来看，分析经济增长现象单纯从经济维度加以分析，并且把经济增长仅仅看做是物质财富的线性增加过程，而舍象了资源与生态环境要素对经济增长产生的基础性制约关系。这样就难以看到经济增长与资源、生态环境破坏之间的内在关联。从研究视野来看，将经济系统作为一个完全孤立的、封闭的系统加以把握，没有看到经济增长过程是经济要素同自然资源、环境要素有机整合的过程。第二，经济增长的衡量标准缺乏生态维度。通常GDP（GNP）被视为衡量经济增长的一个公认指标。然而这一指标在衡量经济增长成果时并未能准确地区分成本与收益、福利与损害的差别。相反，它将许多对人类生态和自然环境的损害都当作经济增长的成果。因此，GDP（GNP）已经严重扭曲了经济增长的真实尺度，掩盖了人类物质财富增长与严重的生态环境危机并存的困境。第三，经济增长的制度变量虽然已经被诺斯等人内生化了，但是，仍然缺乏对自然资源代际产权的分析。传统的经济增长的制度分析，仅仅局限在代内产权分析，对自然资源的可持续利用和环境问题未能给出制度分析和提供相应的制度安排，无法解说经济增长与资源、生态环境危机并存的矛盾困境问题。

（三）循环经济对制度经济学的挑战

新制度经济学认为"制度是社会游戏的规则，是人们创造的、用以约束人们交流行为的框架。决定了社会和经济的激励结构"。一方面，从制度经济学的角度对循环经济加以分析，可以很好地解释目前循环经济出现的市场失灵等问题；但是另一方面，循环经济所涉及的资源与环境的产权是一种代际共有、国际共有的产权，它的代际分配特征与科斯定理相矛盾，从而对制度经济学的产权理论提出了挑战。

1. 循环经济存在严重的市场失灵问题资源与环境存在着一些"与众不同"的特性，正是这些特性导致了循环经济的市场失灵问题。

（1）资源与环境的公共性资源与环境一向被视为公共财产，具有公共产品的属性。虽然它的生产包含着失去生产其他产品的机会成本，但对其进行消费却没有机会成本。在许多情况下，个人不论付钱与否都可以对其进行消费（如对空气、阳光的消费）。既然不能被排除出去，消费者就不会为消费这类物品而付费，即所谓"免费乘车"。正是由于这些公共资源的上述特性的存在，使得资源被使用过度，环境被破坏，并造成生态失衡。

（2）外部性问题理论界一般把发展循环经济的资源与环境问题归结为资源、环境外部性造成的资源使用浪费，环境退化等后果。资源与环境具有公共物品的特征，因此具有西方福利经济学所定义的外部性特征，而且大多表现为负外部性。比如工厂排放脏水而污染了河流，将有害气体直接排放到空气中，但这却又很少体现在生产者的成本中。将整个社会所有消费者和生产者造成的外部经济或外部不经济加总起来，会使资源配置严重偏离帕累托最优状态。

（3）市场不完善致使很多自然资源与环境的市场还没有发育起来，或根本不存在，而且自然资源与环境的市场价格存在严重扭曲的现象。由于自然资源与环境产权不明确，难于定价等因素，很少将其纳入生产要素，对其进行分析。资源与环境价格严重偏离其真实价格。这一点是资源无偿占有、无偿使用、加速耗竭，环境不断恶化的主要原因。此外，资源与环境市场不完善还表现为市场垄断与不完全竞争，这是导致效率低下的根源。

2. 循环经济对产权理论的挑战新制度经济学派代表人科斯等人认为，经济外部性可以通过产权交易使其内部化。然而，资源与环境的绝大部分是一种公有的且代际共有、国际共有的公共物品。对于它的完整性，后代人也是有权拥有的。资源、环境代际产权、国际产权的分配特性在某种程度上与科斯定理是相悖的。

（1）自然资源与环境公共产权具有代际分配特性。自然资源产权本质上是一种十分复杂的产权结构，它不仅属于今人，也属于后人，具有代际分配特性。洛克曾提出劳动所有权思想，即只要付出劳动，则其产品或资源就应属于劳动者。按此逻辑，对于自然资源而言，那些无劳动能力的人（包括丧失劳动能力的人和尚未具备劳动能力的人及尚未出世的人）自然就无所有权。从而当代有劳动能力的人对自然资源拥有完全所有权，包括占有、使用、处置权利等一切权利，为当代人服务，这显然是不平等的观点，进而造成自然资源与环境的过度利用，影响乃至危及到其他人包括后代的生存利益。

因此，必须重新认识自然资源产权的代际公平性质。建立自然资源代际产权及国际产权也许是发展循环经济，实现可持续发展的重要制度基础。我们知道，现有的产权一般仅指被当代有行为能力人所属的一种制度设计。这实际上排除了未成年人及后来出生的后代人应得的权利要求。隐含的前提是：即使赋予他们一定的产权，由于他们没有行为能力也不会充分有效地行使属于自己的权利。这种产权立论基础是值得深刻反思的。

（2）自然资源与环境公共产权具有国际分配特性。自然资源与环境产权还具有国际性。这是自然资源与环境作为一个不可分割的整体，具有超越一个民族国家的正负效应的公共品属性使然，如某一地域的沙化引起的沙尘会传播到其他国家。自然资源与环境具有复杂的内在国际传播机制。

因此，在某种意义上，对自然资源与环境产权的分割具有国际性。这种国际性表现在自然资源产权中，就是所有权具有一定的国际融合性，既在现实上为某一民族国家所有，其占有权和使用权属于民族国家，同时在功能发挥上又具有一定的国际性，属于国际社会。只有这种产权结构，才会使自然资源与环境的使用具有可持续性。

近几十年来，不仅自然环境恶化日趋严重，自然资源对经济的瓶颈制约也日趋明显，发展循环经济已是人类社会不可回避的选择。但是由于理论（尤其是传统经济理论）上的缺陷，循环经济的实践实际上是黑夜中摸索着前进。补上循环经济的理论课，也就成为全人类所面临的、一项亟待解决的共同课题。当前，在发展循环经济问题上，各界取得的一项共识是，需要将市场机制引入其中。

根据前面的分析，首先就需要在产权理论上取得巨大的突破，以适应循环经济带来的挑战。但这毫无疑问是一个艰巨的任务，需要很长的时间才能完成。而在此之前，政府应当承担公共管理的责任，充分利用法律、行政手段，以及财政政策与货币政策，弥补市场失灵的缺陷，以推进循环经济的健康发展。

发展循环节能经济主要应从三个方面着手：

制度层面：发展循环节能经济需要从国家战略高度制定各种规划与相关政策，从国家管理、市场倒逼两个层面解决发展机制问题，特别要落实在企业层面。此外，循环、节能更是一个公众事业、公众工作，需要形成一个全社会共同行动的组织与发展路线与结果。

产业发展层面：需要加强相关的培养，同时对现有的产业体系需要进行循环节能方面的全方位改造。

科技创新：循环节能经济发展需要以科技创新为龙头，以创新带动发展。

三、中国绿色革命的基本路径

世界金融危机爆发已历经 5 年有余，尽管各国采取了一系列政策措施力图扭转经济疲态，但是目前为止，危机的阴霾仍然挥之不去。美国经济复苏缓慢，新兴增长动力不足，不断抛出量化宽松政策，给全球下一轮通胀埋下伏笔；欧洲主权债务危机此起彼伏，核心成员国形势危急，深陷经济衰退泥潭难以自拔；新兴经济体增长动能减弱，结构性问题显现。中国经济同样面临着必须面对的挑战，不平衡、不协调、不可持续问题依然突出，经济发展和资源环境的矛盾日益严重，经济增长下行压力和产能相对过剩的矛盾有所加剧，外部环境恶化导致出口锐减与产品积压，要素成本上升削弱国际比较优势，创新能力不足制约国家竞争力提高。为谋求新一轮国际产业革命与技术革命的新优势，中国必须紧密瞄准世界经济发展前沿动向，以绿色技术与产业为依托，加快转变经济发展方式，实施一场涉及经济、社会、环境各方面的绿色革命。

（一）中国实施绿色革命具有重要时代意义

1. 中国绿色革命是经济走出低谷实现持续增长的动力

2007 年国际金融危机爆发后，世界经济严重衰退，从经济周期角度而言，世界经济运行一度处于各种经济周期运行底部重叠点。从库兹涅茨中长周期看，金融危机正是由于美国经济中房地产泡沫破裂所引发。危机爆发后，美国房地产市场处于严重低迷之中，并引发连锁效应，目前包括美国在内，世界仍处于"建筑"周期底部阶段。从康德拉耶夫长周期看，距20世纪50年代信息技术革命已历经60年时间，正处于经济长周期谷底阶段。长波周期的推动力是创新与主导产业的演化，表现为科技应用经历大幅扩展，平稳增长，矛盾爆发，衰退，再到新的核心科技突破。一般而言，各种经济周期低谷重叠之际，常常是世界性科技创新革命孕育阶段。从当今国际经济发展趋势看，全球正迎来第三次工业革命。美国经济学家杰里米·里夫金在《第三次工业革命》一书中预计一种建立在互联网技术与新能源相结合基础上的新经济即将到来；英国著名杂志《经济学家》杂志刊登的部分经济学家有关"第三次工业革命"论述表示，建立在互联网和新材料、新能源相结合的第三次工业革命将逐步来临，它以制造数字化为核心，并将使全球技术要素与市场要素配置方式发生革命性变化。绿色革命是第三次工业革命的重要体现。绿色革命导致生产要素配置发生根本性转变。原有生产模式的以劳动力要素、资本要素、以及资源环境要素的集中投入为主要特征的生产模式将转变为以知识要素与技术要素的密集投入为特点，由于生产方式的变革与技术革新，产品达到精准无误，最终生产环节不会产生废弃物，实现零排放，成为真正意义上的清洁生产。我国经济增长受世界经济减速影响，亦出现放缓迹象，而且由于人口红利变化、资本边际效率递减等因素，潜在经济增长率放缓。我国发展仍面临不少风险和挑战，不平衡、不协调、不可持续问题依然突出，经济增长下行压力和产能相对过剩的矛盾有所加剧，企业生产经营成本上升和创新能力不足的问题并存，金融领域存在潜在风险，经济发展和资源环境的矛盾仍然突出。发展绿色革命，无疑可以提高生产函数中技术要素效率与贡献，从而拉升中国经济潜在增长率，同时创造新的、有效的投资需求，推动产业升级与新兴产业建设，形成新的经济增长点，使经济发展在科技要素的带动下步入新一轮长周期黄金增长期。

2. 中国绿色革命是新时期"五位一体"建设的主要形式

党的十八大报告指出，建设中国特色社会主义，总布局是经济建设、政治建设、文化建设、社会建设、生态文明建设五位一体。这一表述是国家第一次将"生态文明"提高到国家战略层面进行总体设计与布局。中国在不断发展与进步，改革开放以来，GDP年均增长接近10%，成为世界上发展最快的主要国家，目前已经成为世界第二大经济体与第一大出口国，经济实力不可小窥，在世界经济、政治与社会事务中的地位不断提高。但是中国在发展经济的同时，也付出了高昂的代价，积累了若干矛盾与风险，主要表现为经济结构不合理，产能过剩问题严重，资源短缺环境污染加剧，生产效率下降，等等。未来中国的发展，不仅要高度重视经济的增长，政治的和谐，生活水平的提高，文化的强盛，同时还要重视生态的优化。中国实施绿色革命，正是追求以"绿色"建设为核心，以低碳环保、节能降耗为目标，在经济持续健康发展、人民民主不断扩大、文化软实力显著增强、人民生活水平全面提高的同时，大力推进生态文明建设，从源头扭转生态环境恶化趋势，创造良好生产生活环境，努力建设美丽中国，实现中华民族永续发展。

3. 中国绿色革命是应对国际金融危机的重要途径

世界金融危机对世界经济包括中国在内形成重创。当前，世界各国仍未摆脱危机的阴霾，美国经济增速缓慢，缺乏新的经济增长动力；欧洲主权债务危机此起彼伏；新兴经济体面临外部挑战增多，增速普遍放缓；国际市场需求受到显著抑制，全球贸易与投资一定时间内难以恢复到危机之前的水平。同时，联合国认为全球正在经历自上世纪 30 年代以来最为严重的经济危机，加之气候变化剧烈、能源危机、粮食危机和水资源危机，使得全球面临多重危机重压。为了应对危机，刺激增长，摆脱经济低迷局势，发达国家提出"再平衡"、"再工业化"、"出口倍增"等计划与口号，世界各国对于国际市场以及资源能源的争夺更加激烈，围绕全球气候变化、能源资源安全、国际货币金融体系、经济全球化规则等全球性问题的博弈更加激烈。全球在寻找经济走向持续复苏的突破口，发展绿色经济成为共识。中国在世界经济疲弱的大背景下，经济增长亦出现减速，同时由于人口红利逐步消退，环境、资金、土地等要素成本越来越昂贵，经济结构性矛盾凸显。中国实施绿色革命，充分利用世界绿色发展的契机，大力推进绿色经济，积极开发绿色技术，努力扶植绿色产业，可以有效调整产业结构、需求结构、要素结构，改善经济发展中面临的困境，并在新一轮世界经济增长与产业、技术革命中取得竞争优势。

4. 中国绿色革命是实现"中国梦"的具体体现

实现中华民族伟大复兴，是中华民族近代以来最伟大的梦想。"中国梦"的内涵包容万象，大的方面包括经济不断进步与发展，社会和谐稳定健康，政治清廉民主，小的方面可以体现在低收入工资的增加，农民工子女学有其所，孤独的老人安度晚年等等。要实现中华民族的"中国梦"，追赶世界新一轮产业革命，必须发展绿色革命，从根本上解决能源制约经济发展的瓶颈问题，在能源生产和消费方式上实现重大变革；迎合信息技术和信息产业新发展，实现云计算、大数据、虚拟现实、移动互联网、物联网等技术突破，以科技创新促进绿色发展；将信息技术与新能源相结合，推进新型工业模式，通过改变每个家庭、每个消费者的生活模式，使其能够成为部分能源的生产者甚至输出者，从而在第三次工业革命来临之际，占领有利战略位置，实现中华民族的伟大崛起。

（二）中国绿色革命具有博大精深的科学内涵

绿色革命不仅局限于生产与消费领域，而是涉及到社会运行的方方面面。

1. 中国绿色革命是一场生产模式革命

目前，我国处在工业化中期向后期过渡的阶段。工业仍是国民经济的支柱产业，是能源资源消耗、污染物排放的重点领域。但同时，工业化过程中资源能源供给严重不足、对自然环境的影响越来越大。下一步工业化过程中，必须摒弃原有的大量生产、大量浪费、大量消耗的传统生产方式，努力提高生产效率、减少工业物质消耗污染物，应对包括碳排放在内的非传统污染物减排任务。绿色革命正是针对我国产业发展阶段以及原有的生产模式特征，提高资源能源利用效率和尽可能减少污染物产生为目标，强调预防和源头控制，通过实施清洁生产，发展产业技术，提倡节能减排，推进绿色生产，从而尽可能少消耗、减少污染物产生，降低消耗，提高资源能源产出效率，从而推动工业发展方式转变。

2. 中国绿色革命是一场产业发展革命

当前，产能过剩问题严重困扰中国经济增长。产能过剩行业已从钢铁、有色金属、建材、化工、造船等传统行业扩展到风电、光伏、碳纤维等新兴战略性产业，许多行业产能利用率不足 75%，处于严重过剩，有的处于绝对过剩状态。我国要化解产能过剩问题，必须加大力度转变产业发展方式，调整产业结构，推进产业升级，掀起一轮产业发展革命。绿色革命正迎合了中国产业革命的发展方向，其要求提高三次产业中服务业的比重，大力发展战略性新兴产业，以节能环保产业为推手，以先进的减排降耗技术为依托，通过新一代信息化、数字化平台，以全新的配置方式整合技术要素与市场要素，形成新的产业发展突破点。

3. 中国绿色革命是一场投资路径革命

中国在投资领域存在的最大问题是投资自主增长动力不足，重复投资现象严重，投资效率低下，缺乏新的投资增长点。当前，过剩行业的投资仍在增长，而且大部分为现有水平的重复投资，新的中低端产能继续积累，有可能导致过剩程度进一步加剧。绿色中国革命，将转变中国投资路径，在投资主体方面，政府逐步弱化投资主导地位，民间投资的积极主动作用被充分重视；在投资领域方面，向环境治理投资、节能减排行业投资、资源保护投资、技术进步投资倾斜；在投资效果方面，不仅强调投资的经济效益，而且重视企业的社会责任，使"最终资本形成"更加绿色化，推动绿色 GDP 增长。

4. 中国绿色革命是一场消费模式革命

我国经历了快速的财富积累阶段，但社会整体消费模式与消费观念并未随之迅速提升，仍然处于较为保守与传统阶段。当前，我国消费率偏低，投资率偏高，国内需求结构明显失衡。要求有效提高消费率，改善消费结构，一方面要提高居民收入水平，使城乡居民人均收入实际增长与经济增长同步，劳动报酬增长和劳动生产率提高同步；另一方面，要广开消费渠道，实现消费升级。绿色中国革命，倡导绿色消费，是对传统消费模式的冲击。绿色消费以有益健康和保护生态环境为目标，在满足消费诉求的同时遵循生态需要，其内容包括绿色产品消费，以及物资回收利用、能源有效使用等，涵盖生产行为、消费行为的方方面面，是一种具有生态意识的、高层次的理性消费行为。它要求人们在消费过程中，通过自身观念改善与消费制度限制，使消费行为与模式遵循"3R"原则，即减少非必要的消费，重复利用和再生利用消费产品。

5. 中国绿色革命是一场外贸方式革命

国际金融危机的深远影响不断深入到世界经济、政治、社会等各个领域。欧美发达国家实体经济受挫，亟待外部投资提振经济，提高本国就业水平与财政收入。部分国家将碳排放与贸易挂钩，征收碳关税。世界各国围绕全球气候变化、能源资源安全等问题的博弈更加激烈。然而长期以来，中国对外贸易发展主要注重数量扩张，竞争力依靠劳动力、资源能源等生产要素。随着中国经济快速发展和国际市场竞争加剧，传统外贸发展模式难以为继。绿色中国革命蕴含着贸易方式的变革，通过低碳、节能、环保等绿色技术和手段，支持出口产业向高端发展，提高产品的科技含量和附加值，减少由于出口造成的间接能源输出，提高产品国际竞争力，扩大绿色产品贸易份额。

（三）中国绿色革命需要政策助力

中国当前正处于加快转变经济增长方式，传统的经济发展模式已经举步维艰，中国需要一场绿色革命，以改革促转型，以转型促发展。这一过程不是一蹴而就，而需要长期体制机制的变革。我国当前应充分利用世界经济调整带来的产业升级压力，在保持国内经济平稳发展的基础上，积极实施绿色革命，大力推进绿色经济，努力开发绿色技术，着力扶植绿色产业，争取在新一轮世界经济增长与产业、技术革命中取得竞争优势。由于绿色经济在某些方面具有公共经济属性，存在外部性特征，所以在发展绿色经济过程中，政府应充分发挥投资主导作用，以制度建设为重点，结合市场经济规律，完善政策环境。

1. 培育绿色产业

（1）确立绿色产业重点扶植范围。结合联合国环境署提出的绿色经济五大重点领域，对比美、欧、日经济刺激计划中重点关注的相关产业，结合我国自身发展特点与优势，确立一批绿色经济发展重点产业。建议将新能源、节能环保、低碳技术作为发展绿色经济投资与开发的重点产业，充分发挥产业政策的引导作用，通过税收优惠、财政补贴、政府投资等形式支持绿色产业发展，同时注重通过信息技术、核能技术、环保技术等"绿色技术"改造传统产业。

（2）提升产业技术水平。大力发展新型制造技术、新材料技术、新能源技术、生物技术、清洁生产技术、污染治理技术、环境监测技术等；制定绿色经济科技政策规划，完善绿色经济科技投入激励机制，同时建立以市场为基础的学、研、产相结合体制。

2. 扩大绿色投资

（1）提高政府直接投资额度。制定新的绿色经济专向投资规划，统筹兼顾、突出重点，以绿色经济重大工程和示范项目为政府投资重心，同时加强公益性强的绿色经济基础设施投资。

（2）规范投资标准。对于绿色经济工程、项目、产品的环境影响等外部效应通过控制性详细规划和技术标准等规制和财政转移支付（通过税收、收费或补贴影响私人投资和经营）等手段加以干预；对于存在明显的协调性要求的绿色经济设施和服务，政府应该对投资和经营标准进行规制。

3. 提供财税优惠

（1）完善有利于新能源、节能环保产业发展的税收和收费政策。对国际新能源、节能环保、低碳技术设备进口予以税收减免；通过财税优惠或退税政策，吸引环保、节能、新能源等领域的外商直接投资；为生产新能源、环保、节能产品的企业提供税收优惠。

（2）制定鼓励新能源汽车生产的税收政策。可以考虑从新能源汽车设计—生产—销售—消费—报废的产品生命流程各环节采取不同税收政策，鼓励新能源汽车发展。如在产品开发设计阶段，对企业与技术提供商实行税收减免或补贴，对节能生产设备实行加速折旧；降低新能源汽车生产企业所得税税率；对流通企业实施增值税减免；对消费者免收此类商品消费税，降低新能源汽车燃料税税率；对专门回收新能源汽车的企业，适当减免所得税。

4. 提倡绿色消费

（1）树立绿色消费理念。政府应加大教育、宣传力度，转变各类消费群体的传统消费观念，树立可持续消费观和节约资源、保护环境的责任意识，引导消费者自觉选择有利于节约资源、保护环境的生活方式和消费方式。

（2）发展节约型交通。重新审视轿车进家庭政策，在汽油替代技术没有重大突破之前，对家庭购买汽车尤其是高耗能型汽车要从政策鼓励逐步调整为政策中性；发展公共交通工具，通过减免税费，积极支持公共汽车和出租车行业发展，在满足不同消费需求的同时，提高能源利用效率、减轻道路压力；通过投资倾斜和政策倾斜，大力发展电气化铁路系统。

5. 实施金融倾斜

加大国家政策性银行与商业银行对绿色经济的信贷倾斜力度，支持绿色经济中基础设施建设融资；利用政策性资金支持资源类、能源类、环保类、废弃物回收类中小企业融资；发挥商业银行对绿色经济企业融资的促进作用，通过低息或贴息贷款，为相关企业和机构提供资金便利，利息差额部分可以由财政资金进行补贴；考虑实行利率浮动，在政策允许范围内，同意对发展绿色经济企业提供贷款比重较大的商业银行扩大利率浮动幅度；建立差别呆账准备金制度，可参照国有企业改革中的做法，对金融机构相关贷款在呆账准备金方面给予一定优惠。

第十一章　绿色革命发展战略与路径

刘建生

作者系西南财大能源经济研究所所长，创立物理经济学，提出物理经济学的历史观。

作者认为，对未来的看法有多种说法：产业革命、能源革命、低碳经济、生态文明等。显然对未来的认识需要一个包容性更强、范围更宽的说法，需要一个理论性的概括。未来人类社会面临一场大革命是大家认同的，这场革命性质核心是两点：一是可持续，二是必须与自然界高度和谐。因此这场革命的性质可以用广义的绿色来表达，可以称之为广义的绿色革命。

绿色革命核心是绿色能源革命，绿色能源革命势必催生一个相应的绿色经济革命，绿色经济革命必然导致一个全面的绿色社会革命。绿色革命一定是一个全球性的共同行动——绿色全球革命。此外，中国由于特殊条件势必成为未来绿色革命的中心，因而中国绿色革命是全球绿色革命的重要内容。绿色革命有上述五个基本内容。

从绿色革命的基本性质、任务以及内在关系出发确定绿色革命的发展战略、路径更为科学。探讨这种发展战略与路径对发展绿色革命既有理论意义也有实践意义。

绿色革命的结果是建立一个绿色时代。

本章主要内容如下：

■ 绿色革命发展战略

■ 绿色革命与绿色时代实现的路径与内容

一、绿色革命发展战略

（一）全球大格局的挑战与选择

以解决能源安全为核心的可持续发展，以气候问题为核心的环境问题，以有效的经济增长实现全球共同富裕三个核心问题的绿色革命与绿色发展是21世纪全球未来基本发展方向。对此，学术界、各国政府基本认同，但如何发展，如何选择发展战略、发展路径，没有寻求到一个更加积极的共识。主流意见还是一个逐步发展的改良模式：**节约、循环的能源使用方式，多元化的能源结构，有可能的使用可再生能源，以及一定核能发展。**

从目前看，改良的方案基本是无法解决上述三个问题，化石能源的巨增难以避免，能源危机也是难以避免，气候问题将愈演愈烈，全球发展也是受到相当约束，未来的格局需要根本性的解决办法。这是全球共同面临的一个挑战与选择，需要确定一条根本性的解决之道。

（二）中国的挑战与选择

对中国而言，上述问题更为紧迫，目前中国已经走到一个时代性的临界点附近：这就是全球石油顶峰时代的挑战与中国能源供应顶峰的挑战以及环境问题的挑战，这三个挑战将有可能在未来5年～10年或者10年～20年汇集一体对中国形成一个史无前例的挑战。

如果按7%左右的增长速度，大约20年我们经济在现有基础上增长4倍左右，实现人均GDP3～4万美金左右，可以基本实现发达国家的现代化水平。按照过去10年左右的情况，我们的能源消费基本与经济增长同步，其中煤炭增长速度大约略快于经济增长，石油低于经济增长速度，大约是经济增长速度的0.8倍左右。如果如此，煤炭消费量将达到大约150亿吨的水平，相当于目前全球的消费量的两倍左右。

石油消费量将达到15亿吨左右，接近目前美国的消费量的两倍左右，接近目前全球消费量的40%左右。显然，全球与中国能源现状都无法支撑这个消费与发展。依靠传统的能源供给方式再翻两番，实现中国的全面现代化肯定是无法实现的，中国需要一个彻底的能源革命才有可能实现全面的现代化这个美好的愿景。**上述说法即是打一个相当大的折扣，中国以及全球的能源现状也是无法支撑这个伟大愿景的实现。** 即是能够如此，我们也不能不考虑这种天量水平的化石能源消费产生的环境影响力，我们必须承担历史的责任，我们必须为中国的生态环境负责，也必须为全球的生态环境负责。20 年对一个人的人生是一个较长的时间，但对一个国家、一个民族、一个时代确实一个短暂的瞬间。从上述意义讲，我们没有选择，只能进行一场彻底的能源革命。而且必须马上就开始，现在就行动。

如果说，上述说法中 20 年对相当多的人还没有紧迫性，那么我们看两届政府，10 年周期会有什么事情发生，以 7%～8% 的经济增长方式发展，大约 10 年左右经济增长翻一番。同时，按过去 10 年的数据，以及全球 200 年的数据看，能源增长也将增长一倍左右，**接近于目前全球能源消费量的 45%，其中煤炭相当于目前全球消费量，大约需要 70～80 亿吨的煤炭消费。石油消费量将接近 10 亿吨的水平。超过目前美国的消费量。上述能源消费的实现非常可能是一个巨大的挑战，非常可能到达一个特别的临界点：**全球性的能源危机的爆发，从二战以来的全球能源供应看，每当超越一个临界点，或者一个时间段后，总会爆发以石油危机为核心的全球能源危机，同时产生全球性经济危机。从时间段讲，1973 年以来，全球爆发了三次或者说四次全球性能源危机，平均 10 年多一点爆发一次。从石油供应量讲，美国是最大进口国，过去高峰期是大约进口 5 亿吨左右，是影响石油市场最大的因素。全球石油年贸易量 10 年前大约是 20 亿吨左右，目前大约为 25 亿吨，从历史经验看，未来全球石油供应格局很难承受现有的基础上短期内超过 3～5 亿吨量级的增加量，而不导致能源危机的爆发。这个短期可以认为是 5 年～10 年，**非常可能下一场能源危机已经进入准备阶段了。**

此外，目前全球处于一个特别转型期，过去是占全球人口不到 20% 左右的发达国家为主体，目前是占全球人口 80% 的发展中国家进入高速发展时期，成为世界经济发展的主流，能源增长也是主流，并且增长趋势强劲。未来 5 年～10 年中国非常可能将超过美国成为最大的石油消费国、石油进口国。同时印度非常可能在 10 年～20 年成为下一个今天的中国。世界发展经验证明了一点，一当进入一个正确的发展轨道，10 年～20 年的高速发展将基本改变一个国家面貌。如果如此，**全球能源格局将有一个根本性的改变：中印两国将成为未来国际能源市场发展变化的主要推动者，世界能源消费市场将由过去的三级结构变为五级结构——美国、欧洲、发展中国家变为中国、欧洲、美国、印度、发展中国家五级结构。**中国非常有可能代替美国成为全球石油、能源市场的主要角色。这个能源消费结构将根本性改变全球经济结构与政治结构。这既是好的未来，也是充满问题的未来。对此前景我们需要高度的警惕与未雨绸缪。中国这样一个大国是很难承受未来 5 年～ 10 年发生的下一场能源危机。我们需要有根本性的应对与解决办法，**这个办法只能是彻底的能源革命——将能源供应的基础建立在自己的基础上。**

此外，中国的能源总量以及特殊的能源结构已经使中国的环境问题、CO_2 排放问题空前严峻。中国目前的煤炭使用量占全球的一半，每年增长量超过全球的 50% 以上。整个能源增长量超过全球能源增长量的 30% 以上。而同样当量的能源中，煤炭的 CO_2 排放量是远远超过石油与天然气。因此，中国的排放总量、排放增加量都是世界第一，并且增加量已经占到全球每年增加量的非常大的比例，远远超过我们能源总量在全球的增加量的比例。这个格局是非常不利于未来我们的国际发展，特别是面对目前这种全球气候巨变的发展——全球气候变化非常可能处在一个巨变的临界点附近，**而气候变化与化石能源消费总量是一种巨大的非线性效应的变化关系**，如果未来 10 年我们的煤炭消费量再增加一倍左右，消费量将接近目前全球煤炭消费总量。**此时，可以想象我们将有一个史无前例的全球压力。**这个问题如果不解决，将是未来我们在国际上最大的道义问题。就此而言，我们需要一个彻底的能源革命，并且是马上开始。

此外，我们的能源增长的极限非常可能与未来的能源危机的时间点重合，同时能源增长的极限也决定了一个国家的增长极限的到来——**高速增长局面将面临低速增长戛然而止的结局，三个问题合为一体将使所有需要解决的经济与社会问题一起爆发形成前所未有的挑战**——最集中体现在金融问题上——这种格局就是当年美国在 1973 年能源危机中遇到的问题，美国石油顶峰是 1971 年到达的，高速增长格局向低速增长的转变也是此时出现，一场空前的能源危机使美国陷入在长达接近 20 年左右的滞涨性的经济危机之中，美国由此终止了二战以后长达 20 多年的高速发展、凯恩斯新政的美好时光，最后通过里根新政走出危机，不过从此结束了美国高速发展的好日子。

未来的全球性能源危机还将爆发，这次爆发冲击主要对象将不是美国了，中国作为未来全球最大的经济体系将首当其冲成为下一次全球能源危机、全球经济危机的受害者——这是二战以后的国际形势变化的基本规律——经济危机与能源危机相伴，经济危机是能源危机的直接产物。同时能源危机、经济危机是重创能源进口最大的国家，经济危机最严重的国家也是能源进口量最大的国家。

对此格局我们需要未雨绸缪。这就是我们需要一场彻底的能源革命的第三个理由。

（三）选择与战略

就上述问题而言，我们可以有根本性的结论：未来 30 年～ 50 年，展开一场根本性的能源革命将是我们国家的头等战略问题，头等大事。我们需要根本性地从化石能源的时代走向可持续的绿色新能源时代，从使用化石能源为主体的时代向以绿色新能源为主体的时代过渡与变革。同时也不可避免的展开一场绿色经济革命，全面的实现一个经济革命、社会革命，缔造一个全新的社会、中国与世界。

我们面临的形势需要一种只争朝夕的方式展开，10 年或者 20 年都是一个非常短暂的时间，没有时间了，也没有退路了，必须从现在开始，马上开始行动。

全力发展绿色能源革命，根本性解决未来中国即将面临能源能源供应危机与能源安全问题、全面现代化发展需要的能源可持续供应问题、环境问题既是现实问题，也是战略问题。**中国实现根本性的能源革命、绿色革命——走绿色能源革命的道路、走绿色经济革命的道路、走绿色社会革命的道路——走中国绿色革命的道路。这条道路应该是中国未来发展战略的核心内容。**

二、绿色革命与绿色时代实现的路径与内容

展开彻底的能源革命大约需要 30 年～ 50 年，甚至更长的时期，这场革命会涉及方方面面。展开这场革命应该是我们未来的根本战略。实现这个绿色能源革命战略的路径与内容，有下述五点内容：

（一）全力、快速地发展中国绿色能源革命的主体能源形式——创造大格局

绿色能源革命实施要害在于抓住核心问题，一定要纲举目张。中国绿色能源革命的要害与"纲"就是全力快速发展中国需要的主体绿色能源形式，只有抓住要害才能解决问题，只有抓住要害才能发展大局面。目前中国绿色能源发展的方式是综合发展，方方面面兼顾，没有抓住要害，是无法形成能源革命的大局面的。从各种绿色能源讲，只有太阳能具有满足中国未来庞大能源需求的能力，无论是生物能源、风能、水能都不具备这个条件。抓住要害才能将有限的时间、有限的精力、有限的财力集中起来，完成大局面发展的准备工作、启动工作。此外抓住要害才能尽快解决发展绿色能源革命需要解决的各种问题，特别是各种体制问题。

中国具有发展太阳能的全球最好的资源条件，中国 60% 左右的国土在西部，不具备农耕条件，但却是全球发展太阳能最好的地方之一。

中国西部的光热资源与全球其他主要的光热资源具有显著不同的自然环境，气候寒冷，缺水。美国德克萨斯、中东沙漠、沙哈拉沙漠离水资源较近，同时气候酷热。中国西部光热资源最好的开发方式是太阳能电池的新能源发展方式，而其他地区可以可以选择光电或者光伏的方式来发展新能源。

因此，中国主体的绿色能源发展形式应该是考虑太阳能电池的发展方式。此外，中国其它地方发展新能源的方式更是主要选择太阳能电池方式，如内地的各个地方的房顶，以及刘汉元先生主张的公路、铁路、大型停车场上面采用太阳能电池方式效果更好。

此外，从理论上讲，光热的方式是经过两次转换后的电能，而光电是一次转换就得到的电能，效率应该是更高。事实上，如果采取聚集的方式，光电的成本与效果都应该比光热效果更好。不过光热能够比较好地与传统发电技术与产业更好的接轨。

中国未来新能源应该突出核心，主攻光电技术、光电产业的中国发展模式，特别是中国西部地区规模化发展太阳能的模式，这是整个中国能源革命飞核心，也是中国绿色革命的核心。集中力量解决发展中国太阳能电池革命所需要解决的问题。走出中国太阳能利用的道路，解决了这个问题就解决了中国能

源革命的核心问题，解决了这个问题中国未来就有了更宽阔的天地与世界。

全力、快速地发展中国绿色能源革命的主体能源形式——必须抓住要害，尽快形成能够替代传统能源的新能源开发模式，核心是找到符合经济规律的大规模开发新能源的发展模式、发展路径。

1.中国需要走新型能源独立路线问题

近年来美国是依靠能源革命作为最基本的战略与国策来应对经济危机，它的能源革命是走的页岩革命的道路，依靠页岩气、页岩油获得了美国能源独立，摆脱了美国二战以后70年来依靠中东作为其战略靠背的困境，也基本走出全球经济危机所带来的重创。但是中国无法走美国这种页岩革命的道路，如果中国完全走美国的道路，中国还是无法解决中国未来的能源问题，按资源评估，以及美国的经验，中国即使在页岩革命的道路上取得重大进展，仅仅能解决未来中国能源需求的5%～10%。此外中国的CO_2排放与环境问题并不会取得好转。再就是这种能源独立仅仅治标不治本，未来几十年后还是会再度面临化石能源枯竭的问题。因此，中国需要走一条新型能源革命道路，既治标也治本。这条道路只能是绿色能源革命。中国如果措施有力，完全可能在5年～10年左右在新型能源独立的道路取得初步成效，实现美国依靠页岩革命取得的能源独立效果。

2.中国能源革命的发展模式问题

发展新能源采取什么模式是中国能源革命需要解决的重要问题。照搬发达国家国家经验？发达国家的经验主要是欧洲经验，特别是德国经验，就是政府补贴，直接对用户。这种方式对欧洲比较实用，对中国就有相当问题。一是中国人均房顶面积相当低，人均能得到的太阳能比较有限；二是中国人口主要集中在大中城市，城市房顶电池光照被遮挡的影响较大，光电效率比较低；三是中国目前人口太多，内地难以大规模利用耕地来发展太阳能，解决能源问题。这样发展起来的太阳能非常有限。中国目前城市的住房建设容积率为3左右，可以利用的房顶面积不到10平方米，以人均可以利用的房顶面积5平方米算，大约能够得到不到0.1吨标油的能量，不到目前人均能耗二十分之一，对于需要解决的未来能源问题仅是杯水车薪，但内地的分布式太阳能发展可以在未来中小城市、新型农村发展过程中作为重要的能源并且可以作为支柱性的能源。

中国解决能源问题，需要较大规模发展新能源，这种较大规模的能源需求需要利用中国西部广大的国土作为新能源基地。**因此我们的发展模式应该重点突出西部规模化的方式发展光电产业，分布式的新能源发展方式作为一种辅助方式。**我们需要在西部规模化发展太阳能电池发电方面走出中国的发展特色，只有在这个问题上取得突破性成就，才可能应对未来的能源挑战。这是中国走新型能源独立的根本之道，也是中国未来发展能源革命的根本之道。

中国能源革命的发展模式核心应该突出三点：

第一，中国能源革命发展的核心内容一定要抓准，不能偏。核心就是太阳能，太阳能主要发展形式应该是太阳能电池。特别在前期发展阶段一定要突出重点，真正、实在地为未来大发展创造条件。

第二，中国太阳能发展一定要以中国实际情况为依托，走自己的道路，**中国未来的新能源发展集约化、规模化是主体形式，分布式是辅助方式，而不是以欧洲目前的经验作为导向。**

第三，中国未来新能源发展必须要有相当的力度，要有当前美国能源革命——页岩革命的效果，要有相当的规模相应，并且在5年～10年取得初步结果，作为应对能源危机、环境危机、经济危机的基本手段。其规模应该争取五年后达到年提供能源亿吨标油量级的水平，充分实现高速增长的态势，形成一场绿色革命的曙光、火炬的效应——形成应对未来5年～10年极有可能爆发的重大全球性能源危机、经济危机的基本手段。

（二）加速建设与绿色能源大规模发展接轨的绿色经济发展格局

绿色能源革命的发展必然深刻改变整个经济体系，与绿色能源相应的绿色经济革命会成为未来新经济的主要内容，与发展绿色能源革命同时应该全力发展绿色经济革命。绿色经济革命核心是三个内容：

1. 绿色科技革命

绿色能源本身需要发展的科技革命

目前的绿色能源发展的科学、技术、工艺体系属于第一代体系，未来完全可能产生第二代甚至第三代技术体系。中国作为未来的能源大国需要在这个问题成为世界的领头羊、领袖，需要全力开发未来的绿色能源发展的科技体系，发展、建设全球绿色能源时代的英特尔、微软、谷歌，领导未来的历史潮流。只有在绿色能源革命中占据领袖地位，才能真正在未来形成中国的全球领袖地位。

绿色经济发展需要的科技革命

绿色经济发展需要一系列与绿色能源革命相匹配的的新兴产业以及传统产业的改造需要的科技革命。

绿色革命核心的科技革命主要是五个方面：

第一，绿色能源发展本身需要的科技革命。

第二，绿色能源传输方式的科技革命。

未来绿色革命重要结果是全球绿色能源联网，需要超导革命——用超导技术形成未来的全球能源联网体系——解决大规模能源远距离的能源传输与全球相互支持的能源互助问题。全球能源互助可以解决规模化的太阳能的产生与应用的非平衡问题，解决目前新能源需要大量电能储备问题，以及晚上能量供应困难问题——西半球的白天是东半球的晚上，东半球的晚上是西半球的白天。

第三，绿色交通科技革命。

绿色交通科技革命主要包括两方面：

一是全球远距离的绿色交通革命，未来非常可能是全球性的绿色高速铁路体系极大程度代替飞机体系、轮船体系。这个体系的核心极大可能是由超导铁路体系构成。以超导技术为核心的绿色交通体系的发展与建设将是未来最为重要的科技发展与产业发展。这是一个未来超级大国需要领导的技术体系、产业体系。

二是传统的城市交通体系绿色革命的改造与重构的科技体系的发展。未来城市内部与外部的绿色交通体系可能发生根本性革命，汽车绿色改造以外还将有新型的城市交通方式革命的发生。

第四，绿色智能化的科技革命。

未来绿色经济革命中最重要的议题是整个社会的全面智能化的发展趋势与结构，智能化将在生产与家庭两个方面得到空前发展。智能化的科技革命也是一个重要内容，特别是智能化与深度发展信息技术的相互结合。

第五，个性化的科技革命。

未来的社会是一个高度个性化的时代，从生产到消费、从经济到社会都会实现充分的个性化。人人都喝可乐、人人都穿耐克这种集约化的主流生产消费方式将彻底改变。这方面的科技革命与发展将是未来经济与社会的重要内容与方向。

2. 绿色产业革命

绿色产业革命集中在五个方面：

绿色能源产业革命

广义而言，能源也是产业中的一个部分，整个产业革命核心主要是能源革命。对任何一个发达国家而言，所有的固定资产中最大的部分都是电力体系。对未来的绿色时代而言，电力体系更是最大体系。如果以人均需要相当于一吨标油当量的太阳能，大约人均需要投入相当于 6 ～ 9 千瓦的太阳能电池，以目前的价格算，大约为人均投入 4 ～ 6 万元。可以解决目前一半的能源需求。整个新能源资产超过目前固定资产的一半。

如果以解决人均 2 吨标油能源，大约人均需要投入 8 ～ 12 万元。中国整体投资将达 100 ～ 150 万亿规模，如果加上其他配套投资，整个投资数量将更大。

不过，从目前情况看未来太阳能的投入成本有可能降低一半，甚至更多。即是如此，绿色能源体系的投入也是整个固定资产的主要部分。

绿色交通产业革命

绿色交通产业革命主要是两个部分构成：

一是汽车体系的绿色革命。汽车由发动机技术体系转变为电动机技术体系。考虑未来人类生活方式的根本性调整，智能化极大程度代替人的劳动，上班的方式将根本性调整，以及价值观的改变——**节约成为普世价值、运动极大程度替代劳动成为人类基本存在方式。**汽车使用方式及拥有量将有可能有一个根本性的改变，特别是目前中国这种近似于病态的汽车拥有心态会有一个彻底的改变。

此外，未来人口的减少，以及生产方式、生活方式的改变，中小城市成为更多人的选择。此时，汽车文化会有一个根本性的改变，汽车交通产业相应有一个彻底的革命。

二是火车体系的产业革命。未来的绿色革命将根本性改变交通的内容，目前交通主要的内容是运载各种货物，特别是原材料，未来原材料运输将极大程度减少。以目前中国铁路运输量为例，中国铁路目前运输量 50% 是运输煤炭，20% ～ 30% 是运输其他原材料及粮食。未来这些将极大程度减小。交通将主要是解决人的运输问题。铁路非常可能极大程度替代今天的飞机与轮船，海运与空运无论内容与形式都将极大程度改变。以超导技术支撑的铁路体系空运实现每小时 500 公里或者更高的速度，安全性、舒适性、准点性远比飞机更好的未来火车体系极大程度替代飞机应该是自然的。全球性的高速火车体系的实现也会极大程度替代海运体系。

未来的火车体系将会有两个重大技术特点，一是可能与大型超导能源传输体系并行，同时非常可能同时也是能源自给。按刘汉元的思路，铁路、公路体系都可以考虑路上行车，路面上建设太阳能电池发电体系。这个设想是一个非常好的考虑，至少有三个优点：一是有效利用了土地；二是可以完全解决长途交通体系需要的能量供应，目前发达国家这个交通体系耗费的能源占整个能源的最大成分；三是有效解决了目前新能源发展在利用上一个重要技术问题——交通工具需要的能量储备问题。

智能化产业革命

智能化产业革命需要两个条件，一是智能化技术本身需要解决的技术问题，二是智能化高度发展需要解决的能源供应问题。理解第二个问题我感受最深的就是我的童年与我的祖辈的童年对能源与技术、产业的关系问题的体会。我的童年时代是文革前的时代，那是，普通人家使用电灯都很少，一个 15 瓦的电灯是全家两间房共同使用，还不敢使用过久。过量使用的电费是相当多家庭难以承受的，它会接近或者超过一个家庭的房租或者一个人的生活费。我的祖辈他们是在油灯中长大，他们使用油灯是将油灯的灯芯尽可能小，油灯的燃烧尽可能小，晚上使用的时间尽可能短。如果使用奢侈，意味着花去一个月的房租或者一个月的生活费。

充分的能量供应意味着未来的全面智能化将成为未来时代的重要内容。

智能化将在生产与家庭两个方面成为发展方向。家庭智能化在照顾老人、病人方面将起到重要作用，并且是家庭智能化发展的重要内容。

个性化产业革命

未来的消费品将是一个充分个性化设计、生产的时代，大家都喝可口可乐、大家都穿耐克的标准化、集约化的生产与消费时代将根本性的结束。穿自己最喜欢的颜色、最喜欢的款式、最合身的尺码、最喜欢的面料，这种穿的方式将是未来的基本方式；吃自己最喜欢的味道、最喜欢的配方、最喜欢的食料、最喜欢的形态的食品将会成为主流方式。消费品将会是一个充分个性化的时代，这个时代将由两个要素来实现：生产将由智能化、区域化、家庭化的个性化生产方式解决，产品的研究开发将由专门的研究所、设计师来提供与解决。个性化时代由充分能量供应产生以及区域化能量生产方式来作为个性化生产体系的基础，在这个基础上设计师、专门研究所将是消费的引导者。**未来消费是一个设计师时代。在充分的能量供应体系中的个性化生产体系，在网络时代里，你可以选择无数设计师为你服务，也可以有专门化的设计师为你服务。**

区域经济与产业革命

未来区域能源获得方式将成为重要能源获得方式，区域经济、地方经济获得根本性的发展动力，各个地方都具备自己解决当地经济的能力，提供当地需要的各种产品的物质基础。在信息化的发展背景下，当地经济完全可以构架一个与外界紧密结合的生产体系、生活体系。考虑未来循环经济的全面展开，以及当地能源的解决，相当多的外部支持的各种原材料如钢铁等相当部分可以通过循环的方式获得。未来的区域经济发展可以极大程度实现各种产品当地化的提供。

未来区域经济与外部结合的最重要方式将是与全球性的各种方案解决公司、各种工艺、设计、顾问公司或者个人进行一个合作，将各种新思想、新创意、新设计在当地生产出来。

当然，未来的区域经济发展也为区域化的公民社会创造了基本条件。

健康与快乐革命——医疗、文化、教育、体育、旅游革命

未来物质财富极大丰富，以及生产的全面智能化，人类社会生活方式将有一个根本性的改变。几千年以来人类社会主要内容是实现物质财富的创造与分配。这种人类社会存在方式发生根本性改变以后，**追求健康与快乐将是未来社会的主要内容，实现健康、快乐的产业将是未来社会的发展主要方向与内容。**与健康、快乐相关的医疗、文化、教育、体育、旅游将成为未来社会主要的发展产业与经济，当然也是未来社会发展的核心内容。

可以想象当今这种不读书的社会、作家没有经济价值的状态会有一个根本改变。当前美国富人的标志不是中国的好车、洋房，而是是否能买得起书、能够幸福地读书，这种标准与情景将成为未来全球共同的社会情景与未来。

可以想象在一个美丽、悠闲的环境中读书、思考、讨论、写作一定是所有

人的最高追求——中国的"桃花源中人"。

当然，在几千年一直苦苦追求的物质财富完全解决后，人类社会将进入一个全新的境界。

3. 绿色金融革命

绿色金融革命——绿色能源金融革命、绿色产业金融革命、绿色科技金融革命、绿色社会金融革命。

绿色革命五个方面的内容都会对金融产生革命性的影响，同时绿色革命需要金融革命相对应。某种绿色革命就是一个绿色金融革命。绿色革命的本质就是一个绿色投资革命——如何动员空前的资金进入绿色革命的大洪流中去。

此外，目前的信息化发展对金融的存在形式也有重大影响。二者结合将会有一个 1 加 1 大于 2 的效果。

绿色金融革命主要是两方面内容：绿色革命需要的金融革命、绿色革命结果产生的金融的内容与形式的改变。绿色金融革命主要体现在五个方面：

绿色投资革命

以人均需要相当于一吨标油当量的太阳能，大约人均需要投入相当于 6～9 千瓦的太阳能电池，以目前的价格算，大约为人均投入 4～6 万元。可以解决目前一半的能源需求。整个新能源资产超过目前固定资产的一半。如果以解决人均 2 吨标油能源，大约人均需要投入 8～12 万元。整个中国、全球将是一个巨量的投入。

绿色革命实现的最基本问题就是如何解决史无前例的资金投入问题，特别是前期发展的巨量的、相当风险的资金投入问题。

如果全球实现 90 亿人口的人均 4 吨标油的现代化，80% 的能源都是由可持续的绿色能源提供。如果全部由太阳能提供这部分能源，考虑到目前的太阳能电池价格应该有一个较大的下降，大约需要投入 150 万亿～250 万亿美元左右。如果考虑人均使用能源 3 吨标油，其中两吨为太阳能，大约需要投资 100 万亿～200 万亿美元左右。当然实际有可能价格还有相当下降空间，但 100 万亿美元的量级规模应该是一个相当积极的评估。如果如此，意味着人类社会完全可以实现一个绿色革命的成功。按人均 3 吨或者 4 吨标油的能量使用标准，可以达到人均 3～4 万美元 GDP 的标准，按固定资产与产出的关系，固定资产总量是三倍左右的 GDP，100 万亿～150 万亿美元接近于固定资产的

30%～40%，这是一个可以接受的结果。上述情景如果考虑节约、循环，这是足以实现一个中等标准的理想社会。

如果考虑这场革命涉及几乎所有领域，如果以未来固定资产一半计算为绿色固定资产，未来绿色革命的固定资产规模将达到400万亿～600万亿美元左右。从这个意义讲绿色革命就是一场绿色金融革命。如何组织、如何实现这个资金的投入将是人类社会一个史无前例的金融革命。

此外，绿色投资革命最重要的内容应该是绿色革命前期发展过程中将产生的前所未有的风险投资问题的解决。**过去风险投资对IT革命与时代的建立起到了最具革命意义的作用，可以预见，推动未来绿色革命成功最重要的作用就是绿色风险投资革命。**绿色革命发展最重要的就是前期具有相当风险投入绿色能源的产品、技术以及具有风险性质的各种发电模式的企业。**其中特别要害是各种发电模式的企业，**这种对各种产品具有集成性质的企业的成功就是绿色革命的成功。而这种企业的规模是百亿、千亿量级，整个产业前期可能需要的风险投资将达到千亿甚至万亿量级。**如何实现这个规模的特殊风险投资是绿色革命能否早日成功的重要前提，如何组织、实施这种特殊的绿色革命的风险投资是一个最具挑战意义任务。它对于解决中国面临的巨大挑战意义非凡，同时它必将成为创造伟大历史的伟大英雄——未来领导世界潮流的最大的企业主要将来自绿色革命的主战场，未来的企业英雄也将来自绿色革命的大时代。**

上述意义的风险投资需要一个国家意义的支持，需要一个集国家、企业、社会、个人四位一体的特殊机制与组合，需要前所未有的风险投资机制的建设。其前期国家将扮演特别重要的角色。

绿色金融全球化革命

未来金融的全球化革命将是绿色革命的重要结果。这种全球化革命将在绿色革命的背景下实现一个全球可以接受的共同金融世界。主要有下述结果：

绿色革命需要全球高度合作，其中金融合作是重要内容，特别是跨国项目的发展更加需要全球性的金融合作。绿色革命的中后期全球性的均衡发展使国家间的界限极度缩小，全球性的金融统一将形成基本框架。

绿色革命将产生新的大国结构与内容，主要有三方面内容：

一是全新的大国结构，未来将形成五个特殊大国结构，按物理经济学体系计算中国GDP目前已经超过美国，用不算合理的汇率标准算最多5年～10年左右中国将超过美国。20年～30年左右印度也将达到美国或者中国现在的水平。如此，未来将形成中国、美国、印度、以俄罗斯为中心的前苏联国家体系、欧洲体系。这种大国结构已经占到全球一半的人口，当前的美国一家独大的结构将彻底改变。

二是中国、印度将成为两个最大GDP产值的国家，两个国家都有可能在30年左右达到美国的两倍左右。

三是30年左右中国已经达到发达国家水平，印度达到或者即将达到发达国家水平。

这种多大国的结构与内容将使全球化达到一个空前的水平，上述基础上全球性的金融化是一个自然结果。

绿色革命将使金融全球化的定标准问题有一个全新、彻底、科学、客观的解决。过去，是美国一家独大，全球金融体系中是以美元定标，既不科学，更是不合理。金融全球化非常重要的一点就是如何确定标准，无论是黄金还是美元定标都不科学，不是一个客观标准。客观标准应该是以能量定标准。目前应该以石油定标准，这是一个合理的方式，但是不是现实的。未来绿色革命条件下，完全可以实现一个以能量定标准的全球金融标准，这个标准是一个公正、客观的标准，同时这个标准能够将目前相当多的新问题——绿色GDP、环境问题、生态问题、能源问题、社会科学与自然科学结合问题进行一个嫁接，以这个标准可以实现一个超国家的全球统一的货币体系。

绿色金融区域化革命

未来的经济主要以区域化的经济体制为主体，生产与消费当地化是主体结构，金融地方化将是金融的主要形式与内容，中央金融格局将极大程度弱化。

绿色金融个性化革命

在能源充分供应与分布式能源有效发展、企业经济成为主体、智能化极大程度发展、信息化革命进一步前进的背景下，未来个性化消费将是主体消费形式，集约化经济将极大程度弱化。与之相应是机构金融体系将空前弱化，金融将极大程度实现个性化的特点，无论是资金使用、还是资金投入都会充分表现这一点。与之相应的是社区金融将成为重要形式。

绿色信息化金融革命

目前的信息化金融革命已经相当程度发展，未来在绿色革命大背景下，信息化金融革命将有一个飞速的发展。这是一个绿色革命与绿色时代的绿色金融信息化革命，关键是应对五个绿色革命而强化的信息化金融革命。

未来全球深度一体化将是强化信息化金融革命的强大推动因素，全球性的投资与消费成为通常方式，信息化金融革命将在目前的基础上飞跃式发展。

未来个性化消费成为主体，将使金融信息化革命得到一个强大推动。

未来经济总量天量的增长需要金融信息化革命有一个相应的发展。

未来区域经济与社会成为主体形式，这种分布式体制需要彼此相互合作，需要一个更加深度发展的信息化金融格局。

未来人类社会生存方式根本性改变，生产退居其次，快乐与健康成为主要人类社会存在形式，大量的个性化金融服务是这种生活体制的重要保证。

（三）加速促进与绿色能源革命、绿色经济革命相适应的绿色社会革命

绿色革命成功最为重要的一环是需要整个社会革命性的改变，价值观、行为方式、整个社会的结构与管理体制都需要一个革命——绿色社会革命。

1.绿色价值观革命

绿色价值观革命分为两个层面的革命：

基础价值观革命

人与自然和谐的价值观革命。

绿色革命首先需要人类社会有一个最基本的共识：这就是人与自然必须和谐，无论什么革命，前提就是人类必须遵循自然规律，人类不能对自然界无限地索求。这是人类社会必须永远遵循的法则。这种法则在过去100多年已经被人类社会极大程度遗忘，人类社会在科技、经济高速发展面前极大程度丧失了这种最为重要的行为准则。这种人与自然和谐的基本原则大致有三点：

一是对自然界、自然规律根本性尊重的总体原则。人类社会整体、个体的行为必须服从自然规律、必须与自然和谐。否则，我们看到的菲律宾台风大灾难、我国罕见的南方酷热夏天仅是一个开始，我们将会看到极大暴雨、极大暴风雪、极大干旱、极大酷热、极大酷冷，以及其它生态灾难。

二是人类社会必须最大程度实现节约、循环的自然资源使用原则。这个原则应该成为人类社会未来必须遵守的第一个基本原则。

三是人类社会必须控制人口总量，实现人口总量与自然资源的平衡。如果不控制人口总量，任何革命都将被人口总量的平均效果所消灭。

我们必须深度认识几千年人类社会发展历史中动荡的基本规律——富不过三代规律——人口增长速度远远超过经济增长速度条件下（人类社会大部分时间遵守这个条件），并且人口不加控制，一百年后，即使是皇帝的子孙刘备也是打草鞋的结局，人口控制必须是未来的根本原则。

人与人的关系的革命

这也是人与人深度和谐的价值观革命。

这种革命是建立一个理想社会的基础，建设这样一个社会需要构架三个基本机制：

一是建设新型的利益机制——高度平等的利益机制。这种平等机制需要充分考虑人与自然和谐的条件，这种平等需要考虑跨代际、跨区域、跨国家的平等。跨代际主要体现在人口控制问题上，生育数量与权力需要有一个全社会共同遵守的原则，如果这个原则不遵守，未来是不可能建设一个高度绿色和谐的世界——人与自然、人与人高度和谐。没有跨区域、跨国家的共同原则的遵守是不可能最终建立一个全球性的和谐。

二是建立一个新型劳动机制。未来人类社会高度实现智能化，劳动的参与与劳动实现需要一个新的机制。

三是建立一个高度互助的合作机制。未来社会如何在实现日益独立、分离的结构下的社会合作将是一个理想社会必须建设的内容。

2. 社会体制的革命

这包括两方面：

公民社会的主体结构变化。

绿色革命产生的区域经济、个性化经济以及智能化与信息化的深度发展，使社会扁平化结构更加突出，区域性的公民社会成为社会的主体结构。道德治理是主体治理机制。

深度全球化的全球结构变化。

全球经济一体化成为未来的基本趋势；跨国家、跨民族、跨种族的全球化发展的结构成为未来重要趋势。

（四）促进中国绿色革命发展

绿色革命与当前中国经济与社会发展相互结合大致会出现五个结果：
绿色新经济、绿色新型城市化、绿色交通、绿色社会、绿色能源。

绿色革命既可以解决中国未来可持续发展的瓶颈问题，也是未来发展的大趋势。这种大背景下未来发展应该充分将这种绿色变革的基本内容融入中国的发展中，形成一个传统文明发展模式与未来绿色文明模式的结合：建设绿色新经济、绿色新型城市化、绿色新型工业化、绿色新型信息化、绿色新型农业化，率先在中国形成一个绿色革命。

（五）全力推进全球性的绿色革命发展，形成中国主导的全球国际新秩序

绿色革命是未来的大时代革命，这个大革命将涉及几乎全部领域的问题，是一个全方位、全面性的革命。掌握这个革命的主导权，就掌握了未来发展的方向。中国真正终结西方在世界的领导地位，绿色革命将是历史性的契机。中国绿色革命具备先天优势：新能源发展的资源优势——在最好的光热资源中，中国占有最大份额；同时中国是未来最大绿色能源市场。资源与市场是中国未来领导全球绿色革命发展的基本基础。只要中国紧紧抓住绿色革命的机会、主导权，并且有非常好的发展机制，中国完全可以在未来绿色革命的发展中建立一个新的世界，同时成为未来全球新秩序的创造者、领导者。

（六）绿色革命的阶段性战略发展问题

1. 绿色革命的阶段性战略

绿色革命应该有一个清晰的阶段性发展战略，绿色革命整个发展过程可以划分为两个阶段或者三个阶段，未来 10 年～ 20 年左右是一个前期阶段，此后20 年或者几十年是一个发展阶段。每个阶段在整个发展历程中所起作用是不同的，其阶段性策略应该有不同的要求与作用。

2. 前期阶段性战略

绿色革命前期实施正确的阶段性发展战略至关重要。绿色革命前期主要解决三个核心问题：

一是如何实现绿色能源市场化的规模发展

绿色能源如果不解决市场化发展问题，始终停留在政府支持的体制下，将无法实现规模化发展。欧洲的经历就是这个问题的说明，政府的支持一旦停止，发展就停止了。而政府的支持一定是有限的。

市场化的核心是如何建立一个能够为市场接受的绿色能源产品价格的接受体制与能力。建设这样一个体制是需要革命性的创新与革命性的努力。建设这样一个体制不单需要传统的市场方式——核心是价格要素，还需要一个全新的制度建设，如环境保护制度、资源使用制度、特殊的风险投资机制以及电力行业的特殊垄断制度破解之道。

二是探寻最佳的发展模式

每个国家绿色革命都需要一个与之相适应的发展模式。欧洲将是一个分布式为主体的绿色能源发展模式，而中国人均房顶面积较小，耕地缺乏，分布式绿色能源发展模式无法在一个相当长的时期内成为主体模式。中国人口如果未来在现有的规模条件下大幅下降，人口如果达到下降一半左右，分布式绿色能源将是重要发展方式，甚至可能成为主体方式。

此外，中国的绿色能源的主要实现形式应该是太阳能电池的发电形式，热电在中国有一定的局限性。

中国需要解决一个适合国情的发展模式。

三是解决大规模发展的其他配套问题

绿色能源大发展需要解决配套问题：

一是远距离的大能量传输问题。如果中国大规模发展西部的太阳能，大能量的电能远距离传输是一个需要解决的问题，目前没有任何一个国家有这样一个体系。建设这样一个体系是一个巨大任务。

二是绿色能源的非平衡的能量产生方式问题。如果大规模使用太阳能代替化石能源，目前的生产与生活方式与之是不相适应的。需要有一个解决办法。全球性联网方式可以是一个解决办法，但是短期内能否完全实现是一个问题。

三是需要解决大规模使用电力代替化石能源的体制与相应的技术、设备体系问题。太阳能代替化石能源，相当多的产业需要改变能量利用的形式，特别是汽车。完全解决这些问题需要一个过程。还需要一个制度建设与之相适应。

3. 绿色革命的后期阶段

绿色革命前期阶段解决了规模发展的前期问题，绿色革命将进入一个规模化发展的阶段，这个阶段需要 30 年～ 50 年左右。这个阶段主要解决规模化发展的问题，全面建设一个全新的社会。

（七）全力建设一个实现绿色革命的推进机制

发展未来的中国绿色革命，最关键是建立一个良好的推进机制与发展模式。推进绿色革命发展需要一个全新的发展机制，目前制约绿色革命发展最重要的问题是一个机制问题。核心是要解决五个问题：

1. 传统思想与体制

传统的经济管理指导思想有严重的缺陷：传统经济学不是一个比较完善的学科，其基本思想体系存在较大缺陷，它的体系中没有把资源的作用体现出来——资源在经济中的这种决定性影响基本上无法在理论体系中得到体现。从而在国家管理、经济治理体系中无法正确地确定资源应有的真实价值。目前最为明显的就是对污染问题的考虑，如果真实考虑了环境资源的价值，目前的绿色能源价格问题将在相当程度上得到一个解决，甚至是突破性的发展。

如果中国煤炭管理政策比较科学，煤炭的实际价格应该与石油价格接轨，如此绿色能源的价格问题有可能得到基本解决。如果煤炭价格与石油价格接轨，按 1:3 或者 1:4 算，煤炭价格应该是目前价格的 3 ～ 4 倍，如此条件下，绿色能源是完全可以在这个经济体系下实现价格可行的运行。

目前中国的煤炭价格可以认为是被西方有意打低，中国目前占全球煤炭总量 50% 以上，但没有价格上的话语权是一个值得考虑的问题。 西方目前通过出口几亿吨煤炭的水平，就控制了全球煤炭价格。**将中国的煤炭价格打下去，是可以有效控制中国的产品价格体系，极大程度实现控制中国的国家竞争力与国家整体实力。**

国家管理体制问题，如中国目前的税收制度不是非常有利于发展绿色能源。

垄断问题，如目前电价是一个人为性控制的垄断市场，电网体系话语权太大，并且不是非常合理，电的主要利益主要体现在电网体系中，发展绿色能源必须解决这个问题。目前发电厂家的出厂价格是使用价格的一半左右的价格体制将是制约绿色能源市场化发展的重要瓶颈。

2. 发展模式问题

目前绿色能源发展过于重视欧洲模式，这是一个需要解决的问题。未来绿色能源发展最重要的形式应该考虑两点：一是西部地区的规模化绿色能源发展的支持体制；二是市场化发展的前期支持模式。未来绿色能源市场化发展成功是实现绿色革命的最基本条件。未来中国绿色能源发展应该重点解决推进市场化发展的模式与策略。

3. 绿色革命的市场化发展问题

企业与企业家问题。市场化发展的一个核心要素就是如何发挥企业与企业家作用问题，美国 IT 革命的成功是这方面的一个范例。中国改革最成功的经验就是这方面的范例：哪个行业充分发挥企业与企业家作用，哪个行业发展就最好。**绿色革命应该充分考虑这个问题——如何最大限度发挥企业与企业家的作用。**

前期的政府特殊支持问题。前期政府支持对绿色革命发展至关重要，政府支持主要应该考虑两个问题：

一是加大政府支持力度。

考虑中国未来的能源及环境问题，中国目前只有加速发展绿色能源一条道路。中国必须加大绿色能源的支持力度，应该大幅扩展年度支持的资金以及配套更加开放的政策。

二是调整支持方式。

需要强化市场化发展的支持模式。目前政府的支持模式主要是补助模式，这种模式是欧洲成功经验，但中国真要后来居上必须调整模式，以市场化的方式作为主要发展模式，争取市场化的早日成功，获得早日大规模发展绿色能源的可能。

需要强化资金高效使用。目前资金支持方式单一，效果有限。**应该将补助为主体的支持模式变为贴息为主体的各种政策支持结合的规模化市场风险投入体制，将风险投资作为未来发展绿色革命的主要手段与方式。**

绿色革命是一个大革命，需要全社会的积极投入，政府是引导，主体应该是以企业家为核心的整个社会。只有将整个社会充分动员，绿色革命才会成功。巨大的产业机会具有巨大的风险，整个社会参与的风险投资会有巨大的风险承担能力，完全可以解决绿色革命需要的风险投入的能力。**这个事业是需要动员千亿甚至万亿量级的风险投入才有希望早日成功——这是过去新兴产业成功的历史经验。**

政府需要的是风险投入中的风险投入方式——承担最大风险部分实现最大的杠杆效应，以及用科学的设计与指导来实现绿色风险革命的实现。

目前国家补助作为主体发展机制的模式应该调整，应该实现整个社会充分参与的投资体制。如此，才有可能形成绿色革命的大格局。

绿色革命的国际合作问题

在全球应该推动主要国家体系的绿色革命形成高度合作共识，建立绿色革命的绿色通道，打破各种壁垒。建立资金、技术、合作的绿色通道，要有一个全新的合作机制来解决这个问题。特别是要打破目前这种专利技术垄断制度，需要一种新的创新管理机制。

同时需要建立一个全球性能源互联网的合作机制。

4.绿色革命的科技问题

建立中国绿色革命的科技优先、加速发展体制。

国家应该重点支持与引导绿色革命的科技体制。无论是从有限的科技投入以及绿色革命的重要性与紧迫性而言，都需要国家采取重点突出的科技支持策略。

充分发挥企业与金融作用的绿色革命的科技体制。绿色革命是一个时代性大革命，企业以及金融力量如何发挥作用至关重要。我们的科技支持应该将相当的力量放在如何启动企业以及金融力量的参与，应该创造一个让企业、金融在绿色科技革命中扮演主导力量机制。如此，这场革命将会有一个非常好的格局。

创造这种机制国家应该将相当多的政策支持与资金支持与其他方面国家支持结合，以促进一个以企业、金融力量为主体参与科技发展的格局。

重点突出的科技发展策略。发展绿色革命最重要的策略就是要突出重点，解决主攻方向。绿色能源是主攻方向，其次超导技术体系发展将是一个重要战略性发展内容，需要有一个相当的培养过程。这个发展内容非常可能成为中国绿色能源体系中的核心技术体系，并且成为引导全球发展的重要领导技术。

建立中国全方位的绿色科技革命的体制。

绿色革命涉及问题几乎是全方位的，需要建设一个充分动员全社会参与绿色革命的科技体制，需要政府、企业、研究机构、金融界、个人全面动员与参与。

建立中国的绿色革命科技发展的全球合作体制。

绿色革命是一个全球性的革命，全球性科技合作应该打破过去的机制，要有全新的合作机制，促进新技术、新工艺的快速、高效流动。

5. 构架全球绿色革命合作新机制

●对新能源发展的关键技术形成全球性合作攻关，形成全球技术共享机制。

●构架全球合作的新能源推动金融机制，迅速形成推动全球各种新能源发展机制的各种前沿开发。

●全球性形成新能源发展绿色通道机制，打破技术垄断、关税，建立全球性的绿色革命合作机制。

●全球形成一个由各国政治家组成的最高层面的国际绿色革命合作机制，形成对这场革命的政治支持机制。

●全球主要国家形成有计划的绿色革命推动的合作组织，直接推动相关的产业发展。

●目前的管理方式应该尽快确定一个可以全球一致行动的实施办法。

第三部分
创造大历史：中国的绿色革命与绿色时代

◎抓住战略机遇：创造未来

◎绿色发展的若干国家政策考虑

◎中国发展可再生能源的基本考量与方略

◎中国太阳能电池发展路径与战略

◎中国绿色能源协同创新发展道路

◎绿色智慧未来

第十二章　抓住战略机遇：创造未来

吴建民

作者系原外交学院院长，全国政协外事委员会副主任。

和平与发展可以归结为二战以来的主流，也是各国人民的共同期盼。如何把这种主流格局建设得更好是全球共同的责任，更是中国未来的国际道义与责任。

建设和平、繁荣、绿色的未来是我们应该倡导与建设的新世界。

吴建民先生多年来倡导、坚持能源革命、绿色发展、和平发展三大主题。他在这方面的观点与看法，主要体现在下述三个方面：

■ 正确认识世界，别再错失机遇

■ 抓住战略机遇：走绿色发展道路

■ 走进能源革命，打开绿色通道

一、正确认识世界　别再错失机遇

回顾中国历史，凡是对世界认识正确时，就大踏步前进。凡是对世界认识错误时，就停滞倒退，灾难深重。

可用三个故事阐述正确认识世界的重要性。

第一个，1946年4月，毛主席写了《关于目前国际形势的几点估计》很短，很有分量。当时舆论认为美苏必战，第三次世界大战必然爆发。有些同志，惧怕美国，惧怕爆发新的世界战争，因而不敢坚决地用革命战争反对反革命战争。毛主席批评了这种错误思想。指出，只要世界人民力量向世界反动力量进行坚决的和有效的斗争，就可以克服新的世界战争的危险；又指出，帝国主义国家和社会主义国家有可能取得某些妥协，但是这种妥协，并不要求资本主义世界各国人民随之实行国内的妥协，各国人民仍将按照不同情况进行不同斗争。国内的方针正确与否，跟对世界的认识有很大关系。

第二个，1958年我在北外上大三，1958年底中央在武昌开八届六中全会，公告里面有这么一句话，当前国际形势总的特点是敌人一天天烂下去。我们一天天好起来。1959年毕业之后。被外交部录用后投身外交，在国外干了25年。接触的信息多了，1958年是美国、欧洲、日本真正大发展的时候，根本没烂下去。我们对世界形势估计完全错了。影响到国内的政策，大家都知道，总路线、大跃进、人民公社带来了什么结果。

第三个，1978年邓小平访问日本。小平同志看的第一个企业。就是日产汽车制造厂，尼桑，看得很仔细，一边看一边比较日产汽车制造厂的劳动生产率和中国当时最先进的汽车制造厂长春一汽的劳动生产率，人家是我们的几十倍。看完之后，小平感叹：我现在明白了，什么叫现代化。对外部世界认识正确了。国内的方针正确了。改革开放30多年中国就出现了大变化。

和平时代若还坚守战争年代思想是很危险的

列宁在1916年做了一个论断：当时的时代，是帝国主义战争和无产阶级革命的时代。这个论断是对的。两次世界大战，十月革命，中国革命，战后一系列爆发的民族独立和解放运动风起云涌。他的论断对于世界革命、中国革命和民族解放运动，都有很强的指导意义。

中国看出时代变化的第一人是谁？邓小平。20世纪80年代初邓小平见外宾，反复讲一个观点，当今世界面临两大问题；一个和平，一个发展，两大问题一个都没有解决，这是一个根本性的变化。现在中国国内关于国际形势的各种争论，本质上也会归属到这一条。有的是从时代变化的角度来看国际形势；有的还是停留在革命与战争的时代，什么"中美必有一战"，"中日必有一战"，这些言论甚嚣尘上，时代已经变了，思想若还停在战争时代，那是很可怕的。

美国的教训表明，战争已经解决不了问题。发动伊拉克战争和阿富汗战争，美国估计花6万亿美元。阿富汗战争从2001年10月1号打响到现在还没完。伊拉克至今硝烟不散。这两场战争加剧了基督教文明和伊斯兰教文明的冲突，带有宗教色彩的冲突没完没了。今后几年几十年，美国还要花费大量的人力、财力来应对后遗症。战争解决不了问题，这是时代变化带来的国际关系当中一个新的变化。

五大因素推动时代变化

第一，两次世界大战的惨痛教训。二战以后成立联合国，联合国宪章第一句话是"我们联合各国人民决心使后代免除战争的浩劫"。两次世界大战给了人类惨痛的教训，得出这样一个结论，这标志着人类社会进步。

第二个因素，就是核武器的出现。核武器对战争有制止作用。战争的目的不是大家都完蛋。所以，你看一战、二战隔了21年，1914年～1918年第一次世界大战。二战1939年就爆发了，1945年到现在，68年没有打世界大战了。中国人讲的战略机遇期很重要的一条，就是不可能爆发世界战争，谁也下不了这个决心。

第三个因素，全球化。全球化造成了你中有我、我中有你的局面，这种局面毫无疑问对战争有制止作用。2008年美国爆发了金融危机，时任国家主席胡锦涛讲"携手合作，同舟共济"。全球化使大家连在一起了，大家联合起来共同来克服危机。

第四个因素，是西方世界在全世界人民斗争的压力下，在国内运动的压力下，在国际共产主义运动压力下，进行了深刻的改良。西方几个大国，不得不放弃殖民体系。这是它对外政策一个大的调整，对内西方世界采取了很大的调整。

最后一个因素，就是由于全球化，世界变小了。同时全世界有20多亿人在温饱线上挣扎，发展问题怎能不成为时代主题。

根据时代变化调整战略决策

邓小平首先发现时代的变化，这对中国的影响太大了。1978 年三中全会决定把党的中心工作转移到经济建设上来，促使这样一个战略决策，它后面一定包含大的判断：战争在可预见的将来打不起来，你看改革开放以前我们采取"山散洞"的方式，山靠山；散，分散；洞，钻到洞里去，多少钱投进去了。过去改革开放前，靠近香港澳门是前线不发展，改革开放之后首先发展的四个经济特区都靠近香港澳门，没有一个对形势的大判断不会做出这样的决定，

1992 年拟定出小平南巡讲话，国际形势如何？苏联垮掉了，东欧发生了巨变，如果思想还停留在战争革命时代，这是西方世界进攻的时候，在敌人敌军进攻的时候中国人该干什么事情，关上门大举部署阵地呀。邓小平说什么，胆子再大一点。步子再快一点，中国大门没有关上，反而开得更大了，35 年的大发展证明了小平的决断是何等的英明。它的根据是什么？时代变了，如果看不到时代变化，国际形势就会就事论事，就会东倒西歪，迷失方向。

1984 年邓小平同志讲：解决国际争端要根据新情况，新问题，提出新办法。新情况，就是时代变了。新问题，港澳回归提上了议事日程。新办法，一国两制。考虑到中华民族包括港澳同胞的根本利益，也考虑到外国资本的利益。实现了共赢。

若错过战略机遇期后代会谴责我们

中国在 21 世纪最大的利益是什么。我认为还是邓小平讲的，发展是硬道理。《孙子兵法》有势篇，要保持发展的势头。保持发展的势头意味着什么？必须保持开放的势头，必须保持对外合作的势头。开放的势头中断了，我们发展的势头肯定中断。我跟一些领导同志谈，说开放比改革还重要。你看看苏联经济，他们政治上搞了改革，改了一些东西，但经济上是封闭的，发展不起来呀。如果保持发展的势头再有 30 年、50 年，中国就能完全起来了；如果这个势头中断了，后代会谴责我们。当年那么好的势头你们为什么没有抓住？

相比过去今天的世界有四大不同：

第一，联合国宪章承认了主权平等。1945 年联合国刚成立时有 50 个国家，现在联合国成员国 193 个，没有主权平等这套原则世界会有那么大变化？不会的呀。当然我们要看到联合国宪章写的主权平等和事实上的主权平等还有很长

的距离。这是全世界共同奋斗的一个成果。

第二，世界已从 MAD 进入了 MED。MAD 是"相互确保摧毁"，过去冷战时期美苏冷战实体大家都发展了很多核武器，一打大家就完蛋；MED 是"经济上相互依存"。有人把中美关系比作当年苏美关系，美国驻中国大使芮效俭反对，他说，美苏关系最好的时候贸易有多少？40 来亿美元，现在中美贸易有 5000 多亿美元，完全不可同日而语。中美之间有很多的共同利益，这是世界上一个很大的变化。

第三，就是出现了一个以规则为基础的全球贸易体系。世界贸易组织就是这样的组织，使贸易在全球范围内有序的进行。有了这个体系我们就可以买到所需要的。可以卖出去我们生产的东西，中国钢铁，铁矿石，大部分是要进口。中国人吃饭光靠 18 亿亩耕地够吗？不够呀。我们去年进口了 6000 万吨大豆，进口了 800 万吨食用植物油，意味着增加了 6 亿亩耕地。有了这样一个贸易体系对中国有利。

第四，全球化生产的四大要素"商品、资本、人才、技术"在全球流动。这个对中国很有利，改革开放以后我们要引进各种人才、技术、资金。没有世界的变化中国不可能发展。

中国发展的"天时、地利与人和"

中国现在走到了世界舞台的中心，是什么因素推动的呢？大家可能讲改革开放政策，但是，单是改革开放政策行吗？不够。看当年的洋务运动，中国何尝不想开放？洋务派也都是很有眼光的人啊，他们也派人留洋学习。但问题是，那时的世界没有变，是一个旧世界。我认为光是改革开放致策中国不可能发展，还要有天时、地利、人和，三个因素综合作用下，中国走向了世界舞台的中心。我们起来革命就是高唱国际歌，国际歌是要把旧世界打个落花流水。以旧社会为敌，去年年底 12 月份，习近平主席会见外国专家在中国的代表，说我们的事业是与世界合作共赢的事业。你看，一个落花流水，一个合作共赢。显然，天时，就是世界变了。

现在全世界另一个大变化就是亚洲崛起，亚洲崛起拉动国际关系的中心从大西洋向太平洋转移。战后亚洲经过五个浪潮崛起，第一个浪潮在日本，你不能不肯定日本在亚洲首先搞了出口导向型的发展模式，战后日本第一个崛起。1968 日本成为世界第二大经济体，那是明治维新 100 年后，前一代人搞军事扩张，搞军国主义道路，碰得头破血流，后一代又在经济上发展起来了。第二个浪潮在亚洲四小龙，上个世纪 60 年代亚洲四小龙：中国台湾、中国香港、新加坡、韩国，也是循着出口导向型的发展模式起来了，第三个浪潮就是东南亚国家联盟的这些国家，印度尼西亚、马来西亚、泰国这些国家，在 70 年代初也遵循出口导向型的模式起来了。第四个浪潮就在中国，中国 1978 年改革开放。我们的模式也是出口导向型，这个模式把中国的优势发挥出来，很有好处。中国劳动力比较富裕。跨国公司向这个地区转移，我们起来了。第五个浪潮在印度，1991 年印度实施改革，印度的改革之父是谁？就是现任总理辛格，1991 年他是印度政府的财政部长，当时的总理拉奥，他们看到了亚洲国家崛起的现实，决定改革。印度比我们早独立两年，1947 年独立，印度独立以后奉行所谓尼赫鲁主义，就是政治上学西方，三权分立，议会制度，多党制。经济上学苏联搞计划经济，印度搞计划经济搞得很彻底，什么事一定要经过政府，印度人把自己当时的经济叫作“许可证经济”，政府的效率很低，印度发展的比较慢，印度 1947 年独立的时候比我们中国情况好多了，现在看来，印度可能被我们甩了一段距离。但是印度 1991 年实行改革之后，增长达到百分之六七，这么二十年下来印度也不得了。中国和印度加入到亚洲国家崛起大潮，正在改变世界的面貌，使亚洲崛起的势头、规模大大加强。

在一个大陆一个洲。一批批国家崛起，也就只有亚洲了。中国若不在亚洲这里，行吗？从经济转向市场经济是非常艰难的历程，我们派了多少人去日本、新加坡、香港学习？这些国家和地区距离近，有的也讲汉语，这对中国来讲太重要了，没有这个地利我们也发展不起来。我们走到世界舞台中心，也要感恩于这个地利，感恩这个地区。然后再加上人和，也就是改革开放政策，没有人和。天时地利都没有用，认识到我们如何走到世界舞台中心非常重要，这样我们可以全面看待这个世界。

中国人面对的最大挑战是自己。中华民族应对灾难的能力大概是世界各国各民族中鲜能匹敌的。中华民族几千年文明史炼就了中华民族应对灾难的超强能力。1976 年唐山大地震，我那个时候住纽约，CNN 评论说，一个民族在灾难面前如此淡定，这个民族是伟大的。但是中国人怕什么？头脑发昏。什么时候会头脑发昏？取得成绩的时候。

党的十八大之后，中国在一个新的起点上，我们必须要正确认识今天的世界，把握住时代的变化，抓住关键，同时要正确认识自己，抓住千载难逢的战略机遇期。

二、抓住战略机遇 走绿色发展道路

气候变化：经济外交（国际问题）新议题

美国《财富》杂志在美国中部一个旅游小镇举办了头脑风暴全球峰会。在会议开始之前，主办方对参会人员进行了一次问卷调查：你认为当前世界上最大的问题是什么？谁对世界的贡献最大？如果世界出现问题的话，你认为会是什么问题？对于第一个和第三个话题，答案是一致的：即气候变化。参会人员包括以色列前总理、美国前国务卿、一些大公司包括壳牌的 CEO 等，80% 的人认为气候变化是首要问题。气候变化问题已经愈加受到世人的瞩目。

以往谈到经济外交，不外乎诸如贸易壁垒、WTO 项下的贸易纠纷等议题。而现在的经济外交又多了一个新的议题：气候变化。要充分认识气候变化对经济外交的影响。当今世界气温在上升，不管采取什么措施，在今后若干年，极端灾害气候不会减少。对于大气中二氧化碳的浓度，科学家得出的结论是：人类生存所能允许的最高浓度是 550PPI，现在已经达到 380PPI。这是 2006 年的数字，有人认为如今已经到了 420PPI 了。这个问题将成为全球最大问题，它将影响全球的生产方式、生活方式和消费方式。

冷战期间，美苏核恐怖一旦打起来，大家都会遭殃。现在的气候变化也是这样，一旦搞不好，将会毁灭全人类。这个压力是非常大的，美国人对气候变化问题一直不是很积极，但现在布什态度变了，3 月 5 日，他亲自出席可再生能源大会。可见，布什也在抓这个事情。

如果中国拿出 1.5 万亿外汇储备中的 2000 亿美元成立"低碳基金"，援助发展中国家，作为采用节能高效技术的基金，到 2020 年全球碳交易将达到 22 万亿美元。为了拯救地球，中国先行一步，可以起到未来全球政治、经济、价值观方面的领先作用。总之中国在气候问题上应该在全球范围内有重要战略举措，应该起到大国的作用。

人类需要改变生活方式

2007 年，我到欧洲出席了两次国际会议。在谈及能源和环境问题时，好几位与会人士都提出，人类需要改变生活方式。我认为，这个意见很有道理，也很及时。

世界自工业革命以来，取得了巨大的进步。特别是 20 世纪，人类科技发明的总量占到有史以来人类科技发明总量的 90%。科技发明推动了工业革命和信息革命的进步，极大地改善了世人的生活质量，也改变了人们的生活方式。然而，事情总是有两面性的，科技进步给人类带来众多好处的同时，也对自然环境和生态系统造成了极大地破坏。

1775 年，欧洲进行工业革命时，世界人口大约为 6.7 亿，而今天的世界人口为 66 亿。1775 年，人类对自然环境的干扰和破坏较少，所产生的废弃物也相对较少。而今天，每个人所产生的废弃物大约相当于当时的 10 倍。这样一来，人类对于环境的干扰和破坏大约相当于 1775 年的 100 倍。21 世纪是世界人口继续上升的世纪，人口学家预计，到 2050 年，世界人口将达到 92 亿，比现在多出约 30 亿。另一方面，一批发展中国家在崛起，这是 21 世纪将对国际关系产生深远影响的一股大潮。中国、印度、东盟、巴西、墨西哥、南非等国在崛起，把这些国家的人口加在一起，接近当今世界人口的一半。而这些国家的崛起从总体上来看尚处于初期，更大的发展还在后面。这就意味着，今后几十年里，世界上有几十亿人的生活会有较大的改善，这无疑是世界走向进步与光明的重要标志。如果这些国家再走过去工业化国家"先污染、后治理"的老路，那将是人类的灾难。我们的地球正在面临严重的危机，人类的活动对生态环境所造成的破坏正在突破地球所能承载的极限。一些地方频繁爆发的环保事件，就是不断向我们发出的警告。

改变人类的生活方式，就是在上述背景下人类在进行反思过程中提出来的问题。生活方式包含多种内容，比如，能源是人类生活与活动必不可少的。迄今为止，人类所消耗的大量"化石燃料"造成了空气的污染，环境的破坏、气候的变化、生态的失衡。于是，人们越来越多地考虑利用可再生能源，例如水能、风能、太阳能、生物能等。实际上，这些探索本身就可能会带来生活方式的变化。

我在欧洲开会时听说，欧洲有一个小岛，岛上有 3000 居民，正在进行一种改变生活方式的试验。岛上充分利用风能、太阳能，居民产生的废水经过处理后用于灌溉，其他废弃物予以回收或循环使用。实验的初步结果是相当好的。岛上的污染源大大减少，空气清新，碧水蓝天，人与自然和谐相处。

这个例子发人深思。世界的环境危机将会越来越严重，形势将逼迫我们寻找解决办法，改变生活方式，势在必行。

三、走进能源革命　打开绿色通道

能源革命它可以给人类开辟一个更大的发展空间。推动能源革命有两大动力，第一大动力是一批发展中国家的崛起。你算一算，全世界正在崛起的发展中国家，亚洲、非洲、拉丁美洲加在一起有 33 亿人。这么一个庞大的队伍在崛起，要消耗能源。我们现在这种能源消耗的模式是发达国家创造的，有那么多能源吗？没有。化石能源总有一天会用完的。第二个强大动力是气候变化，你有那么多能源，你敢用吗？如果气候变化到一个非常严峻的地步，人类可能面临着巨大的灾难。

人类所能承受的大气当中二氧化碳的浓度是 550ppm。现在已经到了 400ppm 了，非常严峻。到了这个状况没有办法，那怎么办？寻找新的能源，清洁的能源，再生的能源。

新能源革命必定会带来产业革命。能源变了，一系列的产业链都会变。生活方式，你想想我们目前这种生活模式基本上是发达国家创造的。当时他们人很少，他们有全世界的资源可以（利用）。能源一变，很多东西都要跟着变。人们就是这样，另外环境和资源的压力迫使人们要变。能源革命也是新的经济增长点，新的经济增长点在"三大革命"——能源革命、产业革命、生活方式革命。

第十三章　绿色发展的若干国家政策考虑

范　必

作者系国务院研究室综合研究司司长。

作者认为，理论、战略与实际操作还有一个相当距离，如何实现可操作的国家绿色发展经济政策是国家最终实现绿色发展或者绿色革命的关键一环。

国家政策层面的绿色经济发展办法需要有效解决三个方面问题，一是实操性，二是全局性，三是发展性。

国家层面的重大政策集中了全国乃至全球各方面专家的智慧，同时经历反复的论证，是集理论界、企业界、政府三者达成的共识。政策在理论界那里是百家争鸣、轰轰烈烈、热闹非凡，在企业界那里是踏实、苦干，在政府那里是一语击的、简单明了甚至是枯燥无味——在这种外表下隐藏着国家发展的黄金机会。

本章对以下问题作了深入的阐释：

■ 建立全球大宗能源资源市场稳定机制的构想

■ 电力体制改革的若干问题

■ 发展页岩气的方略

■ 发展新能源的若干问题

■ 发展节能减排的机制与方法

■ 核电发展的战略问题

一、建立全球大宗能源资源市场稳定机制的构想

（一）引言

石油、天然气、煤炭、铁矿石、有色金属等大宗资源，是人类社会发展的基础。从全球范围看，能源资源总体储量比较丰富，总体看，现有能源资源储量可以满足世界经济相当时间期发展需要。尽管将来能源资源消耗总量会持续上升，但单位产出能源资源消耗正不断下降。从能源消耗来看，1990年～2010年，全球能源消费增长了41%，而GDP增长了96%，能耗强度下降28%。单位GDP的矿产资源消费总体呈现缓慢增长甚至下降趋势。

在世界范围内，能源资源分布不均衡，生产和消费集中度较高，这决定了世界上没有一个国家可以完全依靠本国资源来满足发展需求，需要能源资源全球配置。目前全球资源价格波动剧烈，是影响全球经济的重要原因，解决这个问题迫切需要建立全球能源资源市场稳定机制。

（二）国际能源资源市场存在的主要问题

1. 国际能源资源市场过度金融化

当前，世界上大多数大宗商品交易都是以某些主导国际的期货市场价格来决定的，即商品现货价格主要参考权威期货市场价格。铁矿石仍然以供需双方的直接谈判定价为主，但谈判的周期越来越短。商品市场的金融化趋势已经改变了过去商品价格的形成机制。据国际清算银行（BIS）的统计，2005年在交易所的石油和铜的期货、期权合约规模分别相当于其全球产量的3.9倍和36.1倍。商品市场过度金融化是造成近几年国际能源资源价格发生大幅波动的重要因素，严重威胁国家和地区经济安全，而且易引发全球性的能源资源危机。

2. 全球能源资源被高度垄断

当前，全球能源资源生产相对集中，少数国家和企业控制了一些重要能源资源的探明储量和供给数量，掌握了市场价格的主导权。全球石油、天然气储量已基本被分割完毕，石油输出国组织（欧佩克）通过协同限制油气产量，维持其卖方垄断地位以获取超额收益。除了产业资本外，华尔街金融资本也渗透

其中，间接控制了全球石油和天然气的贸易规模，并利用金融衍生品操纵现货价格，从中攫取交易价差收益。全球 70% 铁矿石资源的贸易量均被三大矿商所控制，致使铁矿石价格连年上涨，这让众多钢铁企业买家苦不堪言，中国尤为如此。

3.国际能源资源问题日趋政治化

当前，能源资源消费大国为保障本国供给，越来越多地采取政治、外交甚至军事手段，寻求建立海外能源资源长期、稳定、安全、经济的供应体系。例如，美国能源资源外交重点是维持一个以其为主导的多元化的全球供应格局；而中国、印度等新兴经济体也展开全面资源外交，保障国内经济发展的能源资源需要。资源供应国则以资源为"武器"，谋求国际政治地位提高，并获取更大的经济利益，比如不断提高市场准入门槛，正常的贸易、投资、并购活动往往受到政治上的限制和干扰。一些国家通过调整矿产资源法或矿业法，实施能源资源贸易保护政策，限制外资的过度介入，以保护本国企业利益或维护国家资源主权，如秘鲁、俄罗斯、委内瑞拉、蒙古和智利等国家都强化了相应措施，保护或控制本国的优势矿产资源。俄罗斯把油气作为大国外交的重要筹码，动辄实施"断气停供"；加拿大为了充分发挥资源优势，建立世界矿业金融中心，试图从金融和信息方面控制国际矿业活动，加强本国优势矿产在国际市场上的垄断地位；澳大利亚开征碳税，大型矿产资源企业经营受到影响，一定程度打乱了其他国家在澳投资计划。

4.能源资源国际通道安全令人堪忧

对能源资源消费国而言，海外获取资源，运输通道安全至关重要。历史证明，过境运输出现的问题往往与政治原因有关。一些石油运输通道地区民族冲突严重、犯罪活动猖獗，严重威胁石油海上运输的安全。即便是相对安全的陆路和管道运输也经常面临地区军事冲突、地震等不可抗拒因素导致的中断风险，严重威胁国际经济安全。

（三）构建全球大宗能源资源市场稳定机制的重要意义

大宗能源资源市场剧烈波动，威胁到全球经济、政治稳定。保持全球能源资源市场稳定，对于生产国还是消费国以及整个世界，都具有积极意义。

1. 有利于创造稳定的国际政治环境

能源资源对国际政治历来具有举足轻重的影响，历史上的各种冲突和战争往往是对能源资源争夺的结果。能源资源还与各种非传统安全因素紧密交织在一起。恐怖主义、宗教极端主义、跨国犯罪、环境生态等非传统安全威胁因素都与能源资源因素密切联系。缺乏稳定的能源资源市场，一国往往会诉诸政治、军事等方式来保障能源安全，这可能会埋下区域冲突和政局动荡的隐患。建立一个稳定的国际能源资源市场，保障各国通过市场手段，公平、稳定、可预期地获取能源资源，维护各方合理的经济利益，有利于解除能源资源政治化带来的安全隐患，创造一个和平的国际政治环境。

2. 有利于维护世界经济安全和国际金融市场稳定

能源资源价格急剧变动会加剧经济周期波动。在经济下行时期，能源资源价格急剧下跌，会加深经济衰退程度。在经济复苏时期，能源资源价格大幅上涨，会推升通胀，延缓经济复苏。自 20 世纪 70 年代以来，历次世界经济衰退都发生在原油价格上涨到峰值后。本轮金融危机中，能源资源价格高位急跌与经济衰退相互强化，加剧了经济的不稳定性。

3. 有利于我国经济继续平稳快速发展

2003 年以来，我国经济发展对国外能源资源的依存度不断提高，石油、铁矿石等能源资源价格成倍上涨，增大了工业原材料成本，压缩了企业利润，削弱了我国国际竞争优势，同时也带动了国内下游产品价格的提高。从长期来看，到 2020 年，在最重要的 45 种矿产品中，我国仅有 6 种能够基本自给。即使是我国储量丰富的煤炭资源，也将会大量依靠进口。未来中国能源资源对外依存度会继续提高，保持国际能源资源价格基本稳定，有利于我国更好地利用国际国内两种资源、两个市场，减轻输入性通胀压力，把更多的资金投入到转变经济发展方式上来，延长我国经济发展的战略机遇期。

4. 有利于新兴经济体保持良好发展势头

中国、印度等新兴经济体是能源资源消费大国，还有一些新兴经济体既是能源资源的生产大国也是消费大国，每年全球新增能源资源贸易量的大部分发生在这些国家。世界能源需求将在今后 25 年增加 48%，非 OECD 国家在能源消费增长量中占 81%。国际能源资源价格大幅上涨，加大资源消费国输入型通胀压力，影响新兴经济体经济增长的稳定性。稳定的全球能源资源市场，可以保持新兴经济体强劲增长，也可促进世界经济尽快复苏。

5. 有利于发达国家的能源资源安全

发达国家是国际能源资源市场波动最早的受害者。2010 年全球每年原油总产量 43 亿桶，贸易量约 18 亿桶，欧洲和美国占了贸易量 50% 以上。以美国为例，当原油每上涨 1 美元，美国每日进口成本就增加 800 万到 900 万美元。稳定资源市场对于发达国家非常重要。

6. 有利于能源资源供应国获取长期稳定收益

价格波动对能源资源供应国来讲是一把双刃剑。价格大幅上涨时，这些国家经济增长加快，可以获得较大的收益。但在政治上，价格长期高位运行会使能源资源供应国和跨国公司遭到国际社会的谴责和政治压力。从长期来看，能源资源价格长期居高不下，必然会引发节约能源和寻找替代能源，从而降低消费，影响整个行业的发展，过度替代导致相应需求不可持续，生产国的利益就得不到保障。因此，国际能源资源价格保持合理水平，有利于供应国获得长期稳定的市场需求，从而促进其经济持续增长，提高国民就业和社会福利水平。

（四）在 G20 框架下构建全球大宗能源资源市场稳定机制的可行性

建立全球能源资源市场稳定机制，保持大宗能源资源市场稳定是未来全球经济与政治稳定的重要基础。在应对 2008 年金融危机中，G20 顺利实现了制度升级，成为全球应对危机的主要平台，并初步显示了其治理成效，获得国际认可。由于 G20 的权力结构和制度建设具有成本优势，在该框架下构建全球能源资源市场稳定机制具有可行性。

1. 国际能源资源问题亟须全球治理

能源资源安全问题越来越具有全球性质，呈现出一系列新的特点，亟须通过世界范围内的共同机制和框架来实施全球治理。

第一，现有的国际组织在能源资源集体安全保障方面的协调作用有限。

全球能源资源安全越来越具有明显的不可分割性，建立全球性的集体安全的保障机制符合各国的共同诉求。上个世纪六七十年代，先后出现了维护石油输出国利益的石油输出国组织（欧佩克）和完善能源消费国集体安全保障的国际能源机构（IEA）。从上个世纪 90 年代开始，国际能源资源合作逐渐由国别、集团和区域逐渐向全球范围扩展，开始出现包括消费与生产国在内的多边国际能源合作机制，其代表性组织为国际能源论坛和能源宪章。此外，各种国际合作组织（包括联合国）均把能源资源安全问题列为重要议题，有的还专门设立了相应的分支机构。但从效果来看其协调作用十分有限。

第二，国际能源资源的自由贸易秩序亟须代表性更广、约束力更强的全球化机制与平台来实施和保证。

当前，对于能源资源的贸易、投资，各国家均具有保护主义倾向，但是任何国家都不能完全依赖本国供给发展经济。在经济全球化的背景下，能源资源的全球化趋势更加凸显。建立公平合理的自由贸易，寻求全球能源资源等要素的自由流动已经成为全球重要问题，需要代表性更广、约束力更强的国际合作机制与平台来实施和保证。

第三，现有国际能源资源合作组织的代表性和影响力不足，有的甚至存在对抗性。

迄今为止，国际能源合作组织的代表性和影响力均不足，有的甚至还存在对抗性，如国际能源机构和欧佩克组织之间的对抗性就十分明显。

第四，国际能源资源合作需要制定更有可操作性、有约束力的全球性规则。

当前，很多有关能源资源的全球议题还停留在讨论层面，只具有论坛性质，缺乏约束力和实质治理作用。国际能源资源领域出现的贸易纠纷、投资争端还很难在统一的框架下得以有效协调。很多国际性组织已开始有意识地制定有约束力和影响力的能源技术标准、产业政策、管理制度和交易规则。但受组织本身影响力所限，这些约束规则还只能局限在区域范围内。

第五，亟须从全球治理的高度平衡能源资源市场参与方的共同利益。

无论是能源资源的供应国还是消费国，国际组织还是研究机构，只要参与能源资源产业链，都是寻求己方利益最大化的市场主体，客观上有可能损害他方的利益。要确保每个参与主体利益最大化，而不使任何参与者受到损害，**就要从全球治理的高度，确保能源资源市场的有效性和稳定性，平衡能源资源市场参与方的共同利益**。

2. 在 G20 框架下对能源资源市场进行全球治理的可行性

当前，国际社会关注的全球经济治理机制主要是国际金融体系和全球自由贸易体系。能源资源安全体系尚未得到足够重视，主要局限在行业国际组织、区域合作组织中的讨论，没有一个全球性的合作机制。为了稳定能源资源市场，有必要建立一个包括能源供应国和消费国在内的集体安全体系。

在 G20 框架下对能源资源市场进行全球治理是必要的，也是可行的。自 20 世纪 90 年代以来，全球经济治理逐步从发达国家主导的 G7、G8，向发达国家和发展中国家共同参与的 G20 转变。本次全球金融危机中，在 G20 框架下出现了一些新的管理世界经济的规则，约束力不断增强，代表性、广泛性正在增加，国际社会普遍接受 G20 成为今后开展全球经济治理的主要平台。目前，G20 的 GDP 总量约占世界的 85%，人口约 40 亿，G20 国家覆盖了主要发达国家和新兴经济体，也包括了主要的能源资源供应国和消费国，具备承担能源资源市场全球治理的基本条件。

G20 已经意识到稳定大宗商品价格的重要性。在 2011 年 2 月举行的 G20 财长和央行行长会议上，已经将大宗商品问题列入公报，并设立了分析资金流动对价格影响的工作小组。同时，G20 还设置了化石燃料补贴、化石燃料价格波动、清洁能源和能效三个工作组。在 11 月举行的 G20 领导人戛纳峰会上，我国领导人强调，应当推动形成更加合理透明的大宗商品定价和调控机制，实现和保持大宗商品价格合理稳定。这一观点得到了与会国家和国际舆论的赞赏。这次峰会的公报也指出，G20 国家认可国际证监会组织（IOSCO）改进大宗商品衍生品市场监管的建言，并认为应当赋予市场监管机构有效的干预权力，尤其是应当拥有和利用正式的头寸管理能力。虽然 G20 所谈的大宗商品只涉及能源和粮食，但这些举动表明，G20 愿意成为稳定大宗商品价格的平台。

在这个体系框架下，主要能源供应国、消费国、中转国坐在一起，共同讨论能源政策、市场建设、定价机制、运输通道安全等重大问题，形成有约束力的机制和共同行动计划，从而建立起一种集体安全体制。无论资源丰富国还是资源贫乏国，无论是发达国家还是发展中国家，面对全新的国际能源资源局面，都有可能支持国际能源资源市场稳定机制的建立。

（五）构建全球大宗能源资源市场稳定机制的设想

目前，全球经济治理改革正向纵深推进，稳定能源资源市场符合各方共同利益。国际社会应当抓住这一机遇，推动建立全球大宗能源资源市稳定机制（Global Mechanism for Stabilizing Energyand Resources Market，GMSERM），并将其正式纳入 G20 峰会讨论的范围，与国际金融体系和自由贸易体系一起，相互协调配合，共同履行全球经济治理的责任，防止出现新的全球性经济危机。

1. 构建全球大宗能源资源市场稳定机制的目标

在 G20 框架下，构建全球大宗能源资源市场稳定机制的目标可以概括为：制定公正、合理、有约束力的国际规则，形成大宗能源资源市场的预测预警、价格协调、金融监督、安全应急等多边协调机制，使全球能源资源市场更加安全、稳定、可持续。

2. 构建全球大宗能源资源市场稳定机制的原则

建立全球大宗能源资源市场稳定机制应坚持以下原则：

第一，自由竞争原则。健康的国际能源资源市场应当是一个消除垄断、充分竞争的市场。应当通过全球治理，减少政府对能源资源供给和消费的直接干预，打破产业资本与金融资本双重垄断，增加全球范围内的竞争程度，提高资源配置效率。

第二，广泛代表原则。全球能源资源市场治理的参与方应有广泛的代表性，主要包括发达国家和新兴经济体、资源供应国和消费国政府，以及企业、国际组织、研究机构等各个层面。

第三，互利共赢原则。秉承公平交易、合理配置的理念，避免一方受益他方受损的"零和游戏"，妥善解决贸易投资的纠纷争端，共同维护公平稳定的市场环境。

第四，可操作性原则。G20 应当在充分协商的基础上，制定有约束力的规则。各相关参与方应当恪守承诺，接受相关机构的监督和检查，确保相关规则可实施和可操作。

3. 全球大宗能源资源市场稳定机制的框架内容

初步考虑，全球大宗能源资源市场稳定机制可以包括以下内容：

第一，建立信息通报机制。在能源资源供应市场中，建立全球信息沟通机制，提高能源资源交易的透明度，减少或取消对能源资源市场的行政干预或垄断。建立全球能源资源交易数据库，协调各国通报能源资源的生产、消费数据，要求有关机构公布交易头寸、保证金数额等重要指标。加强对需求预测，引导消费需求，保障市场的稳定供应。

第二，建立价格协调机制。制定市场竞争规则，建立价格平抑机制。进一步放开价格管制，打破个别国家和企业对某些能源资源的价格垄断。建立能源资源期货市场和全球储备体系，当价格波动严重异常时，通过增加保证金头寸、动用储备等措施，缓解价格波动。建立各国能源资源的补贴、生产、贸易、投资政策的协调机制，防止各国单独制定政策产生的外部性。

第三，建立金融监督机制。将国际金融体系改革与能源资源市场体系改革联系起来，建立全球能源资源衍生品市场的金融监督机制，加强对资本流动和金融创新的监督，防止重要能源资源过度金融化和杠杆化，减少金融或矿业寡头对商品市场的大肆投机和价格操纵行为。

第四，建立安全应急机制。建立全球能源资源安全应急机制，制定必要的应急预案，针对能源资源运输供应过程中的突发事件开展联合演练。各相关国家要及时通报安全信息。

第五，建立合理消费机制。引导国际能源资源消费趋向清洁化、低碳化，在国际社会建立低投入、高产出、低消耗、少排放、能循环、可持续的国民经济体系。推行绿色生产方式、生活方式和消费模式，形成节约环保型社会组织体系。

第六，建立自由开放的贸易投资机制。改善能源资源的贸易和投资环境，进一步放开价格管制和管道限制，反对各种形式的保护主义，建立区域和全球能源资源统一市场。

将全球大宗能源资源市场稳定机制纳入 G20 框架下，需要分步骤实施，分阶段推进。中国政府应当积极推动，有所作为。我国领导人可在国际场合，按照"先双边再多边"的原则，就建立能源资源市场稳定机制积极磋商。在达成普遍共识后，我国政府可以在适当的多边场合，向国际社会正式提出建立这一机制的建议，并积极推动其付诸实施。

二、电力体制改革的若干问题

电力体制改革目前核心是需要解决电煤关系问题，理顺这种关系对未来新能源发展也有重要意义。

（一）系统解决煤电矛盾的思路

煤电矛盾实际涉及煤、电、运、政府四方面的系统性问题。已经放开的"市场煤"，其市场机制并不完善；尚未放开的"计划电"，无法按照市场供求关系形成价格；铁路运力的市场化程度远远滞后于煤、运、电产业链的其他环节；同时，煤炭产地的地方政府也对煤炭供应的数量和价格产生着巨大影响，这些都构成了煤电矛盾的深层次原因。为了理顺煤电关系，国家应统筹考虑煤、运、电产业链上下游关系，以交易入市、网运分核、规范收入、系统监管的思路，抓紧建立煤炭、电力、运力三个有形市场，适时出台煤炭资源税，清理各种中间环节收费，加强对市场的监管。通过这些措施，在煤、运、电各个环节和政府之间建立起与市场经济相适应的价格形成机制与管理体制，从而在根本上解决煤电矛盾。

1. 已经提出的煤电矛盾解决方案

煤电矛盾主要表现在：煤炭与电力企业无法达成价格协议；发电、电网企业在煤价上涨压力下，呼吁国家调高上网电价和销售电价；部分煤炭产地政府从自身利益出发，提出了限产保价；国家囿于各种复杂情况的制约，难以下决心调整煤价和电价。有关方面提出多项缓解煤电矛盾的建议，但局限性也十分明显。主要以下几项：

第一，建立规范的煤电联动机制。即上网电价与煤炭价格联动，销售电价与上网电价联动，消化电煤涨价因素。问题在于，联动方案无法全面反映煤炭涨价因素由于煤电联动是一种人为裁量和操作的定价机制，其调节具有被动性和滞后性。在电煤谈判中，发电企业对煤炭涨价大都只能被动接受，把摆脱困境的希望全部寄托在"煤电联动"上。供电紧张时要求国家涨电价，供电富余时要求国家解决遗留问题，还是要涨电价。联动促成了煤、电单向涨价机制。而每联动一次，下游工商企业将承担更大的电费负担。

第二，实行煤电联营。鼓励煤电联营的目的是，促进发电企业与煤炭企业形成风险共担、利益均沾的合作格局。但电力体制改革的方向是发、输、配、售分开经营。煤电联营促进了一些大型发电集团向上下游延伸，从实践中看，全国现有煤炭资源大都分配完毕，电力企业很难拿到优质的电煤资源，已经拿到的资源在短期内也很难形成生产能力。煤电联营使电力企业降低了经营效率，增加了经营风险，在原有辅业、多种经营包袱没有卸掉的情况下，会增加新的包袱。

第三，限制电煤价格。2008 年，国家出台了电煤价格临时干预措施。从历史上看，市场经济条件下政府对商品下达限价令后，厂商可以停止供货、以次充好，也可以转入地下交易，限价令一般无法达到预期效果。这些情况在实施电煤价格临时干预措施时都遇到过。

第四，推行电煤长期交易合同。对大宗资源性产品交易来说，签订长期合同比较经济合理，也是国际通行做法。但我国煤炭、电力市场既不成熟，也不规范，短期合同都难以成立，长期合同更不可能谈成。加上铁路运输制约和地方政府干预，长期合同即使谈成了，在履约上也存在很大困难。

第五，扩大煤炭进口。目前，国际煤炭市场到岸价格低于国内市场，一定程度上可以缓解国内煤电矛盾。但是，国际市场供应能力有限，电厂用煤主要还得依靠国内解决。

2. 煤电矛盾的成因分析

第一，已经放开的"市场煤"市场机制不完善，推动了煤炭价格虚高。

第二，电煤物流中间环节多，铁道运力市场化程度低，成为煤炭加价的重要因素。

第三，尚未放开的"计划电"无法建立起市场价格传导机制，电力工业总体上没有摆脱计划经济体制的束缚：

一是电价由政府制定。目前，发电企业的上网电价和各类用户的销售电价，仍由政府部门行政审批决定，这种定价机制不仅压抑了市场主体开拓电力市场的积极性，也使电力价格失去了反映和调节供求关系的应有功能。

二是发电量按计划分配。我国发电调度至今仍沿用计划经济时期的传统办法，即由政府部门对各个机组平均分配发电量计划指标。这也在很大程度上影响了发电和电网企业的关系。

三是电力交易实行"统购统销"。发电企业的发电量由电网公司统一收购，再向用户统一销售，电网企业的收入主要来自购销之间的价差，这种盈利模式客观上为电网企业利用自然垄断优势，向发电企业或电力用户谋取不当利益创造了条件无法建立反映市场供求关系的价格信号，增大了不必要的交易成本。

四是地方政府为获取资源收益，开征各种名目的收费，推动了电煤价格上涨。

3.理顺煤电关系的思路

煤电关系核心是理顺煤电价格形成机制，需要全面考虑煤、电、运上下游各个环节的关系，按照"交易入市、网运分核、规范收入、系统监管"的思路，建立和完善电煤市场、电力市场、运力市场，转变政府管理方式，做到市场秩序规范，交易公开透明，政府监管有效。具体可以包括：

交易入市——将煤电运产业链各个交易环节均纳入有形市场进行公开交易。建立全国电煤交易市场，完善电力市场（以区域电力市场为主），把铁路运力作为交易产品放在电煤市场交易，形成由市场供求关系决定煤价、电价、运价的价格形成机制。

网运分核——将电网、铁路网的网络运输业务与煤、电产品的营销业务分开。电网企业实施输配财务分开核算，国家核定输配电价；推进大用户与发电企业在电力市场进行多边直接交易，并按照输配电价交纳过网费；**电网企业作为电力承运方，逐步减少并最终退出电力交易**。国家核定铁路基础运价，建立多家独立于铁路系统的运输公司承运电煤；承运公司向托运方收取费用，按基础运价向铁路部门交纳过路费。

规范收入——适时出台煤炭资源税，保证并规范地方政府的煤炭资源收益。取消各地方政府、运输环节和输配电环节的乱收费。

系统监管——逐步取消电煤、电量、运力的计划指标和审批定价，转变政府职能，建立国家对电煤市场、电力市场、运力市场的监管体系。

4.缓解煤电矛盾的措施

（1）建立全国电煤交易市场

建立"全国电煤交易市场"，可包括两个组成部分：一是现货市场，对电煤进行实物集中交易，做到产需多方报价、运力紧密衔接、信息公开透明、市场规范有序；二是期货市场，与全球电煤市场相衔接，帮助市场参与者预测供求形势和价格走势，通过套期保值，规避价格风险。

（2）将电煤运力纳入市场交易

运力对理顺煤电关系有着决定性的影响。为了保障煤炭交易能够获得足够运力，可以考虑将电煤计划内与计划外运力并轨。按照"管住网、放开运"的思路，先核定铁路电煤运输的基础运价；同时，以电煤运输为主的铁路线路开展试点，整合铁路系统现有的"三产"、"多经"和其他中介企业，成立若干家铁路煤炭承运公司；将承运公司的运力制作成交易品种，纳入全国电煤交易市场进行交易；运输完成后，承运公司按基础运价向铁路部门交纳过路费。

（3）开展电力直接交易

世界上许多国家已经改变了传统的电力交易方式，电力市场运行主要由发电方与用电方进行直接交易。具体措施包括：国家合理确定电网输配电价，先行对输配电业务实行内部财务独立核算，在试点基础上实施输配分开。扩大用户直接购电范围，由发电企业与用户自行商定电力、电量、电价等事宜，签订各种期限的购电合同。电力直接交易应以区域电力市场为主，推行"多买多卖"的交易方式。负责电力输送的电网企业相应收取输配环节的过网费，逐步退出电力交易中的购买方角色。当然，建立完整意义上的电力市场，还需要按照节能调度办法确定发电市场节能环保准入条件，将电网交叉补贴由暗补改为中央和地方政府明补。在条件成熟的情况下，建立独立于电网的调度中心、电力交易平台和结算中心。

（4）适时出台煤炭资源税

国家应该采取措施规范煤炭产地的各类收费。主要包括，取消资源大省自行出台的煤炭收费项目，出台煤炭资源税，统一计税依据，提高税负水平，规范征收管理，保证煤炭输出省的财政收入。

（5）加强政府对市场的监督和管理

随着煤、电、运市场机制的完善，除输配电价、铁路基础运价由政府审定外，其他价格均由市场供求关系形成。相关政府主管部门应当从审批职能中摆脱出来，把主要精力放在制定市场规则，打破条块分割，健全法律法规，研究建立涉及煤、电、运产业链上下游的政府监管部门。

"交易入市、网运分核、规范收费、系统监管"，是一个多赢的方案。有效实施可以可以理顺各种关系使各方受益。

三、页岩气发展的思考

（一）美国发展页岩气的经验

美国页岩气开发始于 20 世纪 80 年代，随着新世纪以来的重大技术突破，目前已成为页岩气技术全球领先、产业化最成功的国家。2011 年，美国页岩气产量占整个天然气产量的 28%。美国页岩气的成功开发，使其成为全球第一大天然气生产国，大大提高了本国能源自给率，降低了能源对外依存度，甚至提出了"能源独立"的日程表。美国页岩气的规模化发展，得益于以下几个方面的关键因素：

一是竞争开放的开发体制。美国页岩气勘探开发准入门槛低，勘探开发主体多元化。美国的页岩气勘探开发主要由中小公司推动，目前有数千家页岩气公司。2006 年～2010 年间，85% 的页岩气由中小公司生产。中小公司在率先取得技术和产业突破后，大公司则通过收购和兼并中小公司参与进入市场，形成了大中小企业并存发展的市场竞争格局。

二是专业化分工协作机制。美国油气专业服务公司门类齐全，自主研发仪器装备，专业化程度高，比如，地震公司、钻井公司、压裂公司等等。在页岩气产业链中，某专业公司在完成本环节服务后即可退出，转由下一环节的服务公司接替，形成了相互衔接、配套服务的局面。由于高度分工，页岩气开采的单个环节投入小、作业周期短、资金回收快，吸引了大量风险投资和民间资本进入页岩气开采领域。

三是市场化的管网运行和价格政策。美国页岩气产业的快速发展，与美国天然气价格的放松管制、天然气开发和运输业务的垂直分离以及发达的天然气管网设施密切相关。美国天然气管网总长约 50 多万公里，大大减少了页岩气在开发利用环节的前期投入，降低了市场风险。同时，天然气开发和运输全面分离，运输商对天然气供应商实行无歧视准入。政府在对管道运费进行监管的同时，完全放开天然气价格，有力地支持了页岩气的商业化开发。

四是实行鼓励科技创新、减免税收等激励措施。美国政府重点支持页岩气技术研发，并在初期对上游开发实施税收优惠。美国政府于 20 世纪 70 年代，就设立专项资金用于页岩气基础研究、资源潜力评价和前期技术攻关。到 90 年代后期，研发工作就主要由油气公司负责，政府则通过设立研究基金的方式来支持相关研究。1978 年～1992 年，美国联邦政府对页岩气等开发实施长达 15 年的补贴政策，州政府也出台相应的税收减免政策。对油气行业实施 5 项税收优惠，极大地鼓励了中小企业的钻探开发投资，有力地扶持和促进了页岩气的勘探开发。

（二）中国发展页岩气的思考

1、我国发展页岩气前景广阔

我国页岩气资源类型多、分布广、潜力大。全国可采资源量约为25万亿立方米（不含青藏区），与陆域常规天然气相当，与美国页岩气的24万亿相近。

我国页岩气开发具备一定基础。目前勘探开发主要集中在四川盆地及其周缘、鄂尔多斯盆地、辽河东部凹陷等地。已完成部分前期工作，初步掌握页岩气压裂技术。国内相关企业、科研院校成立了专门机构，开始研究页岩气生成机理、富集规律、储集和保存条件。2009年，我国与美国签署了《中美关于在页岩气领域开展合作的谅解备忘录》，在勘探开采中与国外企业开展了广泛的技术合作，为顺利产气提供了有力的技术支撑。

2、页岩气开发面临的问题

第一，市场开放程度不够。美国页岩气得益于竞争开放的开发体制，专业化分工协作机制，以及市场化的管网运行和价格政策。中国在天然气领域的市场化开放程度远远不够。主要表现在两个方面：

一是页岩气矿业权配置存在障碍。我国传统石油、天然气探矿权和采矿权主要以申请在先的方式获得，经国土资源部审批后登记。油气矿业权大部分由中石油、中石化和中海油三大石油公司获得，延长石油、中联煤层气、河南煤层气拥有少量矿权。由于页岩气近80%的分布区和常规天然气分布区重叠，第一次和第二次拿出来招标的区块都避开了重叠区。现在的问题是，页岩气矿业权配置如果沿用传统的审批登记方式，将限制多种所有制经济进入这一领域；如果按照现在这种方式招标，虽避免了矛盾，但也避开了资源富集区，大部分页岩气区块将无法靠竞争方式出让。

二是天然气管网不开放。我国天然气骨干网的建设与运营是由三大国有石油公司掌握，他们是管网的投资主体、生产建设主体、输送和销售主体。这种模式有利于将集中开采的天然气输送到消费地，但不利于页岩气这种小规模、广分布的燃气资源开发、输送。

第二，开发收益如何分配。世界上大多数资源富集国，通过征收可观的资源税费和签订开发合同，使国家获取油气资源收益最大化，并把开发企业的收益控制在合理的范围内。在取得矿业权环节，主要税费是矿业权租金和红利。在矿产资源生产和销售环节，主要是征收权利金和超额利润税。油气资源国与资源开采企业签订的合同包括产量分成合同、服务合同、回购合同、联合经营合同等。不论石油企业与资源国政府（或国家石油公司）签订何种合同，都要依法纳税。各国一般会将油气收益形成一个专门的基金，用于国家需要的方向。

我国矿产资源属国家所有，但对资源开发征收的税费比率较低，企业的利润空间较大。石油、天然气开发的利润大部分留在了国有企业，如果页岩气向各类所有制企业开放，大部分收入将落入开发企业和个人手中。如果没有合理的分配制度安排，就有可能像其他资源行业放开后那样，出现炒作探矿权和采矿权，少数企业和个人获得过多利益的问题，甚至引发社会矛盾。反之，如果仍由少数国有企业作为页岩气开发主体，地方政府只能有少量税收收入，大多数将上缴开发企业所在的发达地区或中央政府，这将影响地方政府的发展积极性，容易引起地方与中央的矛盾。

第三，地质勘探难以满足发展需要。我国具有页岩气大规模成藏的基本条件，但尚未系统开展全国范围内页岩气调查和普查，资源总量和分布情况没有完全掌握。这主要是由于：地质勘查投入不足，我国页岩气调查评价和勘探累计投入不足 70 亿元，而常规油气勘探每年投入约 660 亿元；我国对油气商业地勘实行特殊准入规定，基本由几大油气公司掌握，社会资本很难涉足；有的政府地勘职能也由企业执行，其地质资料无法让行业内共享。因此，通过全面调查掌握页岩气资源分布的难度很大。

第四，技术上存在差距。页岩气勘探开发需要水平井分段压裂等专门技术，目前我国尚未完全掌握。如完全依靠自主研发，将需要较长的时间和投入。

3、新矿应当采用新体制

推进页岩气资源勘探开发，应当突破传统油气开发模式，对新矿种实行新体制。在页岩气开发的制度安排上，应当进一步大胆探索。譬如，今后可以考虑实行"市场配置，多元投入，合理分配，开放创新"的原则，实施各种鼓励政策，调动各方面积极性，提高页岩气对我国能源供应的保障能力。同时，也可以为推进油页岩、油砂、天然气水合物等油气资源开发探索出一条新路。结合国外经验和中国实际，我们可以对未来页岩气的开发体制作一些大胆设想。

运用市场机制配置页岩气矿业权。所有页岩气矿业权都应当通过公开招标出让，出价高者获得矿业权。由于页岩气是新矿种，对页岩气与已登记常规石油天然气重叠的区域，国家也应设置新的页岩气矿业权，各类企业通过平等竞争获得。同时，进一步解放思想，允许国外企业参与页岩气矿业权投标和勘查开发。

进一步放宽市场准入。页岩气分布面积广、埋藏浅，地表条件很适合中小企业进行分散式开发。国家应鼓励中小企业和民营资本参与页岩气开发。放宽页岩气的市场准入，投标单位不仅限于已有的油气开发企业，不宜设置过高的资质要求，要向各种所有制企业开放，为资本市场的参与留出空间。适时进行天然气管网改革，建立单独的天然气管网公司，专门从事天然气的运营业务，并组建专门的监管机构进行监管。管网实行"网运分开"，接入和建设向所有用户开放。

合理分配收益。为了保证国家作为资源所有者的权益，可以借鉴国外的做法，一是由国土资源部与开发企业签订分成合同，用分成收益建立专门基金，作为财政性资金管理。在基金中提取一部分充实公益性地勘基金，专项用于页岩气地质勘探。二是在页岩气开发中进行权利金制度试点，将矿产资源补偿费、矿区使用费、资源税合并为权利金。权利金分为两个部分，分别反映矿产资源的绝对地租和级差地租。反映绝对地租的部分，可按照产值或产量进行征收，并实行比例费率；反映级差地租的部分实行从价计征、滑动比例和累进费率。

鼓励页岩气技术开放创新。页岩气的核心技术大多掌握在国外专业公司手中，我国在实施好国家页岩气重大专项的同时，应当鼓励企业引进消化吸收再创新。国家可以用优惠政策鼓励页岩气开发企业与国外技术原创方加强合作，在保护知识产权的基础上，鼓励国内企业以合资、参股和并购的方式与国外专业技术公司合作。对页岩气技术研发应给予财政补贴；对页岩气勘探开采等鼓励类项目项下进口的国内不能生产的自用设备（包括随设备进口的技术），按有关规定免征关税。

当然，页岩气开发离不开国家有关部门有力的组织协调。国家应当集中优势力量，在资源富集区，如川渝黔鄂湘地区实施页岩气开发示范工程，在资源勘察、区块招标、技术攻关、开发利用、政策支持、市场监管等方面进行综合试点，争取率先在这些地区形成产能。

四、发展新能源的若干问题

（一）重振光伏产业须靠国内市场

1. 光伏市场的突出问题

当前，光伏产业作为一个高度外向型产业（对外依存度维持在 90% 左右），受全球经济衰退影响，面临着前所未有的挑战。

在这种形势下，唯有大幅度扩大国内市场需求，才是缓解全行业困境的根本出路。目前光伏产业发展存在的主要问题为：

第一，指导思想上的问题。 光伏发电仍然延续了风电"大规模、高集中度开发，远距离、高电压输送"的思路，把开发的重点放在西北荒漠地区。西北虽然资源丰富，但本地市场消纳空间有限，要用特高压远距离输送到一、两千公里外的华东、华中使用。由于太阳能发电具有随机性、间歇性的物理特性，年发电等效利用小时数只有火电正常情况下的 1/4 左右，大规模集中开发给电网调度运行增加了困难。电网购买这些新能源是很不经济的。欧美实行"小规模、分布式，低电压、就地分散接入系统"的模式，满足了大部分新增电力的需求。这种模式对电网主频率和电压等重要参数的影响甚小，更符合风电、光伏发电的特性和目前技术水平。

第二，补贴效果不够理想。 一是金太阳示范工程。这一工程补贴办法是按申报事先拨付资金，很难质量，特别是最为关键的发电量难以达到申报水平。补贴并未有效拉动光伏产品需求。二是可再生能源电价附加。可再生能源电价附加的标准，从最初的 2 厘 / 千瓦时，提高到 2009 年 11 月的 4 厘 / 千瓦时，2011 年 12 月提高到 8 厘 / 千瓦时。按现在标准，理论上每年应收可再生能源基金约 300 亿元，由于各种减免政策政出多门，征收过程管理不规范，现基金实际年收入不到 200 亿元。这些钱将主要用于风电补贴，约 180 亿元，其他用于电网接入系统工程、生物质能发电、垃圾发电、光伏发电等，总量严重不足。目前基金补贴大量拖欠，风电只补到 2010 年第四季度。光伏发电能够使用基金的数量较少。

第三，缺少智能电网技术的有效支撑。 在发达国家，智能微电网是为了适应多种电源形式、分布式能源（风、光等新能源和页岩气）发展，在用户侧兴起的电网建设和运行模式，国际科技界谓之"第三次工业革命"。它以现代互联网为代表的信息和控制技术为基础，以最大程度利用不稳定供能的新能源为目标，具有高度的灵活性、可接入性和安全性，能够满足用户兼具发电和用电的特性。譬如，美日欧大规模实施屋顶光伏计划，很多家庭白天用屋顶光伏发电，除满足自己使用，多余电力可以卖给电网；不足则从电网买电，形成了千家万户、星罗棋布使用光伏的格局。国外这些分布式电源点也正是中国光伏产品的主要客户，德国、意大利在2011年光伏分别建成750万千瓦、900万千瓦，主要是屋顶项目。我国则按照1995年通过的《电力法》，"一个供电营业区内只设立一个供电营业机构"，除了电力公司其他机构不得出售电力。这一规定显然落后于现代电力发展的趋势。近年来，国家有关部门和电网企业着力开发智能电网，主要目标是满足电力大规模、集中、远距离输送的需要，对如何向微网、分布式能源开放尚未提上日程，这在很大程度上制约了光伏产品在中国的使用。

2. 开拓国内光伏需求的思路

第一，调整光伏发电发展思路。大力发展小规模、低电压、近消纳、直接接入配电网系统的分布式光伏发电。从投入产出效益和经济性、电网安全性出发，今后不宜在西部大规模开发光伏发电项目。在各地实施"屋顶光伏"计划，鼓励从事光伏发电的企业、工业园区、商业单位和家庭"自发自用、多余上网"。

第二，优化补贴资金使用。

一是建立光伏发电补贴的稳定来源。充分发掘现有政策潜力，取消各地自行出台的可再生能源电价附加减免政策，加强征收和使用各环节的管理，做到应收尽收。仅此一项一年可以增加可再生能源基金近200亿元，可专项用于支持光伏发电。原来基金中用于风电、生物质能补贴的金额可以基本不动。

二是改变补贴方式，放大带动效应。将光伏发电补贴方式，从补贴装机改为补贴发电量；从补贴发电端改为补贴用户端。补贴用户端可以比补贴发电端提高效率数倍。譬如，目前光伏发电上网电价为每千瓦时1元，西部省份火电上网标杆电价普遍不超过0.3元，光伏发一度电国家要补贴0.7元左右。如果要维持这么大的补贴幅度，需要连续大幅提涨销售电价，这是我国目前经济社会难以承担的。我国东部和中部地区工业、商业用电实际价格水平在每千瓦时0.8 元～1 元左右,如果每千瓦时补助他们 0.2 元～0.3 元,他们就有积极性采用分布式光伏发电。在西部发电端花 0.7 元只能补贴 1 千瓦时,到东、中部用户端同样的价钱可以补贴 3 千瓦时～4 千瓦时左右。

三是统筹集中使用光伏补贴资金。统一使用可再生能源电价附加基金中的光伏补贴、财政资金中用于"金太阳工程"和"屋顶光伏计划"的资金,一年可以达到近 300 亿元。这些资金如完全用于售电端补贴,按每千瓦时补贴 0.2元～0.3 元计算,每年可补贴光伏发电量 1200 亿千瓦时(去年全国光伏发电量为 20 亿千瓦时),相应装机 1.2 亿千瓦,是现有光伏装机的 40 倍,可以有效释放现有光伏产能。

四是通过招标竞争降低光伏补贴成本。光伏补贴是公共财政资金,为达到补贴效益最大化,建议在全国范围内对光伏发电的业主进行补贴招标,选择最低补贴的企业中标。这一措施有利于通过竞争淘汰光伏产业中的落后产能,同时西部地区由于单位电量补贴较高将难以中标,可以限制在远离电力负荷的地区发展光伏发电。

第三,建设灵活、开放、安全的智能电网。电网要利用现代信息技术,为分布式光伏发电提供高效便捷的接入和结算服务。在完成电力市场化改革前,要按照国务院要求,全面实施节能发电调度办法,优先、全额调度光伏发电上网。适时修订《电力法》,取消"一个供电营业区内只设立一个供电营业机构"的规定,为分布式光伏发电上网扫清法律障碍。

3. 促进风电产业健康发展的思考

我国风电已经走上规模化发展的道路,但仍然存在相当多的问题对此作一些分析与建议。

一是关于指导思想问题普遍的看法是,中国风力资源良好,应当走"大规模、高度集中开发,远距离、高电压输送"的发展道路。也有专家认为,欧美"小规模、分布式,低电压、就地分散接入系统"的模式更符合风电特性和目前技术水平。

值得注意的是,中国所谓"大规模"指的是千万千瓦级风场,而欧美的"大规模"指的是几十万千瓦级的风场;中国所说的"远距离"指的是上百公里和上千公里的输送,欧美的"远距离"基本上在 100 公里左右。

风能的合理利用在一个电网里并不是越大越好。风电具有随机性、间歇性的特点，为电网调度增加困难。从能源利用的一般规律看，分散稀薄的能源应当分散利用，如果集中利用代价会比较大，风电就属于这种情况。我国现在规划的风电资源地远离电力消费地，有必要认真论证"大规模、高集中度开发，远距离、高电压输送"的思路及其技术可行性和经济合理性。对于分散式、小规模、低电压，以及更便于电网接入的风场，应加强规划和开发。

确定我国风电发展的合理总量，既不应比增长速度，也不应和国外比装机容量，而是要和国家的补贴能力来比。现有的补贴财力能够满足的开发规模，应当就是理想的装机规模。只要国家明确公布每年的补贴数额，以及中央补贴各地发展风电的资金量，投资者就能估计出风电的市场容量。地方政府也会从一味鼓励新上风电，转变为主动控制风电规模。这将有助于抑制风电规模盲目扩大。

四是关于风电接入问题。对系统安全稳定影响不大的情况下，电网应该按政策要求全额收购；风电快速地大规模发展，保证风电电量全额收购会付出很大代价，确实存在不够经济，也不够安全的问题，需要实事求是地对待。解决风电接入困难，可以学习发达国家风电发展的经验，关键要进一步推进电力体制市场化改革，全面提高电网企业的公共服务能力了。

五是关于风电设备低水平产能过剩问题，淘汰落后主要应当依靠鼓励竞争来实现。通过市场形成门槛，淘汰落后。解决风电低水平生产能力过剩问题。

4.进一步完善风电政策体系

风电的健康发展离不开国家政策支持。加强风电调控关键是抓住补贴、招标两个方面，再辅之以必要的体制改革措施，完全可以使风电实现有序开发，最终使风电招标的上网价格尽快具备与普通商业电力相同的竞争力。可从几个方面完善风电政策体系。

第一，大力发展小规模、低电压、近消纳、直接接入配电网系统的分散式风电，积极开展大规模集中开发风电的研究，待时机成熟时再全面推开。

第二，加强风电发展规划。重点应解决三个问题，一是明确国家在支持风电上的补贴力度和资金来源，合理确定各地区风电规模。二是统筹考虑风电电源布局。将风电规划纳入电力工业中长期发展规划，分区域有计划、有步骤地开发一些风场。三是改革风电项目审批或核准方式。地方政府每年向国家上报拟开发的风电规模，经国家能源主管部门平衡后，将风电补贴规模分到地方，由地方政府组织招投标。

第三，通过竞争降低风电开发成本。继续开展风电开发特许权招标，通过竞争确定风电项目开发业主和上网电价。取消行政办法对风电上网的定价。

第四，提高风电接入能力。电网对国家特许权招标建设的风电项目，应及时签订购售电合同，全额收购风电上网电量，足额结算电费。加强风电配套电网建设，建立风电预测体系，适当增加电网的备用或可调节容量，建立风电并网技术标准。

第五，进一步深化电力体制改革。首先在实施特许权招标的风场所在省区，推广实施国务院批准的节能发电调度办法，确保优先调度已建成运行的风电；开展电力调度机构独立的研究和试点的前期工作；先行实施输配分开试点和对电网企业单独定价工作，将配电网企业及其资产划转省级地方政府管理，通过体制改革提高电网消纳风电的能力；改革国有资产考核办法和指标，对国有发电企业考核单位资产利润率，对电网企业考核单位有效资产的过网电量。

5. 发展可再生能源应与补贴能力相适应

我国可再生能源迅速发展与补贴密不可分。但是我国现有补贴机制不够完善，存在着资金来源不足，拖欠严重，电价上涨压力增大等问题。今后鼓励风能、太阳能、生物质能发电仍应适度补贴，但应防止补贴规模过大超出可支付能力。国家应进一步完善补贴政策，提高补贴绩效，在有限的补贴额度内，带动尽可能多的可再生能源发电。

（1）可再生能源补贴面临的问题。

我国通过建立可再生能源基金，以全网分摊的方式进行补贴，有力地促进了可再生能源的发展，但面临的问题也不容忽视。

可再生能源电价附加无法足额征收。 按规定可再生能源电价附加除了西藏地区免收外，其他各类用电全部销售电量均应被收取。如能全额征收，2011年当年应征收总额约200亿元，实际征收约100亿元。

已征收资金和实际需求之间存在较大缺口。 据估算，2011年应支付补贴资金208亿元，实际需求与征收资金量之间缺口达100多亿元。2012年应征收额度为400亿元，实际征收可能在200亿元左右。值得注意的是，2010年后可再生能源电价补贴延迟发放的时间越来越长，已经造成严重拖欠，企业之间形成大量"三角债"。

实现"十二五"规划目标资金保障能力严重不足。按照已公布的规划，到2015年，风电将产生电量2000亿千瓦时，约需补贴400亿元；光伏发电装机3500万千瓦，当年产生电量500亿千瓦时，按每千瓦时0.5元计算，需补贴250亿元；生物质发电装机1300万千瓦，电量700亿千瓦时，需补贴280亿元；电网接入还需补贴100亿元。以上合计，2015年补贴资金不少于1000亿元。按目前每千瓦时8厘钱的补贴水平测算，即使做到应收尽收，2015年当年可用于可再生能源电价补贴的资金为480亿左右，仍有500多亿的资金缺口。

国家面临涨电价与欠补贴双重压力。如果完全满足2015年规划要求的可再生能源补贴需要，加上弥补拖欠的补贴资金，预计需要在每度电中征收3分钱左右。由于现在可再生能源标杆电价补贴，是依据企业所报的成本人为测算的结果，企业上报的成本越高，越是可以获得高电价。已定的标杆电价给可再生能源发电企业留出的利润超过了其他发电方式。可再生能源是一种随着规模扩大，边际成本下降较快的产业，而标杆电价调整往往具有滞后性和被动性。当前，我国经济增长的下行压力很大，电价上涨几分钱，将极大地影响企业的竞争力，也会冲抵国家结构性减税等措施给企业的优惠。特别是在能源需求增长放缓，能源供给保持增长的情况下，电价不降反升，也不符合市场规律。

现有补贴机制可能大幅增加补贴负担。可再生能源项目大部分是地方核准，补贴却是由全网分摊，等于"地方请客，中央买单"。目前有关部门正在研究的光伏产业发展政策中，准备根据光伏发电发展的需要，及时调整可再生能源电价附加征收标准；利用财政预拨的办法，解决电网不能及时向光伏企业拨付补贴的问题。

（2）完善可再生能源补贴的思路。

第一，采用以补贴定规模的办法。我国应改革现有可再生能源的补贴办法，今后新上风电、太阳能发电、生物质能发电项目，应在补贴资金已经明确落实的情况下进行核准，没有落实补贴的项目不能接入电网。

第二，补贴规模应与经济发展形势相适应。为避免削弱企业竞争力，今后几年电价不宜大幅上调。可再生能源基金征收标准维持在每千瓦时8厘的水平。

第三，建立单位补贴额度逐年降低的机制。对风能、太阳能发电应当普遍推行招标定价的方式，不再搞"高成本高补贴"的成本定价。而是通过竞争确定项目开发业主和发电价格，从而形成补贴额度逐年、逐批次降低的机制，使现有的补贴资金补贴尽可能多的电量，促进可再生能源上网价格尽快达到常规电力的水平。

第四，加强财政资金对科研环节的支持。鼓励企业研发先进技术，进一步降低可再生能源发电成本。

五、发展节能减排的机制与方法

（一）建立节约环保的国民经济体系和社会组织体系

今后几十年内，我国经济社会发展与资源环境矛盾仍然会十分尖锐。环境保护工作面临着两个突出的特点：一是国民经济越来越成为一个高度复杂、高度一体化的巨型系统，各个领域都不同程度地利用资源、影响环境；二是社会组织体系单独在某一个或几个环节推行节约环保，都难以从根本上缓解资源环境与经济社会发展的矛盾。需要建立环境保护的流程管理体制，注重国民经济体系中每一个环节的管理；激发社会组织体系中的每一个成员，自觉地采取节约环保行动。形成节约环保型社会组织体系。

建立节约环保的国民经济体系和社会组织体系几点想法供参考：

第一，统筹考虑节约环保与经济社会发展。建立节约环保的国民经济体系和社会组织体系，环保部门和环境工作者应当主动参与经济工作的重大决策。把节约环保观念和环境保护措施融入发展规划。

第二，充分发挥市场机制在节约环保中的作用。建立节约环保的国民经济体系，必须使能源资源价格充分反映资源稀缺程度，反映市场供需状况，反映生态保护和环境治理成本，只有这样，才能使消费者真正的珍惜资源、爱护环境。

第三，把节约环保纳入社会主义的核心价值体系。我们国家的社会主义荣辱观里也应当加上一条"以节约资源保护环境为荣，以浪费资源破坏环境为耻"，并且将它提升为核心价值体系的组成部分。除了加强宣传、树立典型、曝光违法行为这些常用的做法以外，应当注重发挥非政府组织的作用。总体上看，非政府组织具有专业人才富集、贴近社会、开展国际合作和民间交流便利的优势，应当鼓励其依法开展各种形式的生态环保行动，扶持其健康发展，从而带动全社会提高环境保护意识。

第四，积极参与绿色复苏的伟大实践。中国应当吸取以往的教训，应当坚持可持续发展的科学理念。提倡在经济复苏中采用绿色生产方式和生活方式，推行集约发展和清洁发展，使环境保护与经济发展相互协调、相互促进，实现经济绿色复苏。

（二）打好节能减排攻坚战

中国节能减排意义重大，应当将节能减排作为调整经济结构、转变发展方式的重要抓手，作为应对国际金融危机，减缓和适应全球气候变化、促进人类可持续发展的重要举措，全面落实各项节能减排政策措施，进一步加大工作力度，务求取得更大成效，确保节能减排目标完成进度与"十一五"规划实施进度同步。

第一，加强目标责任考核。组织相关部门和专家对省级政府节能减排目标完成情况进行现场评价考核，评价考核结果向社会公告，落实奖惩措施，实行严格的问责制。组织各地节能主管部门开展千家企业节能目标责任评价考核，审核汇总考核结果，向社会公告并做好考核结果的运用。发布全国单位 GDP 能耗和主要污染物排放量指标公报。

第二，推动重点工程实施。继续加大中央预算内投资、新增中央投资、中央财政专项资金和国外优惠贷款对节能减排的支持力度，重点支持重点节能工程建设、循环经济发展、淘汰落后产能、城镇污水处理设施及配套管网建设、重点流域水污染治理，以及节能环保能力建设。

第三，严控高耗能、高排放行业盲目扩张。从严控制高耗能、高排放行业盲目扩张。继续推动外商投资产业结构优化升级。加大信息技术在传统产业中的应用力度，对高耗能、高排放行业进行改造和提升。加大淘汰落后产能的力度，落实节能发电调度办法，抓紧出台配套政策。大力促进服务业和高技术产业发展，提高其在国民经济中的比重。

第四，加快技术开发和推广。围绕能源、资源、环境等领域，建设和完善若干国家工程中心、国家工程实验室和国家重点实验室，在高效发电、重污染行业清洁生产、建筑节能等方面组织科研攻关，攻克一批节能减排关键和共性技术。编制工业、通信业清洁生产技术指南和重点节能技术推广专项规划。支持大型先进压水堆及高温气冷堆核电站重大科技专项。加大新技术、新产品产业化的实施力度，推动电动汽车产业化，做好"金太阳"太阳能发电、大型超临界发电、有机废水循环利用等技术的规模化推广应用。制定半导体照明（LED）产业发展意见。推进浅层地热能开发利用。加快风能资源的评估与开发。发布农业机械节能减排技术。出台关于推行合同能源管理加快节能服务产业发展的意见，鼓励专业节能公司采用合同能源管理方式，为中小企业、公共机构实施节能改造。启动污泥处理处置示范工作。积极推进环保产业发展，规范城镇污水和垃圾处理特许经营，鼓励排污单位委托专业化公司承担污染治理或设施运营。发布当前国家鼓励发展的环保设备（产品）目录，编制环保装备示范工程规划。广泛开展节能减排国际合作，切实加强区域、双边和多边在节能、新能源和低碳技术研发等方面的交流，积极引进国际先进技术和管理经验。

　　第五，着力抓好重点领域节能减排。继续大力推进千家企业节能行动，发布能源利用状况公告。制定发布钢铁、建材、电子信息、军工和中小企业节能减排指导意见，深入开展重点耗能行业能效水平对标活动。扩大强制性能效标识实施范围，制定发布电风扇、微波炉、通风机、工业锅炉等6种产品能效标识实施规则。组织开展5万个锅炉房节能管理达标活动。继续推进供热按用热量计量收费；扩大可再生能源建筑应用示范规模，出台推动太阳能光电技术在建筑领域应用的实施意见，实施好新建经济适用房、廉租房、新农村农房可再生能源建筑规模化应用项目。大力发展公共交通，优化道路运输组织管理；严格执行汽车燃料消耗量限值标准，实施落后车辆淘汰制度，完善报废汽车回收机制；加快发展水路运输，推进船型标准化；加快电气化铁路建设；优化航线航路，启动机场节电工程，研究建立民航业节能减排激励约束机制；建立交通运输行业节能减排监测考核体系。推进节约型机关、学校、科技场馆、文化场馆、医院、体育场馆等"六个100示范工程"建设，研究建立公共机构节能考核制度。开展大型公共建筑能耗统计、审计和公示工作。继续安排中央投资支持农村沼气建设；实施农村清洁工程，加大"以奖促治"工作力度，解决一批村镇存在的突出环境问题，推进零售业节能降耗。

　　第六，大力发展循环经济。做好循环经济促进法贯彻实施工作。组织编制重点行业和重点领域循环经济发展规划，印发循环经济发展规划编制指南。建立循环经济发展专项资金，支持循环经济技术研发、示范推广、能力建设等。深化循环经济示范试点，开展"循环经济专家行"活动。加快实施汽车零部件再制造试点，出台促进汽车零部件再制造产业发展意见，建立汽车零部件再制造产品标识制度。组织编制实施再生金属利用规划、重大机电装备再制造产业发展规划。加快国家生态示范工业园区建设。研究建立循环经济评价指标体系和统计制度。发展矿产资源领域循环经济，推进矿产资源综合利用，加快脱硫石膏、磷石膏、农作物秸秆等资源化重点工程建设。启动第三批禁止使用实心粘土砖和第三批"禁止现场搅拌砂浆"工作。制定重点电子信息产品污染物管理目录，推动废弃电器电子产品回收利用。加快第二批再生资源回收体系建设试点，支持建设一批统一规范的社区回收站点、专业化分拣中心和区域集散市场。推进城镇污水处理再生利用。启动餐厨垃圾无害化处理试点。促进灾区建筑废弃物资源化利用。进一步加大"限塑"和秸秆综合利用工作力度。落实国务院办公厅关于治理商品过度包装的有关文件精神，抓紧制定治理商品过度包装的相关标准和政策。推动机电产品包装节材代木。推进循环农业促进行动，重点抓好10个循环农业地市建设，以及农垦制糖业、天然橡胶业的循环产业建设。

第七，完善相关经济政策。 继续推进资源性产品价格改革，落实成品油价格和税费改革方案。完善天然气价格形成机制。实行鼓励余热余压发电的上网和价格政策。继续推进电价改革，完善侧电价管理制度。继续实行促进节约用水的水价制度，鼓励使用再生水。完善老旧汽车报废更新补偿制度。出台农村老旧渡船拆解改造补偿制度。研究调整车辆购置税政策。推进环保收费改革，提高收缴率。研究建立污染物减排激励机制。修订高污染、高环境风险产品名录，继续控制高耗能、高排放和资源性产品出口。继续实施促进节能减排的政府采购政策，完善清单动态管理制度、公示制度和执行政策的奖惩制度。完善矿产资源有偿使用制度改革。逐步建立生态环境补偿机制。进一步扩大用于节能减排的企业债券发行规模，研究开展污水处理项目收益债券试点、环境污染责任保险试点。金融机构继续加大对节能减排重大项目的信贷支持。推进有条件的地区开展排污权有偿使用和交易试点工作。

第八，加快法规和标准建设。 完善节能减排法律法规体系，加快节约能源法和循环经济促进法配套法规建设。落实好民用建筑节能条例、公共机构节能条例。研究起草排污许可证条例。尽快出台固定资产投资项目节能评估和审查办法、城镇排水和污水处理条例。修订重点用能单位节能管理办法、能效标识管理办法、节能产品认证管理办法，组织制订、修订电炉钢冶炼和氧化铝、尿素等高耗能产品能耗限额强制性国家标准，以及水源热泵机组、小功率电机、容积式空气压缩机、通风机、工业锅炉等用能产品强制性能效标准。进一步完善并严格执行电石、热轧带肋钢筋等高耗能和易造成环境污染产品的市场准入条件。制订电力企业节能降耗主要指标监管评价标准。

第九，强化节能减排监管。加强对各地区节能减排工作的监督检查，督促各项节能减排优惠政策的落实，坚决制止和纠正擅自出台对高耗能行业实行优惠电价、违规乱上高耗能和高排放项目等行为。加强节能减排执法检查，严肃查处严重浪费能源资源、严重破坏环境、违反能源利用状况报告制度、私自排污等问题。开展能效标识、能源计量器具配备、能源计量数据及使用、高耗能特种设备等专项检查。深入开展环保执法专项行动，重点做好电力、钢铁、建材、造纸等12个高耗能、高排放行业排放总量控制和排污许可制度执行情况的监督检查。加强职工节能减排义务监督员队伍建设，强化对义务监督员的培训。发布电力企业节能减排情况通报。

第十，加强监管能力建设。加快节能减排统计、监测和考核体系建设。加强资源环境、循环经济基础研究，建立体现资源节约型、环境友好型社会建设的中国资源环境统计指标体系。抓紧组建国家节能中心，健全省级节能监察机构和节能技术服务中心。结合第二次全国经济普查，组织实施第二、三产业用能单位能耗调查和主要耗能行业重点耗能设备普查。继续推进污染源普查工作，加强环境质量监测、污染源自动监控、信息传输与统计等能力建设。进一步完善城镇污水处理管理信息系统，启动建设全国城镇生活垃圾处理管理信息系统。建设电力行业节能减排监管信息平台。

第十一，开展规划编制等重大问题研究。编制节能环保产业发展规划，加快培育新的经济增长点。开展"十二五"节能专项规划前期研究，研究节能重大问题，重点做好节能目标预测。对节能中长期专项规划实施情况进行评估。开展"十二五"污染物排放总量控制计划前期研究，重点对实施总量控制的污染物及排放指标等开展专题研究。做好"十二五"城镇污水、垃圾处理设施建设规划的前期研究，重点是目标、技术路线、政策机制等，特别是对垃圾处理技术路线、污泥无害化处理做专题研究，为制订"十二五"规划纲要做好前期准备。

第十二，**加大宣传教育工作力度**。继续广泛深入开展"节能减排全民行动"，以节油节电和全民节能为重点，深入开展节能减排宣传教育，普及节能环保知识，积极倡导节约型的生产方式、消费模式和生活习惯。做好2009年全国节能宣传周、中国城市无车日、世界水日、中国水周、全国城市节水宣传周、"六·五"环境日的宣传活动。各地区要对节能减排做出突出贡献的单位和个人予以表彰，在全社会进行广泛宣传。开展"汽车节能环保驾驶"活动，大力宣传节能环保驾驶理念。新闻媒体要加大节能减排报道力度，宣传先进经验，曝光反面典型，发挥舆论的引导和监督作用。

六、核电发展的战略问题

（一）发展三代核电技术的战略意义

第一，**发展三代核电技术是世界核电发展的大趋势**。世界发达国家已不再建设新的二代核电站。安全、环保、可靠是当今世界核电发展的方向。三代核电站安全指标优于第二代核电站两个数量级即100倍以上，可以满足人们对核电安全的需要。目前，美国、法国、日本、韩国拟新建核电站共48台，均采用三代核电技术。

第二，**AP1000三代核电技术符合我国核电发展的要求**，一是技术先进并基本成熟，在核动力航空母舰、核潜艇等系统中已有使用经验。二是规模化发展后具有良好的经济性。批量建造后单位造价有望控制在1500美元/千瓦以内，与二代机型大致相当。三是可以满足我国核电发展的时效性要求。

第三，**引进AP1000三代核电技术有助于我国走自主化核电发展道路**。AP1000是美国西屋公司历时20年倾力研制的最新核电机型，是设计理念先进、安全性强、经济性优越的三代机型，获得了较高的公认度。

第四，**发展AP1000三代核电技术是党中央、国务院的战略决策**。经中央决策，国家作出了引进、消化、吸收美国西屋公司AP1000三代核电技术的决定，拟在此基础上全面掌握三代核电技术并实现再创新，形成较大规模批量化建设中国品牌三代核电站的能力。

（二）促进我国核电健康发展的几点建议

第一，加强核电安全准入监管。从确保核安全大计出发，应进一步加强核电安全监管，充实监管力量，强化监管职责，按照国家核动力厂设计安全规定等核电安全法规要求，严格核电项目建设安全准入管理，防止违规建设核电项目。

第二，搞好核电发展宏观管理。加快引进消化吸收 AP1000 技术，积极推进三代核电技术自主化依托工程建设，落实 AP1000 机组后续项目以及 CAP1400 机组厂址，为三代机型的规模化建设创造条件。

第三，集中力量加快 AP1000 核电技术国产化进程。充分发挥国核技的平台作用，充分调动中核总、中广核、中电投和清华大学等单位的积极性，发挥好核动力研究院、核工业研究设计院等科研机构的核电研发优势，各机构和单位之间应当互相开放、加强协作、形成合力，确保中央关于三代核电自主化发展的决策部署顺利实现。

第四，加大对三代核电技术引进和项目建设的政策支持力度。建议对三代核电机组实行首堆首套补助、国产化鼓励、环保补贴等优惠政策。对新建核电项目采用与用户直接交易的办法。同时，合理增加国核技的资本金，为三代核电技术自主化发展提供资金保障。

第五，建立健全核电自主化的协调决策机制。建议仿照国家大型飞机重大专项领导小组方式，成立由国务院领导出任组长的大型先进压水堆核电站国家重大专项领导小组，对事关核电发展和体制的重大问题进行科学论证、统一决策，并统筹调配资源，协调各方利益，确保 AP1000 三代核电自主化目标的实现。

（三）确保安全的核电持续发展若干措施

1. 增强核燃料保障能力

（1）我国核燃料循环产业的现状及问题

第一，我国现已探明的铀资源储量较少，可开采铀矿还具有矿体小且分散、缺大矿、少富矿、开采成本高、规模效益差等特点。从需求看，2010 年

天然铀需求量约 4200 吨。按照现在的规划规模，2020 年我国核电装机达到 7800 万瓦时，当年需要天然铀 1.9 万吨；2030 年核电装机达到 1.7 亿千瓦时，当年需要天然铀 3.1 万吨。国内天然铀供应仍很难支持我国核电站维持运行 30 年。到 2020 年，预计有 85% 以上的天然铀供给要依靠进口解决。

当前，全球铀资源争夺日趋激烈，我国获取海外优质铀矿资源难度很大。出于历史原因，全球已探明的优质铀资源均已被发达国家所控制，国际矿业巨头加紧了新一轮的资源圈占，法、日、韩、俄、印等国家均开始加大国际铀资源的投资力度。加上铀资源大国为防止铀资源用于军事目的，提高了铀资源进口国核燃料生产和使用的门槛，致使我国开发海外铀资源的难度加大。

第二，铀浓缩技术已全面掌握，但生产规模较小，美、俄、法、英四个核大国的浓缩产能分别占世界的 35.4%、28.4%、20.6%、4.6%，中国仅占 2.27%。其中，居前三位的国家都具备完成上万吨分离功的能力。据测算，当我国核电装机达到 7800 万千瓦时，需要铀浓缩分离功 1 万吨以上，是我国目前生产能力的数倍，必须加快发展。

第三，核燃料元件制造技术取得很大进展，但关键元件和材料缺少自主品牌。必须加快自主创新，尽快拥有具有自主品牌的核燃料元件和关键材料。

第四，后处理厂中试成功起步，但规模发展任务艰巨。

（2）增强我国核燃料供应保障能力的建议

第一，实施"走出去"战略，更多地掌握海外铀资源。

一是将海外铀资源开发作为我国能源外交的重要内容。

二是鼓励国内各类企业到海外从事勘探开发。今后我国民用核燃料应主要依靠海外进口铀矿资源，国内铀矿资源主要用于军事用途。建议放开我国企业进口铀矿资源的政策限制，鼓励各类所有制企业在国外勘探开采铀矿资源和投资国外核燃料。在坚持"核燃料加工立足国内"的同时，鼓励核电业主对部分铀资源自主采购，建立一批稳定的海外铀资源供应基地。

三是将一部分外汇储备转变为国家战略性铀资源储备。建立海外铀资源风险投资基金，以及通过财政补贴、税收减免、低息或无息贷款等多种方式，对获取海外铀资源给予支持。

第二，增加离心机开发力度，大幅扩大浓缩铀生产规模，增强供给能力。

第四，加快推进乏燃料后处理工程，尽快实现燃料闭合循环。

三是建立多渠道的融资机制。建议吸引多元投资主体投资燃料产业。四是加强后处理技术的自主研发和消化吸收。组织好后处理科技重大专项，加强后处理研发平台和保障条件建设。

第五，探索军民结合、寓军于民的有效方式。在中核集团内部，军民共用核燃料生产线和技术研发平台，但要做到军品项目与民品项目分开管理、独立核算。军品不再由国家定价，在国家指导下，由生产企业与军方直接议价，价格应体现全部生产成本和可持续发展的需要。民品项目不再对军品项目进行补贴。对有条件军民分线的军民两用项目，或保密要求必须分开的项目，可以仍按军民两线单独管理。

2. 加快核电人才队伍建设

随着我国核电产业已进入高速发展时期，对核电人才的需求急剧增加。人才短缺将是我国核电快速发展中最难解决的瓶颈之一。建议进一步加强人才规划与核电发展规划的衔接，建立人才培养基地，为核电安全发展提供人力资源保障。

第一，放慢核电建设速度。防止因人才不足、培训不够、核安全意识不强引发核安全事故。

第二，建立核电人才培养体系。建议加强对高校有关核专业办学的统筹规划，建立完整的核工程专业教育体系。扩大有核能工程学科优势的大学培养核岛设计、建造、运行需要的高端人才规模。

第三，提高产学研结合的深度和广度。鼓励高校与核电企业合作培养核电人才，提高高校教育的针对性，缩短新人实际经验积累的时间。

3. 提高核电安全监管水平

（1）我国核电安全存在的隐患

核电事故具有突发性、难以恢复性、极度敏感性以及修复艰巨性等特点。主要有四个方面问题：

第一，核安全监管部门力量薄弱。监管工作在立法、机构、人力、经费、技术基础等方面存在的问题和面临的困难相当多而且日趋严重，与所承担的监管任务极不适应。

第二，核安全监管部门独立性不够。各国经验证明，核电发展需要强有力的外部监管。按照已确定的核电发展规模和速度，目前我国监管机构在功能设置上并不适应国际形势。

第三，核安全法律法规体系不健全。国际上主要有核国家和地区都通过制定国际公约和国内立法来引导和促进核能的健康发展，保护资源、环境和公众的健康。我国核安全领域的核心法律一直处于缺位状态。

第四，核安全宣传跟不上。特别对公众的安全教育宣传不够，整体安全责任意识不强，核电安全知识贫乏，安全预防积极性不高。

（2）提高核安全监管能力的建议

第一，核电监管能力应与发展速度相适应。特别是在核安全监管能力等没有发展上来之前，核电发展规模前期目标不宜定得过高、过大。第二，加快核安全监管立法进程。核安全基本法体系建设是目前我国核与辐射安全法律法规政策体系建设的重点。基本形成与国际接轨的完整法规标准体系，尽快将核能基本法《核安全法》和相关的《放射性废物管理条例》列入立法计划并尽早颁布实施。

第三，将核安全局做成实体局，使其成为具有权威性的独立核安全监管机构。

第四，加强核安全支撑体系建设。增加核安全组织机构的建设与完善，以及相关工作的完善。

第五，加强宣传，普及核安全理念，培育健康的核安全文化。

4.打破核电装备制造瓶颈

（1）我国核电装备制造现状

我国核电装备制造业正在向专业化、批量化、规模化和集约化方向发展，目前已具备年产多套百万千瓦核电机组成套设备的能力，但实际情况是每年提供一套都很困难。已开工项目的主机、大件和关键件大都从国外进口，国内制造企业供应的设备普遍拖期。主要原因为：

第一，产品质量不稳定。大型铸造锻件是生产核岛设备关键部件的基础材料，现在各企业的铸锻件生产设备都十分先进，但废品率很高，估计需要五年至六年的工程实践才能完全掌握生产工艺。一些生产单位安全意识不强、质量保证体系不健全、过程控制方面存在缺陷，导致设备重大质量问题屡有发生，已经影响到设备国产化的进程和核电工程项目的顺利推进。

第二，技术标准不统一。目前，我国尚未对同一机型制定统一的设备标准与设计规范。核设施营运单位或工程公司在设备采购时执行的标准不完全相同，给制造企业的标准化、批量化生产带来一定的困难，这对安全管理是一项重大挑战。

第三，企业研发能力不足。国外核电装备制造中，大都是将设备设计与设备制造放在一家企业。我国则是将科研与生产分割开来，设计任务由中核、国家核电、中广核的研究所负责，制造企业负责照图施工，一旦出现问题，无法及时对设计进行修改。这种体制导致了核电设备的国产化成功率较低，难以集中力量突破关键技术，实现核电设备的标准化、系列化。

第四，关键设备、材料和软件瓶颈尚未突破。目前，我国还不具备核蒸汽发生器、堆内构件、控制棒驱动机构等一回路关键设备的制造能力。核级材料和大型锻件尚未形成足够的生产能力，仍主要依赖进口。其他部分核级材料，国内企业不愿生产，同样也制约了泵、阀等设备的国产化工作。核电研发、设计、安全评审方面的软件开发能力严重不足，软件开发人才严重缺乏且布局分散，核电市场大都使用国外进口核设计软件。

（2）提高我国核电装备制造能力的建议

第一，加强质量控制，预防安全风险。建议核电设备制造企业建立完善的生产质量保证和质量控制体系，制定相关的管理程序，确保质量。

第二，加快标准编制，规范装备制造体系。

第三，增强设计能力，推进自主创新。建议将部分从事技术研究、工艺开发的研究机构并入装备制造企业，提升制造企业的设计和制造水平，稳定产品质量。在目前设计能力一时无法与企业结合的情况下，应提倡联合攻关，提高关键设备的制造能力。

第十四章 中国发展可再生能源的基本考量与方略

李俊峰

作者系国家发改委能源所学术委员会主任、副所长，国家应对气候变化战略研究中心和国际合作中心主任，国家级新能源专家。

作者认为，中国可再生能源发展目前处在一个蓄势待发的特殊阶段，如何将这种趋势转变成一种美好的未来，需要一个好的发展战略与策略。这个战略与策略的实现极大程度取决于国家对气候问题与低碳经济实施的基本方略。

此外，制定一个国家级层面的可再生能源发展战略是一个重大问题，特别在当前形势下更是如此。这个发展战略需要解放思想，需要一个更大的气度与胸怀。

本章着重阐述了以下问题：

■ **应对气候问题与低碳经济的基本考虑**

应对气候问题——"走自己的路"

低碳经济是规制世界发展格局的新规则

■ **发展可再生能源方略**

国外可再生能源政策综述

我国的再生能源开发利用的优惠政策相关措施综述

进一步推动我国可再生能源开发利用优惠政策的建议

一、应对气候问题与低碳经济的基本考虑

（一）应对气候问题——"走自己的路"

气候变化谈判是一条漫长的马拉松征程，每个国家都有自己的态度，可归纳为三种：一种是"走自己的路，让别人说去"；第二种是为别人选路，让别人无路可走；第三种则是对目前气候变化框架协议下的态度，商量好了大家一起走。对于第一种和第二种走法，虽然没有人敢于承认，但确实是一部分人的选择。至于第三种走法应该是最理想的，但是把大家的手脚"捆在"一起，采取一致的行动，显然也是很困难的。从 1992 年的《气候变化框架公约》签署开始，国际社会就一直在努力，希望通过协商，共同前进。然而，2008 年不期而遇的金融海啸让世界各国都忙做一团，无暇顾及气候变化议题。今天，金融危机的后遗症还在持续，虽然全球领袖们在应对金融危机的决心和措施方面都高度一致，却无法把世界从金融危机和经济衰退的阴影中拯救出来。世界各国最关心的紧迫问题已经不再是气候变化，而是推动经济复苏、增加就业、抗震救灾、抗洪救灾，让世界从经济衰退的阴影下走出来。

既然不能"绑"起来一起走，能不能象马拉松比赛那样，大家商量好一个目标，一起跑，但是不管别人怎么走，"走自己的路"还是最为可行的。这样做的理由很简单：2009 年的哥本哈根协议已经将气候变化的极限规定在 2℃以内，尽管对这个目标大家还在争论，但已基本达成共识；同时，哥本哈根协议还要求所有的成员国都提出自己的目标，只要大家相互信任，不对别人的指标"指手画脚"，多在自己如何采取行动问题上动些脑筋，自己的路就可以走出来。中国政府 2009 年的减排承诺就是自主的行动和目标，不和任何国家的行动相挂钩，这也是中国发展的经验之谈。

1. 中国的特色之路

中国改革开放的总设计师邓小平先生有很多名言，最适用的就是："发展才是硬道理，摸着石头过河"。这么简单的道理，中国人用了 150 年才找到。正是这句话让中国受用了 30 年，经济 30 多年的高速增长使中国在气候变化问题上也底气十足，我们决定 2020 年单位 GDP 碳强度下降 40% ～ 45%，非化

石能源的比例提高到 15% 的目标即是印证。

中国的承诺不与别人挂钩也说明中国了解世界各国的苦衷：例如为了提振经济和增加就业，奥巴马总统提出了出口倍增计划，希望 5 年之内美国的出口额翻一番，回归制造业，增加 200 万个就业机会。欧盟 27 国为救助希腊等国就欧债危机达成协议，也是要回归制造业。回归制造业就要增加能源需求，因此美国和欧盟要实现减排目标实属不易。日本经历了大海啸的天灾和福岛核电事故的人祸，使得原来雄心勃勃的 50% 核能发电的计划可能搁浅，现有 55 台核电机组停掉了 44 台，核电比例从原来的 30% 下降到目前的 10%，实现 2020 年减排的目标很有可能成为泡影。如果日本到 2020 年无法完成原来的承诺，世人有理由责难他们吗？和中国一样处于转型期的其他国家如印度、泰国、马来西亚，对于他们的道路怎么走，别人也无法妄加评论，更不要说那些还在为温饱问题苦苦挣扎的非洲国家了。大家都理解小岛国家的苦衷，希望各国能在解决气候问题这条路上走得快一些，既然不能齐步走，倒不如先"走起来"再商量。

2."坚持走"

火热的巴厘岛在万众一心的氛围中，给世人留下了一个路线图。寒冷的哥本哈根在大国领袖们的直接参与下，形成了哥本哈根协议。悠闲而浪漫的坎昆把几乎所有的问题都推到了，目前最好的解决方式就是"走自己的路"，欧盟以及绝大多数发展中国家没有必要说服美国、日本和俄罗斯，大家继续走下去就行。碳市场更是如此，欧盟、美国、澳大利亚、新西兰和中国对于碳市场都有自己的理解和定义，不必等到谈出一个统一的标准和方法。

对于援助资金的落实问题，似乎困难更大一点，因为哥本哈根的谈判结果是发达国家同意在 2010 年～ 2012 年这三年期间，每年出资 100 亿美元，共计投入 300 亿美元的快速启动资金，并在 2020 年达到每年 1000 亿美元的资金支持。这些资金看似是天文数字，但是和全球领袖拍板的"救市计划"相比简直就是九牛一毛。其实，气候问题与能源行业密切相关，石油巨头也可以为此做出贡献。目前，全球每年的石油消费量是 330 多亿桶，如按每桶 3 美元的气候变化特别税收缴，每年就是 1000 亿美元。因此，缺钱到底是借口还是实际困难关键还要看决心。

应对气候变化就像马拉松比赛，我们不仅要关注那些有希望争夺冠军的国家和集团，给他们鼓掌喝彩，更要为那些积极的参加者，甚至是落在最后的那些参与者加油喝彩。也许应对气候变化的这场比赛才刚刚开始，对每位参加者来说，都应尽力而为，重在参与。

事实上，对于应对气候变化，世界各国都在朝着既定的目标迈进。欧盟的"三个20%"，中国的"40%–45%+15%"，以及美国的"17%减排目标"都是可以信赖的。德班会议最重要的，也是最让人们期待的成果就是，找到一个让大家继续走下去的目的地。继续走，不停滞，更不回头

（二）低碳经济是规制世界发展格局的新规则

1896年，阿累利乌斯提出的"化石燃料燃烧将会增加大气中二氧化碳的浓度，从而导致全球变暖"一个科学假说，目前已经上升为一个全球政治命题，认为"只有到2050年将大气中二氧化碳浓度增幅控制在工业化前水平的2倍以内，才可能避免发生极端的气候变化后果。"

为应对气候变化，一些国家开始提出或实施低碳经济或低碳发展战略。早在2003年，英国政府发表的《能源白皮书》提出了雄心勃勃的温室气体减排目标，计划到2010年二氧化碳排放量在1990年水平上减少20%，到2050年减少60%，到2050年建立低碳经济社会。2007年底，为了配合巴厘岛峰会，英国议会通过了"气候变化法案"，将减排二氧化碳和建立低碳经济社会的口号，用法律的形式固定下来。欧洲、日本、澳大利亚等发达国家的政府也纷纷把发展低碳经济作为自己的政治目标加以宣扬，甚至包括美国布什政府，曾经被国际社会公认为不关心"气候变化"问题的反面典型，也信誓旦旦地表示"要发展生物燃料、风电等低碳技术，摆脱对石油的依赖。"

"气候变化"是一个科学问题，还是一个政治问题？这需要有答案。因为科学的问题需要科学的方式来回答和解决，政治的问题需要政治的方式来回答和解决。但是一旦一个科学的问题政治化之后，它的科学性就显得无关紧要了。显然，巴厘岛路线图已经把"气候变化"政治化，它的科学性已经无关紧要，剩下来就是政治家们讨论怎么采取行动，谁先采取行动的问题了。总之，世界范围内低碳减排行动的帷幕已经拉开，或者开启低碳经济的钥匙已经拿在那些主宰世界发展方向的人们手里，这把锁什么时候开启，低碳经济的大门什么时候打开，还是未知数，需要多方面的艰苦谈判。

能源消费是导致全球二氧化碳排放增加的主要原因（还有少量来自土地变化，但数据不确定性较大），在未来的世界发展中人们还不得不主要依赖消耗化石能源来支撑。

回顾人类从农业文明到工业文明的发展，这是一个能源消费逐步增加的过程，工业化就是高碳经济。现代文明是以大量二氧化碳排放为代价的。美国是世界上最发达的超级大国，不论是人均能源消费还是能源消费总量都在世界顶级水平，每每是国际社会垢病的话题。中国改革开放以来，经济飞速增长，GDP 每 20 年要翻两番，即使是能源需求翻一番，能源消费的总量也要在 2015 年前后超过美国，人均消费量在 2030 年左右达到发达国家目前的平均水平。中国也逐步成为世界关注的焦点。

低碳经济能否实现，是一个技术问题，提不提或是否发展低碳经济是政治问题。因为它有可能成为世界发展过程中又一重大规则。回顾近代世界文明发展史，已经形成两个半世界各国必须遵从的规则。第一个是联合国宪章，它将世界列强多年瓜分世界形成的国家疆土，利用国际法律的形式固定下来，不论这种国家疆域的划分是否合理，所有的"民族、国家和国家集团都必须遵守，未经联合国同意，任何强权都不能染指别国的领土。第二个是关贸总协定，它把市场经济作为唯一被认可的世界经济发展模式用法律的形式固定下来。尽管许多国家对原来的关贸总协定和现在的世贸组织颇有微词，对市场经济的原则不敢全部认同，但是世贸组织还是被世界大多数国家尊为处理国际贸易纠纷的大法官，把加入世界贸易组织作为自己国家或国家集团市场经济发展成熟的标志。世贸组织及其相关的法规，保证了世界经济在市场经济的大规则下和平共处、和平竞争、和平发展。第三个规则，尽管现在只走了半步，但它终究会成为规则，这就是《联合国气候变化框架公约》。现在第三个规则的内涵、原则和基本内容还在谈判之中，但是它已经形成的雏形，已明确地告诉人们它存在的价值，那就是要明确世界各国"共同的，但是有区别的全球气候变化的责任"。如果说，联合国宪章是农业文明发展阶段的终结（因为农业文明的发展依赖于土地，联合国宪章宣布，国家和民族的发展不能再依赖土地和疆域的扩展来实现了），在这个意义上，关贸总协定或世界贸易组织是工业文明发展的宣言，它认可技术先进、经济发达的国家和民族（乃至家族）有优先发展的权利，国家、民族、甚至家族集团，可以利用世贸组织的原则，合理地优先使用世界各国的资源，包括货币资源、人力资源和石油资源。换言之，关贸总协定或者世贸组织是打破由于联合国宪章所限制的国家疆域的局限，给世界经济的国际化打开了方便之门。**那么这第三个规则可能是人类从工业文明向生态文明过渡的法律文件。这个文件将会要求：任何国家、民族、企业和家族，甚至有可能包括个人的生存和发展不能危及别的国家、别的民族、别的企业和别的个人的发展的权利，不仅对当代负责，还要对未来，也就是对后代负责。**

现在第三个规则比第一和第二个规则更复杂，谈判的过程可能更艰巨。第一个规则，国际社会经历了人类5000多年的相互残杀，特别是第一和第二两次世界大战的洗礼，用血的经验和教训逐步达成了共识；第二个规则则是在200多年的工业文明发展过程中逐步形成的，现在还在完善之中。第三个规则本来应该需要更长的时间来达成共识，但是科学家和政治家们在冷战结束之后显得十分寂寞，"气候变化"成为世界第一话题，导致了第三个规则的提早问世，**第三个规则可以被简单地理解为低碳经济发展宣言。**当然它还包括其它的内容，例如适应措施等，但是它最核心和最实质的问题是，要瓜分世界越来越少的化石能源资源，其最根本的措施就是发展低碳经济，或者说高效地利用有限化石能源。换言之，这个规则是规制世界上国家、民族、企业和个人利用化石能源的权利的原则和法律。第三个规则要成为世界共同尊重并遵守的法律还需要旷日持久的谈判。

低碳经济命题的政治化，导致了它必然的发生和发展。力推这个命题的国家、国家集团已经有所准备，美国、欧洲、日本在上世纪70～90年代就开始打造低碳经济的技术基础，提高能源效率、发展可再生能源，特别是欧盟各国，自1990年以来，在基本上没有增加化石燃料的前提下，实现了经济的持续发展。例如丹麦，自1974年开始率先实施开发和节约并重的能源方针，大力开发北海石油和天然气资源、积极开发本土的风能和生物质能，大力提倡节能和提高能源效率。到2005年，在30多年的时间里，以能源零增长，保证经济的持续快速发展，期间，按可比价格计算的GDP增长了4倍多，1990年和2005年相比，GDP增长了75%，能源消费增长几乎为零。通过10多年努力，丹麦已经掌握了许多与减排温室气体相关的节能和可再生能源技术，使得丹麦每千瓦时发电量排放的二氧化碳由1990年的940克下降到510克，二氧化碳的排放总量降低了20%。

发展低碳技术，一方面帮助丹麦完成了履行《京都议定书》的责任，同时也为这些技术出口奠定了良好的基础。发展低碳技术也为丹麦带来了经济发展的商机，2005 年和 1992 年相比，丹麦出口的能源技术产品和服务（主要是可再生能源和提高能效的技术、产品、服务等）收入，由原来的 50 亿丹麦克朗，提高到 2005 年接近 400 亿克朗，7 年里增加了 8 倍。显然，以丹麦为代表的欧盟各国，乃至大多数发达国家，将在低碳经济的竞争中处于领先地位。

因此，无论低碳经济机遇与挑战，中国和大多数发展中国家，尤其是企业发展所必须面对的一个现实。与其对抗它，不如选择它。我们在过去的发展中，失去了参与制定联合国宪章、关贸总协定这样一些关系国家根本利益的国际大法的历史机遇，以至于在后来的许多情况下，出现了某些我们不喜欢但又不得不接受的窘境。幸好我们参与了第三次有关世界新格局的规则制定，并且是重要的一方，我们应该重视这一历史机遇，本着国家利益高于一切的原则，积极参与。

在这一规则的制定过程中，我们必须接受这样一个事实：中国、欧盟、美国和其它国家是博弈的四个方面，中国不是其中的任何一方，我们不具备欧洲等发达国家发展低碳经济的技术优势，也不像美国具有对抗整个世界的能力，也没有人认为我们是 77 国集团的代言人，更不是其中的一员，在这场博弈和对垒中，中国就是中国，不是任何国家集团的一员，没有同盟军，会很孤独，但这是事实。这就需要我们的政治家们、科学家们乃至全体国民的大智慧、大思维，在这场国际社会新的游戏规则的制定过程中不要很受伤，而且快乐地赢得世界的尊重，争取国家最大的根本利益，这才是我们唯一正确的选择和企盼。

二、发展可再生能源方略

（一）国外可再生能源政策综述

可再生能源已成为实现能源多样化、应付气候变化和实现可持续发展的重要替代能源。欧洲、美国、日本、印度和巴西等国在该领域走在世界的前列。欧洲成为世界可再生能源发展的领跑者和主力军，可再生能源市场和产业的年均增长速度都在 20% 以上；印度和巴西是发展中国家发展可再生能源的突出代表，分别在风力发电和生物燃料方面取得了较大的进展。国外鼓励可再生能源发展的政策主要体现在目标引导、价格激励、财政补贴、税收优惠、信贷扶持、出口鼓励、科研和产业化促进等方面。

1. 目标引导

制定发展战略或发展路线图是世界上大多数国家的成功经验。许多发达国家发展可再生能源的思路是：国家制定一定阶段的可再生能源的具体发展目标和计划，在发展目标框架之下，制定一系列的优惠政策，并通过市场经济的手段鼓励各界投资和利用可再生能源。所以，发展目标的制定，在一定程度上类似于我国制定发展规划，只是没有具体的项目安排。但是，发展目标是确立具体的优惠政策的依据和目的。

1997 年欧盟颁布了可再生能源发展白皮书，制定了 2010 年可再生能源要占欧盟总能源消耗的 12%，2050 年可再生能源在整个欧盟国家的能源构成中要达到 50% 的雄伟目标。2001 年欧盟部长理事会提出了关于使用可再生能源发电的共同指令，要求欧盟国家到 2010 年，可再生能源在其全部能源消耗中占 12%，在其电量消耗中可再生能源的比例达到 22.1% 的总量控制目标。欧盟成员国根据该指令，制定本国的发展目标，如英国和德国都承诺，2010 年和 2020 年可再生能源的比例将分别达到 10% 和 20%；西班牙表示，2010 年其可再生能源发电的比例就可以达到 29% 以上；丹麦制定了名为 "21 世纪的能源" 的能源行动计划，在 2030 年前，可再生能源在整个国家能源构成中的比例将每年增加 10%；北欧部分国家提出了利用风力发电和生物质发电逐步替代核电的战略目标。

1999 年，澳大利亚宣布了支持可再生能源发展的国家目标，到 2010 年，可再生能源发电量应增加到 255 亿度，相当于全国总发电量的 12%；可再生能源的供应量将增加 20%。

日本自 1993 年开始实施 "新阳光计划"，以加速光伏电池、燃料电池、氢能及地热能等的开发利用，1997 年又宣布了 7 万太阳能光伏屋顶计划，目标是到 2010 年安装 760 万千瓦的太阳能电池。在目标计划的支持下，日本的太阳能光伏技术在上世纪 90 年代得到了长足的发展，到 2000 年，京都陶瓷、夏普集团光伏电池年生产能力合计达到 10 万千瓦级，位居世界的前两位。

美国能源部提出了逐步提高绿色电力的发展计划，制定了风力发电、太阳能发电和生物质能发电的技术发展路线图，希望通过风力发电、太阳能发电、生物质能发电等来提高绿色能源的比例，其中太阳能光伏发电预计到 2020 年将占美国发电装机增量的 25% 左右，累计安装量达到 2000 万千瓦，保持美国在光伏发电技术开发、制造水平等方面的世界领先地位。

巴西政府早在上世纪 70 年代就开始实施生物液体发展计划，发展以甘蔗和木薯等为原料的乙醇燃料。经过 30 多年的努力，巴西成为生物液体燃料大国，年均生产乙醇燃料 1600 多万吨，不仅为上千万辆汽车和数百万辆摩托车提供燃料，还出口国外一部分。

2. 价格激励

在不考虑常规能源的环境成本情况下，目前大多数可再生能源产品的成本高于常规能源产品的成本，因此许多国家都采取了价格政策鼓励可再生能源的发展。但是，可再生能源利用技术多样，各类技术商业化发展程度不一，各国可再生能源资源条件千差万别，经济发展水平和负担能力不同，所以价格政策的表现形式和价格水平也不一样。考虑到规模效益、政策执行的难易和成本，目前国际上可再生能源价格政策主要是针对电力产品。从表现形式上说，价格政策主要有以下几方面。

（1）固定价格

固定价格即政府直接明确规定各类可再生能源产品的市场价格。德国是这类价格政策的代表国家，德国通过法律的形式，根据可再生能源技术类型和项目资源条件，制定不同的可再生能源电价，世界上大约有 10 多个国家采用这种价格机制，主要在欧洲。这种机制的特点是可以根据政府的意愿，促进各种可再生能源技术的均衡发展，也可以推动某些可再生能源技术的优先发展。

（2）浮动价格

一些国家采用浮动价格，以常规电力的销售价格为参照系，制定一个合适的比例，然后随常规电力的市场变化而浮动。例如，西班牙政府规定可再生能源电价在常规电力销售电价的 80% ～ 90% 范围浮动，但每年具体的价格水平由发电企业和输电企业在浮动范围内协商确定；美国的一些州则采用可避免成本的计算方式，确定可再生能源电价。由于可避免成本是按相对常规能源确定，因此不同可再生能源技术得到的电价一样，还有一些州制定了按净用电量收费的办法，相当于按照销售电价确定可再生能源电价。这种价格的形成机制与固定价格相类似，其效果也大同小异。

（3）市场价格

通过强制配额（即要求能源企业在生产或销售常规电力的同时，必须生产或销售规定比例的可再生能源电量）和交易制度（政府对企业的可再生能源发电核发绿色交易证书，绿色交易证书可以在能源企业间买卖，价格由市场决定），发挥市场自身的调节作用，达到提升可再生能源产品价格的目的。此时的可再生能源发电价格为平均上网电价与绿色交易证书的价格之和。英国、澳大利亚和美国的部分州实施了这类政策。在这种情况下，政府制定了对未完成强制配额的企业予以惩罚的额度。这一额度往往成为可再生能源发电交易成本的上限。在此价格机制下，不同的可再生能源电力得到的是相同的价格，但价格水平随时都在随着可再生能源市场供需情况而变，总价格又随电力市场的变化而浮动。市场价格政策的效果是，一些接近商业化的成本相对低的可再生能源电力如风电、生物质能发电等会得到较快的发展。而一些成本相对较高的可再生能源电力的发展，例如光伏发电等就可能受到相当程度的制约。同时，这种价格形成机制，在完成交易之前无法确定可再生能源的价格，在一定程度上影响了企业，特别是中小企业的融资。

（4）绿色能源价格

绿色能源价格其价格形成机制是由政府提出可再生能源产品的价格，由能源消费者按照规定价格自愿认购。典型国家是荷兰。这种价格机制也在我国的上海试行。这种价格机制，取决于消费者和企业对绿色能源的认同。只有在那些公众环保意识比较高的国家和地区才有效。

国外经验说明，价格优惠是一项非常有效的激励措施，各类价格政策只要应用得当，就可以起到促进技术进步、市场发展和降低成本的作用。

3.财政补贴

财政补贴政策是最为常见的经济激励措施，形式多样。

（1）投资补贴

投资补贴即对可再生能源项目开发投资者进行直接补贴。在没有明确制定价格政策的国家，投资补贴非常普遍，并且覆盖多种可再生能源技术，如希腊对所有可再生能源项目提供投资额 30% ～ 50% 的补贴，瑞典提供 10% ～ 25%。在制定了价格政策的国家，投资补贴常常与价格政策互补，如，比利时对可再生能源电力实施了优惠电价政策，对除了发电外的其它可再生能源项目提供 10%～20% 的投资补贴。荷兰在绿色电价的基础上，对个人投资风电提供 20% 的补贴。除了固定电价外，西班牙还为投资成本高的光伏发电项目提供 40% 的补贴。英国也在统一的市场电价基础上，为投资成本高的海上风电项目提供 40% 的补贴。欧洲大多数国家还对个人投资或参股的可再生能源项目进行补贴。不论采取什么补贴形式，各国政府都有详细的规定可以参照。补贴机制的优点是可以调动投资者的积极性、增加生产能力、扩大产业规模，缺点是这种补贴与企业生产经营状况无关，不能起到刺激企业更新技术、降低成本的作用。

（2）产品补贴

产品补贴即根据可再生能源设备的产品产量进行补贴。这种补贴的优点显而易见，即有利于增加产量，降低成本，提高企业的经济效益，这也是美国、丹麦、印度实施的一种激励措施。

（3）用户补贴

用户补贴即对消费者进行补贴，例如欧洲大部分国家均对太阳能热水器的用户提供 20%～60% 的补贴，澳大利亚为安装太阳热水器系统的用户直接提供每套 500 澳元的补贴。对消费者的补贴也不是一成不变的，而是随市场的发展和技术的进步而调整，例如日本对家庭用户安装光伏发电产品的补贴额度，起初是 40%，现在逐步降低到 10% 以下，并准备在适当的时候取消补贴。

4. 税收优惠

税收政策有两大类：一类是直接对可再生能源实施税收优惠政策，包括减免关税、减免形成固定资产税、减免增值税和所得税（企业所得税和个人收入税）等；另一类是对非可再生能源实施强制性税收政策，如碳税政策等。

（1）可再生能源税收优惠

各国支持的方式不一样，技术领域也不同，如印度风力发电机整机进口关税税率为 25%，但对散件进口关税实行零税率；美国风力发电可以享受 1.7 美分/度的生产税抵扣；希腊对所有可再生能源项目和产品免税；丹麦对个人投资风电，葡萄牙、比利时、爱尔兰等国家对个人投资可再生能源项目均免征所得税；此外爱尔兰还对一般企业投资风能、生物质能、光伏和水电项目的资金免征企业所得税等。

（2）对日本可再生能源实施强制性税收政策

如瑞典和英国对非可再生能源电力均征收电力税，强制性税收政策，尤其是高标准、高强度的收费政策，不仅能起到鼓励开发利用清洁能源的作用，还能促使企业采用先进技术、提高技术水平。

5. 信贷扶持

低息或贴息贷款等金融政策可以减轻企业还本期利息的负担，有利于降低生产成本，但政府需要筹集一定的资金以支持贴息或减息，贷款数量越大，贴息量越大，需要筹集的资金也越多。因此，资金供应状况是影响这一政策持续进行的关键性因素。

德国对风电项目和光伏项目实施低利率贷款，利率从 2.5%～5.1% 不等；意大利从 2001 年开始对在屋顶及建筑的其它部分安装小型光伏系统（5～50 千瓦）提供相当于项目投资 85% 的免息贷款；西班牙的信贷机构制订了对个人和企业投资可再生能源的利息减免计划，2002 年减免后的利率为 20%～40%，项目最高贷款额为 6300 万欧元，当年提供的信贷总额为 15 亿欧元，可用于补偿利息的总额为 1200 万欧元；法国已经制定计划，支持 1 千瓦以上容量的光伏系统的安装，其经济事务部提供低息贷款（2002 年利率为 1.9%），还贷期为 10 年，最初 2 年无需还款，在还贷期 9 年后，如果光伏系统仍可运行，可以免去剩余贷款。单套系统融资额度可达总投资额的 100%，最高限额为 50 万欧元。

一些国家和区域性的银行，特别是政策性银行，例如德国的欧洲银行等设立了可再生能源投资专项或额度。部分国家，如印度等，有可再生能源投资的专门机构，为可再生能源项目融资提供方便。

6. 出口鼓励

发达国家主要利用对外援助渠道，包括为发展中国家提供各类赠款、政府贷款和混合贷款等，增加其本国设备制造企业的出出口，帮助设备制造企业拓展海外市场。例如，丹麦、荷兰通过赠款和政府贷款，推动风机产品出口；西班牙、日本则利用援助渠道推动其太阳能产品出口；德国在向发展中国家提供的风场开发混合贷款中，要求项目采购德国产品的比例至少达到 51%；美国甚至在一些没有政府赠款或混合贷款的条件下，利用对抗性贷款机制（提出与对手相同的优惠贷款条件）扶持其可再生能源设备企业向发展中国家出口。

7. 科研和产业化共同促进

除了利用上述政策在总体上推动可再生能源产业化发展之外，大多数国家还对本国的制造业予以强有力的扶持。

首先是科研先行。发达国家在科技和研发方面投入很大，如建立国家实验室和研究中心，为机构和企业提供技术指导、研发资金和补贴等技术支持。美国、丹麦、德国、西班牙、英国、印度等国都有专门的国家可再生能源机构，统一组织和协调国家的可再生能源技术的研发和产业化推进。丹麦为了占领风力发电制造技术的制高点，累计投入了大约20多亿欧元的研发经费，支持研究机构和企业开展风力发电设备与零部件的研发和产业化。

其次是市场开拓。例如，丹麦和西班牙在其风力发电设备制造业发展的初期，均要求电力公司每年必须安装一定数量的风力发电机，支持设备制造企业迅速形成规模化生产能力。大多数欧洲国家在进出口信贷中均要求以购买其设备为前提，帮助企业开拓国际市场。

8. 行政干预

为了保证政府的政策得到有效实施，大多数国家采取了行政干预的手段，世界上30多个国家制定了促进可再生能源发展的有关法律或法案，强制推行国家政策。美国联邦政府虽然没有通过具体的法令，但有20多个州政府或议会通过了相关法令，强制推行政府的可再生能源政策。归纳起来，这些强制手段有强制配额、强制收购和强制使用等。英国、澳大利亚、美国的部分州政府实施强制配额制度，要求垄断性的能源企业，主要是电网企业，必须收购和销售一定额度的可再生能源；德国、西班牙等多数欧洲国家则采取强制收购制度，要求垄断性能源企业，主要是电网企业，必须按照国家规定的价格或价格计算规则，收购可再生能源产品。采取强制使用的国家还很少，主要是以色列和西班牙的部分省市，强制要求开发商在新建和既有建筑上安装太阳能热水器。

由此可见，即使有了合理有效的经济激励政策，行政干预对于可再生能源的发展还是至关重要的。

（二）我国的再生能源开发利用的优惠政策相关措施综述

我国早期的可再生能源开发和利用主要着眼于解决农村能源短缺问题。早在上世纪70年代，我国政府就出台了一些政策支持农村地区的可再生能源建设，例如小水电开发、农村户用沼气推广应用以及农村省柴灶的推广和普及等。这些政策和措施的出台，使得我国的可再生能源开发利用在发展中国家处于领先地位，某些领域在世界上也处于先进水平，例如小水电、太阳能热利用和农村沼气等技术。80年代后期，我国在现代可再生能源技术的研究、开发和利用方面也开始起步，特别是在太阳能发电、风力发电和生物液体燃料方面的投入明显增加，并且有了一定的发展。进入90年代以来，为了促进可再生能源技术的发展，我国政府也出台了一系列的方针和政策，归纳起来有以下几点。

1. 法律法规的支持

在法律、法规和行政规章方面，我国在早期通过的《电力法》、《节约能源法》、《大气污染防治法》等法律中，都作出了有关鼓励开发利用清洁能源，包括可再生能源的原则规定。在国务院有关部门发布的"国家能源技术政策"、"当前国家重点鼓励发展的产业、产品和技术目录"、"关于进一步支持可再生能源发展有关问题的通知"、"并网风力发电的管理规定"等行政规章中，也都作出了鼓励开发利用可再生能源，实施强制上网和经济激励等方面的政策，鼓励可再生能源的发展。2005年2月28日，十届人大常委会第十四次会议通过了《中华人民共和国可再生能源法》，把可再生能源的开发和利用，提高到"增加能源供应，改善能源结构，保障能源安全，保护环境，实现经济社会的可持续发展"的战略高度。《可再生能源法》通过以后，全国人大和国务院有关部门正在紧锣密鼓地制定一些具体的政策措施，其中主要包括可再生能源发电上网、固定电价、费用分摊、标准规范、专项资金、税收和信贷政策等。

2. 财政补贴

我国中央和部分地方财政，对可再生能源的开发利用也给予了财政补贴，例如，农村小水电建设、农村户用沼气建设、边远地区的太阳能发电和小型风力发电等。从目前看财政补贴应加大力度，即可以发展可再生能源产业，同时也是刺激经济发展的办法。

3. 研发扶持

我国政府对可再生能源的技术研发、产业化发展也予以支持。自"六五"开始，我国就通过国家攻关计划、863 计划、973 计划安排了一定数量的资金，支持风能、太阳能、生物质能、地热和海洋能等可再生能源的开发和利用技术的研究及产业化发展的前期准备。近年来，国家在产业化发展专项方面也开始关注和扶持可再生能源，分别支持了太阳能光伏电池、大型风力发电装备、太阳能热水器等可再生能源产业化发展项目，初步奠定了我国可再生能源产业化的基础。

4. 税收政策

税收政策在扶持我国可再生能源开发利用方面发挥的作用不是很大，只是在个别领域里有一些具体的体现，主要包括：小水电增值税按 60% 征收、风力发电增值税减半征收、对部分国内尚不具备生产能力的可再生能源发电设备和零部件进口实行免税或低税率，例如对光伏电池、大型风力发电设备的关键部件的进口等。一些地方政府在其职权范围内，也对可再生能源开发和利用提供了优惠的税收政策。但是和世界大多数国家相比，我国在利用税收手段鼓励可再生能源发展方面，与发达国家尚有相当大的差距，甚至和印度、巴西等发展中国家相比也有一定的距离。

5. 价格政策

过去我国在利用价格杠杆支持可再生能源发展方面的政策不多，近两年国家加强了对太阳能的价格支持，对太阳能发展起到极大推动作用，从国外经验看，价格支持策略是促进可再生资源发展的有力工具。国家发展和改革委2005 年 3 月 28 日印发的"上网电价管理暂行办法"规定：风电、地热等新能源和可再生能源企业暂不参与市场竞争，电量由电网企业按政府定价或招标价格优先购买，适时由政府规定供电企业售电量中新能源和可再生能源电量的比例，建立专门的竞争性新能源和可再生能源市场。根据《可再生能源法》实施的要求，国家发展和改革委正在制定有关可再生能源发电的价格政策，可望近期出台。

6. 投资政策

除了对可再生能源的研究开发、示范项目建设和可再生能源关键设备制造的产业化给予经费支持外，中央政府还通过国债支持可再生能源的开发利用，原国家经贸委的国债风电项目即是利用第四批国债专项资金，将国产风力发电机组示范电场建设项目纳入 2000 年国家重点技术改造项目计划，此外，还设立了农村能源专项贴息贷款，用于小型风力发电、太阳能热利用技术和大、中型沼气工程的推广应用，对小水电建设安排一部分低息贷款。我国还把可再生能源产业的发展纳入了双边和多边援助的优先领域，利用国外的优惠贷款支持了一批可再生能源项目。

7. 规划和计划支持

在规划和计划方面，我国是较早进行可再生能源规划的国家之一，曾经制定了《全国推广户用沼气规划》，并在《农村电气化规划》中考虑了小水电规划和农村能源综合规划等；1996 年原国家计委、国家科委和国家经贸委联合制定了《2010 年我国新能源和可再生能源发展纲要》；最近国家发展和改革委又完成了《可再生能源中长期发展规划》；在国家各个五年计划以及原国家计委的"光明工程"、"乘风计划"，原国家经贸委的"双加工程"和国债项目，国家科技部的"科技攻关计划"和"863 计划"中，都包含可再生能源的研发内容。

8. 产业化支持

我国政府也对可再生能源的产业化发展予以支持。近年来，利用科技攻关计划、高技术研究计划、产业化发展专项和重大装备专项等支持了太阳能热利用、光伏发电和风力发电设备及其零部件的制造，加快了可再生能源装备的国产化和本地化发展，在可再生能源方面形成了大发展局面。

（三）进一步推动我国可再生能源开发利用优惠政策的建议

我国促进可再生能源发展的优惠政策的全面程度，与国外相比没有太大的区别，只是在可操作性措施上的力度不够。以财政补贴为例，发达国家对可再生能源投资项目的补贴，一开始力度很大，一般在 40% 以上。而我国对可再生能源投资项目的补贴，首先是补贴面很窄，额度很小。除"送电到乡"工程外，多数是象征性的，一般不到投资额的 10%。此外，我国利用税收手段扶持可再生能源发展的力度更加薄弱，大多数可再生能源项目税收的实际水平与常规能源很接近，甚至高于常规能源，体现不出对可再生能源发展的优惠。

我国促进可再生能源发展的政策还存在着连续性差的问题。例如，就风力发电问题，原国家电力部、原国家经贸委都曾发文予以支持，但是这些文件由于机构撤销，失去了实施的主管部门，政策的效果有限。用于可再生能源发展的资金没有专项经费，许多重要的政策出现了一事一议的结局。

此外，机构和能力建设也是我国可再生能源发展的制约因素之一。多数发达国家都设有专门的国家级可再生能源研究机构，从事可再生能源政策、技术发展路线和关键技术的研究，印度甚至在政府机构中还设立了非常规能源部，专门管理可再生能源产业发展问题，我国还需要加强这方面的机制建设。

为了进一步促进我国可再生能源的开发和利用，应该加快《可再生能源法》落实的步伐，制定相应的配套措施，特别是可再生能源发电上网的若干规定、可再生能源专项基金、税收优惠和优惠贷款政策等配套措施的落实，以及相应的机构能力建设。具体政策建议如下：

1. 公布落实国家可再生能源发展战略和发展规划，明确提出 2010 年和 2020 年国家可再生能源的发展目标和实现目标的保障措施。

2. 国务院能源主管部门，尽快出台"可再生能源发电上网的若干规定"，明确发电企业、电网企业和供电企业的责任；根据可再生能源技术发展水平和地区发展的不平衡，规定可再生能源的上网电价和费用分摊的具体规则，消除可再生能源发电上网的制度障碍，培育可再生能源市场。

3. 建立可再生能源发展专项资金或基金，主要用于：技术研发、推广示范、宣传培训、产业发展推进。

4. 国务院财税主管部门，制定促进可再生能源发展的财税政策和投融资政策。例如，对边远地区和西部地区开发可再生能源项目的优惠税收政策和补贴政策，城乡建筑利用太阳能的投资补贴政策，利用出口信贷和对外援助渠道扶持我国可再生能源产品出口的政策等。

5. 加大科技投入，大幅度增加可再生能源研发和产业化发展的资金支持力度，争取在"十二五"期间在可再生能源技术领域和装备制造方面，获得自主知识产权有效发展，为可再生能源的大规模发展奠定科研和产业基础。

6. 建立国家可再生能源技术研发中心，对国家所关注的可再生能源发展的重大政策和技术问题进行研究。在部分大学开设可再生能源专业课程和培训班，为可再生能源发展提供人才支持和储备。

7. 加大宣传力度，把开发和利用可再生能源作为全面建设节约型社会和落实科学发展观的重要战略措施。国家能源领导小组办公室要统一协调可再生能源开发和利用中的重大问题。

由于可再生能源技术发展水平参差不齐，各类技术的战略地位也有很大的差异，建议国家根据各类可再生能源技术的特点和发展水平，制定相应的具体措施进行分类指导：对小水电、太阳能热水器、沼气等技术成熟、具备经济优势的可再生能源，通过消除市场障碍、加大国家资金投入等措施扩大应用规模。对资源潜力巨大、技术基本成熟、接近商业化的风力发电、生物质发电，通过制定法规和政策等措施，建立和扩大市场需求，加快产业化发展，用一定的时间基本实现商业化，并建立具有国际竞争力的可再生能源技术产业；对于太阳能发电等未来发展潜力巨大但目前成本很高的技术，加大补贴力度，形成适度的市场发展规模，重点扶持技术研发和试点示范，使之尽快降低成本，使这些技术在 2020 年以后成为重要的后续能源。具体实施方案建议如下：

（1）小水电重点解决其公平上网和合理的电价问题，结合落实《可再生能源法》，要求电网公司全额收购小水电的上网电量，并按照省份制定统一的上网电价水平，减少小水电上网的交易成本。

（2）风力发电产业化发展应该包括两个方面，一是扶植3～4家大型企业，迅速形成规模化的生产能力，并降低装备成本，形成以独立自主知识产权为主体的、有竞争力的国内装备制造产业体系；二是通过加快资源普查、制定固定电价、完善电网建设、实现全额收购风力发电的上网电量、额外费用实行用户分摊等措施，规范风电市场，加速风电场建设。

（3）生物质发电由于我国生物质发电，特别是规模化发电的经验很少，建议国家利用风电特许权招标的成功经验，进行兆瓦级生物质能发电的试点和示范，待形成 50～100 万千瓦的生产能力之后，根据积累的经验和遇到的问题，再出台具体的价格等经济激励政策。

（4）太阳能热水器技术成熟，商业化发展程度高，但是由于种种原因，房屋开发商和物业公司的接受程度有限，建议尽快颁布国家关于太阳能热水器与建筑相结合的国家标准，制定促进太阳能热水器推广应用的政策建议，要求在具备一定资源条件的地区，新建住宅必须安装太阳能热水器，并对经济适用房、城乡低保家庭安装太阳能热水器给予一定补贴，政府投资的建筑如学校、医院、营房、职工宿舍等率先使用。

（5）生物液体燃料重点支持以非粮食和廉价粮食为原料的乙醇产业的发展，近期特别支持以甜高粱茎秆、地瓜、木薯等为原料的乙醇生产，研究农作物秸秆纤维素制酒精的工艺，扩大生物乙醇的原料来源，降低生产成本。同时支持培育和开发油料作物，制取生物柴油。逐步形成上千万吨的液体燃料替代能力。

（6）太阳能发电其鼓励的政策措施主要有：在边远地区通电、城市标志性建筑、道路照明、交通信号、管道阴极保护等领域优先使用；鼓励城乡居民自觉使用太阳能发电，对其安装太阳能发电设施给予适当补贴，并允许采用净电量计量，自用多余部分，可以上网；进行以技术研发、积累经验和降低成本为目的的规模化试点和示范，加大技术研发和产业化发展的支持力度，努力降低成本，为2020年以后的大规模应用进行技术准备。

（7）海洋能等其它可再生能源技术对在近期内很难形成规模的海洋能等其它可再生能源技术支持的重点，可以暂时以研发和试点为主，待发现其具有规模化发展的前景时，再加大支持力度。

第十五章　中国太阳能电池发展路径与战略

刘汉元

作者系通威集团董事局主席，前全国政协委员，全国工商联新能源商会常务副会长。

库图佐夫对军人在战争中的作用有一个经典的说法："一分钟可以决定一场战斗，一个小时可以决定一场战役，一天可以决定国家命运"。决定能源革命、绿色革命最终成功的钥匙是掌握在企业家手中，企业家就是未来这场革命的军人、将军、元帅。所有革命的最终意义必须落实在技术层面、产品层面、企业层面、产业层面，必须在最基础的数据中得到体现。

一场根本性改变世界的绿色能源革命、绿色革命就目前而言最终只有两条道路：核聚变、太阳能利用。现实而言只能是太阳能利用的革命是实现绿色革命的道路。太阳能利用的最基本模式是晶体硅为基础的太阳能电池发展模式，就此意义而言绿色能源革命、绿色革命的核心集中在太阳能电池如何发展成功上。刘汉元先生是中国太阳能电池产业方面的代表，同时他对能源革命问题有深度研究。

本章主要阐述了以下观点：

■ 发展太阳能电池革命的战略考虑

■ 发展太阳能电池革命的基本内容与路径

■ 太阳能电池革命的科技创新道路

■ 太阳能电池发展的国家支持战略

■ 以光伏产业为先导，开启四川低碳经济之路

一、发展太阳能电池革命的战略考虑

（一）我国光伏产业发展现状及机遇

1. 太阳能是最经济最清洁最环保的可再生能源

人类对煤炭、石油和天然气等传统化石能源的大量消耗，使地球上超过50亿年积累的能源，将在几十、上百年间耗尽，能源危机正逐渐蔓延到世界的任何一个角落，成为经济社会发展的一个瓶颈，不仅羁绊了全球经济发展，也成为全球政治、军事冲突的重要因素。所以，无论从国内还是世界来看，全球性的能源危机已非常突出。与此同时，燃烧这些煤炭、石油、天然气等化石能源释放出的大量二氧化碳，所造成的环境污染和导致的温室效应，可能在这些能源被耗光之前，就已经把地球环境破坏到人类无法居住的程度，目前全球二氧化碳排放量已经超过300亿吨，如不加控制，这一数字将在2030年达到400亿吨，其中我国将占据1/4的比例。同时，我国有70%的江河水系受到不同程度污染，1/3的国土被酸雨覆盖。综合世界银行、中科院和环保总局的测算，我国每年因环境污染造成的损失约占GDP的10%左右。因此，大力发展可再生能源，已成为人类可持续发展和生存延续的首要问题。目前，可供人类利用的可再生能源主要有生物质能、水能、风能和太阳能。由于太阳能光伏发电具有占用土地资源少，能量转换率最高，资源储量最大等特点，因此太阳能是所有能源中最经济、最清洁、最环保的可持续能源。

2. 我国光伏产业发展现状

在全球气候变暖、人类生存环境恶化、传统化石能源短缺的严峻形势下，以德国为首的一些发达国家率先出台了一系列政策鼓励光伏产业发展，全球光伏产业进入了快速发展时期。太阳能电池产量从1997年的125.8兆瓦增加到了2007年的4000.05兆瓦，年平均增长率达41.3%。在这种国际大背景下，我国的光伏产业取得了更为迅猛地发展。2002年～2007年间，我国光伏产业的年平均增长率高达191.3%；2007年我国的太阳能电池产量已达1088兆瓦，成为了世界太阳能电池的第一大生产国。不仅如此，更为重要的是我国已初步形成了一个从"多晶硅—硅锭/硅片—电池/组件"的产业群。无论从解决就业、增加税收，还是从带动相关产业发展、拉动内需等各方面来看，光伏产业在我国国民经济中正发挥越来越重要的作用，且前景不可限量。虽然我国光伏产业发展迅速，但同时也必须清醒认识到其中存在的困难和问题，一方面由于光伏产品及光伏发电成本还处于高位，另一方面则是国家尚未出台鼓励光伏产业的具体政策，从而导致我国光伏产业一直处于上游"硅料生产"及下游"光伏产品应用或光伏发电"两头均在国外的尴尬局面。长此以往，势必将严重影响我国光伏产业的长期可持续发展。

3. 扶持光伏产业发展面临崭新的机遇

每一次经济萧条后的复苏，都需要有新技术、新产业、新突破，然后带动社会发展，带动经济走向繁荣。从此意义上讲，当前的金融危机并非只是金融领域的问题，其根源在于以互联网和信息技术为代表的经济增长周期已过去，因此必须有新的技术创新和新产业的发展，牵引经济发展走出衰退。新能源产业无疑是下一轮产业技术革命的核心，光伏产业在替代传统能源的过程中，将创造大量的就业机会、制造机会、建设机会，是一个现有的、成熟的、功在千秋的产业拉动和新的增长点。

当前，我国正出台4万亿的投资计划拉动内需，以应对全球性金融危机。在本次危机中，光伏产业也受到了一定程度的影响，但其中更多蕴含着新的发展机遇。光伏产业不仅可以为我国带来长久、持续、永恒的清洁能源，更能在这样一个产业升级换代，淘汰、取代原有产业的过程中，提供大量新的岗位和就业机会，增加税收。更为重要的是，随着我国光伏产业整合、优化的速度以及光伏产品和光伏发电成本降低步伐的加快，为国家出台和实施鼓励光伏产业发展的具体政策提供了前所未有的大好时机，加快了我国光伏产业整合、优化、提升的速度。那些不具备核心竞争力的企业将被淘汰，而那些在技术、资源、管理等方面具备优势的企业，将会以更快的速度发展；其次，加快了光伏产品及光伏发电成本降低的步伐。之前人们预期2015年才能达到的光伏发电1元人民币/千瓦时的成本水平，有望提前两三年实现，这样将加快光伏产品应用的速度和规模，若国家在本次4万亿投资的良好时机下出台鼓励政策，将可以相对较小的投入，刺激整个光伏产业的健康快速发展，带动内需，促进增长，最终使光伏产业进入良性、健康、快速发展的轨道。

（二）我国单位国土面积财富输出的价值比较

目前，中国已处于一个发展的特别临界点，即未来 10 年经济增长要翻一番。该目标是一个巨大的财富总量，相当于过去 60 年的发展效果。顺利实现这一目标，中国未来 1 年的经济增量就需要达到过去平均 6 年的增长效果。经济增长如此，相伴的能源增长也必须如此，否则无法支撑这样巨大的增长压力。因此，无论从中国自身的根本利益出发，还是从全球未来经济发展的可持续性出发，中国都需要有一个前所未有的决心——根本性地解决能源危机问题，特别是能源在清洁、永续、经济等前提下的可持续问题。而应对未来巨大的能源需求，全球共识是大力发展太阳能光伏产业，世界各国也正在积极抢抓时代机遇，以全力抢占这全球新一轮经济发展的制高点。

地球的太阳辐射能资源分布主要受两大因素影响：一是纬度，二是气候。纬度决定了日照时间，也影响辐射强度；气候则主要影响日照强度。我国在这两个因素上具有重要优势，具有大量可以高效发展太阳能电池的国土资源。约占 60% 国土面积（近 600 万平方公里）的西北部，是全球太阳能辐射资源最丰富的地区，仅次于撒哈拉大沙漠，与印度、巴基斯坦的北部相当，居世界第二位，太阳年辐射总量为每平米 1512 ～ 1860 度，相当于每亩国土面积年辐射量为 100.9 ～ 142.5 万度。如果太阳能电池的转换效率为 15%，并以这些国土每年日照时间为 2000 小时计算，每年每亩国土的太阳能就可以得到 15.1 万度到 18.6 万度的电能（平均值相当于 16.85 万度），这就相当于 50 ～ 62.5 吨标准煤的发电效果。这是针对太阳辐射较强的西北部地区进行的核算。如果考虑诸如西南、华东、华南等中国太阳辐射相对较弱的 3 类、4 类地区，以及考虑西藏、新疆等太阳辐射特别强的地区，我国国土面积每年每亩所获得的电能基本可以处于 10 ～ 20 万度的这样一个宽幅电量水平区间。从货币角度考虑，如果电价以每度 0.5 元标准计算，则相当于 1 亩土地可以创造 5 ～ 10 万人民币左右的财富；如果电价以 1 元标准计算，则 1 亩土地可以创造 10 ～ 20 万人民币左右的财富。而目前 1 亩土地每年仅可以创造相当于平均 0.3 吨粮食当量（18 亿亩耕地生产 550 亿吨粮食）的财富价值，以每吨粮食 5000 元人民币计算，相当于 1 亩土地直接创造财富价值 1500 元。这样对比，1 亩土地用来进行太阳能发电，土地的价值就远远高于通过生产粮食产品获得的财富，二者之间是 33 ~ 133 倍左右的巨大财富差异。

也就是说，太阳能电池绝对能量的获得，是我国国土光合作用平均能量获得效果的 33 ~ 133 倍。如果考虑不同品质的能量差异产生的效果影响，这个结果甚至可以说达到 150 倍的差异。不同品质土地的光合作用效果的差别很大，用于种粮食的耕地，其光合作用效率相对较高。目前许多种粮食土地的表观光合作用效果在 1% ~ 2% 之间，按中国粮食目前的平均亩产 0.3 吨算，光合作用平均效率约为 1.2% 左右，即使如此，这也仅是太阳能光伏能量效率的 1/12，如果考虑电能与植物能源的能量品质的不同，太阳能光伏发电得到的能量，大约是我国粮食亩产量所获能量效率的 35 倍。即使亩产高达 1000 斤的土地，其光合作用的效率也仅为 1.9%，这仍远低于太阳能电池的能量转换效率。但是，我国这种高产土地仅占 18 亿亩可耕地的 1/3，仅为中国国土面积的 6%。其余 70% 左右耕地的平均亩产量仅是全国平均数的一半左右，这部分土地的粮食光合作用就仅为 0.6% 左右，约为太阳能电池能量转换率的 4%，而这部分土地约占整个国土面积的 12% 左右。

即使考虑加上秸秆光合作用固化的能量，土地大致光合作用的效率也仅能增加 1 倍左右。而且，上述光合作用是一个非自然的效果，土地产品还需考虑大量化石能源的作用，比如化肥、农药、灌溉等等。如果没有这些作用，以及不计算在这些投入品及其劳动成本，中国粮食平均亩产量就只略微多于现在亩产量的 1/3，约为每亩 0.12 吨。这样算下来，光合作用效率就仅约为 0.5%。加上秸秆，土地（耕地）在自然状态下的光合作用就大约是 1%，仅为太阳能电池的 1/15。如果考虑能量的品质问题，太阳能电池就相当于粮食在自然状态下 45 倍的能量转换效果，土地的财富输出价值也同样是这样一种结果。另外，还需指出的是，粮食产品中 C4 类作物如玉米、大豆、高粱等，由于其特殊生物机制，主要是生物生长期间基本不消耗光合作用合成的能量，其光合作用效率大约高于小麦、水稻等 C3 类作物 20% ~ 30%。当然，生物产品的品质也有重要差异，即同样的土地，如果生产 C4 类作物，产量要高于 C3 类作物 20% ~ 30%。

如果我国利用 960 万平方公里国土面积的 1%，即约 1 亿亩国土发展太阳能光伏发电，就可以实现 50 亿吨到 62.5 亿吨标准煤的能源开发，相当于目前中国能源使用量的 1 倍左右。也就是说，仅需要 1 亿亩包括西藏、新疆、甘肃、青海、内蒙，或四川的甘孜、阿坝、凉山等中国西北部土地来发展太阳能光伏发电，中国就基本能够解决未来的全部能源问题，相当于提供目前发达国家人均使用的能源总量——人均 5 ～ 6 吨标准煤。在中国单位土地太阳能辐射总量最低的西南地区，即使每亩土地能够得到的太阳能平均比西北部地区少 1/3，平均每亩土地也能得到约 11 万度的电能，从单位面积的财富输出价值角度讲，每亩土地的转换效果也将近约 35 倍的价值差异。特别是我国太阳辐射最强的新疆、西藏以及内蒙部分地区，国土面积约 300 万平方公里，占整个国土面积的 31%，这已是一个巨大的太阳光伏能量资源带，具有太阳能电池开发的重要优势。而如果利用土地生产植物能源，即使中国 18 亿亩耕地全部的土地都用于供应能源利用，也仅能提供 30 亿吨左右的标准煤当量的能源。

综上所述，可以看到未来利用国土发展太阳能电池的绝对优势和重大意义。我们完全可以坚信，未来的新能源革命的根本方向必须是太阳能电池为核心的新能源革命。在未来的太阳能电池时代，我们必须对单位面积土地的财富输出价值进行重新思考和评估。过去是用粮食产量来衡量土地的价值，而未来，将是用太阳能光伏转换效率来衡量土地的财富价值。

（三）发展太阳能电池革命是一种战略选择也是国家义务

值得强调的是，大力发展太阳能光伏产业，加快建设新能源基地，不仅事关这个行业或产业的发展，使太阳能这种最经济、最清洁、最环保的可持续能源真正惠及国人，更是从长计议缓解我国资源压力，确保我国能源战略安全和社会经济发展长治久安的必然选择。尤其是在地球环境日益恶化的今天，快速崛起的中国应该担当起保护人类共同家园——地球的重任，大力发展光伏产业，在世界范围内树立保护环境和节能减排典范，这不仅对国家能源部署和经济可持续发展有重大贡献，还能体现出我们泱泱大国风范，在世界面前展现出中国作为一个负责任全球大国应有的道义和责任感，也是我们树立世界道德水平和良好形象的最佳切入点。

二、发展太阳能电池革命的基本内容与路径

（一）加大西部地区光伏资源利用，建设我国新能源基地

回顾我国能源基地的建设历史，从上世纪 50 年代山西的煤炭基地，到六七十年代大庆、胜利油田的石油基地，再到 90 年代以三峡工程为代表的西部水电基地，前后几十年的变迁，充分展现了我国能源结构不断优化，能源需求不断扩大，能源问题日益突出的发展过程。大力发展新能源，已成为 21 世纪全球经济发展的制高点，真正把新能源产业发展起来、动力释放出来，中国的能源安全问题将有着光明的前景，这就需要我国在新能源发展问题上敢于打破旧观念，实现政策制度的大胆革新，超常规大步前进，尤其是我国中、西部地区，拥有广阔的沙漠、草地、戈壁，太阳能资源十分丰富，可大力发展太阳能光伏电站，建设新能源基地，从而支撑我国经济未来 30 年的快速发展。

我国中、西部地区虽面临诸多发展瓶颈，但其具备东部和沿海地区所不具备的独特优势，尤其是西部地区，幅员辽阔，人烟稀少，光照时间长，太阳辐射强烈，太阳能资源十分丰富，每平米太阳能年辐射总量达 3350～8400 兆焦，平均为 5860 兆焦（相当于 199 公斤标准煤），每年我国陆地地表吸收的太阳能，大约相当于 2.4 万亿吨标准煤的能量，相当于 2009 年全国能源消耗总量 30 亿吨标准煤的 800 倍。其中西藏西部是我国太阳能资源最富集的地区，每年最高达 2333 千瓦时 / 平方米（日辐射量 6.4 千瓦时 / 平方米），位居世界第二，仅次于非洲撒哈拉沙漠。我国西部地区现有沙漠化土地面积 100 多万平方公里，且呈逐年扩大趋势，主要分布在太阳能资源丰富的西北和西南地区，假设将这些沙漠化土地的 1%，用来安装并网光伏发电系统，按目前较保守的 100Wp/ 平方米技术水平计算，装机容量即可达 10 亿千瓦，而据工信部数据，2009 年全国发电总装机容量仅 8.74 亿千瓦。

这个数字还不包括西部地区的广阔草原，以西部四川省的凉山、甘孜、阿坝 "三州" 地区为例，该区域高原晴天日数多，日照时间长，太阳辐射强烈，年辐射总量高达 4500～6800 兆焦尔 / 平方米，即 1250～1889 千瓦时每平方米，月均温度 ≥ 10℃期间、日照时数 ≥ 6 小时天数在 250 天～300 天以上，

在全国太阳能资源区划中，属太阳能资源丰富和较丰富地带。经调查测算，目前四川"三州"地区有草地面积 15.79 万平方公里，现有技术条件下，建设一座百兆瓦光伏电站，总占地约 2.5 平方公里，按此计算，上述草地面积的 1%，即可建成多达 632 座百兆瓦级光伏电站，全年（按全年白天总光照时间 4380 小时计算，每座可发电 4.38 亿度）发电总量可达 2768.16 亿度，倘若加上中、西部地区的青海、甘肃、内蒙、新疆等省份的广大草原、戈壁地区，发电量完全可以再上一个数量级。在现有技术条件下，建设一座百兆瓦光伏电站的周期为 22 ~ 24 个月，如果从 2010 年开始，每年在西部地区建 10 座百兆瓦级光伏电站，从 2012 年开始，将形成 43.8 亿度的年发电能力，以后每年还将增加 43.8 亿度。

同时，站在确保我国东、西部资源均衡的角度看，作为"西电东送"三条 800 千伏高压直流输变电工程之一的四川向家坝至上海线，今年将实现双极输送，光伏电站以其较短的建设周期、低廉的维护成本，将成为国家"西电东送"工程稳定而重要的直流电力来源，并可省略起始端的变流环节，降低能源损耗。从输送距离看，四川锦屏至苏南线的起点裕隆，位于川西太阳能的富集区西昌境内，二者直线距离仅上百公里，无论依靠现有主干电网或重新铺设，投入均不大，将确保中西部等太阳能资源丰富地区的清洁能源，尽快输送到东部及沿海发达地区的负荷中心，支持、参与东部经济和我国未来经济的发展。此外，在建设我国新能源基地的过程中，将带动国内光伏市场的快速发展，引导和鼓励我国多晶硅生产企业加快向下游的太阳能电池、光伏组件、光伏电站建设等领域发展，提高我国多晶硅企业的产品科技含量和产业竞争能力。

在建设新能源基地的过程中，从当地草原生态环境保护看，太阳能电站完全静态运行，其发电周期内基本实现零排放。同时，发电站的太阳能电池板呈网状错落铺设，据测算，至少有超过 30% 的阳光可透过电池板间隙，直射或折射到地面，经草原生态专家论证，其足以维持地面植被的生存所需，甚至还可以以此解决目前草原植被因强光照射而日照过度的问题。即使兴建电站时对部分植被造成一些影响，但只要生态恢复措施同步跟进，同样不会对生态造成破坏。此外，太阳能发电站建设，还将尽量选择沙化、石漠化草地等不可利用土地进行，由于太阳能电池板对阳光的遮挡，减少了地面蒸发，缓解了沙化的速度，使植被逐步恢复，草原生态将因此得以更好保护。

太阳能光伏产业作为一个市场规模大、产业辐射面广、拉动效应明显的朝阳产业，充分利用我国中西部地区大量沙漠、草原丰富的太阳能资源，将中、西部地区建设成为我国未来的清洁能源基地，既是四川、青海、甘肃、内蒙、新疆等西部地区经济发展的需要，也是东、中、西部能源平衡自身的需要。而产业发展带来的巨大经济效益，对西部地区的和谐稳定、民族政策的落实、当地居民的长治久安、环境治理和水土保持、老百姓增收致富，促进我国经济发展升级转型、增长方式的转变都具有重要意义。

（二）发展太阳能电池的特别模式——铁路、公路、停车场的太阳能电池发展模式的考虑

太阳能未来应用主要是三个方面生产、交通、家庭，其中交通是接近生产领域的能耗。交通除了需要巨大的能量消耗外，太阳能的储存以及汽车需要的较大的能量携带是目前新能源利用的一个需要解决的技术难点问题。如果考虑采取将铁路、公路、停车场土地面积充分利用起来，上述问题将得到一个基本解决。

1. 中国铁路太阳能利用评估：

目前中国铁路接近 10 万公里，如果未来达到美国水平 20 万公里左右，如果全部利用，长度为 20 万公里，宽度如果平均以 30 米考虑，大约相当于 6000 平方公里的总面积，如果每年平均利用时间为 1500 小时，整个铁路可以得到大约 90 亿度电。大约相当于 300 万吨标准煤的发电效果。

2. 中国公路利用问题

中国公路总里程超过 400 万公里，其中高速公路约 10 万公里。

如果平均可以利用宽度为 30 米，整个公路体系一半可以利用，相当于 10 倍铁路的利用效果。大约可以得到 900 亿度电，接近 3000 万吨的标准煤的发电效果。如果这部分能量主要供应非货运的中小型汽车，是应该可以极大程度解决长途交通的能源消耗。

这种方式未来非常可能成为解决长途交通的主要能源供应方式，特别由于区域化经济发展，未来货运规模将极大程度减小，以及长途交通集约化的发展背景下，路网上空的能源网将是重要的能源提供源。如此，目前电动汽车最大的技术问题储能将得到一个根本性解决。

此外，如果这个网络与各地的太阳能网络进行一定的匹配，整个长途交通的太阳能化将极大程度实现。

3. 停车场的太阳能利用问题

目前中国非规范的停车模式是影响交通的重要原因，停车主要停在路面的模式应该改变。如果停车主要以停车场为主体，未来中国汽车保有量按发达国家人均水平一半左右计算，以1000人300辆计，未来中国大约有5亿辆汽车，如果80%进入停车场，每辆车平均占地面积以3平方米算，这些停车场利用起来可以使用12亿平方米面积铺设太阳能电池，如果每平方米太阳能电池平均每年发电150小时计算，整个停车场可以发电接近2000亿度电，相当于6000万吨标准煤的发电效果。这些电直接对汽车进行能源补充与提供，可以极大程度解决汽车的供电问题。停车场可以成为未来汽车主要的"加电站"，极大程度代替目前的加油站作用。

（三）内地发展太阳能电池的发展模式

内地发展太阳能特别要强化农村与中小城市的太阳能发展，并且可以考虑与其它清洁能源结合使用。如果农村能够把秸秆利用与太阳能利用结合起来，未来农村能源的当地解决是非常有希望的。

中小城市普遍人均房顶面积较大，是可以加大发展力度，特别争取北方具有较好光资源的地区实现相当程度的能源独立。如果考虑每个中小城市除了房顶利用外，可以在考虑利用部分土地安装太阳能电池，这些地区就可以实现能源独立。这种绿色能源独立背景下的中小城市发展如果配合好的其它国家支持政策，基本实现现代化水平的自给自足的社会，可以建设一种田园诗般的社会。中国未来的新型城市化完全可以从这里开始。如果考虑使用1000～3000万亩土地安装太阳能电池，上述蓝图是可以实现。按这种方式可以在中国建设一个容纳3～5亿人的中小城市及新型农村的一个有别于传统现代化的新型社会。

三、太阳能电池革命的科技创新道路

发展产业革命离不开科技创新，但是科技创新除了传统的科研单位外，应该建立另一个重点：企业的科技创新体制，真正解决实际问题的科技创新主要应该依靠企业，这既是国际经验，也是中国经验。如何发挥企业在科技创新的作用，以及建立以解决实际问题为基础的科技发展，以企业为中心，有效集中各种力量形成创新的实际结果对于中国发展绿色能源革命是一个非常重要的问题。

四、太阳能电池发展的国家支持战略

国家未来需要大量的绿色能源，房顶太阳能方式非常有限，最终需要规模化发展太阳能，如何找到实现规模化发展的模式对中国而言十分重要。对此有下述几点建议：

（一）出台基本电价保底收购政策，促进我国光伏产业发展

1. 国外光伏发电上网电价补贴政策

从全球太阳能光伏系统安装情况看，2008 年，传统光伏大国德国系统安装量为 15000 兆瓦，占全球总安装量的 27.27%；欧洲另一光伏大国西班牙安装量达到 25000 兆瓦，占全球的 45.65%；日本光伏系统安装量约为 230 兆瓦，占全球的 4.18%，而我国仅为 40 兆瓦，占全球安装比例仅为 0.73%。2004 年，德国政府启动上网电价法，即著名的 EEG 法案，最初的上网电价为 3 倍的零售电价或者 8 倍的工业电价。光伏系统在安装后的 20 年内固定价格，但推迟一年，固定价格下调一定的比率。在该政策下，新项目固定电价逐年下降 5%～6.5%；2004 年西班牙实施购电补偿法，政府给予为期 20 年 0.45%～0.62 欧元／度的补贴，每年递减 5%～6.5%；计划 10 年可再生能源发电量占总发电量的 12.5%，另外，其政府还通过每年约 2 亿欧元的补贴，使得国民可以消费得起成本相对较高的太阳能资源；日本政府在 1994 年～2003 年间实施光伏补贴政策，促使 2004 年日本光伏累计安装量达 1100 兆瓦，成为当时全球光伏容量最大的国家；美国自 2005 年起施行光伏投资税减免政策，2009 年 3 月，美国参议院又通过一项共计约 180 亿美元的新能源激励计划，其中光伏行业的减税政策（ITC）续延 2 年～6 年。具体条款包括：对于商用光伏项目的投资税减免延长 8 年；住宅光伏项目的投资税减免政策延长 2 年；取消每户居民光伏项目 2000 美元的减税上限。

2. 光伏电价的走势分析

目前煤电上网电价在 0.3 元 / 千瓦时左右，普通居民用电电价 0.62 元 / 千瓦时左右，而按照目前的产业水平，光伏发电的成本大约为 1.23 元 / 千瓦时，不仅高于煤电上网价格，也高于普通居民用电电价。然而，我们必须看到过去 10 年、20 年，无论电价还是用电量，都在逐年上升，20 年前电价是 0.4 元左右，而 20 年后，随着煤炭资源的逐渐枯竭，5 年、10 年或者 20 年后的煤炭价格，必然要比今天高出很多倍，从而导致占我国电力比重 70% 的煤电电价的大幅度攀升，事实上，自 2005 年出台"煤电联动"政策以来，已经两次启动并致使电价上涨了 5.01 分 / 度，上涨幅度 16.7%。由此，20 年后的电价可能会达到一块五甚至两块钱。

因此事实上我们今天如果按市场价格的光伏组件，去建未来可以管 20 年、25 年、甚至 30 年寿命周期的太阳能发电站，那么不经济的时候仅仅是开始的这几年。尽管每度电，可能国家电网或者国家财政有所补贴，比如每度电补贴一块钱，一块钱加上电价本身的四毛钱、五毛钱，就是一块四、五毛钱一度的电，按照今天的组件价格来讲，它已经完全可以接受。同时这个补贴只定义为 20 年内或者 10 年内国家财政和国家电网原则上以某个固定价格来收购电，随着经济社会的发展，电价上升，光伏组件成本下降，届时电价高出了这个价格，则直接按市场化进行运作即可。所以最多就是前三年或者前五年有所补贴，也许每度电补贴出一块钱。但是三、五年内能够建成的规模，在量上绝对不会大，因此，财政并不用拿多少钱，就可以把这个产业有效的启动起来。当三、五年或者 10 年后，产业发展到一定规模，商业成本也就已经积累得差不多了。所有的社会资金就会把它作为一个非常稳定的投资去投入这个产业，银行资金也可以往这个产业里自然集中，因为哪怕只有 5% 的收益，或者 3% 的年收益，但是旱涝保收 20 年，几乎零风险。这个行业就可以自动良性发展，政府不再需要花钱，就已经解决了清洁能源的永续供应问题。

3. 我国需尽快出台基本电价保底收购政策

到目前为止，国内甚至全球光伏产业都还是处于明显的"政策市"阶段，从国外光伏产业的发展经验来看，在政府出台相关财政补贴或电价上网政策后，行业基本都出现了爆发性的增长，比如德国、西班牙、日本等。尽管继《中华人民共和国可再生能源法》颁布之后，我国政府相继出台了"太阳能屋顶计划"、"金太阳工程"等旨在促进太阳能光伏产业发展的政策,一定程度上也促进了我国光伏产业的发展。然而,这些政策的补贴重点都集中在太阳能发电设备的安装方面,并没有回答上网电价这一核心问题。

因此,国家可以借鉴欧美经验,制定光伏发电上网电价补贴政策,强制性要求国家电网对太阳能发电按补贴性的"上网电价"全额收购。考量目前在建设过程中进行补贴的方式,比如1千瓦20块钱,实际上是很麻烦的,这个地方给多少,那个地方给多少,这个企业又给多少,给了之后它究竟又干了多少千瓦,很难监督和到位,这中间形成很多行政审批的过程,这些过程不仅会增加运作成本,也容易导致腐败。而假如我们用这种基本电价保底收购的方式,要求国家电网从法律的角度去执行这个法规,并且在购买的过程中,可以清楚的进行计量,生成清单,核准每一个费用的真实性和准确性,简单说,就是光伏发电站卖了多少度电就拿多少钱,直观明了,发电站、投资者、国家电网和政府各司其职,形成商业化运作和结算的市场机制,社会资源自我聚集,良性循环。

补贴电价初期可以根据地区光照条件差异,设定为1.2 ~ 1.5元/千瓦时,今后随着产业的规模化、成熟度上升,规模效应逐步显现,每隔三年或五年对价格进行一次调整,而调整的政策只针对当时开始筹建的项目,也就是说,新调整的政策只管之后,之前的项目受之前的政策管辖,这样可以有效防止政策出现可能的失误后,对政府和社会造成累计风险。最终两者将随着传统能源价格的上升、人们对环保的重视以及环境治理成本的上升趋于平衡,再按照市场规律运行即可。这些举措的实施将会有效促进我国光伏发电的规模化发展,使太阳能这种最经济、最清洁、最环保的可持续能源能够正真正惠及国人。

根据SolarbuzzLLC.年度PV工业报告数据显示,2007年欧洲光伏市场占世界光伏市场的份额约为71%,欧洲不但已是世界最大的光伏市场,而且还在持续快速地增长。这主要是因为欧洲大部分国家均实施了补贴性的"上网电价"政策。有必要借鉴欧洲国家这些行之有效的作法,包括借鉴我国已实施多年的对风电的鼓励性作法,强制性要求国家电网对光伏发电按补贴性的"上网电价"全额收购。根据现阶段光伏发电的成本,宜将初期的补贴性"上网电价"确定为1.5 ~ 2元人民币/千瓦时,今后随着产业的规模化、成熟度上升,规模效应逐步显现,每隔三年或五年对价格进行一次调整,最终将随着传统能源价格的上升、人们对环保的重视以及环境治理成本的上升，两者趋于平衡，再按照市场规律运行即可。

（二）积极支持太阳能光伏产业研发推广

特别是对进行太阳能级硅材料制备以及太阳能光伏应用研发、推广的单位，应当从资金、税收等方面给予大力的支持，如：国家可向业内的优质企业提供贴息贷款，帮助它们抓住当前机遇进一步做强、做大。该项举措的实施将会有效促进我国多晶硅产业的健康、快速发展，彻底打破从产业层面制约我国光伏产业发展的瓶颈，进而改变长期以来上游"硅料生产"在（国）外的局面。

（三）从资金、税收等方面给予大力支持

动员社会力量在太阳能资源丰富的沙漠和偏远地区建立独立或并网光伏发电系统，并从资金、税收等方面给予大力支持。此外，还可在有条件的地区推行百万或千万屋顶（太阳能光伏发电）计划，对参与该计划的家庭，除了按补贴性的价格收购上网电力外，还可向他们提供低息甚至无息贷款以资助其购置太阳能光伏发电系统。该项举措的实施将会有效促进我国光伏发电的规模化发展，改变长期以来下游"光伏产品应用或光伏发电"在（国）外的局面，使太阳能这种最经济、最清洁、最环保的可持续能源能够正真正惠及国人。

（四）规模化发展西部绿色能源基地

利用中西部地区丰富的太阳能资源，将中、西部建设成我国未来的清洁能源基地应该是中国未来的基本国策。

在西部发展光伏产业，还有助于促进中西部地区经济发展和腾飞。我国广阔的西部地区，幅员辽阔，人烟稀少，是全球太阳能辐射资源最富集的地区之一。如果将我国每年新增发电装机容量的20%～30%，由利用光伏资源十分丰富的西部国土建设光伏电站来提供，就将形成每年18000兆瓦～27000兆瓦的光伏新增装机容量。

如果充分利用西部丰富的光伏资源建设太阳能电站，不仅可以解决这些地方发展过程中缺水、缺人、交通不便等诸多问题，而且只需要架设几条输电

线，就可以把光伏电力源源不断地输送出去，支持、参与东部经济和我国未来经济的发展，真正形成东、中、西部地区资源互补的良好局面。

与此同时，太阳能光伏产业作为一个市场规模大、产业辐射面广、拉动效应十分明显的朝阳产业，充分利用我国中西部地区大量沙漠、草原丰富的太阳能资源，将中、西部地区建设成为我国未来的清洁能源基地，既是四川、青海、甘肃、内蒙古、新疆等西部省份经济发展的需要，也是东、中、西部能源自身平衡的需要。

五、以光伏产业为先导，开启四川低碳经济之路

哥本哈根会议是世界低碳经济的里程碑，中国政府在本次会议上承诺的减排目标为：到 2020 年单位国内生产总值二氧化碳排放比 2005 年下降 40% ～ 45%。为了实现这个艰巨的任务，我国提出了"到 2020 年非化石能源占一次能源消费比重达到 15% 左右"的实现方式，这表明以经济社会可持续发展为目标的低碳发展，成为今后我国经济社会发展的战略取向。

在我国目前的一次能源结构中，煤炭和石油几乎占据九成，非化石能源所占比重仅为 6.5%，其中太阳能所占比例更是微乎其微。同时，中国又是一个太阳能资源极为丰富的国家，目前我国对太阳能的利用还处于刚起步阶段，这为光伏产业的发展提供了极为广阔的空间。各地方政府在发展战略性新兴产业方面都不约而同地瞄准了光伏产业，江西新余的"世界太阳能之城"、山东德州的"太阳能城"、江苏徐州的"新能源之都"、河北保定的中国"太阳之城"、辽宁锦州的"绿色能源城"、甘肃敦煌的"大漠太阳城"，陕西省、河北省、厦门市均将太阳能光伏产业作为其"一号工程"。晶硅电池是光伏最主要的技术路线，其核心的环节是多晶硅生产，而作为多晶硅鼻祖的四川在激烈竞争中却充分发挥资源优势，渐渐被淡忘和超越。论多晶硅生产，产量最大的是江苏中能；论硅片生产，产量最大的是江西新余；论电池组件，产量最大的是无锡尚德。冷静反思四川从起跑领先到途中落后的过程，我们才能重新夺回优势。

（一）四川发展光伏产业的优势

四川是中国传统工业基地，经过建国后几十年的发展，包括三线建设和改革开放以来尤其西部大开发以来的发展，工业体系完整、门类齐全，已经奠定

现代工业的物质技术基础和文化基础，进入了工业化中期阶段。在四川的产业中，矿业、化工、钢铁、水电、天然气、电子在全国居于领先地位，为发展太阳能光伏产业奠定了良好的基础。2009年9月，由国家科技部支持，中国电子材料行业协会主持的中国多晶硅产业技术创新联盟在成都正式成立，联盟的11家企业中四川占据两家，四川新光硅业总经理担任联盟第一届董事长。2010年5月，在国家工信部和发改委司支持下，成立了中国光伏产业联盟，19家企业中四川占据两家。所以，在发展光伏产业上，四川是有优势的，具体优势为：

1. 人才和技术优势

四川是中国多晶硅的鼻祖，峨眉山半导体材料研究所是国内四十多年未间断研究多晶硅的机构，新光硅业是国内第一条千吨级多晶硅生产线，乐山是国家"硅材料开发与副产物利用产业化基地"，现在国内改良西门子技术生产线均是峨半、新光技术的"繁殖"，而该产业从业人员很多都是从峨半、新光出去的。

2. 能源上"绿色换绿色"的优势

中国的电力结构中2/3是煤电，从全国来看，电力的消费主要是消费煤炭，自然是高碳！太阳能发电是绿色能源，完全无碳排放，但生产太阳能发电设备本身是较耗能的，主要是多晶硅生产环节耗能较大。但四川的情况不同，四川是水电大省，2/3是水电，在四川紧靠水电资源的地方生产多晶硅所耗费的电力不构成碳排放，和其他煤电基地生产多晶硅明显不同，这就是四川"绿色能源换绿色能源"的优势。

3. 天然气储量的优势

天然气也是多晶硅生产重要的生产要素，多晶硅的提纯需要充足的天然气。川东拥有中国最大的气田，达州中石化普光气田勘探开采面积为1118平方公里，资源量为8916亿方，是我国规模最大、丰产最高的特大型海相整装气田。最近，川西德阳又发现千亿方的新场大气田。充足的天然气资源将为多晶硅生产企业提供强力保障。

4. 产业配套基础的优势

四川基础工业体系完整，乐山、自贡、眉山是著名的氯碱化工基地，攀枝花、乐山是钢铁基地，广元、乐山、眉山是电解铝基地，乐山是不锈钢基地，德阳是重装工业基地，绵阳、遂宁、乐山是电子工业基地。光伏产业链上的所有环节在四川都有工业基础，这为发展光伏产业提供了良好的条件。

5. 矿产资源的优势

四川矿产丰富，凉山州和乐山拥有丰富的硅资源，阿坝州、甘孜州拥有中国最丰富的锂矿资源，乐山拥有丰富的磷矿，这些都是光伏产业链（含晶硅和非晶薄膜太阳能电池）及其延伸的储能产业链、LED 产业链必不可少的矿产。

（二）四川光伏产业发展中的问题分析

1. 光伏产业链的配套尚不完善

（1）上游"硅矿—工业硅—三氯氢硅—多晶硅"产业链并没有完全打通，其中"工业硅—三氯氢硅"环节需要大量到外省完成，各环节量的匹配也存在问题，导致企业成本过高或产能无法充分释放。

（2）下游"多晶硅—（单晶硅）—硅片—电池片—组件（太阳能用品）"产业链的环节不匹配，没有一家国际、国内前几位的晶硅电池组件终端企业落户四川。

（3）副产物产业链不完全配套，四氯化硅的处理跟不上产业发展要求，尽管采取了氢化技术，也配套了白炭黑项目和有机硅项目，但由于技术研发不够，配套项目的规模也不能满足多晶硅生产的需求，大量的四氯化硅仍然要通过长途运输到外省处理，埋下了很大的安全隐患和管理风险。

（4）布局不合理导致多晶硅成本高昂。多晶硅生产布点分散，没有完全紧靠氯碱化工，物料物流成本高，安全风险大，无法集中供热、供电，导致成本高昂，竞争力减弱。

（5）原有工业体系的优势没有充分和太阳能光伏产业链充分融合。钢铁、不锈钢、铝材等都是光伏产业链所必须的材料，四川也是这些产品的主要生产基地，然而，我们的传统工业优势没有强力支撑光伏产业。

2. 对人才的重视不够

多晶硅及光伏产业是高科技产业，决定因素是人才，技术跟着人才走。四川在"待遇留人、事业留人、感情留人"没有落到实处，尤其是骨干企业地处西部，观念跟不上充分市场经济地区，薪酬分配机制不适应激烈竞争的需要，政府也没有相应的措施引导、激励、督促企业进行薪酬改革来留住优秀人才。

国内多晶硅人才大多从峨眉山半导体材料研究院流出，而峨半国企特征明显，其薪酬机制不能适应激烈竞争的市场，人心不稳，人才到处被挖走，成了全国同行的培训中心，导致自身发展有"心有余而力不足"的状况。

对高层人才的联系不够。该产业的院士级人才经常和其他省市保持联系，和四川的联系却相对较少，来四川开展专题讲座的时候就更少，使我们失去了高起点的信息。

3. 没有下大力气突破融资的问题

光伏产业链是个很长的产业链，除了主原料链外，还有辅料链、装备链、副产物处理链、产业服务链，有很多可做的项目，而我们很多都是空白。四川本地民营企业直接参与的较少，要素保障企业直接参与的也少，风投参与的更是没有，也没有一家企业在海外上市，政府也没有相应的基金来撬动资本市场的投资，和江西新余和江苏无锡的资本运作能力差距巨大。

总的来说，四川光伏产业存在的问题是"软性"的问题，不是"硬伤"，是通过提高认识、强化管理能够迅速改善的问题，需要我们解放思想，破除体制障碍去解决。

（三）四川光伏产业发展的对策建议

通过深入的分析研究，我们建议当前四川多晶硅及光伏产业的发展应从"政策、人才、配套、资金"四个方面开展工作。

1. 政策扶持，刺激光伏应用

（1）出台政策，刺激光伏离线应用

财政部 2009 年 4 月出台太阳能光电建筑补贴标准最高 20 元 / 瓦的补贴标准后，我省阳光充沛地区的离线太阳能应用并未快速发展。建议四川在财政部补贴标准的基础上再增加补贴，刺激光电建筑的发展。

（2）服务企业，解决流动资金

2009 年 7 月，财政部与科技部、国家能源局联合印发的《关于实施金太阳示范工程的通知》，对光伏发电项目的补贴最高可以覆盖到总投资的 70%，"金太阳"工程对我省光伏电站的推动作用仍然不明显，原因在于补贴到位慢而工程投资大，很多光伏企业无法支撑到拿到补贴时，所以参与的积极性不高。建议四川可以给获得金太阳补贴的企业按工程进度财政借资解决流动资金问题。

（3）用电力杠杆激励多晶硅企业办光伏电站

电力成本是多晶硅企业重要的生产成本，电价对于多晶硅企业至关重要，几年来，我省通过直购电等措施扶持了多晶硅企业的发展，然而，也让部分多晶硅企业完全依靠直购电政策，而不寻求垂直一体化。四川应该把电力作为杠杆，充分调动多晶硅企业经营光伏电站的积极性。破除体制障碍，利用四川率先创新的"水火电置换"的思路，灵活应用低碳经济的精髓，试点"用能源扶持绿色能源的生产者"的做法，用光伏电站的发电量和生产多晶硅耗电量按一定比例进行置换，激发多晶硅企业办光伏电站的积极性。

2.合理布局，实现光伏产业链的科学发展

（1）主产业链布局

硅矿—工业硅，依矿而布局，重点布局在甘孜、凉山石棉、乐山金口河、峨边一带；工业硅—三氯氢硅，依氯碱化工而布局，重点布局在乐山五通桥、自贡；三氯氢硅—多晶硅，依技术和电力资源而布局，布局在乐山、眉山、成都新津；多晶硅—硅片—组件，依相关配套条件而布局，重点布局在成都、眉山、乐山。

（2）副产物产业链布局

四氯化硅—白炭黑、有机硅、高纯硅酸钠、高纯硅酸钾、光纤预制棒、氯化钡，紧靠多晶硅生产而布局，减少运输的安全风险，重点布局在乐山、眉山、新津、自贡。

（3）薄膜太阳能电池产业链的布局

薄膜太阳能电池是光伏发电的一条重要的技术路线，四川要用晶硅电池和非晶薄膜电池两条腿走路。碲化镉、硫化镉、铜铟硒薄膜太阳能电池都要发展，依稀土矿资源和技术布局来布局，重点布置在成都周边。

（4）光伏应用的布局

光伏电站依日照和电网接入条件而布局，四川甘孜、阿坝、凉山、攀枝花地区地处高原，日照条件好，但甘孜、阿坝电网接入条件差，而凉山、攀枝花西电东送的水电通道已经建设好。所以，离线的光伏应用或小型电站布置在甘孜、阿坝，而大型联网的光伏电站宜布局在攀西地区。在西昌可以试建"光电城"，利用光伏发电亮化全城，做一个低碳城的典范。

（5）派生产业链的布局

光伏发电有离散和不稳定的特点，所以离不开和储能装置的配套应用，于是派生出的储能产业链，长沙、承德等地提出要建"储能之都"，而储能电池需要众多配套，尤其是锂矿等矿产资源。四川是锂矿最丰富的地区，所以，储能产业链前端重点布局在甘孜州、阿坝州等锂矿资源丰富的地区，后端布局在成、绵、乐工业基础较好的地区和成、德、绵、南、资汽车制造产业带，和新能源汽车产业链接轨，便于推广新能源汽车，减少碳排放。

不管是低碳的要求还是光伏应用的要求，都需要节能，尤其是借助于太阳能发电的亮化工程。所以，LED 的市场潜力巨大，派生出 LED 产业链。该产业链技术要求高，要依托电子工业和光伏产业链，宜重点布局在成都、绵阳、乐山。

3. 重视人才，建立产学研机制

高科技产业发展的规律是：资本跟着技术走，技术跟着人才走。政府应按照"稳定现有的人才、召回离去的人才、培育未来的人才"的思路来制定人才政策。

（1）立即牵头拿出一个产业发展的人才规划，先对该产业人才的状况进行快速调查，建立核心人才档案，同时，建立流失人才档案，随时把握召回流失人才的机会。

（2）政府督促企业改革薪酬体制，制定有竞争力的薪酬制度，引入绩效管理，把高端人才的贡献和其收入紧密挂钩，有条件的可以引入期权激励。

（3）政府制定企业负责人和核心团队的奖励年度计划，拿出一笔专项资金作为企业家和核心团队完成政府制定的目标任务后的奖励。

（4）政府牵头，选择适当的时候邀请两院院士或其他多晶硅及太阳能产业专家来四川作报告，一是拓宽视野，二是激励资本投入，三是增加四川的影响力。

4. 在融资问题上寻求大突破

（1）设立扶持光伏产业专项发展资金，光伏企业税收全额转入发展资金，因光伏企业征地而取得的土地收益全额纳入发展资金，用这个资金在关键的项目上借款或贴息，从而撬动大量资本投入。

（2）鼓励各类风险投资公司、有实力的民营企业投资光伏产业，鼓励电力、天然气等要素保障企业投资光伏产业，鼓励帮助企业创业板上市或海外上市，鼓励产业链上下游之间的互相参股。

全球化石能源储量有限，而中国人均拥有量又处于较低的水平，所以，低碳经济是我国必须要走的路。四川有条件以太阳能光伏产业作为先导，发挥传统产业优势和资源优势，加快产业结构的优化升级，开启四川低碳经济之路。

第十六章 中国绿色能源协同创新发展道路

王玉锁

作者系新奥集团董事会主席，中国民间商会副会长，第十一届全国政协常委。

作者认为，绿色革命、绿色能源革命在相当长时期内需要解决多种能源协同发展，核心解决三个问题：一是多种绿色能源协同发展问题，二是绿色可持续能源与化石能源协同发展问题，三是化石能源绿色使用问题。这种协同发展是未来中国乃至世界能源绿色发展的实际发展模式，特别在目前中国小城镇化、新农村建设发展中有重要意义。此外，未来社会的能源当地化发展格局中，绿色能源协同发展将是基本发展模式。此外，能源的企业文化也是一个重要元素。

新奥集团在新的能源文化、能源协同发展方面走在中国最前沿，他们的经验与研究值得特别推崇。

本章主要对以下问题进行了阐述：

■ **建立新的能源文化观**

建立面向21世纪能源企业的文化观

"民营企业应以受人尊敬为目标"的价值观

■ **未来绿色能源发展方式的思考**

泛能网——构筑现代能源体系的解决方案

微藻与绿色能源发展问题

一、建立新的能源文化观

（一）建立面向 21 世纪能源企业的文化观

21 世纪需要一场彻底的能源革命，这场革命首先在能源企业这个层面要充分表现出来。能源企业是这场能源革命的主要承担者，完成这个使命企业需要全新的文化作为企业的灵魂，这是一个企业长存的根本。对我而言，下述两个问题是基本问题。

"用我所能，善待明天"的能源观。

老子说，天地不仁，以万物为刍狗。面对大自然，人是聪明和伟大的，同时也常常是愚蠢和渺小的。达尔文认为，当冰川纪来临，能够存活下来的物种，不是那些最聪明最顽强的物种，而是最懂得适应环境的物种。我们只有顺天应时，道法自然，大胆假设，小心求证，才能踏上幸福之路，而不至于陷入迷途。今天我们已经到了必须按照"天地人合一"的思想，充分发挥人类智慧来系统解决能源问题的时候了。而"用我所能，善待明天"则完整地诠释了新奥的新能源观。"用我所能"的"能"是提供能源的能力，在今后更是指清洁能源。提供清洁能源是所有能源企业必须努力的方向。但是，在清洁能源问题上，目前也存在一个误区。那就是对"风光"等新能源热情高涨，但对传统能源的清洁利用却显得热情不足。无论风能太阳能还是生物质能，都是非常有前景的可再生能源，人类必须大力发展。但是，清洁能源还有重要的第二个含义，那就是指对化石能源的清洁高效利用。在化石能源中，天然气是最清洁高效的，因此目前得到各国的广泛重视，特别是非常规天然气发现后，天然气可能成为未来能源发展的一个重点。新奥（即新奥集团服份有限公司，下同）也是在天然气、液化气上起步的，因此今后在天然气领域还会继续着力。而煤也是上天赐予人类不可不用的能源，特别是对于煤炭储量丰富的中国，高效清洁利用煤炭就更显得必要。

在中国，如果说到清洁能源，大家忽略了对煤炭的清洁利用，就会脱离国情，这样的清洁能源概念也是有缺陷和不完整的。因为中国以煤当家的能源格局很难短期内改变，能源企业必须要正视这一现实，下力气研究对煤炭的清洁利用。新奥目前正在探索多项针对煤炭高效清洁利用的新技术，比如煤催化气化、煤超临界气化等洁净煤技术，这些技术的应用可以通过直接就地把煤炭气化，显著提高煤炭的利用效率，而生产过程中排放的二氧化碳，还可通过微藻生物技术实现资源化利用，生产生物能源。如果这一系列煤炭清洁利用技术得以大规模应用，就可以使传统的煤炭也变成清洁能源，这对优化中国的能源结构意义可能不亚于发展风电、太阳能等新能源。对于提升传统能源的能效方面，新奥还提出了"泛能网"概念。所谓"泛能网"，就是将传统能源体系中彼此孤立的气网、电网、热网融合起来，因地制宜地结合多种清洁能源，高效转换为客户所需的电、冷、热等不同品级能量，并引导客户根据需要将余能和废能进行高效互换，从而实现能源全系统的能效最优。新奥的这一概念不仅开始在国内一些地方试点，而且已经引起欧美等国家的重视。

与自然为善的理念应落实为行动，"善待明天"的"善"指的是善意和善于。所谓善意是一种态度和责任，就是要善待环境。由于全球气候变暖，人类的生存和发展受到严重威胁，人类必须对自然心存敬畏，主动承担起保护地球家园的责任。所以，新奥提倡，把善意作为恒久的信念，不仅要与人为善，更要与自然为善。善于是指科学的方法和富有成效的行动。具体说，就是"会干事 + 能干成事"，把思路落实到行动，把技术转化成生产力。

新奥一向注重行动力，而不是仅仅停留于理念。比如，新奥集团在内蒙古的达拉特旗化工基地，建成了化石能源和可再生能源循环生产的工业化示范项目，利用工业排放的 32 万吨二氧化碳养殖微藻，并生产了 5000 吨生物柴油。利用泛能网技术，长沙黄花机场建设的"泛能站"已成功运营，一次能源节能率达 28%。与此同时，新奥还对 60 多家工业企业进行了窑炉节能改造，年减排近 30 万吨二氧化碳。

"用我所能，善待明天"既是新奥集团的新能源观，也是今后新奥要努力的方向，新奥将继续与所有致力于清洁能源发展的企业和科研机构等社会组织合作，实现从"小我"走向"大我"，从"小善"做到"大善"，创造一个清洁、高效、循环的能源新世界。

（二）民营企业应树立以受人尊敬为目标的价值观

企业能够实现与国家兴旺、社会进步紧密相关，企业就能够与时俱进，永葆生命力。这是我从事30多年企业管理的感受。未来我们企业发展将把这一点作为一个根本宗旨。

满打满算，中国民营企业也就34年的发展史。不可回避的一点是，民营企业一开始靠的就是改革开放带来的机会。我们像野草一样成长，这可能是任何一个国家的任何一个企业群体，尤其民营企业群体必须要走的道路。但如今我们已成长起来，甚至变"强"了，一方面我们应该好好思考一下走过来的30多年，另一方面更应该想想还没有走的未来30年。现在很多企业都在转变发展方式，进行战略升级，我想简单谈一下新奥集团进行战略转型和升级的一些感想：首先，企业的发展方向一定要适合社会文明的要求，产业发展要和自然融合，和谐发展，而不能靠牺牲生态和环境来追求企业的发展。第二，企业的发展要符合国家战略及相应的产业政策，这个也是大局，必须坚持顺应和服从。第三，企业的发展要符合自身产业的前进方向，要不断向产业链的高端迈进。第四，企业的发展还要符合自身的发展要求，包括发展能力。有了这四点，我相信，我们每一个企业都能制定出受人尊敬的企业发展战略。但仅有受人尊敬的发展战略还不够，我们还必须能够持续创新，为企业打造受人尊敬的核心竞争力。很多人认同"一招鲜"：或是靠点子鲜，或是靠关系好，或是靠信息先，但这样的一招鲜可能"俱往矣"。现在玩一招鲜也必须有新的高度，尤其是在技术创新和商业模式创新上要站到新的高度。就技术创新而言，我的思考是：第一，要有好的技术规划，有了好的规划才不至于走弯路。第二，要有长期的技术准备和积累，技术创新不是说有就有的，一定意义上也是由量变到质变的结果。第三，要有好的研究团队，这是最根本的基础。对企业家来讲，如何凝聚一支优秀的科学家队伍，是企业发展到一定阶段对企业家提出的更高要求。有了战略，也有了技术创新，还有一点不能缺少的，那就是企业文化，受人尊敬的企业，必定有受人尊敬的企业文化。受人尊敬的企业文化至少有几个特点：首先是正向文化，因为唯有正向文化，才能激励员工，形成超强的创造力，并向合作者传递正能量，巩固合作者的忠诚。其次是责任文化，强调责任，把产品和服务做得干干净净，清清楚楚，不搀杂任何不良的东西；责任也包括社会责任，如公益事业捐款、"先富帮后富"。受人尊敬的文化还应该提倡分享，分享我们的管理经验、商业模式，使整个产业乃至企业群体实现更加健康的发展。在全球化时代，做一个受人尊敬的企业还应该通过国际化的发展来创造受人尊敬的发展空间。

现在国际化似乎是一种时髦，但我的思考是，企业的跨国发展一定不能操之过急，操之过急有可能会自掉陷阱。在国际化的进程中，要尊重投资国，了解投资国的需求，根据它的需求实施发展战略。重要的是，要有自知之明，走出去之前把我们自己是什么真正搞清楚，要有清晰的目标，不要为国际化而国际化。经验表明，为国际化而国际化有可能惨败而归。总之，在"转方式、调结构"的大背景下，民营企业以强大的核心竞争力做支撑，以优秀的企业文化做驱动，以国际化为助力，就一定能做成一个受人尊敬的企业，甚至受人尊敬的企业群。

过去 10 年，对于新奥集团而言，是企业实现战略升级、不断实现自我超越的关键时期。10 年前，新奥的目光还在国内，仅有 20 多个分支机构，主要依靠燃气分销赢得客户的认同；如今，我们已经放眼全球，成为清洁能源整体解决方案服务商，有 100 多个分支机构分布在全国各地乃至全球。我认为，新奥之所以发生如此大的变化，得益于国改革开放的不断深入，得益于国家能源大战略的实施。对企业而言，只有把自己的战略与国家的战略紧密结合在一起，才能让自己发展得更好、更快、更可持续。2002 年，新奥能源（时称"新奥燃气"）成功的由香港联交所创业板转入主板，使得企业自身发展拥有了更为雄厚的资本实力。也在这一年，党的十六大召开，西气东输工程开工建设，新奥迎来了腾飞的机会。我们的燃气分销业务迅速扩展到全国 50 多个城市。可以说，没有这样的国家战略性工程，就没有新奥这几年的突飞猛进。十七大后，我国把能源的稳定、经济、清洁、安全提高到战略地位，特别是进入"十二五"以来，更是将新能源、节能环保等产业作为战略性新兴产业加以鼓励、支持，这再一次成为新奥发展的难得契机。基于国家政策导向以及行业发展趋势，通过我们的不断探索和努力，自主创新开发了清洁能源循环生产技术和泛能网技术，以此实现了能源的清洁生产和高效利用，并形成了涵盖燃气分销、太阳能源、能源化工和智能能源为一体的产业布局。我们也由单一能源的供应商转变成了为客户提供清洁能源整体解决方案服务的综合性清洁能源企业，实现了企业的战略升级和商业模式转变。新奥过去 10 年的发展，让我深刻地感受到，企业的命运与国家的发展息息相关，国家兴，则企业兴。

二、未来绿色能源发展方式的思考

未来除了大力发展可持续的绿色新能源外，传统化石能源的绿色化发展是重要内容。可以预见在未来20年～30年或者30年～50年内化石能源还将是主要能源，这个历史阶段内传统能源的绿色化发展将是重要内容，甚至是基本内容。我认为在未来的绿色能源革命中，下述两个问题将是重要的。

（一）泛能网——构筑现代能源体系的解决方案

现代能源技术已经到了完全可以支撑现代能源体系的时候了。首先，我们的可再生能源技术得到了高速的发展，现在中国已经成为世界最大的太阳能电池板的生产地，并且由于我们有这样的生产企业大家就投入巨资进行技术研发，有了今天的基础就不愁未来有高转发率的电池板的产品的产出。

第二是气体能源利用技术的发展，原来我们说我们的多联供装备越大效用越高，但是站在全价开发的角度来看小型的多联供设备完全比大型的设备利用率要高，这就为联合的、分布地利用天然气，或者说利用我们的能源装备奠定了基础，当然，也有现在非常规天然气的开发。

第三个就是循环的低碳经济，这里还是要讲到既然大自然给了人类一种资源叫煤炭，我们就要把它用好，关键是怎么用，我们要用我们的智慧把它很好地循环起来，不能让排放的问题永远困扰我们。最主要的一个现代的技术就是我们的IT和智能技术，信息技术的发展可以说影响我们工作生活的方方面面，对能源的一个最大的影响就是可以把分布式能源聚集起来，达到集中式能源的效应，当然，这也离不开智能能源技术。当然现在IT信息技术之中最主要的是我们的互联网、大数据、云技术等等，包括我们的物联网技术都为我们现代能源体系的实现奠定了基础。

有了理念，有了现代科技的支撑，到底现代能源体系是什么样呢？首先现代能源体系是优势互补、循环低碳、平衡发展，那么在我们整个的理念下提出的要求就是柔性开放、智能协同，所谓的柔性开放就是要解决互补的问题，也就是要柔和现在电网接入刚性的问题，柔性的接入可以很好地把化石能源和可再生能源结合起来，也就是说化石能源可以很好地把可再生能源带入，首先实现整个网络的安全。

第二个就是能量的梯度利用、全价开发，这个要求就是产能端一定要接近客户，也就是说我们离得客户越近，我们能量的利用率越高，因为我们人或者人类需要的能量不仅是水，还有热、电、冷，这样很好地靠近我们的终端就能更好地实现全价开发。

第三就是信息交互、市场调节。互联网就是要把所有的用能终端都连接起来互通有无，也就是说我在家里用电的时候产生的热我未必用，可以卖给邻居。这就形成了一个很好的市场调节的作用。

有了理念和要求以后，我们发现现代能源体系总结出来这么一句话就是：可再生能源和气体能源高度融合，形成了我们的现代能源体系。那么这个现代能源体系的特点是什么呢？我们认为有三个：

一是未来是可再生能源优先、化石能源支持，因地制宜的多元化能源结构。也就是说首先我们在用能的时候先看看可再生能源有多少，太阳能不能产能、风能不能产能、地热能能产多少，把这些用足以后当不够的时候再用化石能源予以支持，这就要求我们因地制宜，我们有的地方太阳丰富、水不多、风不大，有的地方风大但是太阳可能差一点，有的地方可能还有潮汐呢，还有生物质能，这些是可以因地制宜的。也就是说我们在做能源规划的时候先考虑自己的能源禀赋是什么，把我们自己的能源禀赋使用完再从大网上解决。

二是分布式为主、集中式为辅，也就是将来要建立一个的分布式能源体系，这个能源体系当中有可再生能源的分布式，有气体能源的分布式，这就有了一个很好的补充。与此同时我们把集中式的能源也做好准备，随时给它进行补充。分布式和集中式又要在一个相互协同可靠的情况下供应整个能源。

三是供需互动、有序配置，也就是每一个能源用户都应该也是一个能源生产的单元，所以能源的供需互动将来将会是一个节能高效、非常平衡的用能方式。

我们这整个图谱建立下来以后，新奥根据现代能源体系的认识、思考和研究，我们构筑了一个现代能源体系的解决方案叫泛能网，这个泛能网总结起来就是将我们的信息网、能源网，能源网里包括气、电、热和我们的物联网这么一个高度融合的网络，高度融合的基本电在于泛能基和泛能站，这个能源网络也是一个现代能源体系的解决方案。整个网络的图是这么一个形象的比喻。

　　将来用能的单元，不管是工业、交通、建筑还是家庭，建筑主要是指公共建筑，都应该以可再生能源为主，也就是说不管是家庭也好、工业也好，在这个地方的可再生能源一定要先很好地用起来。与此同时，在用能的时候也可以把他富余的能量不管是气、热、冷、电都可以卖给邻居。与此同时在这个区域中要有一个区域的泛能网，也就是可以很好地调度这个区域的能源，比如在这个区域里有一个大学，这个大学的寒假、暑假时能量是富裕的，周边区域正好是寒假和暑期是用能的高峰，那我们就可以把区域泛能网或者是泛能站的平台功能利用起来，使两者互通有无、优势互补起来。这就可以看到我们的三废利用，比如固体废物可以很好地转化成热能和电能，二氧化碳完全可以把它变成生物能源。当然，小区里储能问题基本要靠天然气的储能，刚才已经讲到了化石能源的很好的功能是可储存性，它毕竟是一种物质，可以看得见，如果把主能改成天然气的话它就可以随时支持太阳能的不足和可再生能源的一些缺陷，可以很好地把化石能源、可再生能源结合好，所以现代能源体系的储能是主张用天然气的，当然未来的能源体系用氢确实是一个好的发展方向。

　　这几个主题组成了我们的区域泛能网，把我们的泛能网联系起来就成了一个大区域的泛能网，这个大区域有智能的互相支持，也包括自主的调动。在这个过程中一是不同区域网络和网络之间的互相支持，还有就是集中式能源，这里面有核电、大型风能电站、集中式风能电站和水力发电都可以成为集中式能源对分布式能源的补充，而我们的天然气作为调节性很灵活的能源在整个网络当中存在。

　　当然，我们规划的这么一个泛能网，能不能实现呢？要想实现必须从技术入手。新奥现在规划了六大技术。首先是太阳能高效转化技术，二是三废处理技术，三是煤基低碳循环生产技术，这三个有的在实验，有的在尝试，最关键的就是即泛能机技术。有这么三代，通过一个高效的平台，把化石能源产生的气体能源和可再生能源很好地融合起来，从而很好地实现了气体能源带动可再生能源的效果，当然，它主要的产能过程是化学能到热能到机械能再到电能；第二代是温差发电，主要是通过材料革命，可以很好地把化学能／地热变成热能和电能，从而很好地实现可再生能源优先和气体能源支持。第三代是电化学技术，让我们的转化路线更短。从可再生能源到化学能再到电能，到第三代时可再生能源已经成为了主导。

第五个就是泛能能效平台，也就是我们的系统优化，它可能在一个站里同时出现，它很好地把能量系统化，让我们非常智能地把各种能源很好地配置出来。

第六个就是泛能云平台，有点像计算机云，包括碳的交易和技术的交流都能通过泛能云的平台解决这个价值的交换，如果形象一点就有点像能源的阿里巴巴。有了这六个技术就支持了现代能源体系的产生。今天讲现代能源体系主要是讲述它到底对我们的产业变革是一个什么影响？如果我们现代能源体系通过六大技术可以实现的话会确实对产业变革很大的影响，这个产业变革有两个很重要的改变：首先，因为有了再生能源的开发就可以促成能源农业，可以利用沙荒地进行规模化养殖生物能源，利用现代能源的技术也可以增加我们的可用能源。

现在我们的农田设施里基本有电和水利，未来一定要加一个能源的基础设施，也就是说我们在一个很经济的区域内要利用我们的生物能源，或者俗话所说的沼气生产的装置，也就不用来回运了，在这里面产生的气用一个很小的管线把它逐级汇集，这样既解决了我们秸秆的燃烧问题，还解决了农田里使用肥料的问题，因为上面是气下面就是肥料。从第二产业发展来看，泛能机的出现使我们从设备推广到拉动制造业拓展等等可以形成一个很大的市场，通过市场的拉动可以推动技术的提升，使我们的设备不断优化，进而形成一个良性的循环。

煤炭推动了蒸汽机的发展，石油的发现推动了内燃机的发展，石油和内燃机推动了美国经济的发展。现在到了一个可再生能源的时代了，但是它一定也有一个动力的结合，如果没有动力，只是拿现在的可再生能源直接和内燃机结合，我们的根本问题还没解决。所以新奥认为我们不但要发展可再生能源，更主要的是要发展我们的动力源，就是泛能机，我可不可以这么畅想一下，内燃机推动了美国的工业高速发展，是不是有这么一个机器（泛能机）能够推动中国工业的高速发展，形成中国的工业心脏。

我们也把它做了一个时间的规划，首先，我们认为到2040年，现代能源体系是一个很成熟的阶段，在此之前是一个示范和推广过程，为什么定到2040年？大的煤电机组基本上都是2000年以后建设的装备，这类装备一般都要使用三四十年，大约到2040年的时候这类煤电装机是不是就会不再批了，而是以我们现代能源体系为主要的建设方向了？那么为什么到 2080 年这个时期才结束呢？是因为我们觉得到 2060 年的时候我们就要开始有一轮新的能源体系，也就是未来能源体系的示范和推广，用二十年我相信它就能够达到我们未来能源体系的效果了。所以基于此我们对泛能网和泛能机的技术也做了一个比较清楚的规划。

我作为一个企业从可操作性上回顾了现代能源体系的特点，希望通过大家的努力，建设未来的中国能源时代。

（二）微藻与绿色能源发展问题

将微藻与绿色能源发展这种重大命题相互联系主要因为两个原因：一是微藻理论上的光合作用最高效率可以达到传统生物能源的两倍左右，接近 10%，这就意味着微藻是最有希望的生物能源，同时也具备成为最好的固碳的方式，即二氧化碳减排的重要的实现路径。二是微藻具有最顽强的生命力，可以利用各种废热、废气、废水实现生产，可以成为排污减废的重要路径。有效利用微藻的这种特性并与大型化石能源利用企业结合完全可以找到一条传统化石能源绿色化发展的新路径。

目前最值得期待的生物能源是微藻。微藻虽然只是一类单细胞低等植物，个体也小到人们的肉眼几乎无法辨识，但是，它们却成为未来生物质能源的特种部队，人们将其视为未来第三代的生物质能源产品。新奥已在中国率先开发"微藻固碳生物能源技术"，探索将微藻转化为生物液体燃料，如生物柴油、生物航煤等，应用于民用交通及军工国防领域。有趣的是，2009 年，美国能源部长朱棣文来中国时参观了新奥的微藻实验室，认为"美国的清洁能源技术已经落后中国"，并在美国国会发表相关报告。之后，美国政府明显加大了投入力度。美国几家大的石油公司，包括埃克森、壳牌、雪弗龙全部投入巨资开发微藻。因为，生物质能源就是在制造绿色油田、可持续发展的油田，这已经成为当今世界的共识。

出于对石油的依赖，地缘政治和环境上所要承担的风险在今天看来显而易见，但在过去并非如此。机动运输的早期，植物燃料远不及原油燃料来得紧俏，仅仅是因为在世界的任何一个地方钻一个洞，石油燃料就来了。汽油和柴油不仅始终价格低廉，而且所含有的能量也是液体中最多的，因此成为长途运输的不二选择。推广新型的替代燃料绝非易事。甚至，一场现代社会的激辩会因此而展开。在寻找替代燃料的过程中，生物燃料获得了最高的政治呼声，部分是因为他们给农产品带来了有利可图的新市场。美国国会给予了法律上的支持，投入大量财政补贴，使得新兴的生物燃料行业能够起步发展。其他一些国家也纷纷跟进，开始实施有关可再生能源的各项政策。第一代的生物燃料，主要是通过从玉米或甘蔗中提炼乙醇，或从植物中提炼生物柴油，而这引起了强烈的社会谴责：这在无意中造成了环境破坏。另一方面，从农作物中提取燃料，取代了粮食作物的本意，这可能有助于世界粮食价格的提高。由于遭到种种质疑，在过去的几年中，生物燃料的政治推动力逐渐放缓。理论上，生物燃料有着传统燃料无法比拟的优势。植物在光合作用下吸收二氧化碳，但这并不能简单理解为提取植物能源时所释放的二氧化碳与温室效应有着直接关系。科学家认为，第二代生物燃料会从植物废余部分提取，或是在不适于食物生产的土地上特别为提取植物燃料而种植这些农作物，并且承诺能够提供比第一代生物燃料更高质量的能源。目前，这项技术仍然处于萌芽阶段，有待进一步的科学证实。

关于乙醇生产和使用所产生的碳排放量是否低于汽油所产生的碳排放量，以及关于美国食品价格的上升是否由于33%的美国玉米作物被转化为乙醇的争论一直不断。而另一方面，美国乙醇生产的地区性效应，包括水污染和水消耗，却很少受到当局的监督重视。由于受到一系列立法举措的推动，美国的乙醇玉米产业在过去几年中迅速抬头。包括于2007年通过的《能源安全及独立法案》，规定了2020年前每年的360亿加仑或者1360亿升植物燃料的硬性生产指标。保守估计，目前全美至少有200家生产工业酒精的工厂遍布在至少27个州，而几乎所有的工厂都以玉米为提取原料。以E10乙醇汽油为例，目前在美国出售的汽油几乎都混合了10%的工业乙醇。乙醇提供了每单位石油含量的2/3的能源，这意味着10%的容量能够代替相当于6%～7%的汽油，这还是在减去生产和种植玉米所消耗的能量之后。今年，美国乙醇产量将会达到125亿加仑，这几乎是市场能够满足E10乙醇汽油供应的极限了。由乙醇生产商组成的机构GrowthEnergy在2009年3月请求美国环境保护署，批准将汽油中的乙醇比例增加至15%，而较老的汽车使用混入更高比例乙醇的汽油后，会导致发动机的损坏。该机构就此风险正在试验中。玉米是乙醇的重要提取作物，但玉米耕作却是环境污染的最大来源。美国国家科学院2007年的一项调查结果显示，相比大豆或是其他潜在生物燃料原料，玉米种植的成本更高，所消耗的化肥和杀虫剂更多。由于美国大面积地种植乙醇玉米，种植地带产生的有害化学物质被排放到溪流与大海中，成为了墨西哥湾"死亡地带"的第一"凶手"，同时污染了大西洋沿岸。《国家科学院学报》上刊登的一份2008年的独立研究表明，为达到美国2007年可再生能源产量目标而提高的玉米种植产量，对墨西哥海湾带来的氮污染从10%增加到了34%。玉米乙醇同时需要消耗大量的水，这一问题也引起了一些科学家的关注。根据2003年联邦政府问责办公室的一项调查发现，到2013年全美至少有36个州将会面临水资源短缺的严重问题。在现代乙醇工厂的设备条件下，3加仑的水通常可以生产出1加仑的乙醇。来自美国国家科学院的报告估算，工厂一年生产1亿加仑乙醇所消耗的水量，相当于一个5000人口城镇的居民用水量。微藻作为生物燃料的新宠，随着2007年美国能源法案的出台，正是考虑到大面积种植玉米乙醇对环境的影响。该法案要求20亿加仑的生物燃料应来自于更环保的原料，微藻作为生物燃料的新宠，应运而生。藻类是一种单细胞植物，已经生存了几亿年，它能够大量吸收二氧化碳，经过光合作用再加上一部分肥料，其中二氧化碳先变成糖，再转化成油脂积蓄在体内，油脂再经提炼就成为石油。尽管微藻的个体小到人类的肉眼几乎无法辨识，但是，它们却成为未来生物质能源的特种部队。人们把微藻视为未来第三代的生物质能源产品，而目前美国在这个领域的研发，已经具备了优势。从20世纪70年代开始，美国海军部就将微藻作为研究的一项重点。他们已经筛选了3000份微藻，可以产生柴油，而且从3000份里头又挑出300份含油很高的供研究，供开发。

美国有200多家公司搞藻类，几家大的石油公司，包括埃克森、壳牌、雪弗龙全部投入巨资。埃克森是最保守的一个石油公司，它最初不看好微藻，但到2009年7月份，它投资6亿美元成立一个藻类公司。生物质能源是在制造绿色油田、可持续发展的油田，这已经成为当今的共识。不仅仅是微藻，开发清洁能源所必需的许多新技术和新方法，也都掌握在美国的手中。美国号称动用了32个国家实验室，就是能源部下面的实验室，300多所大学，两万多名科学家，30多万的研究生、博士生，来研究能源的新技术问题，这是在技术研发上有前瞻性的安排。据统计，在奥巴马总统8750亿美元的救市计划中，有 1100 亿美元属于科技投入，而这 1100 亿美元当中的一半则是用于清洁能源的研发，这似乎也预示了这个国家对于抢占未来科技制高点的决心。

微藻是一种广泛分布于淡水、海水、沼泽、温泉等水域的、光合作用效率很高的低等植物，目前，地球上存活的微藻已超过 20 万种，藻类（包括大型海藻和微藻）每年固定二氧化碳占全球净光合作用产量的 47.5%，在能量品位提升和碳元素循环中有着举足轻重的地位。

微藻固碳生物能源技术是利用微藻吸收工、农业生产过程中排放的二氧化碳废气，并通过其自身光合作用机制将二氧化碳转化为脂类等细胞组分，再经后续物理及化学过程将微藻油脂进一步转化为生物液体燃料，如生物柴油、生物航煤等，应用于民用交通及军工国防领域。该技术实现了二氧化碳资源化利用，即通过微藻的光合作用将二氧化碳转化成能源产品，是一种可持续发展的固碳及能源生产模式。其与此前在世界上占主流的二氧化碳捕捉与封存技术（CCS）相比，微藻固碳生物能源技术在能源安全、环境重建、非农耕地利用和改造、污水处理和利用、产业化实施等方面具有极大的优势。利用微藻吸收二氧化碳并生产生物能源将成为未来工业减排的一种重要手段，同时也是实现低碳经济的战略性新兴绿色产业。微藻固碳能力强，每 10 ～ 20 小时可繁殖一代，单位面积固碳能力是沙荒地树林的 15 ～ 22 倍，且不受地质条件制约，不与农争地；与填埋固碳相比，微藻固碳可实现对重度污染源就地减排，无需二氧化碳压缩、运输投入，且不存在日后泄漏隐患。因此，微藻固碳是一种安全经济的天然减排手段，对缓解重工业迅猛发展带来的温室效应具有重要意义。

微藻产油量高，细胞含油量可达自身干重的 50% 以上，单位面积产油量约为南方麻风树的 50 ～ 80 倍、北方大豆的 20 ～ 30 倍，且便于机械化操作，不与人争粮、不与粮争地，可通过规模化养殖微藻，实现能源原料的持续稳定供给。因此，微藻能源是一种持续稳定、应用广泛的生态能源，对缓解能源危机、保障能源安全意义重大。此外，微藻固碳生物能源技术还可与沙荒地综合利用及工、农业废水治理相结合，在可持续微藻能源生产的同时实现工业化生态减排。

为了加快我国微藻固碳生物能源技术的发展进程，新奥集团立足基础技术与应用技术研究，依托国家项目积极开展微藻生物能源技术中试实践和示范基地建设。2010 年起，在内蒙古鄂尔多斯达拉特旗开始建设我国第一个微藻生物能源示范基地，利用新能能源有限公司 60 万吨甲醇/40 万吨二甲醚装置排放的二氧化碳规模化养殖能源微藻，采用以生物柴油为主的多联产技术，综合利用工业低品余热、废水，实现废弃物资源化利用，降低养殖成本。鄂尔多斯基地分三期完成，目前第一期建设已完成并开始试运行，建成后将成为我国最大的工业二氧化碳微藻减排示范基地。可发挥国家级重大战略性项目示范作用，具有带动新能源产业和低碳循环经济发展的重要意义。微藻固碳生物能源技术可同时缓解减排重负和能源危机，为人类开辟一条新的可持续发展路径。新奥作为一个负责任的能源企业，愿通过自身努力促进中国微藻固碳生物能源行业快速发展，形成新兴战略性产业，为实现国家经济可持续发展做出重要贡献。

美国作为微藻能源技术的传统强国，政府支持可谓不遗余力。特别是美国能源部长朱棣文参观过新奥微藻实验室，并在国会发表"美国的清洁能源技术已经落后中国"的报告之后，美国政府明显加大了对该方面的投入力度：仅2010年，美国能源部为微藻生物能源的研发和产业化示范投入了将近1亿美元，美国农业部也拨款1亿多美元支持微藻生物柴油的生产。2011年8月，美国政府宣布未来3年中，美国农业部、能源部和海军部将投资5.1亿美元，与私营部门开展合作，生产用于军事和商业运输的航空与海洋生物燃料；2012年2月，奥巴马宣布美国能源部当年将投入1400万美元用于藻类交通燃料的开发。各国鉴于生物能源清洁、可再生等优势，积极尝试生物航空燃料特别是微藻生物航空燃料在航空领域的实践。美国和欧洲持续加大对微藻生物航油研发与试用的投入，继波音公司加载微藻生物航油完成首航后，2010年6月欧洲第一架使用微藻航油的DA42型飞机在柏林航空展上进行了首航。近年来中国也在生物航油领域进行了积极探索，2011年10月，由中国国航、中国石油、波音公司和霍尼韦尔UOP公司、普惠公司等各方共同合作完成了麻风树生物航油的首次试飞。

2011年12月，鉴于国际航空业发展趋势及中国对微藻生物航油的迫切需求，新奥集团启动了微藻生物航油项目，承接了为2012年生物航油商业飞行项目提供微藻原料油的任务。目前项目进展顺利，已实现原料藻规模化生产，同时藻油提取技术取得了突破性进展。此外，项目还开发了"生物航油多联产技术"，在规模化生产微藻生物航油的同时联产高价值微藻产品，极大的提高了微藻生物航油技术的经济性。

第十七章　绿色智慧未来

刘建生　李少谦　邱　琪　王岩国

作者刘建生系西南财大能源经济研究所所长；李少谦系电子科技大学通信与信息工程学院院长、国家高技术发展计划通信领域专家组成员；邱琪系电子科技大学光电信息学副院长、教授；王岩国系中国科学院物理所研究员、材料专家。

作者认为，实现绿色革命有两个基本推动力量，一个是能源革命，一个是深度发展的信息革命——智慧革命。

2008年IBM推出的智慧地球，以及目前非常前沿的智慧城市、智慧医疗、智慧教育等智慧革命浪潮是未来社会的重要内容。

一个产业革命发展成熟需要一个较长的时间过程，通常需要20年～30年，甚至更长。就此而言智慧革命是一个未来，同时外部变化也是影响因素，智慧未来将极大程度受到绿色革命的调制，整体而言是绿色智慧未来。

绿色智慧未来的内容与走向涉及多方面问题，需要一个多学科的评估，主要内容如下：

■ **绿色智慧未来的基本考虑**

■ **如何推进绿色智慧未来**

信息事业是人类社会发展过程中最重要的内容，如果从 1864 年科学巨匠麦克斯韦创立电磁场理论算起迄今 150 年，大约经历三个 50 年左右的发展阶段，信息事业从理论认识到产业粗创再到产业飞速成长，整个信息事业已经走到一个难以想象的完美阶段世界面前。

今天信息产业发展面临一个崭新的发展前景，这个发展前景可以称之为绿色智慧未来，它有两个基本内容：一是信息产业深度发展——信息技术本身的深度发展、信息技术与其他产业高度融合的发展；二是信息产业与未来的绿色革命的深度结合，形成的发展。由于绿色革命是一个大历史革命，将有一个较长的发展时期，绿色智慧未来是一个未来的愿景，也是一个伟大的愿景。展示这个愿景、如何实现这个愿景是本文主要内容。

一、绿色智慧未来的基本考虑

1. 信息世界发展的基本认识与考虑

二战以来的现代文明发展最为注目的技术与产业应该就是信息技术与信息产业。这个产业主要基础是以硅为基础的半导体技术，其次是光纤技术。

从某种程度而言，信息革命就是硅革命，信息革命的心脏或者象征"硅谷"的硅就是指半导体硅。1947 年贝尔实验室发现半导体晶体管以来，人类信息社会已经走过 60 多年的历程。至 1958 年美国德州仪器公司和仙童公司各自研制发明了半导体集成电路之后，已经走过 50 多年的历程。50 多年人类社会依靠半导体技术为基础，实现了全球的信息化革命。历经这个革命，人类社会已经走到信息革命的新阶段的大历史前面，对此，我们需要对未来信息化的发展有一个深度认识与展望。

信息化技术与产业发展可以认为是半导体技术发展为起点，或者以集成电路发展开始为起点。历经 60 年左右的发展，已经到达一个特别位置，基本完成一个革命。这个革命主要体现在三个内容上：计算机革命、通讯革命、网络革命。这三个革命互为独立又互为联系，构成一个信息革命，核心功能是提供信息生产与消费。从技术特点讲这个革命可以称为数字革命，整个产业的技术体系是数字技术体系，同时这个革命也是数字技术代替过去电子管技术为基础的模拟技术。从 1904 年世界上第一只电子二极管在英国物理学家弗莱明的手下诞生起，到上个世纪 60 年代模拟技术大约经过 50 年～ 60 年左右的发展历程。

信息革命之所以称之为革命有三个意义：发展速度远远超过 GDP 增长速度，产值增长大约应该在百倍到千倍量级；其次是革命对经济以及社会影响力越来越大，这种影响很难用数字表达，总体而言，可以称之为天翻地覆；再就是从技术到产业形态讲，是对过去传统产业的颠覆性作用与效果，数字技术体系代替模拟技术体系，集成电路、光纤通讯、卫星技术体系代替了传统技术体系。衡量这个革命最具代表意义的结果，可以用人均晶体管使用数量来表达，60 年前左右，中国人均使用晶体管数量不超过一个，美国在 10 个量级，现在人均是亿个量级，是亿倍增长效果。这个效果产生的经济效果不易计算，大约中国在百倍到千倍，甚至更高。物理效果应该在万倍到百万倍，甚至更高。

目前而言，这场历经 60 年左右的信息革命正在向纵深发展或者称之为第二个阶段的信息革命。这个革命发展趋势与目标就是深度、广度发展信息革命，推动信息技术与整个人类社会的深度结合，促进一个更加人性化的社会成长。这个革命从其社会意义、经济意义、技术与产品特点而言可以称之为人类社会的智慧革命；从革命的时间历程与效果而言，目前这场革命仅仅是开始。就此而言，可以对未来这场革命称为智慧未来。

考虑人类社会未来将面临的大背景而言，这场智慧革命应该称之为绿色智慧未来，主要原因是未来的智慧革命需要充分考虑未来人类社会发展主流的变革形式与内容。智慧革命需要极大程度去推动这个人类社会整体性发展，未来人类社会变革的方向与潮流可以称之为绿色革命，智慧未来需要极大程度推动这个绿色革命的发展，并成为其重要内容。就此意义而言，智慧未来应该是绿色智慧未来。

2. 智慧未来的基本认识

用智慧来描述未来首先是由 IBM 在 2008 年提出，IBM 提出智慧的地球概念时所设想的前提是"世界正在变得更小、更扁平，而且变得更智能"。IBM 构想为整个世界带来更高的智能化，让每个人、每个企业、每个组织和机构更好、更高效地沟通。构建"智慧的地球"旨在通过智慧的医疗、智慧的交通、智慧的电力、智慧的食品、智慧的货币、智慧的零售业、智慧的城市等一系列技术，来实现地球的越来越智能化。"智慧的地球"是IBM对于如何运用先进的信息技术构建这个新的世界运行模型的一个愿景。从智慧地球出发，目前智慧城市的理念与实践近期非常热火。

从技术而言，智慧地球发展主体还是信息化技术，但从发展目标、意义而言用智慧来描述未来更加适当。目前智慧地球或者智慧城市这个理念还不完全成熟，但这个发展潮流应该说代表未来方向。从产业发展规律而言，一个产业从发展初期到基本成熟应该经历一个30年～50年的过程，宏观意义而言需要整个产业——从制造、装备产业到产品，再到应用三个层面的整体发展需要2～3个固定资产周期，一个固定资产周期以15年～20年算，2～3个固定资产周期大约在30年～50年。产业发展涉及的科学与技术需要创新、发展、完善，基础产业需要相应的变化，产品需要不断推陈出新。从这个意义讲智慧地球或者智慧城市还是一个愿景、还是一个未来。但是我们需要肯定智慧未来是未来人类社会面临的选择与发展，**就此意义而言，我们将未来这种愿景考虑为智慧未来更为合适。**

认识智慧未来应该考虑三个要素：

■目前信息产业发展的基本成就

总结这个基本成就，可以用一个例子来形象认识。上个世纪60年代到70年代，一个家庭有3～6个晶体管的收音机就是一个非常富有或者是一个有特殊地位的家庭。今天人均晶体管数量已经达到50年～60年前一个富有的家庭的一亿倍以上，人均晶体管数量在10亿量级。这个变化深刻的表现了人类社会的信息化发展天翻地覆的变化。

50多年人类社会信息化发展主要成就是三方面发展构成：一是实现了计算机革命，将过去仅有少数国家才拥有的极少特殊产品计算机——代表国家地位的核心技术与产品变成了人人拥有的日常需要的产品。二是通讯革命，将过去非常昂贵、稀有的无线通讯变为人人拥有的普通产品，并且初步实现了通讯与计算机的一体化，这个一体化目前还在深度发展，进一步将电视与通讯、计算机一体化。三是网络革命，主要通过光纤代替电缆、卫星通讯丰富传统的无线传输将整个信息体系联为一个整体，有线与无线高度结合，使信息传输、信息互联实现了一个革命。

在二战以后的半个世纪，信息革命从重要性而言仅次于能源革命——石油代替煤炭的革命。但从直接影响力而言，信息革命是这半个世纪变化的主要内容，特别是近三十年左右全球变化的主要内容，并且是引导发达国家变革的主要内容与方向。主要的功能是使一个丰富多彩的人性化社会得以高度实现。

■智慧未来应该包含什么内容

智慧未来的内容是认识智慧未来的基础，智慧未来包含的主要内容是三点。

第一，全方位的个人与家庭的智慧发展。

过去的信息化产业主要是形成了"个人"为核心的信息化利用的普及化实现。主要是通讯、计算机、电视及家用电器使用的个人与家庭普及化实现。未来需要从两个层面将整个人类社会构架为一个整体——从个人、家庭层面到整个社会的各个领域实现整体化，再就是个人与家庭实现深度的信息化为基础的智能化发展，实现一个智慧化的个人与家庭。

第二，企业体系的智慧化。

企业体系智慧化发展主要是两个内容。

一是企业高度智能化发展，特别是自动化的高度、深度发展，机器人的高度应用。以及企业生产、销售的高度信息化发展，特别是通过网络实现的销售、生产、管理、金融的信息化或者数字化为基础的智慧化实现。

二是企业体系相互之间的整体性智慧化发展。这个智慧化包括行业整体性的智慧化发展，以及行业与行业之间的整体性智慧化发展。

第三，个人与社会的智慧化发展。

个人与社会的智慧化发展主要包含以下内容——

一是个人的经济内容的智慧化发展。主要是个人的工作、消费、投资的智慧化发展。未来个人生产以及家庭成为生产基本单元将是未来经济的重要内容，这种个人方式主要以两种形式存在，其一是基本独立的经济单元，如区域的食品、服装、其它家用产品的供给体，以及区域服务产品的供给体，如家庭教育、医疗、财务、金融、电子、家庭秘书等服务体。其二是通过未来智慧化体系与整个社会形成经济合作体，一个企业与多个企业的特别专业内容的工作人员或者承担者，主要通过信息化、智能化的手段实现。二是个人社会非经济交往的智慧化发展，主要是健康、文化、社交等内容。

智慧未来整体而言可以分为以下 10 个内容：智慧个人、智慧家庭、智慧企业、智慧交通、智慧社会、智慧城市、智慧农村、智慧国防、智慧国家、智慧全球。

智慧未来还可以从经济学、社会学意义上来考虑。

智慧资源与环境未来——资源与环境是人类社会的基础，未来的智慧化发展，首先需要对资源与环境实现绿色智慧化发展，核心是能源的绿色智慧化发展。资源绿色智慧化的高效获得与利用，资源的智慧化节约与循环实现，环境的绿色智慧化的保护与利用。未来社会最重要的原则就是最大程度实现资源的高效与可持续的利用，以及环境的绿色保护。这个过程需要建立一个高度绿色智慧的资源与环境利用的社会。

智慧经济未来——经济可以从科技、产业、金融三个层面认识。

智慧科技发展的未来——一是科技发展相当内容是涉及促进智慧化未来，同时科技发展本身需要智慧化发展。智慧化发展的科技未来将极大程度促进整个社会参与进来，科技精英为主体的格局会有极大程度的调整，可以预料未来借助智慧未来的建设，整个社会人均的科技能力会有一个根本性的改变，更多的个人、小企业参与科技的格局会形成。如同网络教育类似的发展，智慧化的科技格局会使大量的普通人进入到科技发展中去，并且成为未来科技发展的重要力量，科技创新将越来越成为大众的行为。

智慧产业发展的未来——未来各个产业发展内容与形式都将极大程度采取智慧化的发展。特别是未来社会在能源问题上得到根本解决，智能化技术的快速、革命性发展，区域经济、个性化经济成为重要内容，智慧化的产业发展将是一个重要方向。生产越来越脱离人的直接介入将会是根本趋势。**人从经济层面解放出来是未来的重要结果，传统劳动不再是必要的生活内容是未来的基本方向，也是智慧经济发展的必然产物。**

智慧金融发展的未来——随着经济、社会发展，**个人与社会公信力的进步将有一个划时代的改变，生产方式、生活方式的根本性革命将催生智慧化的金融革命发生。**传统的货币使用方式、个人与企业的金融行为都将面临一个智慧化的金融革命。这种金融革命在未来绿色革命的作用下，在产生的区域经济、个人经济的强化发展的背景下，将会加快这种智慧化发展过程。区域化、个人化的经济将极大程度促使区域性、个人性的智慧金融发展，这个过程将是促进整体性的智慧金融革命的重要内容与动力。传统金融体制面临一个革命。

智慧社会未来——智慧社会未来是人类社会未来发展的重要内容，这个发展主要是由下述内容构成：智慧家庭、智慧个人、智慧社区、智慧城市、智慧国家与社会管理、智慧教育、智慧文化、智慧医疗、智慧养老。其中智慧医疗、智慧养老事业的发展将会是全球特别是中国智慧化发展的重要内容。这是有效应对与解决全球性老年化社会来临的重要产物。

智慧化社会的未来将会是绿色的，将受到未来绿色革命的极大程度的影响。

3. 实现智慧未来的科技层面内容

如何实现智慧未来需要解决构架智慧未来的科技层面的结构与内容，这是决定智慧未来的物理基础。实现这个结构与内容一是在现有的技术体系支持下进行发展，二是考虑可能的科技革命推动的发展。目前信息产业的科技支持体系基本是两大内容：

一是一百年前左右建立的技术体系，主要是电真空的技术与器件支持的体系。这个体系还是目前信息产业的重要基础，这个体系最具象征意义的代表就是雷达。雷达最核心的问题就是雷达信号的产生与发射，这都是来自于电真空技术体系。信息技术最重要的一环就是代表信息的信号产生与信号发射，在无线传输的基础领域中电真空技术体系还起着一定作用。

二是硅为核心的半导体技术体系，这个体系是构成目前信息技术的主要内容。

智慧未来的技术体系一是沿着上述基础构成的技术体系发展，二是考虑可能的类同于硅半导体以及光纤这样的革命性成就实现进一步推动。

■传统技术体系支持的智慧未来的科技与产业问题

就目前的科技发展而言，短期内还看不到具有半导体技术以及光纤技术这种具有革命性作用的科技发展的结果。在这种条件下考虑智慧未来是基本前提。

▲智慧未来或者智慧革命的基本目标

智慧革命主要为三个方面内容：个人与家庭的高度智慧化的实现、社会整体性的智慧化实现、全球智慧化的实现。

▲实现智慧未来或者智慧革命的基本前提

●现有的成就

信息技术飞速发展 50 年，基本完成了一个全球大部分地区的信息革命——计算机革命、通讯革命、网络革命三方面内容为核心的信息革命。目前这个革命基本实现将计算机、通讯、网络形成一个整体。

这个革命核心是三个技术体系的支撑下构建：半导体技术、光纤技术、无线通讯技术。

●智慧未来需要解决的基本技术问题

智慧未来最大特点将是数字个人向数字社会转型——过去数字技术主要服务对象是个人，未来将是一个全方位的数字世界，数字个人转化为数字社会。 整个系统某种程度是将目前个人数字化模式的巨型放大，是城市、社会、经济、全球的数字化的发展。上述结果要求建立新型的数据体系、新型的传输体系、新型的数据利用体系。**数据库的集成体系是基本体系与技术特点——数据库体系、数据库与数据库、个人与数据库的新型数据集成体系。**

智慧未来或者智慧革命的实现需要解决三个基本问题：

第一，大数据革命。

智慧未来实现的基本条件是要解决智慧革命所产生的数据革命问题，数据爆炸性增长将是实现智慧未来产生的第一个结果，解决这个问题需要一个数据革命——数据获得与利用革命、数据传输革命。这个革命相当内容是需要建立一个巨大的数据网络体系。

大数据革命应包括——

数据网络体系革命。

智慧未来需要将人类社会整体性的联系起来，并且更人性化、智能化。这个内容对应一个无数"大数据包"代表的世界相互联系，是一个"大数据"相互人性化、智能化的联系体系。这个体系包含的每个单元对应的数据相对于过去个人而言都是一个数据量的革命。这个体系首要要解决的问题就是建立数据中心为基点的网络体系——数据网络体系，核心是各个基点的数据库。这个基点可以是一个地区、一个城市、一个产业、一个企业、一个社区、一个团体、一个家庭甚至到每一个人（未来每个人、每个家庭都可以成为一个生产单位，以及一个需要天量数据支撑的数据体系），大的还需要考虑国家级别的数据问题。这是一个未来最核心的智慧革命或者信息革命问题。**信息革命最基本的技**

术特点就是所有问题转化为数字，这也是称之为数字革命的基本原理。未来智慧革命包含的面非常大，基本将现有的所有问题涉及进去，同时最为重要的是希望将人类千年的期盼——随心所想的事情得以实现。上述期盼实现需要一个天量的数据予以支撑，就此意义而言未来的智慧革命首先是一个数据革命。这个数据革命最基本的内容就是建立数据网络体系，或者大数据网络体系——形成一个最佳方式获得、储存、管理数据的体系。

数据连接革命。

技术而言，智慧未来需要解决的第二个技术问题就是使用什么模式、什么技术体系来将这种天量的数据联系起来。

数据使用革命。

智慧未来第三个问题就是如何将这些数据以最佳的方式使用起来。这些天量的数据如何实现最佳方式的管理、最佳方式应用。

第二，人性智能化革命。

智能化是智慧未来的另一个基本内容。人类社会通过智能化实现整体生活品质的提高，最大程度解决生产过程的个人直接参与问题，人类社会将极大程度实现创造财富过程的传统劳动消失。

第三，通过智能化实现家庭、社会的高度人性化、智能化。

■智慧未来可能的发展趋势

对智慧未来发展趋势而言需要有一个大的判断，主要是两个内容，一是时间过程，二是与其他产业发展的互动，特别还需要考虑与未来的能源革命、全球一体化的互动。

可以认为智慧未来是 21 世纪或者说 21 世纪上半页的重要发展内容。上述智慧未来内容真正实现需要一个较长的过程，技术需要不断进步与发展，产品、市场需要一个开发、发展过程，特别是需要在经济层面与国家、个人经济实力、产业进步与发展相关联，需要与整个国家 GDP、个人平均 GDP 进步相协调；产业发展需要相应的投资、金融的跟进。这个宏观过程至少可能需要30 年～ 50 年。

此外，智慧化发展需要一个与其他产业互动。这个互动过程从某种程度而言信息技术是配角，这个产业本身实现的信息化发展是主角，是这个产业本身的一个新的发展业态。智慧医疗的主角是医生、医院、医疗产业，智慧文化的主体是文化产业的执业者，阿里巴巴、京东是在做商业，腾讯是在做交流。其它产业主体的智慧化发展需要这些主体本身适应智慧化发展的改造与进步，这也需要一个过程。这个过程需要一个简单到复杂、从开始到不断进步、从部分到全面的逐步演化过程。

■智慧未来的科技革命与发展极限问题

决定智慧未来发展的基本面极大程度取决于未来能否实现信息产业的科技革命。目前而言，大家比较推崇或者抱有希望的是石墨烯技术。对这个问题需要一个谨慎的立场，主要是两点问题：

一是实现的可能性问题。理论上讲能做半导体的材料不仅有硅，碳材料应该具备成为半导体的条件。如果金刚石（碳的一种晶体结构材料）能够做成半导体器件，其各方面物理特性将是远远优于硅材料制造的半导体器件。但是现有的技术体系无法规模化、大尺度的制造理想的电子级晶体材料，并且找到一种可行的加工办法。规模化、大尺度电子级晶体材料应该是相当多的材料无法替代晶体硅的主要难点问题。电子级主要是对晶体材料满足使用于电子技术领域材料的基本要求，一是纯度，二是材料的晶体结构要满足理想的各向同性的结构——处处都是同一晶体结构。电子级要求非硅成分不能超过9个9的要求——10亿分之一的水平。此外，规模化、大尺度也是非常困难的。金刚石材料是无法满足这些条件。目前的石墨烯基本问题与金刚石成为半导体材料的问题相类似，突破这些技术问题的路途有可能非常遥远。

二是性价比问题。许多半导体材料无法取代晶体硅基本原因是价格问题。例如，镓材料就是如此，镓主要是太稀有，无法实现性价比的要求。金刚石、石墨烯既使技术上可以突破，性价比可能还是问题。

其他能够取代现有技术体系的基础物理学进展目前还没有看到。非常可能未来的10年～20年，甚至更长的时间我们的信息技术产业基础还是立足于晶体硅为核心的现有技术体系。

未来的智慧发展涉及科技创新与产业发展应该相当程度是在现有基础的条件下的丰富完善、深入发展的格局。这个基本条件下认识未来智慧未来一个有卜述格局：

一方面，现有原理的半导体加工已经做到接近原子层的水平了，已经处在现有技术体系下的极限水平，这是目前整个信息产业的基本瓶颈。这就是为什么目前计算机产业没有十年前那种繁荣兴旺格局的基本原因。这也是为什么计算机时代的领袖企业英特尔、微软停滞不前、风光不再的原因。

在现有基本技术基础条件下，基本元器件的革命主要路径是两条：一是平面结构的半导体器件实现立体型的半导体器件的革命，如果找到解决办法，也是一个革命。这个领域的革命离不开低温工作模式，可以在大型数据中心方面找到应用空间。二是计算机工作原理方面的突破，特别是在模仿人脑方面以及量子器件方面的发展成功。

另一方面，光纤通讯以及无线通讯领域也难以短期内看到大的突破。

如果没有重大的技术进展，智慧未来的发展主要路径是在现有技术的基础上实现智慧未来。这个格局应该是智慧未来的基础，整个智慧未来应该立足于这个基础考虑发展，实际在这个基础上实现的智慧未来也是足够理想，可以将我们需要的智慧未来充分表达出来。上述格局实现最佳的智慧未来应该坚持两个原则，一是不要浪费的原则，二是实惠原则。基于上述原则的的智慧体系应该有两个基本技术特点：

终端简单化，强化局域支持体系功能代替终端功能。

最大程度使用基础数据传输网络系统。这点将类同于目前的电网体系的利用一样，改变白天电网繁忙，晚上负荷很低。未来需要将晚上"网络负荷"低的特点改变，形成数据传输网络的智慧化发展，实现最大程度利用网络的格局。

4. 绿色智慧未来问题

智慧未来发展将受到一个未来社会发展方向的整体性约束与调整，这就是绿色发展问题。未来的智慧发展模式整体性应该称之为绿色智慧未来。

绿色智慧未来的绿色有两个基本原则或者内容：一是智慧革命应该成为推动绿色发展的重要力量；二是智慧革命、智慧未来发展过程中自身必须坚持绿色发展原则。

人类社会未来面临一个根本性革命，这个革命的基本内容就是以解决气候为核心的环境问题和能源可持续的能源安全两个问题。这场革命是一场广义的绿色革命，基本目标是实现人类社会与自然界高度和谐条件下的可持续发展。人类社会所有的原则都必须以此为标准，社会、经济原则也必须以此为标准。

这是未来人类社会最基本的价值观、世界观。智慧未来必须是绿色的。

■绿色智慧未来的第一个绿色内容

绿色智慧未来的发展主要内容之一应该是推动绿色发展。

绿色发展或者绿色革命是未来人类社会发展的基本方向与基本内容。主要内容是绿色能源革命、绿色经济革命、绿色社会革命、绿色全球革命、绿色中国革命。绿色能源革命是一切绿色革命的基础。绿色能源革命可能会有多种方式存在，最有可能的形式是未来彻底的绿色能源革命的实现——可持续的绿色能源代替不可持续的化石能源。彻底的绿色能源革命将彻底的改变世界，使人类社会的生产模式、生活模式彻底改变，将有五个大的趋势：

休闲文明成为主要生活方式。劳动不存为生存手段，快乐、休闲文明成为人类的主要存在方式。

智能化充分实现。财富总量与能源总量可以使智能化有条件充分发展，智能化在生产与生活领域充分实现域，未来的社会是一个高度智能化的社会。

区域社会发展趋势。能源独立使任何一个地区都具备基本不依赖其它地区独立发展的能力，小型化生产（区域、甚至家庭生产）成为重要生产方式，当地化经济成为主流生产与消费模式。区域经济与社会成为人类社会存在重要方式，并且极大程度代替目前的集约式存在方式。

个性时代。集约化文明将为个性化文明取得，个性化生产与个性化消费成为主流。

高度全球化。全球财富高度发展与均衡化将使一个高度发达的全球化得以实现。

上述社会的实现将是绿色智慧未来发展的基本方向，绿色智慧未来将是推动未来绿色革命的重要工具，也是绿色智慧未来发展的基本内容。其中对个性化社会、区域社会发展的推动尤为重要。绿色能源革命与智慧革命结合将是未来绿色文明发展的基本特点与内容。

■绿色智慧未来第二个绿色内容

智慧未来的发展自身必须坚持绿色发展的基本原则，这就是与自然和谐的原则，智慧未来发展过程本身必须是坚持节约、循环、不污染的原则。目前信息产业发展遵循的发展至上相当程度带来了浪费、污染问题，需要有一个根本性的改变。比如过去采取没有将污染成本考虑进去的无限制、无约束的产品更新模式，以及信息产品功能追求无限制的发展模式等都需要一个根本性改变。

二、如何推进绿色智慧未来

1. 中国信息化发展经验的总结

中国过去 30 多年的信息化发展道路应该是相当成功的，基本经验主要应该有三条。

一是市场化实现得比较好。

对中国信息化发展推动比较有力是两个阵地，一个是深圳，一个是中关村。中关村是一个市场化发展的典型，前期的中关村经常的状态就是鱼龙混杂、假货满天飞的地方，就是在这个环境中凤凰涅槃、真金火炼创造了中国信息革命的无数英雄。深圳是一个更大市场化的基地，是国际、国内、产业、市场全方位的市场化大比拼的特别环境。这个环境创造了全球 IT 产业的生产基地的诞生，既是中国的奇迹也是世界奇迹。华为成为全球产业的第一不能不说是因为与全球最强的对手竞争的结果。

二是国际化。

中国信息化产业一开始就是以国际化作为基础展开的，从产品、市场、人才、资本都是如此。其中最为典型就是中国信息化产业的相当多代表企业与人物都是来自信息化产业最前沿美国的留学生。这些年轻人与全球最前沿的信息化产业一较高低，走在了世界的前沿，创造了中国、世界 IT 产业的神话。在这个过程中中国已经成为世界上两个 IT 大国之一，将曾经的 IT 大国日本远远抛在后面。

三是金融与产业高度结合。

中国 IT 产业发展成功之道还在于高度实现了产业与金融的结合，特别是国际最先进的金融体制结合，几乎所有中国最成功的 IT 企业都得到最前沿的国际金融体制的支持，国际风险投资、国际金融市场确保了中国最大的 IT 企业的成功。长期不盈利，大把的烧钱的操作没有国际先进的金融机制的介入是根本不可能做到的，而没有"长期不盈利，大把的烧钱"的风险机制是不可能创造中国 IT 产业的神话。

2. 推进绿色智慧未来的基本考虑

■重视基础

基础有三个层面：基础产业、坚实的企业文化、核心技术与核心产业。

美国乃至全球如果没有英特尔、IBM、GE、高通是不可想象的。微软、谷歌、脸谱、亚马逊都是浮在信息产业表面的壮观。

微软、谷歌、脸谱、亚马逊这些企业可以靠几个大学没有毕业的年轻人干起来，而英特尔、IBM、GE、高通确是硬实力，需要庞大的资金、需要非常有造就的庞大科技队伍，需要几十年甚至上百年积累的知识、技术、资本、管理经验。英特尔是整个前20年～30年全球IT产业背后的真正推手。

基础应该是三个层面，一是基础研究，二是材料与元器件产业，三是系统集成产业。过去信息化发展期间，我们是非常热闹，但是基础不稳，主要前两个问题上我们相当落后。下一个发展期我们需要根本性解决前两个问题，整个中国智慧未来才有坚实基础。

要实现领导智慧未来必须要有中国的英特尔、IBM、GE、高通，没有他们，中国只能走在美国的后面，受制于人。

■搞好应用

市场决定一切，中国是未来智慧革命的主力军与最大市场，市场成功可以比较容易引导产业的全面发展。美国成为过去30年IT革命的主导，其重要原因之一就是最大的市场在美国，日本最终衰败的重要原因是国内市场较小。

搞好应用是最快捷的占领市场的方式。中国具有全球智慧未来的最大市场，需要充分发挥这方面优势。此外，应用也是中国的产业优势。中国年轻人，特别受过高等教育的人群已经远远超过美国，与发达国家总和已经接近，这是中国搞应用开发的巨大优势，发挥这个优势可以极大程度促进中国智慧未来的发展。

■坚持国际化

智慧未来是信息革命的继续，信息革命最大的特点就是全球化的发展模式，研究、生产、市场、资金、人才都是高度全球化，获得成功的国家都是全球化坚持好的国家。全球化是成功的宝贵经验，需要坚持发挥这个经验与成就。

■强化技术创新

技术创新始终是信息产业发展的基本手段，技术创新分为三个层面：基础层面的创新，主要是材料与原器件方面。如 CPU、液晶屏，是整个行业发展基础。其次是系统集成方面的创新，这个方面工作量、影响力非常大。比如华为、联想，是实现产业发展与创新的关键。再就是应用层面的创新，如微软、谷歌、百度、腾讯、阿里巴巴。这个层面创新涉及范围最为广泛，也易于实现，应该是创新的主要领域，是直接带动产业发展的最前沿，也是创新最活跃的领域。这个层面创新涉及几乎各个领域，创新的主要内容是将交叉领域联系起来，是智慧未来实现的最前沿。也是产生智慧未来行业领袖的主要路径。

■用好金融手段

智慧未来是未来社会发展的重要内容，把握这个发展将是中国引领 21 世纪的重要机遇，完成这个任务，关键要用好金融手段，主要是三点：

一是创造促进产业发展与创新的风险投资机制。这是推动智慧未来成长的关键机制，要充分吸收上个世纪美国信息产业的成功经验。

二是要加大、强力推进基础产业的发展与创新的投资机制。中国过去在这方面是薄弱环节，真正成为智慧未来的领袖必须要有领袖型的基础产业。中国需要建设智慧未来的英特尔、高通、GE、IBM。在这方面，中国最为成功是两个企业，一个华为，一个是京东方，京东方最有代表意义。如果京东方这种国有控股企业没有王东升。敢于承担投资千亿量级，多年还没有盈利的气魄，中国很难有今天这种计算机、电视非常便宜的局面。京东方是中国前一阶段的信息革命过程中由中国人在关键领域打破外国人垄断的企业，值得总结与发扬。在智慧未来中，必须在关键领域有更多的京东方。建设这个格局必须在金融领域有大的突破，要创造支持这种大风险投资的机制。这是中国根本性领导智慧未来的关键。

■坚持绿色发展导向

智慧未来发展必须是绿色的，这是一个方向性问题，也是一个主要发展内容问题。

■优化制度支持

优化制度支持主要解决两个问题：

一是垄断体系与企业的矛盾。智慧未来实现的主要基础是网络体系，网络体系投资总量非常大，难以采取竞争的方式进行发展。如何建立网络体系与使用者的合理关系是优化制度的主要问题。这是一个老大难问题。

　　二是国家管理制度问题。智慧未来涉及面非常广，几乎涉及未来方方面面，要构建一个最佳智慧未来，需要国家管理机制是一个包容性非常强的机制，同时也是一个需要国家高度参与、支持、监管的机制。这是对未来国家管理机制的一个挑战。

后 记

    《未来50年：绿色革命与绿色时代》是中国言实出版社的重点选题。该选题主要是针对国家当前的重大问题进行立论。选题确立时间是2011年，一是考虑对2002年～2012年10年间经济成就相关问题总结性的选题，二是面向未来国家的重大战略问题进行选题。在广泛调查与研究基础上，我们把选题最后确定为通过探讨人类社会未来两个核心问题即能源可持续的能源安全问题、气候为核心的环境问题的解决之道，以及中国在解决能源可持续的能源安全问题、气候为核心的环境问题的绿色革命中的战略与策略。从这个角度探讨全球未来发展的大的动力机制、中国未来发展的大的动力机制问题。并且以温家宝总理哥本哈根气候会议讲话作为重要基础展开上述问题的探讨。过去我们认识环境问题主要从污染角度出发考虑原因以及解决办法。这10年来人类社会对气候问题已经有一个全新认识，气候是新型环境问题，认识与治理都需要新的思路。同时，气候问题解决已经形成一个21世纪的全球大事，并且已经成为21世纪发展大趋势的主要内容，需要一个全球性的大战略来解决。可以肯定整个国家大政方针都需要对此进行一个战略调整。温家宝总理在哥本哈根会议上的讲话充分体现了上述思想。

    如何完成上述选题，是一个相当艰巨的任务，涉及到两个大问题：

    一是如何将上述选题内容涉及的大量问题进行科学的组织，并且形成一个整体内容的书。这个任务非常艰巨，涉及大量的问题，同时还需要对这些问题进行相当深度的提炼与整理。这些问题都是全球性的重大问题，也是全球的前沿问题。

    二是如何组织中国相关方面有影响力的专家参与。

    完成整个书的内容历时三年，主要在两个重要问题上花费了较多时间，一是对一些重要问题的评估上，其中美国页岩革命是一个新的问题。相当多的人对此有很高的期待，再就是新能源革命能否实现的问题。因为这个问题不解决，本书核心内容——"革命"就要打一个大折扣。

完成本书过程中，原国家领导人温家宝、成思危都给予特别支持。温家宝同意我们使用他在哥本哈根会议与阿布扎比全球能源会议的讲话作为代序是对本书的巨大支持。成思危同意出任本书主编，并且为本书完成做了大量工作，使本书无论是形式与内容都达到了高规格、高水平。

本书由中国相关方面的著名专家参与，他们的积极参与和努力工作对本书完成起到了关键作用。

国务院研究室领导对本书的工作给予了充分的支持，他们的支持对完成本书起着重要作用。

本书的完成还需要对西南财经大学能源经济研究所所长刘建生教授特别感谢，他承担了本书具体的相关工作。同时感谢西南财经大学的支持。

能源革命、工业革命、产业革命、绿色革命是未来全球性的大事，对此问题探讨还不是一个确定性的结论，许多问题还需要不断地修正与检验。许多观点、看法可能变为现实，变为计划、工作、政策、投资、成果。倘能如此，我们是欣慰的，这是我们的目标与愿望。

本书相当多作者的工作涉及其他人，本书没有一一标明。本书有些人的工作在完成书的过程中有变动，如冯飞，他的文章是他在过去研究工作期间完成，不完全代表他现在工作的相关内容。

完成本书，我们要特别感谢原国务院总理温家宝的支持。

感谢本书主编成思危的支持。

感谢本书各位作者的支持，特别感谢曲格平老先生的支持。

感谢我的前任拱桥的工作与支持。

感谢本书其他支持者与相关工作人员，特别是原四川人民出版社吴晓桐、杨兵，西南财经大学的孙一迪、原野，感谢谷亚光等同志的辛勤编辑工作。

中国言实出版社社长：王昕朋